정본 한국신화집 Original Korean Mythology

한국신화를 찾아 떠나는 여행

우리 문화의 근원, 그 오래된 미래의 탐구

김익두

한국학술진흥재단 해외파견교수(미국 콜로라도대학, 2001), 옥스퍼드대학교 울프슨 칼리지 및 동양학부 초빙교수(2009), 문화재청 문화재전문위원, 전북대 국문과 교수, 현 사단법인 민족문화연구소 소장. 제2회 예음문화상(1991), 제3회 판소리학술상(2003), 제3회 노정학술상(2003) 수상. 시집으로, 《햇볕 쬐러 나오다가》(신아, 1990), 《서릿길》(문학동네, 1999), 《숲에서 사람을 보다》(천년의시작, 2015), 《녹양방초》(문예원, 2017), 《지상에 남은 술잔》(천년의시작, 2019), 《사랑혀유, 강》(서정시학, 2010), 주요 연구서로 《판소리, 그 지고의 신체 전략》(평민사, 2003), 《한국 희곡/연극 이론 연구》(지식산업사, 2008), 《상아탑에서 본 국민가수 조용필의 음악세계: 정한의 노래, 민족의 노래》(평민사, 2010), 《한국민요의 민족음악학적 연구》(민속원, 2012), 《한국 민족공연학》(지식산업사, 2013), 《한국 공연문화의 민족공연학적 지평》(전북대출판문화원, 2017), 《조선 명필 창암 이삼만 : 민족서도의 길을 열다》(문예원, 2018) 등이 있으며, 주요 역서로 《제의에서 연극으로》(현대미학사, 1996), 《연극 용어 사전》(한국문화사, 1998), 《퍼포먼스 이론》(현대미학사, 2003), 《연극의 이론》(한국문화사, 2003), 《민족연극학》(한국문화사, 2005), 《국역 불우헌집》(문예원, 2013), 《건재 김천일 전집》Ⅰ~Ⅱ(문예원, 2018), 등이 있고, 그 외에 100여 편의 논문들이 있다.

한국신화를 찾아 떠나는 여행

우리 문화의 근원, 그 오래된 미래의 탐구

제1판 1쇄 인쇄　2021. 11. 5.
제1판 1쇄 발행　2021. 11. 12.

지은이　김익두
펴낸이　김경희
펴낸곳　(주)지식산업사
　　　　본사 • 10881, 경기도 파주시 광인사길 53
　　　　전화 (031)955-4226~7　팩스 (031)955-4228
　　　　서울사무소 • 03044, 서울특별시 종로구 자하문로6길 18-7
　　　　전화 (02)734-1978　팩스 (02)720-7900
　　　　한글문패　지식산업사
　　　　영문문패　www.jisik.co.kr
　　　　전자우편　jsp@jisik.co.kr
　　　　등록번호　1-363
　　　　등록날짜　1969. 5. 8.

책값은 뒤표지에 있습니다.

이 책을 읽고 저자에게 문의하고자 하는 이는
지식산업사 전자우편으로 연락 바랍니다.

정본 한국신화집 Original Korean Mythology

한국신화를 찾아 떠나는 여행

우리 문화의 근원, 그 오래된 미래의 탐구

김익두

지식산업사

머리말

'신화神話/mythology'란 신들에 관한 이야기이다. 신화는 우리 인류가 가진 문화유산 가운데서 언어로 되어 있는 가장 오래된 서사적 담론이다.

세계 여러 민족들은 제각기 자기 민족 나름의 다른 신화들을 가지고 있으며, 그 신화가 제시하는 비전vision과 영성靈性을 근거로 그 민족 나름의 문명과 문화를 이루어 나아간다. 그러기에, 한 민족의 신화는 그 민족문화의 가장 근원적인 문화—콘텐츠이며, 이 신화를 근간으로 하여 그 민족의 문화가 이루어지고 또한 다양하게 변화 · 발전되어 나아가는 것이다.

따라서, 신화가 없는 민족, 자기 신화를 잃어버린 민족은 미래가 없는 민족이다. 이런 면에서, 우리 민족은 이제 우리 민족 나름의 신화와 신화적 정체성正體性을 제대로 찾아야만 한다.

그런데, 우리나라가 국민소득 3만 달러의 세계 10대 무역국에 이르게 된 오늘날에도, 우리 민족은 그 내용과 체제가 제대로 조화롭게 잘 갖추어진 우리 한국신화집korean mythology을 제대로 만들어 가지지 못하고 있다.

이것은 문화사적으로 볼 때 우리 민족문화의 가장 큰 불행이다. 왜냐하면, 앞서 말한 바와 같이 훌륭한 문화 · 문명은 반드시 궁극적으로 그 문화 · 문명 나름의 독자적인 신화를 근원으로 하여 창조되기 마련이고, 따라서 훌륭한 신화가 없으면 독자적인 창조적 문화 · 문명을 이룩할 수가 없기 때문이다. 서양 문화의 근간이 된 그리스 헬레니즘 문화와 유대 헤브라이즘 문화가 다 각기 그리스 신화와 유대 기독교 신화를 그 바탕으로 하여 이루어졌다는 것을 우리는 이미 잘 알고 있다.

이 신화집은 위와 같은 자각과 이에 따른 18년 동안의 노력 끝에 이루어진 것이다. 따라서 한국신화를 제대로 공부하고자 하는 독자들에게 상당히 바람직한 안내서 구실을 할 수 있을 것이라 믿고 있다.

신화는 먼저 세상이 만들어진 이야기, 신들에 관한 이야기, 신들이 인류의 문화·문명을 만든 이야기, 그리고 신들이 인간과 함께 세상을 이끌고 다스려 문화文化를 이루어 나아가는 이야기 등이 그 주축을 이루고 있다.

인류는 신화를 근원으로 문명을 이루고 문화를 창조해 나아간다. 지금까지 우리가 보아온 세계신화世界神話들은 대체로 '지배支配 - 갈등葛藤 - 파괴破壞'로 얼룩진 신화들이 많다. 특히 서양신화西洋神話들이 그러하다.

그런데, 한국신화韓國神話는 놀랍게도 '화합和合 - 상생相生 - 대동大同'의 신화들로 충만해 있다. 주변 민족들의 그 많은 외침을 받으면서도 다른 나라 다른 민족을 먼저 침범하여 괴롭힌 적이 없다는 우리 민족이 반만 년 역사를 이루어 오면서 개척해낸 한국신화의 세계 문명사적 비전은 '지배 - 갈등 - 파괴'의 비전이 아니라 '화합 - 상생 - 대동'의 비전이다.

이런 신화의 세계와 미래에의 비전은 일찍이 세계를 지배해 온 서양신화와는 매우 다른 것이다. 이런 한국신화의 세계와 그것이 지향해 제시하는 미래 - 비전이야말로, 우리 인류가 개척해 나아가야만 할 21세기 새로운 미래의 가장 탁월한 비전이라고 할 수 있다. 지배와 갈등과 파괴로 점철되어 있는 서양신화들에 기반을 두고 이루어진 지난 세기까지의 인류문명과 문화를 돌이켜볼 때, 우리는 더욱 그런 생각이 든다.

이런 견지에서 보자면, 한국신화는 이제 새로운 세계문명사와 문화사가 지향해 나아가야 할 마지막 세계비전, 곧 우리 인류가 함께 추구해 나아가야

할 마지막 '동방의 비전'을 제시하고 있다. 지금까지 우리는 인류가 함께 더불어 평화롭고 행복하게 살아갈 수 있는 인류의 신화를 제대로 찾지 못했다. 그런데, 바로 한국신화에 인류가 함께 '화합和合 – 상생相生 – 대동大同'의 길로 나아갈 수 있는 인류의 비전이 제시되어 있는 것이다. 이러한 면모는 이 책에 정리되어 있는 한국신화들을 통해서 감동적으로 드러나게 될 것이다.

가장 오래된 한국신화의 '원형原型'은 '단군신화檀君神話'이다. 이 단군신화를 원천으로 수많은 우리의 신화들이 형성되고 변이되면서, 오늘날까지 전승되어 왔다. 그리고 여기에 '마고신화麻姑神話'가 동시에 작동하면서, 우리 신화의 양대 산맥을 형성하고 있다.

그동안 우리 신화는 체계적인 정리가 제대로 이루어지지 못하고 이리저리 흩어진 채 오늘날까지 이르렀다. 몇몇 선각자들이 이런 문제점을 해결하기 위해 노력했지만, 그 근본적인 해결책의 방향이나 실마리를 제대로 마련하지 못한 것도 사실이다.

특히, 그동안 우리 신화 연구에서 무속신화 중심의 연구 방향은 많은 문제점을 낳을 수 있다. 왜냐하면, 오늘날 우리가 만나는 무속신화의 대부분은 일제강점기 이후에 채록된 것들이고, 이런 연구의 패러다임에는 일제가 우리 신화에서 민족 정체성을 해체·말살하려는 의도가 깊숙이 작동하고 있었기 때문이다.

우리 신화의 '원형原型'을 찾으려면 이런 후대 채록 자료들보다는 그 기록의 연대가 가장 오래된 자료들을 좀 더 깊이 천착해 들어가야만 할 것이며, 이런 탐구의 시원始原에 바로 '단군신화'가 있음을 알 수 있다.

그동안 저자는 우리 신화집의 여러 문제점들을 좀 더 바람직한 방향으로 수정·보완하고자 오랜 동안 노력해 왔으며, 다음과 같은 점들을 주요 기준과 방향으로 고려하여 왔다.

첫째, 한국신화의 기본체계는 '단군신화檀君神話'에 의거하여 이루어져야 한다. 그 이유는 이 단군신화가 현재 우리에게 남아 있는 가장 오래되고 원형적인 신화이기 때문이다.

둘째, 주요 한국신화 관련 자료들을 총망라하였다. 지금까지 우리 신화를 정리한 책자들은 주로 '건국신화'와 '무속신화' 중심이며, 그 밖에 다른 신화들은 주목을 받지 못하였다. 이러한 문제점들을 극복하기 위해, 필자는 '단군신화'를 기본 원형으로 하고, 이를 중심으로 하여 무속신화는 물론이고 《환단고기桓檀古記》·《규원사화揆園史話》·《부도지符都志》 등 여러 신화 관련 책자들에 실려 전해지고 있는 신화 자료들도 망라하여 우리 신화를 정리하였다.

물론 이 책에 수록한 일부 자료들은 이른바 '역사서'로는 위작僞作의 논란이 있을 수 있지만, 우리 민족의 꿈을 구현한 '신화서'로는 참고할만한 자료들이다. 이런 책들은 오랜 역사적 전승 속에서 사라진 우리 신화의 빈 곳을 메꾸어 주는 큰 장점들을 가지고 있다는 점에서, 그 신화적인 의의와 가치가 매우 크다.

셋째, 모은 신화 자료들을 정리하여 그 유형별로 대표적인 것들만을 선별하여 이 책에 실었다. 서로 비슷한 성격을 가진 신화들 가운데 대표적인 것을 선택하여 실었다.

넷째, 선별된 신화들의 연원·계통·변이 양상을 우리 신화의 두 근원인 '단군신화'와 '마고신화'를 중심 원형으로 하여 분석·해석하면서, 각 신화들 사이의 신화학적 상호 연계성을 파악하고자 하였다.

다섯째, 각 신화들을 좀 더 쉬우면서도 깊이 있게 이해하기 위해 필요한, 비교적 자세한 각주와 다양한 관련 사진들을 함께 실었다.

이와 같은 기준과 방향에 따라, 저자는 우리 신화를 다음과 같은 체계로 정리하였다. 즉, 우리 신화의 기본체계를 환인桓因 – 환웅桓雄 – 환검桓儉의 3분체계로 구축하고, 시간체계時間體系는 환인桓因 – 선천시대先天時代, 환웅桓雄 – 중천시대中天時代, 환검桓儉 – 후천시대後天時代의 3분체계로 구분하였으며, 공간체계空間體系는 우리 신화가 보여주고 있는 내용에 따라 천상天上 – 지상地上 – 지하地下/저승의 3분체계로 구분하여 정리하였고, 이에 따라 신들의 종류도 천상신天上神 – 지상신地上神 – 지하신地下神/저승신의 3분체계로 정리하였다.

한국신화의 이러한 신화학적 패러다임은 이 책에서 처음 본격적으로 시도하는 것이다. 이는 우리 신화의 체계적인 정리·이해·해석을 위해 반드시 필요한 시도라고 생각한다. 바람직한 신화학적 체계를 갖추지 못한 신화집은 마치 지도 없이 미지의 땅을 탐사하는 것과 같아서, 그 미개지를 일반인들이 제대로 파악하거나 이해하기가 불가능하며, 그곳을 탐구해 들어갈 엄두를 낼 수도 없다는 점을 우리는 반드시 생각할 필요가 있다.

이 책을 통해서 독자들은 비로소 우리 신화 나름의 독자적인 체계와 그 독특하고도 흥미로운 '화합 – 상생 – 대동'의 신화 세계를 제대로 체험할 수 있게 될 것이며, 다른 나라 다른 민족의 신화들에서는 찾아보기 어려운 인류 화합의 미래지향적인 신화비전을 아주 감동적으로 만나게 될 것이다.

독자들이 인류의 평화와 상생의 비전이 영원의 샘물처럼 용솟음치고 있는 한국신화의 그 '오래된 미래'를 깊이 깨달아 체득하고, 이를 통해서 우리 민족과 세계인들이 '화합 – 상생 – 대동'의 새로운 세계비전의 활로를 개척해 나아갈 수 있는 신화적인 토대가 마련될 수 있기를 간절히 바란다.

또한, 이 책에는 우리 민족의 신화적 서사시가 장대하게 펼쳐지고 있다. 이 신화집을 토대로, 우리다운 수많은 새로운 문학 · 미술 · 무용 · 연극 · 영화 등 21세기형 예술작품들이 빚어져 솟아 나오기를 간절히 바란다.

끝으로, 이 까다로운 사진들과 주석들이 많은 복잡한 책을 선뜻 출판해 주시기로 한 지식산업사 김경희 사장 어르신께 이 자리를 빌려 다시 한 번 깊은 감사를 드리며, 편집 · 교정에 심혈을 기울여주신 편집부 권민서 선생께도 마음으로부터의 깊은 고마움을 표한다.

이제, 21세기 우리 인류가 함께 더불어 조화롭게 사는 행복의 비전을 제시하는 한국신화를 찾아 신비롭고 경이로운 여행을 떠나보기로 하자.

단기 4353년
서기 2021년 10월 15일
김익두

차례

13

서설
한국신화 해설

1. 기본체계

한국신화는 여러 면모들을 고려해볼 때, '단군신화'를 그 원형으로 하여 이루어져 왔다. 따라서 한국신화의 기본체계는 단군신화가 암시하고 있는 체계로 정리되는 것이 가장 바람직하다.

단군신화는 다음 〈표1〉과 같이 하느님 환인桓因, 그 하느님 환인의 아들 환웅桓雄, 그리고 환웅의 아들인 환검桓儉/단군檀君의 '삼분체계三分體系'로 이루어져 있다.

표1_한국신화의 기본 체계

그러므로 한국신화는 크게 환인 · 환웅 · 환검/단군의 이 삼분체계로 정리되는 것이 가장 바람직하다.

신화는 어떤 일부 학자들에 의해서 이루어지는 것이 아니라, 그 신화를 이룩하고 전승하고 변이시켜온 '전승집단'에 의해서 오랫동안에 걸쳐 이루어지는 것이다. 한국신화의 근원을 '단군신화'에서 찾지 않는 사람은 한국인 치고는 아마 아무도 없을 것이다. 그러기에, 한국신화의 근원을 단군신화가 아닌 다른 것, 예컨대 '무속신화'와 같은 것에서 찾고자 하는 연구 작업은 결코 바람직하지도 않고 성공할 수도 없다. 오늘날 우리가 접할 수 있는 '무속신화'는 단군신화가 형성된 다음에도 오랜 시간이 지난 뒤, 여러 변이의 과정을 거친 다음 채록 · 정리된 변이형 신화들이다.

2. 시간체계

한국신화의 기본체계인 이러한 삼분체계에 따라, 시간체계도 환인 · 환웅 · 환검시대로 나눌 수 있다. 즉, 하느님 환인의 시대, 환인이 지상으로 내려보낸 그의 아들 환웅의 시대, 그리고 환웅이 지상의 웅녀와 결혼하여 태어난 환검/단군의 시대가 그것이다. 한국신화는 시간체계에서도 이렇게 '삼분체계'로 구분하는 것이 가장 바람직하다. 이러한 한국신화의 시간체계는 그리스 신화의 '황금시대 · 은의시대 · 청동시대 · 철의시대'의 사분체계와도 비교될 수 있다.

이러한 '삼분체계'를 우리 신화 내용과 관련지어 보면, 하느님 환인桓因의 시대는 천지창조시대, 그의 아들 환웅桓雄의 시대는 인류문화의 전기시대 곧 신시시대神市時代 전기, 그리고 환웅의 아들 환검桓儉/단군檀君의 시대는 인류문화의 후기시대 곧 신시시대 후기에 해당한다.

우리나라의 신화적 기록들에 따르면, 환인의 시대는 총 7세 6,000~3,000여 년, 환웅의 시대는 총 18세 1,500여 년, 환검의 시대는 총 47세 2,600여

년이나 된다고 한다.

우리 신화의 삼분체계와 비슷한 시대구분은 한국신화의 다른 자료에서도 발견된다. 즉, 한국신화를 일종의 신화적 민족사 형태로 정리하고 있는《부도지符都志》라는 책에 따르면, 우리 민족의 아득한 신화시대의 시대구분은 선천·중천·후천시대로 나누어진다고 한다. 이러한 체계를 우리 신화의 원형인 '단군신화'의 시대구분과 상응시켜 보면, 하느님인 환인이 다스리던 시대를 선천시대라 하고, 그 이후 환인의 아들 환웅이 다스리던 시대를 중천시대라 하며, 중천시대 이후 환검/단군이 다스리던 시대 및 그 이후의 시대를 후천시대라 할 수 있다. 이 두 가지 시대구분을 합치면 다음 〈표2〉와 같은 우리 신화의 시대구분 체계가 만들어진다.

환인桓因 - 선천시대先天時代

|

환웅桓雄 - 중천시대中天時代

|

환검桓儉 - 후천시대後天時代

표2_한국신화의 시간 체계

우리 신화들도 그것이 참된 신화라면, 그것이 한편으로는 역사적 사실들과도 깊은 관련성이 있기 마련이다. 즉, 신화는 인류 문화 초기의 역사적 사실들과 그 사실들이 지향한 인류의 꿈과 희망을 반영하고 있는 것이며, 그러기에 거기에는 그것을 낳은 공동체들과 민족들의 초기 문명사와 꿈과 이상들을 반영하고 있는 것이다. 그러나 이러한 시대구분은 물론 역사적 시대구분은 아니다. 이것은 한국신화 관련 자료들을 정리하는 과정에서 자연스럽게 결과적으로 도출되어 나오는, 우리 신화 나름의 '신화적' 시대구분이라는 점은 여기서 분명히 밝혀둘 필요가 있겠다.

3. 공간체계

한국신화 자료들을 종합해 보면, 한국신화의 공간은 다음 〈표3〉과 같이 천상·지상·지하/저승의 세 영역으로 구분된다. 이것은 공간 면에서도 우리 신화가 '삼분체계'로 이루어져 있다는 것을 보여준다.

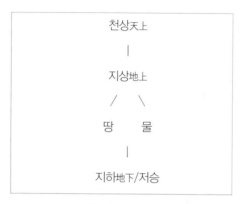

표3_한국신화의 공간체계

그러나 단군신화와 같은 원형적인 우리 민족 신화 등에서는 천상·지상의 공간만이 구체적으로 드러날 뿐, 지하/저승의 공간은 구체적으로 나타나지 않고 있다. 아마도, 우리 신화에서 '지하/저승'의 공간 개념은 불교 유입 이후에 좀 더 분명하게 구체화된 것으로 보인다. 특히, '저승'의 공간은 '서천'·'서역'·'서방정토' 등과 함께 오랫동안에 걸친 불교문화의 영향을 받아 이루어진 것이다.

이런 몇 가지 점들을 고려하여, 지하/저승과 관련 신화들은 이 책의 뒷부분에서 다루고자 한다.

4. 한국신화의 원형적 유형

한국신화의 가장 근원적인 원형 유형은 2가지이다. 하나는 그 기록의 역사가 가장 오래된 신화이자 남성중심 신화인 '단군신화'이고, 다른 하나는《환단고기桓檀古記》등의 기록과 민간신화로 전해오는 여성중심 신화인 '마고신화'이다.

한국신화는 이 두 신화를 가장 근원적인 원형 유형으로 해서 오랜 동안의 역사적–사회적인 변이과정을 거치면서, 수많은 한국신화의 변이형들, 곧 수많은 다양한 남성신계 신화와 여성신계 신화들을 이루어내고 있다.

5. 신들의 계보와 성격

1) 계보

우리 신화에 등장하는 신들의 계보도 앞서 정리한 '삼분체계'에 따라 천상신·지상신·지하신/저승신 등 세 부류로 나누어 정리할 수 있으며, 이 가운데 지상신은 다시 지신地神과 수신水神으로 나눌 수 있다. 이러한 분류에 따라 한국신화에 등장하는 주요 신들의 특징과 그 계보를 정리하면 다음 〈표4〉와 같다.

표4_한국신들의 계보 체계

이러한 체계에 따라 한국신화에 나오는 주요 신들의 계보를 도표로 정리하면 다음과 같다.

＊ 신들의 계보 도표

(1) 천상계
①환인계

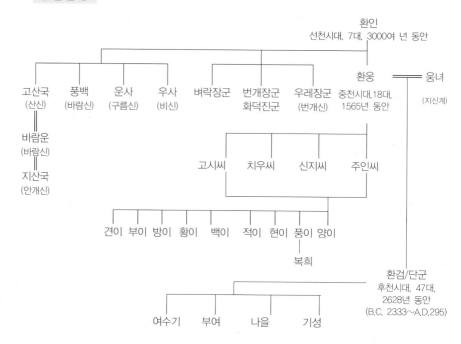

②하느님/천신계

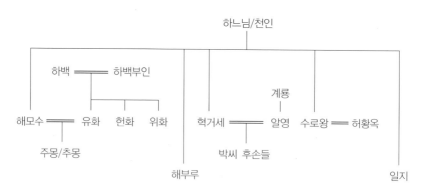

③삼신계

④옥황상제계와 천황제석신계 1

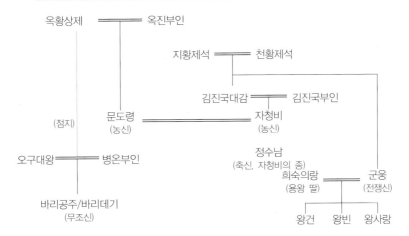

④옥황상제계와 천황제석신계 2

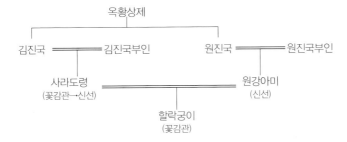

④옥황상제계와 천황제석신계 3

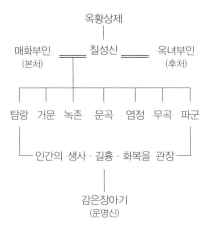

옥황상제

매화부인 ── 칠성신 ── 옥녀부인
(본처)   (후처)

탐랑 거문 녹존 문곡 염정 무곡 파군

인간의 생사 · 길흉 · 화복을 관장

감은장아기
(운명신)

④옥황상제계와 천황제석신계 4

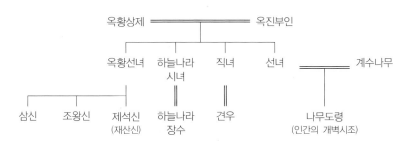

옥황상제 ═══ 옥진부인

옥황선녀　하늘나라 시녀　직녀　선녀 ═══ 계수나무

삼신　조왕신　제석신　하늘나라 장수　견우　나무도령
　　　　　　(재산신)　　　　　　　　　　　(인간의 개벽시조)

⑤천궁대왕계

천궁대왕/ ══ 옥진부인/
천대목신　　　지탈부인

성주신/ ══ 계화부인/
황우양　　 황우양부인(지신)

오토지신/토주대감/오제 · 오령

⑥천하문장계

천하문장 ── 지하문장
(천신)　　　　(지신)

당금애기 ══ 주자대사
(삼신)　　　　(석가세존)

제석신

초공이　이공이　삼공이

⑦해만국/달만국계

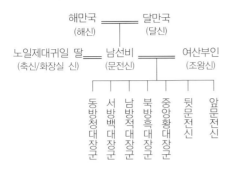

```
      해만국 ═══════ 달만국
      (해신)          (달신)
                        │
노일제대귀일 딸──── 남선비 ════════ 여산부인
(축신/화장실 신)     (문전신)        (조왕신)
                        │
   ┌────┬────┬────┬────┬────┬────┐
  동방  서방  남방  북방  중앙  뒷문  앞문
  청대  백대  적대  흑대  황대  전신  전신
  장군  장군  장군  장군  장군
```

⑧이비가계

```
이비가 ═══════ 정견
              (가야산산신)
        │
   ┌─────────┴─────────┐
 뇌질주일            뇌질청야
 (대가야왕)          (금관가야왕)
```

(2) 지상계

[지신]

①마고계

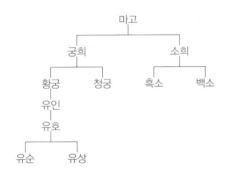

```
                마고
        ┌────────┴────────┐
       궁희              소희
     ┌──┴──┐          ┌──┴──┐
    황궁   청궁        흑소   백소
     │
    유인
     │
    유호
   ┌─┴─┐
  유순  유상
```

②동물계

```
계룡/닭      개구리      지렁이      뱀
 │          금와                  
┌┴┐         대소        견훤      제주도
알지 알영    (일곱아들)            단골신
```

③서낭계/성황계

```
소천국 ══════════ 백주마누라
(사냥신→마을신)      (마을신)
   │        궤네깃도
   │        (마을신)
 정수남
 (축신)
```

④지신계

고을나 ══ 벽랑국공주/
　　　　　　일본국공주
　　　│
　　제주고씨

양을나 ══ 벽랑국공주/
　　　　　　일본국공주
　　　│
　　제주양씨

부을나 ══ 벽랑국공주/
　　　　　　일본국공주
　　　│
　　제주부씨

⑤거인계

```
                 거인
          ┌───────┴───────┐
      장길손              선문대할망
  (동아시아 창조신)       (제주도 창조신)
```

[수신]

①하백계

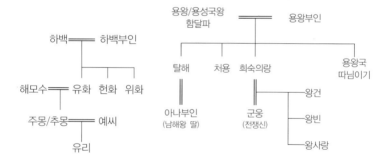

(3) 지하계

①옥황상제계 1

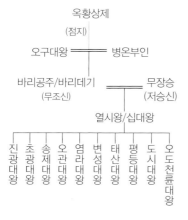

옥황상제
(점지)

오구대왕 ═══ 병온부인

바리공주/바리데기 ═══ 무장승
(무조신)　　　　　　　　(저승신)

열시왕/십대왕

진광대왕ㅣ초광대왕ㅣ송제대왕ㅣ오관대왕ㅣ염라대왕ㅣ변성대왕ㅣ태산대왕ㅣ평등대왕ㅣ도시대왕ㅣ오도천륜대왕

①옥황상제계 2

옥황상제
천지왕 ═══ 총명부인
　　　　　　　(지상인간)

대별왕　　　　　　소별왕
(저승왕)　　　　　(이승왕)

②용왕계

용왕 ═══ 용왕부인

용왕국 따님아기
(저승삼신)

③인간계

인간부부

강임
(저승사자)

2) 성격

(1) 천상계 신들

거발환居發桓 : 천신 환인의 다른 이름.

견우牽牛 : 하늘나라의 목동으로 옥황상제 딸 직녀織女의 연인.

견우성牽牛星 : 무속신화에서 천신 칠성님이 변해서 된 별자리 신.

대별왕 : 저승을 다스리는 무속의 신.

번개장군 : 하늘의 번개신.

벼락장군 : 하늘의 벼락신.

삼신三神 : 우리 민족이 숭상해온 세 분의 천신 곧 환인·환웅·환검/단군
을 말함. 때로는 출산을 주관하는 지상신인 산신産神/출산신을 가리키
기도 함.

석가세존釋迦世尊 : 불교의 석가모니가 변하여 된 무속신.

선녀仙女/**옥황선녀**玉皇仙女 : 하늘에 사는 아름다운 여신들. 옥황상제의 딸
혹은 시녀들.

소별왕 : 이승을 다스리는 무속의 신.

안파견安巴堅 : 천신 환인의 다른 이름.

옥녀부인玉女夫人 : 하늘의 신 칠성/칠성님의 악독한 후처.

옥진부인玉眞夫人 : 하늘의 신 천궁대왕의 아내.

옥황상제玉皇上帝 : 하느님/환인과 같은 위치에 있는 천신. 도교나 무교에서
쓰이는 하느님/천신의 이름.

우레장군 : 하늘의 천둥신.

우사雨師 : 하늘의 비의 신.

운사雲師 : 하늘의 구름신.

인황씨人皇氏 : 하느님/환인의 아들 환웅에 해당하는 무속신.

직녀織女 : 하늘나라 옥황상제의 딸. 견우의 아내.

직녀성織女星 : 무속신화에서 천신 칠성님의 아내 매화부인이 변해서 된
별자리 신.

천궁대왕天宮大王 : 하느님/환인桓因/옥황상제에 해당하는 무속신.

천지왕天地王 : 하느님/천신/환인의 다른 이름.

천하문장天下文將 : 단군신화의 환웅 정도에 해당하는 무속신.

칠성七星/**칠성신**七星神/**일곱아기** : 무속신화에 나오는 일곱 명의 신들. 천신 칠성님과 지신 매화부인 사이에서 태어난 일곱 명의 천신. 동두칠성 · 서두칠성 · 남두칠성 · 북두칠성 · 중앙칠성 · 거문칠성 · 문곡칠성 등. 칠성신은 그 성격이 매우 다양하여 인간의 수명을 관장하는 하늘의 신, 비를 관장하는 하늘의 신, 창고를 관장하는 재산신/업신 등으로 나타남.

풍백風伯 : 바람신.

하느님 : 우리나라에서 가장 일반화되어 있는 천신의 명칭.

하늘나라 장수 : 지상에 내려와 인류의 시조가 된 하늘의 장수.

하늘나라 공주 : 지상에 내려와 처음으로 인류를 낳은 여성 천신.

해모수解慕漱 : 하느님/천제/환인桓因의 아들. 천제 환인의 아들 환웅과 비슷한 성격의 인물. 지상에 내려와 북부여를 세움. 물의 신 하백의 딸 유화와 사랑을 나누어 고구려의 시조 주몽을 낳음. '천왕랑'이라고도 함.

화덕진군火德眞君 : 하늘의 번개신. 불의 신.

환인桓因 : 천지를 창조하고 주관하는 하늘나라의 주신. 지상에 그의 아들 환웅을 내려 보내어 지상의 웅녀와 결혼해서 영웅 환검/단군을 낳게 하고, 인류의 문명이 시작되게 하였음. 안파견安巴堅 · 거발환居發桓 · 옥황상제라고도 함.

(2) 지상계 신들

· 지신들

계화桂花 : 달나라의 공주. 성조신의 아내. 지상에 내려와 몸소 성조신이 됨.

고산국 : 제주도 한라산 산신. 바람운신의 첫 번째 부인. 나중에 제주도
　　서귀포 서홍리 본향당 마을신이 됨.

고시高矢 : 처음으로 농사법과 축산법을 가르치고 불을 발명한 신. 따라서
　　이 신은 농신·축신·화신 등의 성격을 가지고 있음.

고을나高乙那 : 제주도 고씨의 시조신.

과양생 처 : 동경국 버물왕의 아들 삼형제를 죽인 악녀.

군웅軍雄 : 전쟁을 다스리는 신. 전쟁신 치우의 변이형으로 볼 수 있음.
　　그의 아버지는 천황제석, 그의 어머니는 지황제석, 그는 왕장군, 그의
　　아내는 동해 용왕의 딸임.

궁희穹姫 : 마고가 선천을 남자로 하고 후천을 여자로 하여 혼자 낳은 딸.

궤네깃도 : 제주도 김령리 마을신. 백주마누라의 여섯째 아들.

금와왕金蛙王 : 해부루의 아들. 해부루가 바위 밑에서 발견한 금개구리 형상
　　의 어린애를 주워다가 길러 동부여의 2대 임금이 된 영웅.

기성奇省 : 단군 시절 의약을 관장하던 신.

나반那般 : 인류의 시조. 서양 바이블 신화의 '아담'에 해당하는 인물. 우리
　　민족 신화에서 '단군/환검'에 해당하는 인물.

나을那乙 : 단군 시절 전적 문서들을 관장하고 괘를 내어 점을 치고 병마兵馬
　　를 관장하던 신.

노일제대귀일의 딸 : 간악한 팜므파탈형 인물로 죽어서 화장실을 지키는
　　측신이 됨.

뇌질청예惱窒青裔 : 영웅신. 가야산 산신 정견이 천신 이비가의 사랑의 빛을
　　받아 낳은 영웅. 뇌질주일의 동생.

뇌질주일惱窒朱日 : 영웅신. 가야산 산신 정견이 천신 이비가의 사랑의 빛을
　　받아 낳은 영웅. 나중에 대가야의 왕이 되었다 함.

단군檀君/환검桓儉 : 천제 환인의 아들인 환웅이 지상의 웅녀熊女와 결혼하
　　여 낳은 영웅.

당금애기 : 천신 천하문장과 지신 지하문장 사이에서 태어난 여신. 판본에

따라 '서장애기'·'자지맹애기' 등으로도 나옴.

대관령 여국사성황신女國師城隍神 : 대관령 성황신의 아내.

대별상 : 인간에게 천연두를 옮기는 신. 마마신. 호구대별상.

도라道羅 : 단군 시절 동방에서 건너온 이방신.

동무東武 : 단군 시절 동방에서 건너온 이방신.

동방삭이 : '삼천갑자' 년을 살았다고 하는 전설적인 수명장수의 인물. 저
 승사자인 '강임차사'에게 붙잡혀 저승으로 가게 됨.

마고麻姑 : 우리 민족이 생각한 지상 최초의 여신. 여신 궁희·소희 등을
 낳음. 후대에는 지리산 산신으로 변이되어 나타나기도 함.

매화부인 : 천신 칠성님의 아내가 된 지상의 여신. 그 사이에서 일곱아들
 곧 일곱 칠성들이 태어남.

명진국 따님아기 : 이승의 출산을 담당하는 여신. 이승삼신.

문도령/상세경 : 하늘나라 옥황상제의 아들. 자청비의 남편. 나중에 자청
 비와 함께 오곡의 씨앗을 가지고 지상에 내려와 농신農神이 되었음.

문신 : 집안의 문을 지키는 신.

미륵彌勒 : 원래 불교의 보살신이 변하여 된 우리나라 무속신의 일종. 환
 인·환웅·환검/단군의 성격을 공유한 신. 천신 '삼신'과 비슷한 성격
 의 신.

바람운 : 제주도 설매국의 바람신. 나중에 제주도 서귀포 동흥리 본향당
 마을신이 됨.

바리데기 : 무당들의 조상신 곧 무조신巫祖神.

백소白巢 : 최초의 여신 마고의 딸 소희巢姬가 낳은 둘째 자식.

백주마누라 : 제주도 윗송당리 마을신. 소천국의 아내. 궤네깃도의 어머
 니.

뱀신 : 음력 3월 청명절이 되면 땅속 구멍에서 기어 나왔다가, 음력 9월
 상강절이 되면 다시 땅속 구멍들 속으로 들어간다.

범일국사梵日國師 : 산신. 성황신. 강원도 명주군 학산리 노처녀가 햇빛을

보고 잉태하여 낳은 대관령 산신 혹은 성황신.

병온부인 : 무조신 '바리데기'의 어머니.

복희伏羲 : 우리 민족의 아홉 부족 중 풍이족風夷族 출신의 신. 중국 민족에
게 어업을 가르쳐줌. 중국인들은 이 신을 중국의 신으로 생각함. 우리
민족이 만든 '음양 팔괘'의 원리를 중국에 전해줌.

부루夫婁 : 2세 단군. 난리를 없애주고 나라를 지켜주는 신. 오늘날 민속신
앙의 대상인 '부루단지'의 유래가 되는 신.

부소扶蘇 : 단군/환검의 둘째 아들. 불을 일으키는 '부시'를 만든 신. 오늘날
전하는 '부시' 혹은 부싯돌'의 유래가 되는 신.

부여扶餘 : 단군 시절 군사들을 이끌고 남쪽 땅을 평정한 전쟁신.

부을나夫乙那 : 제주도 부씨의 시조신.

비류沸流 : 고구려를 세운 영웅 주몽/추몽의 다른 아들. 백제를 세운 온조의
형. 북부여왕 해부루의 서손 우태의 아들이라고도 함.

비천생 : 단군 시절에 단군의 술잔 속에서 나온 동자신. 단군이 그를 사랑
하여 남해를 다스리는 어른으로 삼았음.

산신山神 : 산을 지키는 신.

삼신三神/산신産神/삼신할머니 : 출산신. 산신産神. 천하문장과 지하문장 사
이에서 태어난 딸인 '당금아기'와 '주자대사'(석가세존이 변신한 인물)
사이에 태어난 딸로도 되어 있음.

삼신三神 : 원래 환인·환웅·환검/단군의 세 신을 말하나, 후대에 와서는
출산을 관장하는 지상신의 명칭으로도 사용됨.

삼황오제三皇五帝 : 중국의 전설적인 고대 왕조신들. 불을 발명한 수인燧人,
어업을 가르친 복희伏羲, 농사를 가르친 신농神農 등을 3황이라 하고,
황제黃帝·전욱顓頊·제곡帝嚳·제요帝堯·제순 帝舜등을 5제라 함.

석가釋迦 : 불교의 신 석가모니가 변해서 된 무속신. 우리의 민족신 '미륵'의
권위를 나쁜 꾀를 부려 빼앗은 인물로 나옴.

선라 : 단군 시절 동방에서 건너온 이방신.

선문대할망 : 제주도 땅을 만들어낸 거인 여신.

성조成造/성조대군/성주城主/성주신城主神 : 집안을 지켜주는 신. 이름을 '안심국'이라고도 함. 원래 하늘의 신이었으나, 지상에 내려와 집안신이 됨.

소사만 : 수명장수한 인물로 동방삭이의 변이형 인물.

소천국 : 제주도 아랫송당리/하송당리 마을신. 사냥신.

소희巢姬 : 마고가 선천을 남자로 하고 후천을 여자로 하여 혼자 낳은 딸.

송양왕松讓王 : 신선의 후예로 비류국의 왕. 비류국은 주몽이 고구려를 건국한 '비류수' 근처에, 고구려 이전에 있던 작은 나라.

수로首露/수로왕首露王/김수로왕金首露王 : 하늘에서 금합에 담겨 구지봉으로 내려온 알에서 태어난 신. 자라서 대가락국/가야국의 시조가 됨. 탈해왕을 물리침.

수인燧人 : 중국 민족에게 불을 일으키는 방법을 가르쳐준 중국의 화신火神. 중국신.

순舜 : 요堯를 도와 나라를 다스렸다. 왕위를 물려받아 나라 이름을 우虞라 함.

신농神農 : 중국 민족에게 처음으로 농사법을 가르친 농신. 중국신.

신지神誌 : 처음으로 문자를 만든 신. 사슴의 발자국 모양을 보고 그 글자를 만들었다 하여 그 글자를 '녹도문자鹿圖文字'라고 함.

아만阿曼 : 인류 최초의 여성. 서양 바이블 신화의 '하와/이브'에 해당하는 인물. 우리 민족 신화 상의 '웅녀'에 해당하는 인물.

알영閼英 : 알영이란 우물에 나타난 계룡鷄龍이 옆구리로 낳은 여신. 나중에 박혁거세의 부인이 됨.

알지閼智/김알지金閼智 : 신라 탈해왕 때 금성 서쪽 시림始林/계림鷄林이란 숲에서 발견된 금궤에서 나온 알에서 태어난 신. 우리나라 김씨의 시조신.

양을나良乙那 : 제주도 양씨의 시조신.

업산/업주가리 : 농작물의 결실을 주관하는 신.

업신/재산칠성財産七星 : 집안의 재산을 지켜주는 신. 뱀신.

여산부인 : 조왕할머니. 조왕신.

여수기余守己 : 단군 시절에 질병을 주관하던 신.

오구대왕 : 무조신巫祖神 '바리데기'의 아버지.

오늘이 : 무속신화에서 신의 나라를 모험하는 인간.

오제五帝 : 지상의 동·서·남·북·중앙의 다섯 방위를 지키고 관장하는 다섯 명의 신들. 지하/저승의 오령과 대응되는 신들.

오토지신 : 토지를 관장하는 다섯 신들. 성조신의 다섯 아들로, 보모와 함께 지상에 내려와 토지를 관장하는 다섯 신들이 됨.

온조溫祚 : 고구려를 세운 영웅 주몽/추몽의 다른 아들. 백제를 세움.

요堯**/도요**陶堯 : 중국 민족의 고대 제왕신. 요임금. 단군 시절 우리 민족의 정치 이념인 '부도符都'에 대항하여 '당도唐都'를 주장하다 우리의 민족신 마고의 후손 유상에게 멸망당함.

용왕국 따님아기 : 저승 삼신. 저승 할머니.

우禹 : 중국 최초의 국가인 하나라를 세운 왕조의 시조신. 요·순 시절 치수 사업에 공이 커 나라를 양위 받은 인물.

유리琉璃**/유리왕**琉璃王 : 고구려를 세운 주몽의 아들. 이들의 가계는 '해모수 → 주몽 → 유리'로 이어짐.

유망楡罔 : 중국 신화시대 염제 신농神農의 후예로 처음에는 치우씨 蚩尤氏와 황제 헌원軒轅의 세력 사이에 있다가, 먼저 치우에게 쫓겨나고, 다음에는 다시 황제 헌원에게 멸망당함.

유상有象 : 단군시절 아버지 유호씨의 뜻을 받들어 중국 요임금을 쳐서 멸망시킨 신.

유순有舜 : 단군 시절 유호씨의 아들로 중국 도요/요임금의 꾀에 넘어가 우임금에게 살해됨.

유인有因 : 여신 마고의 딸 궁희의 자식 황궁씨의 뒤를 이어 '천부삼인天符三

印'을 세상에 전한 신.

유호有扈 : 여신 마고의 딸 궁희의 자식 황궁씨의 뒤를 이어 세상에 '천부삼
인天符三印'을 전한 유인씨의 아들. 그의 아들 유상有象으로 하여금 중
국의 도요/요임금을 쳐서 멸망시킴.

읍루挹婁 : 3세 단군인 가륵.

이승삼신 : 이승의 출산을 담당하는 여신. '명진국 따님아기'.

일본국 공주 : 제주도 고씨·양씨·부씨 시조신들의 아내.

자청비/중세경 : 지상의 어떤 나라 대감의 딸로 태어났으나, 하늘나라 옥
황상제의 아들 문도령의 아내가 되고, 시기와 싸움에 빠진 하늘나라를
구하고, 나중에는 다시 문도령과 함께 오곡의 씨앗을 가지고 지상으로
내려와 농신農神이 되었음.

장길손 : 동아시아 땅을 만들어낸 거인 남신.

저승삼신/저승할머니 : 저승의 출산을 담당하는 여신. 원래 수신인 용왕의
딸. '용왕국 따님아기'.

정견正見: 가야산 산신. 가야산 선녀못에서 목욕을 할 때 천신 이비가의
사랑의 빛을 받아 아이를 잉태하여, 아들 뇌질주일·뇌질청예를 낳
음. 이 두 아들은 나중에 이들은 각각 대가야·금관가야의 왕이 되었
다 함.

정수남/하세경 : 자청비의 종. 나중에 축신畜神이 되었음. 서양의 목신牧神
'판Pan'과 같이 매우 짓궂고 심술궂은 신.

제석신帝釋神/삼불제석 : 무속에서 섬기는 불교적인 성격의 천신. 집안의
길흉화복을 주재하는 신, 재산신 등, 여러 가지 성격을 지닌 신. '당금
아기'와 '주자대사'(석가세존이 변신한 인물) 사이에 태어난 신으로도
되어 있음.

제석帝釋/제석님 : 재산신.

조왕竈王/조왕신竈王神/조왕할머니 : 부엌신. '여산부인'으로도 나옴.

주몽朱蒙/고주몽高朱蒙 : 천신 해모수의 아들. 원래 '추몽'인데, 중국인들이

이를 낮추어서 '주몽'이라 했다고도 함.

주인主因 : 처음으로 혼인법를 만든 신. 중매신. 결혼신. 오늘날에도 결혼 중매를 서는 일을 '주인 선다'고 하는 것은, 바로 이 신의 이름에서 유래한다 함. 선악을 주관하는 신.

지부왕地府王 : 지상을 다스리는 신. 천하대장군과 같은 성격의 신.

지산국 : 제주도 한라산 안개신. 바람운의 두 번째 부인.

지하문장地下文將 : 단군신화의 웅녀熊女 정도에 해당하는 지상신.

천하대장군天下大將軍 : 지상의 동·서·남·북·중앙 등의 다섯 방위를 지키는 신들. 오제와 같은 신. 지하/저승의 지하여장군과 대응되는 신들.

청궁靑穹 : 마고의 딸 궁희가 낳은 둘째 자식.

측신廁神 : 화장실 신.

치우蚩尤 : 우리나라 최초의 위대한 전쟁신. 처음으로 병기/무기와 온갖 도구들을 만듦. 환웅시대/신시시대 후기에 중국 민족과 싸운 '탁록대전涿鹿大戰'에서 중국 헌원軒轅의 군대를 크게 물리쳐 이후에 중국 민족이 가장 두려워하는 신이 되었음. 중국 신화에는 중국의 신으로 나옴.

칠성신七星神 : 무속신화에 나오는 일곱 명의 신들. 칠성신은 그 성격이 매우 다양하여 인간의 수명을 관장하는 하늘의 신, 비를 관장하는 하늘의 신, 창고와 재산을 관장하는 지상의 재산신/업신 등으로 나타남.

탈해脫解/석탈해昔脫解/탈해왕脫解王 : 용성국의 왕 함달파의 아들. 알에서 태어남. 나중에 유리왕/노례왕의 뒤를 이어 신라의 왕이 됨.

토주대감 : 집터를 지켜주는 신.

팽우彭虞 : 토지를 개간한 신.

해부루解夫婁 : 북부여의 왕. 나중에 도읍을 옮겨 동부여를 세움.

허황옥許黃玉 : 아유타국의 공주. 수로왕의 아내가 됨. 수신으로 보기도 함.

헌원軒轅 : 중국 민족에게 배와 수레를 만들어 준 신. 중국 민족이 실질적인 시조로 모시는 신. 우리 민족의 전쟁신 치우씨蚩尤氏와 탁록의 들판에서 대전을 벌여 크게 패함. 후에 다시 중국 민족을 규합하여 중국의 황제가 되었으므로, 그를 '황제 헌원씨'라 부름.

혁거세赫居世/박혁거세朴赫居世 : 하늘에서 천마를 타고 내려온 알에서 태어난 신. 자라서 계림국/신라의 시조가 됨.

황궁皇穹 : 마고의 딸 궁희가 낳은 첫째 자식.

흑소黑巢 : 마고의 딸 소희가 낳은 첫째 자식.

• 수신들

백주마누라 : 강남 천자국 백사장에서 솟아난 여신. 제주도 김령리 마을신 궤네깃도의 어머니.

유화柳花 : 물의 신 하백의 딸. 천신 해모수와 사랑을 나누어 아들 추몽/주몽을 낳음. 주몽은 나중에 고구려의 시조가 됨.

처용處容 : 동해 용왕의 아들. 훗날 역신을 물리치는 질병 퇴치신이 되었음. '처용가'와 '처용무'의 유래가 되는 신.

하백河伯 : 물의 신. 강의 신. 나반邪般의 후손. 사해를 지배하는 신.

함달파含達婆 : 용성국의 왕. 바다의 신. 신라 유리왕/노례왕의 뒤를 이어 신라의 왕이 된 석탈해의 장인.

희숙의랑嬉淑義琅 : 동해 용왕의 딸. 전쟁신 군웅의 아내.

(3) 지하/저승계 신들

강림/강림차사/강림도령 : 저승차사. 저승사자. 염라대왕을 이승으로 붙잡아온 인물.

도랑선비 : 인간 영혼을 관장하는 남신. 청정각시의 남편.

명부차사冥府差使 : 저승차사.

무장승 : 저승강 건너편에서 저승을 지키는 거인. 나중에 '바리데기'와 함께 이승으로 나와 산신山神이 됨.

시왕十王/십대왕十大王 : 저승을 다스리는 신들. 저승을 지키는 거인신 무장 승과 이승의 오구대왕 딸 바리데기 사이에서 태어난 아들들.

염라대왕閻羅大王 : 저승을 다스리는 왕.

오령五靈 : 지하/저승을 다스리는 다섯 여신들. 지하여장군.

인황차사人皇差使 : 저승사자.

일직사자日直使者 : 죽을 때가 된 사람을 데리러 오는 세 명의 저승차사差使 중 하나.

월직사자月直使者 : 죽을 때가 된 사람을 데리러 오는 세 명의 저승차사差使 중 하나.

지하여장군地下女將軍 : 지하/저승을 다스리는 다섯 여신들. 오령.

지황차사地皇差使 : 서승사자.

천황차사天皇差使 : 저승사자.

청정각시 : 인간 영혼을 관장하는 여신. 도랑선비의 아내.

허웅애기 : 저승 시왕신의 배려로 이승과 저승을 오가던 여인.

제1부
환인 – 선천시대

　우리는 앞의 '한국신화 해설'에서 그 시대구분을 한국신화의 원형인 '단군 신화'와 '마고신화'를 그 기준으로 '환인–선천시대 · 환웅–중천시대 · 환검– 후천시대'로 구분하였다. 이런 신화의 시대구분은 그리스 신화의 '황금시대 · 은의시대 · 청동시대 · 철의시대'의 시대구분과도 상응하는 한국신화의 시대 구분 방식이라는 것도 앞에서 언급한 바 있다.

　이 장에서는 이 한국신화 시대구분의 첫 번째 시기인 '환인–선천시대' 신 화들을 살펴보기로 하자.

　이 신화시대를 우리는 '천지창조' 시대라고 부르기도 한다. 이 시대 신화들 은 암흑 · 혼돈의 세상에 언제 신들이 나타나고, 그 신들이 이 세상과 인간과 세상 만물들을 어떻게 생겨나게 하였는가를 알려주는 이야기들, 그리고 인류 가 그 초기에 겪었던 큰 자연 재앙인 대홍수에 관한 이야기 등이 그 중심을 이루고 있다.

　그러면, 이 한국신화 시대 초기의 흥미로운 이야기들을 찾아 떠나보기로 하자.

1. 세상의 시작과 만물·사람의 탄생

 남신 계통의 천지창조 이야기 : 환인·환웅이 세상을 생겨나게 하다

암흑暗黑과 혼돈混沌의 세상이 열리다

1675년(숙종 2)에 북애노인北崖老人이란 분이 쓴 《규원사화揆園史話》라는 책에는, 우리 민족의 천지창조天地創造에 관한 다음과 같이 흥미로운 신화 기록이 실려 있다.

아득한 옛날, 이 세상世上 처음에는 세상은 온통 어둠 곧 암흑暗黑 덩어리였다. 음陰과 양陽이 서로 갈라지지도 않았고, 무질서한 혼돈混沌으로 닫혀 있었다. 하늘도 땅도 나누어지지 않았으며, 해·달·별도 아직 나타나지 않았다. 온갖 생물들도 그 자취가 없었다(그림1, 그림2 참조).

▲그림1_우주의 혼돈이 잘 드러난 바람개비 은하.

▲그림2_동양의 혼돈 이미지. (4세기 중국 《산해경》)

▲그림3_민화民話/무신도에 그려진 하느님 환
인 옥황상제.(신명기 선생 제공)

▲그림4_하느님 환인桓因의 아들 환웅桓雄의
모습.

하느님[神] 환인桓因과 작은 신神들이 출현하다

그 뒤 오랜 세월이 지난 뒤에, 처음으로 세상에 환인桓因이라는 신神 곧 하느님이 나타났다(그림3 참조). 이 분을 민간에서는 옥황상제玉皇上帝라고도 한다.

하느님 환인桓因의 뒤를 이어, 수많은 작은 신들이 세상에 나타났으나 이 신들이 어떻게 이 세상에 나타났는지는 아무도 모른다. 이에, 하느님 환인은 세상의 중심에 자리를 잡고, 수많은 여러 작은 신들을 거느리게 되었다.[1]

하늘[天]·땅[地]·해[日]·달[月]·별[星]이 창조되다

하느님 환인桓因에게는 환웅桓雄이라는 아들이 있었다(그림4 참조). 어느 날, 환인은 아들 환웅에게 이 암흑 혼돈의 세상世上을 밝은 질서秩序의 세상으로 만들라고 하였다. 이에, 환웅은 여러 작은 신들을 거느리고 조화造化를 부려, 다음과 같은 과정을 거쳐 밝은 질서의 세상을 만들게 되었다.[2]

---

1) 여기서 한국신화의 개방적이고 포괄적인 다신적 포용 신관을 볼 수 있다.

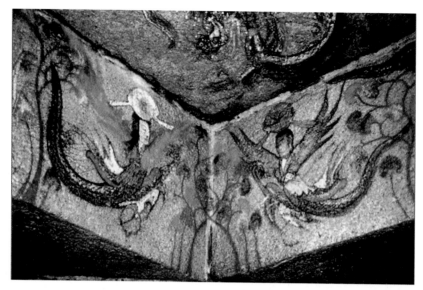

▲그림5_고구려 고분 벽화에 그려진 달신(좌)과 해신(우).(집안 오회분 4호 묘 벽화, 5세기)

먼저, 천둥 곧 우레[雷車]로 하여금 검푸른 암흑 혼돈混沌의 세상에 번개[閃光]를 번쩍이게 하고, 벽력霹靂 곧 벼락 치는 소리가 들리게 하여, 세상을 놀라게 하였다.3)

그러자 닫힌 암흑 혼돈混沌이 크게 열리며, 하늘[天]과 땅[地]이 나누어져 음陰과 양陽이 구별되고, 비로소 새로운 질서의 밝은 세상이 이루어지기 시작하였다.

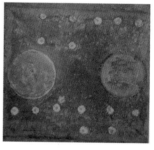

다음으로, 하늘[天]에 해[日]가 떠서 세상을 밝게 비추어 낮[晝]이 이루어지게 하고, 또 하늘에 달[月]과 별[星]들이 나와 어두운 하늘을 밝

▲그림6_무덤 벽화의 해·달·별.
(집안 장천1호분 천정, 5세기)

---

2) 다음에 기술되는 천지창조의 과정은 하느님 환인이 직접 실행하는 과정이 아니라, 환인을 포함한 여러 신들의 조화력과 자연의 상호 협력에 의해서 이루어지는 것으로 기술되고 있다. 이는 서양 기독교 신화에서 '하나님'이 직접 천지를 창조하는 것으로 기술되는 것과 다른 동양적-한국적인 신화의 특징이라고 할 수 있다.

3) 이처럼, 우리 신화에서는 '빛'보다 '소리'가 가장 먼저 나타나고 있다는 것도 흥미로운 사실이다. 뒤에 나오는 '여신 계통의 천지창조 이야기' 참조.

▲그림7_사계절의 변화.

혀, 희미한 빛의 밤[夜]이 이루어지게 하였다. 특히, 밤이 되면 별들은 어두운 밤하늘에서 보석寶石처럼 아름답게 반짝이기 시작하였다(그림5, 그림6 참조).

날수[日數]·사계절四季節·햇수[年數]가 정해지다

그 다음에는, 그 낮과 밤이 이어져 하루[一日]가 이루어지게 하고, 해와 달을 여러 차례 순환시켜 봄[春]·여름[夏]·가을[秋]·겨울[冬]의 사계절四季節이 이루어지게 하였다. 그리고 이 사계절을 차례로 순환循環시켜 한 해[一年]가 이루어지도록 하였다(그림7 참조).

물[水]·불[火]·뭍[陸地]·가람[江]·바다[海]·만물萬物이 생겨나다

그러나 땅에는 아직도 물[水]과 불[火]이 제 자리를 잡지 못하고 있었다. 이에, 환인桓因은 다시 아들 환웅桓雄에게 명을 내려, 다시 한 번 크게 하느님의 조화造化를 나타내시게 하였다.

그러자 세상의 불기운[火氣]은 위로 올라가고, 물기운[水氣]은 아래로 내려가, 뭍[陸地]·가람[江]·바다[海]가 구별되었다. 그러자 뭍과 물에서 온갖 생물들이 생겨났다.

하느님 환인桓因이 직접 사람[人]을 만들다

다시 오랜 세월이 더 흘러간 뒤에, 하느님 환인桓因은 아들 환웅桓雄과 여러 작은 신들을 모아놓고 이렇게 말했다.

"너희들의 공로로 하늘[天]과 땅[地]이 구별되고, 천지가 밝아지고, 만물萬物이 번성하게 되었다. 이 일에 너희들의 공로가 참으로 크다. 이제는 내가 이 세상 만물의 주인主人을 만들 터이니, 그 이름을 사람[人]⁴⁾ 이라 하라. 사람은 하늘과 땅과 함께 이 세상의 세 가지 큰 근본 곧 '삼재三才'⁵⁾ 가운데 하나가 될 것이다."

▲그림8_하늘·땅·사람 (무당), 곧 삼재三才를 형상화 한 상형문자 巫.

◀그림9_1977년 평양시 역포구역 대현동동굴에서 발견된 7~8세의 고대한국인 흉상. 역포인力浦人상이라고도 한다. 구인류(호모 에렉투스)의 특징을 갖고 있으면서 신인류(호모 사피엔스)로 이어지는 특징도 보유하고 있다.

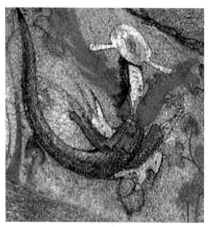
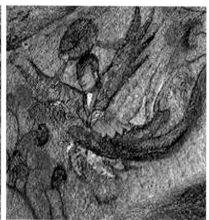

▲그림10_벽화 가운데 해신과 달신 부분.(집안 오회분 4호 묘 벽화)

---

4) 여기서 '사람'이란 그 어원으로 볼 때 '살음' 혹은 '삶', 곧 생명 혹은 생명의 본질과 근원을 뜻한다.

5) 우리 민족은 예로부터 천天·지地·인人 곧 하늘·땅·사람을 세상의 세 가지 근본 곧 삼재三才라 생각해 왔으며, 이 근본 원리는 우리 민족의 생각과 실천의 세 가지 중추가 되었고, 나중에 한글 창제의 기본 원리가 되기도 하였다.

▲**그림11_** 하늘과 땅을 이어주는 신성한 나무[宇宙木] 아래서 사람들이 노래와 춤을 즐기는 모습.
(집안 장천1호분 벽화)

말을 마치자, 하느님 환인은 하늘과 땅의 가장 올곧고 밝은 기운氣運과 가장 신령神靈스럽고 빼어난 성품性品을 가리어 뽑아, 그것으로 사람을 만들었다(그림9 참조).

이렇게 하여, 마침내 우리가 사는 이 세상世上이 만들어지고, 그 세상에 온갖 만물萬物들과 세상을 이끌어갈 사람[人]이 다 생겨나 살게 되었다고 한다(그림10~그림12 참조).6)

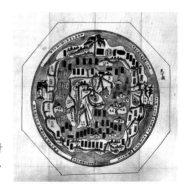

▶**그림12_** 우리 민족이 생각한
세계 모양.(《천하도天下圖》,
15세기. 영남대학교 소장)

---

6) 북애노인 지음 · 고동영 옮김(1986), 〈조판기〉, 《규원사화》(서울: 흔뿌리), 9~12쪽 참조.

이 세상이 만들어진 내력來歷에 관한 또 다른 이야기들 가운데는, 무당巫堂들이 전해주는 다음과 같은 이야기도 우리의 흥미를 끌기에 충분하다. 그런데, 이 이야기도 전체의 틀과 전개 과정은 앞에서 살펴본 '단군신화' 계통의 천지창조 신화와 비슷하다. 이런 점에서, 이 천지창조 신화들도 신화의 원형原型 면에서 보면 '단군신화' 계통의 천지창조 신화 유형에 속하는 변이형 신화라고 할 수 있다.

이러한 현상은 아마도 이 신화가 무당이나 민중들에 의해 오랫동안 구전되어 오는 과정에서 이렇게 변이가 이루어진 것이라고 볼 수 있다. 다음 이야기는 무속에서는 무당들이 전해주는 천지창조 이야기 곧 '천지왕 본풀이'라고 한다.

천지왕 본풀이

태초太初에, 세상은 온통 어두운 **혼돈**混沌 상태였다. 그러다가 어느 날 개벽開闢의 기운이 돌기 시작했다.

먼저 어두운 혼돈混沌이 상하上下로 벌어지면서 하늘과 땅이 생겨나고, 그 하늘과 땅 사이에 커다란 공간이 생겨났다. 그 텅빈 공간에 제일 먼저 반짝이는 **별**들이 생겨났다. 하늘 동쪽에는 견우성牽牛星, 서쪽에는 직녀성織女星, 남쪽에는 노인성老人星[7], 북쪽에는 북극성北極星[8], 그리고 공간 중앙에는 삼태성三台星[9]이 생겨났다(그림13, 그림14 참조).

그러나 별들만으로는 그 암흑 세상이 크게 밝아지지를 못했고, 아직 세상

---

7) 남극 부근의 하늘에 있는 별로 남극노인성이라고도 하며, 광도는 겨우 6등급임. 예로부터 수명을 관장하는 별로 알려져 왔으며, 이 별을 보는 사람은 오래 산다고 한다.
8) 천구의 북극에 있는, 작은곰자리에서 가장 밝은 별. 임금별 자미성紫微星.
9) 큰곰자리 별들 가운데서 가장 뚜렷하게 보이는, 국자 모양으로 생긴 일곱 개의 별을 북두칠성이라 하고, 이 북두칠성 바로 아래에 있는 여섯 개의 별들 곧 상태성 두 개, 중태성 두 개, 하태성 두 개 등의 별을 말함. 임금별인 자미성紫微星을 지키는 별로도 일컬어진다.

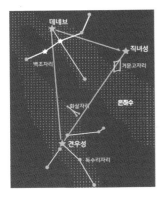

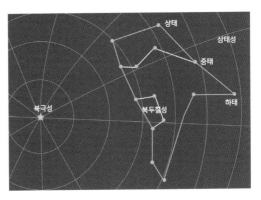

▲그림13_견우성 · 직녀성 별자리   ▲그림14_북극성 · 삼태성 · 북두칠성 별자리

의 오방五方이 오색五色 구름에 휩싸여 있었다. 동쪽에는 푸른 구름, 서쪽에는 하얀 구름, 남쪽에는 붉은 구름, 북쪽에는 검은 구름, 세상 한가운데에는 누런 구름이 오락가락했다.

　그러던 어느 날, 천황닭[天皇鷄]이 목을 길게 빼고, 지황닭[地皇鷄]이 날개를 툭툭 치고, 인황닭[人皇鷄]이 소리를 높여 크게 울었다. 그러자 세상에 점차 먼동이 트기 시작했다.

　이때, 하늘의 주신인 옥황상제玉皇上帝[10]가 해 둘과 달 둘을 만들어 보내어, 이 세상이 비로소 밝게 되었다. 그러자 하늘에서는 푸른 이슬이 땅으로 떨어져 내리고, 땅에서는 물빛 이슬이 하늘로 뻗쳐 올랐다. 또한 산이 위로 솟고 물이 아래로 흘러내려, 이 세상의 모든 형상과 만물萬物이 생겨나게 되었다.[11]

---

10) 하느님 환인桓因과 동등한 관념의 신. 곧 뒤에 나오는 '천지왕'의 아버지 신. 따라서, '천지왕'은 곧 하느님 환인의 아들 '환웅桓雄'과 동등한 개념의 신이다.
11) 현용준, 《제주도신화》(서울: 서문당, 1976), 11~21쪽 참조. 이 책에 따르면, 이 신화는 제주도 조천면 조천리 박수무당 정주병의 구연을 통해 제보한 것으로 되어 있다. 이것을 무당의 노래 '천지왕본풀이'라 한다.

세상이 만들어진 내력來歷에 관한 또 다른 이야기로는, 다음과 같이 민간民 間에 구비전승口碑傳承으로 전해 내려오는 것도 있다.

세상이 만들어진 처음에는, 세상은 온통 검은 진흙뿐이었다. 그 뒤, 하느님 12)이 세상에 필요한 것들을 하나씩 하나씩 만들어 나가기 시작했다.

그러던 어느 날, 하느님이 **별**을 만들고 있었는데, 그때 마침 하늘나라 공주13)가 가 지고 놀던 반지를 지상地上으로 떨어뜨리고 말았다(그림15 참조).

▲그림15_미추왕릉 황남대총에서 발굴 된 신라시대 반지.

하늘나라 공주는 지상으로 떨어뜨린 그 반지가 너무나 아까워, 그 반지를 찾기 위 해 하느님 몰래 하늘나라의 시녀侍女 한 사람을 지상으로 내려 보냈다. 땅에 내려온 이 시녀는 하늘나라 공주의 반지를 찾고자 땅의 검은 진흙 속을 헤집 어 뒤지며 온 세상을 헤매고 다녔다. 그러나 땅은 너무나도 어둡고 진흙투성 이뿐이어서 잃어버린 하늘나라 공주의 반지는 도저히 찾을 수가 없었다.

공주는 하늘나라에서 지상으로 내려간 그 시녀가 돌아오기를 애타게 기다 렸지만, 반지를 찾지 못한 하늘나라 공주의 시녀는 하늘나라로 다시 돌아갈 수가 없었다. 아무리 기다려도 시녀가 돌아오지 않자, 공주는 하염없이 눈물 을 흘렸다. 공주의 눈물을 본 하느님은 공주에게 그녀가 우는 연유를 물었다. 공주는 그제야 자신의 반지를 지상에 떨어뜨린 사실을 하느님께 고백하였다. 이 사실을 안 하느님은 곧 하늘나라 장수14) 한 사람을 지상으로 내려 보내어, 공주의 잃어버린 반지를 찾아오도록 했다.

하느님의 명을 받은 이 하늘나라 장수는, 먼저 지상으로 내려온 하늘나라

---

12) '환인桓因' 혹은 '옥황상제玉皇上帝'와 대등한 신.
13) 이 하늘나라 공주는 가끔 '선녀仙女'로도 나옴. '견우와 직녀' 이야기에 나오는 '직녀'도 '옥황상제'의 손녀딸로 되어 있음.
14) 하느님 환인桓因의 아들 '환웅桓雄' 정도에 해당하는 천상의 신.

공주의 시녀처럼, 공주의 반지를 찾아 온 세상을 헤매고 돌아다녔다. 그러나 땅은 아직도 온통 캄캄하게 어두운 진흙투성이여서, 이 장수도 도저히 그 반지를 찾을 수는 없었다. 하늘나라 공주의 반지를 찾아 어두운 진흙 세상을 헤매던 장수는 어느 날 뜻밖에 아름다운 한 여성을 만났다. 그녀는 바로 하늘 나라 공주가 내려 보낸 공주의 시녀였다. 이 둘은 다 반지를 찾지 못해 하늘나라로 돌아갈 수가 없었기 때문에, 힘들지만 둘이 함께 힘을 합쳐서 반지를 찾아보기로 하였다.

이때, 마침 하느님은 별과 달과 해를 다 만들어 지상을 밝게 비추었다. 그러자 진흙이 모두 굳어져 뭍[땅]이 되고, 뭍 위에는 풀과 나무가 자라나고, 새와 짐승들이 생겨나고, 물속에서는 온갖 물고기들이 태어났다. 그리고 하늘나라 장수와 시녀가 반지를 찾기 위해 진흙을 깊이 떠낸 곳은 바다가 되었으며, 그들이 진흙을 걷어 올려 높이 쌓은 곳은 산이 되었다. 그리고 이 장수의 손으로 부드럽게 어루만진 곳은 들이 되었으며, 그가 손가락으로 긁은 곳은 가람[강]이 되었다.

하지만 공주의 반지는 찾을 수가 없었다. 반지를 찾지 못한 이 둘은 다시 하늘나라로 돌아갈 수가 없어서, 서로 부부가 되어 이렇게 아름다워진 이 지상에서 함께 행복하게 살게 되었다. 그 뒤, 이들이 낳은 자손들이 지상에 널리 퍼져나가게 되었다. 그래서 이 하늘나라 장수와 시녀 사이에서 태어난 자손들이 오늘날 세상 여러 부족들의 조상이 되었다고 한다.[15]

민간 서민들이 전해주고 있는 이 천지창조 이야기도 우리 신화의 원형인 '단군신화'가 오랫동안에 걸쳐 민간에 전승되면서 변이된 것으로 볼 수 있다. 즉, 이 신화의 하느님은 단군신화의 '환인', 하늘나라 장수는 단군신화의 '환웅', 그리고 선녀는 단군신화의 '웅녀'의 변이형으로 볼 수 있기 때문이다.

---

15) 1955년 12월, 충남 금산군 진산면 교촌리 한경득(남·58세) 제보.

▲**그림16**_은진미륵. (충남 관촉사)　　　▲**그림17**_미륵님의 천지창조. (한국민속신앙사전)

세상이 만들어진 내력來歷에 관한 이야기들 가운데는, 다음과 같이 불교화
된 이야기도 전해지고 있어 흥미롭다.

　　　태초太初에 세상世上은 온통 혼돈混沌이었다. 어느 날, 이 혼돈이 둘로 갈라
　　　져 하늘과 땅이 생겼다.　그 다음엔 하늘에서 두 개의 해와 두 개의 달이 생겨
　　　나고, 이어서 **미륵**彌勒16)이 탄생했다(그림16~그림18 참조).

　미륵님은 해 하나를 떼어 내어 큰 별과 작은 별들을 만들었다. 큰 별은
임금별인 자미성紫微星과 신하들의 별이 되었고, 작은 별은 백성들의 별이
되었다. 작은 별은 직성별[直星]17)로서, 나이에 따라 사람들의 운수運數를 결

---

16) 여기서 '미륵'이란 인물은 '하느님'·'환인'·'옥황상제' 등에 해당하는 성격과 '환웅' 및
　　'환검'/'단군'에 해당하는 성격들이 두루 복합된 성격의 신화적인 인물로서, 우리 민족의
　　주신인 '삼신' 곧 '환인·환웅·환검'이 불교의 전래 이후에 불교화 되는 과정에서 불교식으
　　로 변이되어 이루어진 신화적 인물이라고 할 수 있다.

▲그림18_우리나라 최대의 미륵불 사찰.(전북 김제시 금산사 미륵전, 금산사 제공)

정하는 별이다. 그리고 달 하나를 떼어내어 북두칠성北斗七星[18])과 남두칠성南斗七星[19])을 만들었다. 이렇게 해서, 하늘에는 해와 달과 별들이 제자리를 잡게 되었다.

그런데, 이때에는 세상에 아직 물[水]과 불[火]이 없었다. 미륵님은 풀메뚜기·풀개구리·생쥐에게 각각 물과 불의 근본을 차례로 물어보았다. 마침내 쥐에게서 그 근본의 빌미를 얻어, 소하산·금정산으로 들어가 물과 불의 근원을 찾아내었다. 이때부터 사람들이 비로소 물과 불을 얻게 되었다.

미륵님은 물과 불을 마련한 뒤에, 한 손에 금쟁반을, 다른 한 손에는 은쟁반을 들고, 하늘을 우러러 사람[人]을 내려달라고 빌었다. 그러자 금쟁반 위로는 다섯 마리 금벌레가 떨어지고, 은쟁반 위로는 다섯 마리 은벌레가 떨어졌다. 이 금벌레와 은벌레들이 점점 자라, 금벌레는 남자가 되고 은벌레는 여자

---

17) 사람의 나이를 따라 운명을 맡아보는 아홉 개의 별.
18) 인간의 죽음을 다스리는 별.
19) 인간의 삶을 다스리는 별.

가 되었다.

이 다섯 쌍의 남녀들이 서로 짝을 지어 결혼하여, 이들 사이에서 인류의 자손들이 태어나기 시작하였으며, 이 세상에 널리 퍼졌나가, 세상의 여러 부족들이 이루어지게 되었다고 한다. 이때에는 사람들의 마음씨가 순박淳朴하고 세상에 먹을 것들이 풍부하여, 모두가 평화롭고 행복하게 살았다고 한다.[20]

이 천지창조 이야기도 전체의 틀과 전개 과정은 '단군신화' 계통의 그것과 아주 비슷하다. 다만 단군신화가 오랜 동안에 걸쳐서 불교화가 더욱더 진행된 관계로 여기서는 하느님 환인/환웅이 '미륵'으로 변이되고 있을 뿐이다. 이 천지창조 이야기에서도 잘 나타나는 바와 같이, 우리 신화가 보여주는 천지창조 과정은 세상의 본바탕은 저절로 자연스럽게 이루어진 것이며, 그 다음에 신들이 나타나 자연에 조화를 부려 해·달·별·물·불·사람 등이 생겨난 것으로 되어 있다. 우리 신화에서는 이처럼 이 자연과 신들이 서로 협력해서 이 세상의 여러 사물들과 사람이 생겨난 것으로 생각하고 있다. 신과 인간보다 '자연自然'을 더 우선시하는 흥미로운 사실도 확인할 수가 있다.

---

20) 손진태(1930), 《조선신가유편》(동경: 향토연구사), 1~15쪽 및 서대석(1997), 《한국의 신화》(서울: 집문당), 53~60 참조.

여신 계통의 천지창조 이야기

우리나라 신들의 이야기 가운데는, 오래된 남신男神들 이야기 못지않게 여신女神들 이야기도 오래되고 많이 있어서, 남신들의 이야기와 여신들의 이야기가 아름다운 조화를 이루고 있다.

이번에는, 이 여신들의 입장에서 이루어진 천지창조天地創造 이야기에 귀를 기울여 보기로 하자.

이 이야기는, 시각중심視覺中心이 아니라 청각중심聽覺中心의 천지창조 신화라는 점도 매우 흥미롭다. 즉, 이 신화에서는 '소리'가 천지를 창조한다. 또한, 어떤 초월적인 능력자에 의해서가 아니라 우주 자체의 자율적인 변화에 따른 우주 생성 다음에 신들이 태어나고 있다는 점도 서양의 일부 창조신화와 다른 점이다.

더 중요한 것은 이 신화가 우리 신화의 시대구분 방법을 암시하고 있다는 점이다. 이 신화가 제시하는 선천시대·중천시대·후천시대의 시대구분 방법은, 단군신화의 환인시대·환웅시대·환검시대의 시대구분 방법과 함께, 우리 신화의 대표적인 시대구분 근거가 되고 있다.

이 신화에는 또한 '소리'를 중심으로 하는 근원적인 조화의 패러다임이 내재되어 있다는 점에서, 우리 신화 가운데서 매우 중요한 신화 원형이라고 할 수 있다. 이 이야기는 신라 박제상朴堤上(363~419)이 지었다고 알려진 《부도지符都志》에 전해지는 것이다.

선천시대先天時代

이 세상 처음에는 어두움 곧 암흑暗黑뿐이었다. 세월이 오래 지난 뒤에 비로소 하늘과 땅이 나누어졌다. 다시 오랜 세월이 더 지난 뒤에, 그 암흑 속에서 여덟 가지 우주의 근본 소리인 팔음八音[21]이 생겨났다. 이것을 본음本音이

---

21) 우리나라와 중국에서 사용된 전통적인 소리/악기 분류법. '팔음八音'은 아악기의 제조

라고 한다. 이 본음인 팔음이 수없이 변화하여, 하늘에 해[日]와 달[月]과 별[星]들이 생겨났다. 이 시대를 선천시대先天時大라 한다.

중천시대中天時代

또 다시 세월이 더 많이 흐르자, 우주의 근본 소리인 본음本音 곧 팔음八音이 무수히 변화하여, 지상 최초의 여신 마고麻姑[22]가 태어났다(그림19 참조).

▲그림19_최근에 그려진 마고신.(문화콘텐츠닷컴)

마고는 이 여덟 가지 우주의 근본 소리인 본음本音, 곧 팔음八音을 가지고 마고성麻姑城[23]을 지어 그 안에서 살았다. 이곳은 인류 최초의 발원지로, 오늘날의 히말라야 파미르고원에 있었다고 한다(그림20, 그림21 참조). 이 시대를 '짐세시대朕世時代'라고도 한다.

▲그림20_마고성을 닮았을 것으로 추측되는 강화도 마니산 참성단.

때 사용되는 여덟 가지 재료를 의미하는 용어이기도 한데, 이것은 쇠[金]·돌[石]·명주실[絲]·대나무[竹]·나무[木]·가죽[革]·바가지[匏]·흙[土] 등을 가리키며, 이 재료들에 의해 만들어진 악기들이 내는 소리들을 말하기도 한다.

22) 지상 최초의 여신이라는 점에서 이 신은 단군신화의 '환웅'에 해당한다.

23) 우리 민족 신화가 전해주는 인류 최초의 발원지. 그 위치가 오늘날의 '파미르고원'이라는 설도 있다. 서양 그리스 신화의 '올림포스'와 비슷한 곳.

후천시대後天時代

그 뒤로 훨씬 더 많은 세월이 지나, 마고는 선천先天을 남자로, 중천中天을 여자로 서로 만나게 하여 궁희穹姬와 소희巢姬라는 두 딸을 낳아, 이들로 하여금 세상의 근본 소리인 본음本音 곧 팔음八音을 맡아 조절하게 하였다. 이 시대에 와서 팔음은 십이음조十二音調 곧 오음五音[24] 칠조七調[25]가 되었다.

한편, 이 시대에 들어와서 궁희穹姬와 소희巢姬도 다시 선천先天과 중천中天의 정수精髓를 받아, 각각 두 명의 영웅英雄인 천인天人과 천녀天女를 낳았다. 궁희가 낳은 자식은 청궁靑穹과 황궁黃穹이었고, 소희가 낳은 자식은 백소白巢와 흑소黑巢였다.

이후에 궁희와 소희는 또 각각 두 명의 자식을 더 낳아, 이들의 자식들까지 모두 여덟 명이 되었다. 이들로부터, 비로소 인간의 부족部族 및 씨족氏族과 성씨姓氏가 시작되었다.

▲그림21_파미르고원의 천산과 카라쿨 호수 전경.

---

24) 우리 음악에서 쓰이는 5음계 곧 '궁宮·상商·각角·치徵·우羽'를 말한다. 서양음악의 계이름 '도·레·미·솔·라'에 해당한다.

25) 우리나라 음악 곧 향악鄕樂에 쓰이던 일곱 가지의 조調. 선법旋法을 뜻하지 않고 선법에 쓰인 중심음의 높낮이를 나타내는 말이다. 이 칠조七調는 일지一指, 이지二指, 삼지三指, 사지四指/횡지橫指, 오지五指/우조羽調, 육지六指/팔조八調, 칠지七指/막조邈調 등 일곱 조이다.

이때에, 마고성에서 처음으로 지상의 **생명수**인 지유地乳가 흘러나오기 시작하였다. 궁희穹姬와 소희巢姬는 이 생명수 지유로 이 여덟 명의 천인天人·천녀天女들을 먹여 길렀다. 이들이 마고와 함께 인간의 아홉 부족 곧 구환족九桓族의 조상이 되었다 한다.

이 시기에 세상의 근본 소리는 율려律呂가 되었다. 마고는 이 네 명의 천녀와 네 명의 천인들에게 율려를 맡아 조절하게 하였다. 즉, 천녀들에게는 여呂를 맡아 조절하게 하고, 천인들에게는 율律을 맡아 조절하게 하였다. 다시 오랜 세월이 더 흐른 뒤에, 이 세상의 근본 소리인 율려律呂가 변하여 **향상**響象이 되었다. 이것은 하늘의 소리인 팔음八音과 땅의 소리인 팔성八聲이 조화된 것이었다.

이 시대에 들어와 세상의 모양이 분명하게 만들어졌다. 처음에 세상은 온통 물이었다. 마고는 이 물을 둘로 나누어 그 반을 위로 끌어올려 하늘의 구름이 되게 하고, 나머지 반을 아래로 평평히 펼쳐 세상의 물이 되게 하였다. 다음에는 물을 아래로 더 낮추어 뭍[땅]이 생겨나게 하여 뭍과 바다를 나누었다. 그리고 뭍을 다시 높이고 낮추어 산과 들과 강이 널리 뻗어 나아가게 하였다. 그 뒤에, 또 다시 여러 차례 뭍과 물의 경계가 변하는 천지개벽天地開闢이 일어났다.

그런 다음에 비로소 세상의 위치가 바로 정해지고, 밤낮과 사계절이 구분되고, 해와 달, 더위와 추위가 철 따라 돌아가는 차례인 사계절과 역수曆數[26)가 시작되었다. 그러자 공기·물·불·흙이 서로 조화롭게 어울려, 초목과 짐승 등의 여러 생물들이 생겨나 살게 되었다.

마고는 네 명의 천인·천녀들에게 공기·물·불·흙을 맡아 다스리게 하였는데, 백소白巢는 공기[氣]를 맡고, 흑소黑巢는 불[火]을 맡고, 청궁靑穹은 물[水]을 맡고, 황궁黃穹은 흙[土]을 맡도록 하였다.27)

---

26) 천체의 운행과 기후의 변화가 철을 따라서 돌아가는 순서와 수리數理.
27) 박제상 지음·김은수 옮김(2002), 《부도지》(서울: 한문화), 17~30쪽 참조.

2. 우리나라가 생겨난 내력

그렇다면, 우리나라는 어떻게 해서 생겨나게 되었을까. 이에 관해서는 남성 거인신 '장길손'이 우리나라 강토를 만들었다는 흥미로운 신화가 전해지고 있다. 이 신화는 일종의 거인신 신화이긴 하지만, 비교적 후대에 이루어진 신적인 인물에게 이러한 창조적인 권능이 부여될 수 있는 것은 그 이전의 원형적인 신화와 깊은 관련 속에서 가능하다는 점에서, 이 신화를 우리는 그 이전의 대표 신화인 '단군신화' 계통의 천지창조 신화와 관련시켜 볼 수 있다.

그렇게 본다면, 여기서 활동하고 있는 거인신 '장길손'은 앞에서 살펴본 '단군신화' 계통 천지창조 신화에서 '환웅'의 변이형이라고 할 수 있을 것이다. '장길손'이 하는 천지창조 행위는 환웅의 그것과 같은 계통의 것이기 때문이다. 다만, 이야기가 민간에 오랫동안 유통되면서 그 성격이 민담民譚 수준으로 속화된 점이 많이 달라진 것이다.

그리고 우리 땅 남쪽 푸른 바다 위에 떠 있는 아름다운 섬 제주도는 여성 거인신 '선문대할망'이 만들었다는 신화가 전해지고 있다. 이 '선문대할망' 신화와 관련된 기록 자료를 보면, 육지에서 건너간 '선마고신詵麻姑神'이 변이된 것이라는 것을 짐작할 수 있게 한다. 그렇다면, 이 신화는 앞에서 우리가 살펴본 바 있는 '마고신' 신화를 그 원형으로 하여 후대에 변이된 신화임을 짐작할 수가 있다. 이 두 가지 흥미로운 이야기들에 우리의 귀를 기울여 보자.

옛날, 장길손이란 거인이 이 세상에 살았다(그림23 참조). 그는 몸집이 어찌나 큰지, 그의 얼굴을 한 번 보는 데에도 한나절이나 걸렸고, 몇 십 리 길도 단 한 걸음에 도달하곤 했다.

배도 어찌나 큰지 한 끼 식사에도 쌀 수십 섬씩을 먹어야만 했다. 그러나 그 많은 양식을 구하기가 너무 어려워, 그는 어디를 가나 항상 배가 고팠다. 주린 배를 채우기 위해서는 늘 세상을 이리저리 헤매고 다녀야만 했다.

어느 날 그가 남쪽 땅으로 내려가 니, 그곳에는 먹을 것이 풍부했다. 그래서 모처럼 음식을 배불리 먹게 되었다. 얼굴에 생기가 돌고 흥이 저 절로 나서, 들판 한가운데에서 덩실 덩실 춤을 추었다. 그러자 그의 춤추 는 그림자가 남쪽 땅 수백 리를 덮었 다. 그의 그림자가 드리워진 지역은 모두 그늘이 져서 그만 흉년(凶年)이 들고 말았다. 그래서 그는 남쪽 땅

▲그림23_서양인이 그린 거인신.(〈거인〉, 프란 시스코 고야)

사람들의 원망을 많이 사게 되어 그 곳에서 쫓겨나고 말았다.

할 수 없이 그는 남쪽 땅을 떠나 다시 북쪽 땅으로 올라갔다. 그러나 북쪽 땅은 남쪽 땅보다 먹을 것이 훨씬 더 부족했고, 인심 또한 남쪽 땅만 못했다. 그는 점점 더 배가 고팠다. 허기진 배를 채우고자 그는 산을 넘고 들을 건너 계속해서 북쪽으로, 북쪽으로 올라갔다.

그러나 어디를 가도 먹을 것이 없었고, 배가 고파 더 이상 걸을 힘도 없어 지게 되었다. 할 수 없이 그는 땅위에 보이는 흙·돌·나무 등을 닥치는 대로

▲그림24_양성지가 제작한 목판본 팔도총도 ▲그림25_일본인 구끼[九鬼嘉隆] 등이 제작 조
(《동국여지승람》, 1841) 선국지리도의 팔도총도.(독도박물관 제공)

마구 다 주워 삼켜 주린 배를 채웠다. 그러자 잠시 힘이 솟는 듯했다.

그러나 그는 몇 발자국도 채 가지 못해서 배가 아파 견딜 수가 없었다. 그는 아픈 배를 움켜쥐고 이리저리 마구 나뒹굴었다. 아무리 뒹굴어도 더는 참을 수가 없자, 뱃속으로 주워 삼켰던 것들을 모두 다 밖으로 마구 토해내기 시작했다.

그가 토해 낸 흙·돌·나무들이 모여 쌓인 것이 백두산이 되었고, 흘린 눈물은 동서로 갈라져 흘러나려 압록강과 두만강이 되었다.

그가 싼 설사 똥이 멀리멀리 흘러 내려간 것은 태백산맥이 되었으며, 그 똥 덩어리 하나가 멀리 튀어 나간 것이 오늘날 제주도가 되었다.

뱃속에 있는 것들을 다 토해 낸 뒤, 뒤를 돌아다보며 '휴우 – '하고 한숨을 한 번 크게 내쉰 것이 오늘날 저 드넓은 만주 벌판이다(그림24, 그림25 참조).

정신이 좀 들자 전날에 사기를 후하게 대접해준 남쪽 땅 사람들 생각이 났다. 그는 그들에게 뭔가 좀 더 보답을 하고 싶은 생각이 들었다. 하지만 막상 그들을 도울 좋은 궁리가 떠오르지 않았다. 생각 끝에, 그는 남쪽 땅 사람들의 농사 거름이라도 좀 보태주어야겠다는 생각이 들었다. 그래서 남쪽 땅을 향해 이번에는 오줌을 힘차게 냅다 내갈기기 시작했다. 그런데 그의 생각과는 달리 그것이 그만 세상의 큰 홍수가 되고 말았다. 장길손이 오줌을 갈겨 세상에는 큰 물난리가 났고, 사람들은 정처 없이 사방으로 흩어져 어디론가 떠내려갔다.

이렇게 해서, 북쪽 땅 사람들은 남쪽 땅으로 떠내려가 우리나라 사람들의 시조가 되었으며, 남쪽 땅 사람들은 남쪽 바다로 떠내려가 오늘날 일본 사람들의 시조가 되었다고 한다.[28]

이 신화를 보면, 오늘날의 만주·북한·남한·제주도까지가 다 우리 민족의 영토라는 것과, 일본인들의 시조까지도 우리 민족이라는 것을 신화적인 어법으로 말해주고 있는 매우 흥미로운 이야기라 하겠다.

---

28) 1958년 12월, 충남 금산군 진산면 교촌리, 한경득(남·58세) 제보[한상수(2003), 《한국인의 신화》(서울: 문음사), 208~211쪽 참조].

거인 여신 선문대할망이 제주도를 만들다

제주도가 생겨난 내력에 관해서도, '선문대할망'이라는 거인 여신에 관한 신화가 전해온다.

이 신화와 관련된 옛 문헌의 기록을 보면, 제주도 사람들이 모시는 거인 여신 가운데 육지에서 서해를 걸어서 제주도로 건너간 신으로 '선마고詵麻姑' 곧 여러 명의 마고에 관한 기록이 있는 것으로 보아[29], 이 '선문대할망'이란 신의 원형原型은 바로 우리가 이미 앞에서 살펴본 바 있는 '마고麻姑' 여신인 것으로 보인다. 이 신화는 다음과 같은 것이다.

▲그림26_선문대할망을 그린 삽화.(엄지인)

---

29) 장한철張漢喆이 1771년(영조 47)에 지은 《표해기행록漂海紀行錄》에는 다음과 같은 흥미로운 기록이 있다. "혹은 (상인들 가운데 일부가) 일어나 한라산을 향해 절하며 이르기를, "백록선자께서는 (저희들을) 살려줍서! 살려줍서! 선마선파께서는 (저희들을) 살려줍서! 살려줍서!"라고 축원한다. 대저 탐라인의 옛말에 (중략) 아득한 옛날 처음으로 '선마고詵麻姑'가 걸어서 서해를 건너와 한라산에서 놀았다 한다(或起拜向漢拏而祝曰 白鹿仚子活我活我 詵麻仚婆 活我活我 盖耽羅之人諺傳 (中略) 傳邃古之初有詵麻姑步涉西海而 來遊漢拏云).

옛날, 태초에 탐라耽羅 곧 제주도에 세상에서 가장 키가 크고 힘이 센 '선문대할망'이란 거인 여신이 살았다(그림26 참조). 그녀가 치마폭에 흙덩어리를 조금 싸다 부으니 한라산이 되었다. 그때 치마폭에 싸가지고 가며 조금씩 흘린 흙덩어리들은 오늘날 한라산 둘레의 수많은 오름[30]들이 되었다.

▲그림27_오조리 식산봉.

하루는, 한 쪽 발로 성산읍 오조리 '식산봉'을 딛고(그림27 참조), 다른 한쪽 발로는 성산읍 성산리 '일출봉'을 딛고 앉아 오줌을 누었다. 그러자 그 오줌 줄기의 힘에 의해 산들이 패이고 무너져 떠내려가 제주도 '소섬' 곧 우도牛島가 되었다.

그녀는 몸집이 하도 커서, 머리로 한라산을 베고 누워 발가락으로는 서귀포 앞바다에서 물장난을 치곤하였다. 서귀포 법환리[31] 마을 앞바다 '범섬[虎島]' 바위에는, 그녀가 누울 때 발을 잘못 뻗어 생긴 두 엄지발가락 자국이 지금도 남아 있다(그림28 참조).

바다를 걸어가면, 제일 깊은 곳도 그녀의 무릎까지밖에는 닿지 않았다. 제주 용담동 앞바다 깊은 '용못'에 들어가도 물은 발등까지밖에 차지 않았다. 서귀포 서홍리[32] 앞바다에 들어가도 물은 겨우 무릎까지밖엔 차지 않았다. 빨래를 할 때에도, 한 발로는 제주도 서남쪽 '가파도'를 딛고, 다른 한 발로는 제주도 동북쪽 성산 '일출봉'을 딛고 했다(그림29 참조).

먹을 것도 아주 많이 먹었다. 그래서 나중에는 제주도 땅에 먹을 것이 거의 다 없어지게 되었다. 배고픔을 참다 못 견디게 된 그녀는 제주도에 남은 수수쌀을 몽땅 쪄서 수수범벅을 만들어 한꺼번에 다 먹었다. 그런 다음 똥을 싼

---

30) 화산 폭발로 말미암아 이루어진 제주도의 높고 낮은 산들.
31) 지금의 서귀포 법환동.
32) 지금의 서귀포 서홍동.

▲그림28_법환리 범섬.

▲그림29_빨래하는 선문대할망을 그린 삽화.
(바이일러스트)

것이 오늘날 제주도의 '농가물'이란 곳에 있는 '군산오름'[33]이다.

표선면[34] 바닷가 아름다운 백사장도 그녀가 만든 것이라고 한다. 이곳은 원래 물이 깊어, 바닷가에서 노는 어린이들이 해마다 한두 명씩 이곳 물에 빠져 죽었다. 선문대할망은 이를 가엽게 여겨, 하룻밤 사이에 한라산 나무들을 몽땅 베어다가 그 바다 밑에 깔고 그 위에 모래를 덮어, 그곳을 얕은 백사장으로 만들어 주었다.

지금도 조수가 빠져나간 다음 이 아름다운 표선면 바닷가 모래밭을 파헤치면, 굵다란 썩은 나무토막들이 나오는데, 이것은 그때 선문대할망이 모래밭 밑에 깔아놓은 나무들이라고 한다(그림30 참조).

그녀는 가끔 심술도 부렸다. 키가 너무 커서 옷을 제대로 지어 입을 수가 없자, 하루는 제주도 사람들을 불러 모아 놓고, 그녀에게 옷 한 벌을 지어 주면 그 대가로 육지까지 다리를 놓아주겠다고 했다.

이 말을 들은 제주도 사람들은 명주 백 필을 모아 그녀의 속옷 한 벌을

▲그림30_제주도 표선면 바닷가.

---

33) 제주특별자치도 서귀포시 안덕면 창천리 564에 있는 오름.
34) 제주특별자치도 동남쪽에 있는 면.

만들어 주기로 하고, 섬에 있는 명주들을 다 모았다. 그러나 제주도 명주 베를 다 모아도 한 필이 모자라, 모두 아흔 아홉 필밖에는 되지 않았다. 그래서 선문대할망 속옷 바짓가랑이 한쪽이 조금 짧게 만들어졌다.

선문대할망은 평생의 소원이었던 속옷 바짓가랑이가 짝짝이가 된 데 몹시 화가 나, 제주도에서 육지까지 다리를 놓아주기로 한 약속을 파기해버렸다. 그때 선문대할망이 다리를 놓으려다가 그만둔 곳이 지금의 조천리[35] 마을에 있는 '엉장매코지'라고 한다. 신촌리[36] 마을 큰 바위에도 그때 그녀가 밟았던 발자국이 남아 있다고 한다.

그러나 선문대할망은 마음씨만은 매우 착해서, 제주도를 두루 돌아다니며 섬 전체를 매우 아름답게 만들어 놓았다. 이 선문대할망의 덕으로 제주도는 오늘날과 같이 아름다운 섬이 되었다 한다[37](그림31 참조).

▲그림31_우주에서 내려다본 제주도.

35) 제주특별자치도 북쪽 제주시 조천읍 조천리.
36) 제주특별자치도 북쪽 제주시 조천읍 신촌리.
37) 장주근(1998), 《풀어쓴 한국의 신화》(서울: 집문당), 13~16쪽, 한상수(2003), 《한국인의 신화》(서울: 가나출판사), 212~215쪽 참조.

3. 우리나라 신들의 중심계보

우리나라 신들의 중심계보는 어떻게 이루어져 있을까. 앞의 '한국신화 해
설'에서 설명한 바와 같이, 우리 신화에 나오는 신들의 중심 계보는, 천상계
신·지상계신·지하계신 등으로 3분할 수 있다. 이 중에서, 천상계신의 근원
은 삼신三神이고, 지상계신의 근원은 오제五帝이고, 지하계신의 근원은 오령五

▲그림32_3신이신 환인(중앙)·환웅(좌)·환검(우).

靈이다. 오제五帝를 천하대장군天下大將軍, 오령五靈을 지하여장군地下女將軍이라고도 한다. 지하계 신들은 불교 유입 이후에는 지옥 개념이 좀 더 확대되어 이른바 열 명의 지옥 신 '열시왕'으로 확장되기도 한다. 이 여러 신들 중에서 가장 중심이 되는 것은 물론 환인桓因·환웅桓雄·환검桓儉의 삼신三神이다. 이에 관한 신화를 살펴보기로 하자.

삼신三神

세상 처음에는 천지 상하 사방에 온통 암흑뿐이었다. 오랜 세월이 지난 뒤에 세상의 근원신根源神인 하느님이 생겨났다. 이분을 환인桓因 또는 옥황상제玉皇上帝라고도 한다.

이 하느님은 하나로 존재하지만, 이 하나의 신이 이 세상에 드러나 작동할 때에는 세 가지로 구별되어 나타나 삼신三神이 된다. 삼신은 환인桓因·환웅桓雄·환검桓儉 세 분이다(그림32~그림34 참조).

삼신三神은 만물을 만들어내고 무한한 능력으로 세상을 두루 통치하지만 그 형체는 볼 수가 없다. 가장 높은 하늘에 존재하면서도, 동시에 이 세상 모든 곳에 두루 존재한다.

▲그림33_경주 계림로 보검慶州鷄林路寶劍에 장식된 3태극무늬.

▶그림34_기원전 4,500~4,000년의 홍산문화 유적지에서 발견된 삼연벽옥三連璧玉.

삼신三神은 언제 어디서나 만방萬方에 빛을 비추고, 신묘神妙함을 크게 나타내며, 온갖 상서로운 징조들을 무한히 드러낸다. 기氣를 불어내고 열熱을 쏟아내어 만물萬物을 감싸 안아 씨앗을 기르고, 신묘함과 상서로움을 몸소 실행하여, 세상의 모든 일들을 다 이루어낸다.

오제五帝

삼신三神은 지상을 동·서·남·북·중앙의 다섯으로 나누어, 다섯 신들 곧 오제五帝로 하여금 각각 한 영역씩 맡아 다스리게 했다. 이를 민속에서는 천하대장군天下大將軍이라고도 한다.

동방東方은 목신木神 청제靑帝 곧 청룡靑龍으로 하여금 맡아 다스리게 하여, 곡물穀物을 주관하고 푸름[靑]을 숭상하게 했다(그림35 참조). 서방은 금신金神 백제白帝 곧 백호白虎로 하여금 맡아 다스리게 하여, 형벌과 관련된 사무 곧 형사刑事를 주관하고, 흰것[白]을 숭상하게 했다(그림36 참조).

남방南方은 화신火神 적제赤帝 곧 주작朱鵲으로 하여금 맡아 다스리게 하여, 목숨을 주관하고 붉음[赤]을 숭상하게 했다. 주작은 붉은 공작새 혹은 봉황새를 말한다(그림37 참조).[38] 북방北方은 수신水神 현제玄帝 곧 현무玄武로 하여금 맡아 다스리게 하여, 선악을 주관하고 감음[玄][39]을 숭상하게 했다. 현무란 감은색 거북이를 말한다(그림38 참조).

중방中方은 토신土神 황제黃帝 곧 황웅黃熊으로 하여금 맡아 다스리게 하여, 질병을 주관하고 누럼[黃]을 숭상하게 했다. 황웅이란 누런색 곰을 말한다(그림39 참조). 이러한 오제五帝를 무교巫敎에서는 오방신장五方神將이라고도 한다(그림40 참조).

---

38) 강서대묘; 북한 평안남도 강서군에 있는 삼국시대 고구려의 사신도·장식무늬 관련 벽화 무덤
39) '감다'의 명사형. 아득히 멀고 깊은 하늘빛을 말함. 푸름이 깊어 검도록 푸른 모양, 곧 맑디맑은 머나먼 검푸른 하늘빛을 가리키는 말.

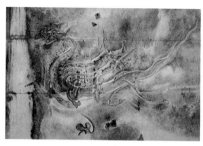

▲그림35_청제/청룡이 그려진 고분벽화.(강서 대묘. 6세기)

▲그림36_백제/백호가 그려진 고분벽화.(강서 대묘. 6세기)

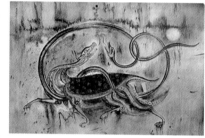

▲그림37_적제/주작이 그려진 고분벽화.(강서 대묘 남쪽 벽화. 6세기)

▲그림38_현제/현무가 그려진 고분벽화(강서 대묘 북쪽 벽화. 6세기)

▲그림39_충남 공주 곰나루 발굴 황웅.(공주 박물관 소장)

▶그림40_무신도에 그려진 황제/황웅 모양. (신명기 선생 제공)

주신主神인 삼신三神은 지하의 다섯 방위에도 각각 다섯 신들을 두어 오령五靈이라 하고, 지하의 다섯 방위를 주관하여 다스리게 했다. 이들은 땅 밑 지하 세계에서 만물의 본바탕을 이루도록 해주기 때문에, 이들을 가리켜 민속에서는 지하여장군地下女將軍이라고도 한다.

우리는 지금도 시골의 중요한 요충지 길목에서 가끔 이 오제와 오령을 천하대장군과 지하여장군으로 모셔놓은 제단을 볼 수가 있다(그림41 참조). 이것은 우리나라 민속에서 오제와 오령을 함께 모심으로써, 인간이 사는 전 지역을 안전하게 보호하기 위한 것이다.[40]

이렇게 하여, 우리나라 신들의 체계가 정연하고 분명하게 이루어지게 되었다. 근원신으로서 하느님 환인桓因, 환인의 아들로서 환인의 뜻을 받들어 지상으로 내려와 지상의 곰족 여인과 결혼하여 지상의 문명을 시작한 환웅桓雄, 그리고 환웅과 곰족 여인 사이에서 태어난 우리 신화 최초의 지상 영웅 단군환검桓儉, 이 세 분들이 우리 신화의 삼신三神이 되는 것이다.

이 삼신三神은 그 신격에서는 하나이면서 셋이고, 셋이면서 하나이다. 그리고 이 신성神性이 지상과 지하에 두루 구현된 것이 바로 오제五帝와 오령五靈이다.

▶그림41_길가 요충지에 모셔져 있는 천하대장군 · 지하여장군.(허정주 촬영)

---

40) 계연수 편저 · 안경전 역주(2012), 《환단고기》(대전: 상생출판), 302~303쪽 참조.

4. 개벽과 대홍수, 그 속에서 살아남은 인류의 이야기

혼돈 속에서 신들이 출현하고 신들과 자연에 의해서 세상이 만들어지고, 그 세상에 만물이 탄생하고 인류가 살게 된 뒤에도, 세상은 많은 대홍수·화산 폭발 같은 천재지변들과 자연 재해들로 고통을 겪어야만 했다. 또 그런 과정 속에서 인류는 멸망과 새로운 시작을 거듭해야만 했다. 이러한 사실들을 전해 주는 우리 신화들 가운데는 다음과 같은 대홍수 개벽 이야기들이 있다.

대홍수 속에서 선과 악이 함께 살아남다

하늘 선녀와 지상 계수나무 사이의 아들, 나무도령 이야기[41]

이 신화는 놀랍게도 우리가 앞서 살펴본 아득한 옛날 천지창조 시절 '마고 신화'의 계통을 잇고 있어서 매우 흥미로운 이야기이다. 즉, 우리 신화는 남 신 계통의 신화와 여신 계통의 신화로 나눌 수 있는데, 전자의 대표가 '단군 신화'라면 후자의 대표는 '마고신화'라고 할 수 있다. 이 신화는 이 가운데서

---

41) 이 이야기는 천상의 선녀가 지상의 계수나무를 사랑해서 '나무도령'이란 영웅을 낳았다는 점에서, '선녀와 나무꾼' 이야기와 그 구조가 같다.

후자, 곧 여신 계통 신화인 마고신화 계통을 계승하고 있는 신화이다.

▲그림42_신목화 된 계수나무.

그래서 남신이 하늘에서 지상으로 내려와 지상의 여성 존재와 결합하여 영웅을 탄생시키는 단군신화 계통과는 달리, 이 신화는 하늘의 여신이 지상으로 내려와 지상의 남성 존재와 결합하여 영웅을 출생시키는 이야기이다. 물론, 그 둘 사이에서 탄생한 '나무도령'은 하늘의 여신과 지상의 남성 존재 사이에서 태어난 마고신 계열의 영웅이다.

또 한 가지 흥미로운 것은, 이 신화가 오래된 전통마을 동구洞口의 당산나무 신과 같은 우리 민족의 오래된 수목신樹木神 신앙을 보여준다는 점이다. 물론, 이러한 신앙은 단군신화의 우주목宇宙木인 태백산 신단수神檀樹의 신화적 상징성과도 깊이 관련되어 있는 것이다. 이 이야기는 민담民譚으로 세상에 널리 알려져 있는 '나무꾼과 선녀' 이야기와도 상통한다.

하늘의 선녀가 지상에 내려와 나무도령을 낳다

옛날, 지상의 어느 신성한 곳에 아주 오래된 신목神木인 계수나무가 하나 있었다. 그 모습은 마치 아름다운 미소년처럼 늠름하고 아름다웠다. 이를 보고 반한 하늘나라 하느님의 딸인 선녀들이 이 계수나무 아래 내려와 놀다가 가곤하였다. 그러다가, 그 선녀들 가운데 한 선녀가 이 나무를 사랑하게 되었다. 그녀는 날마다 계수나무 그늘에 내려

▲그림43_청동거울에 그려진 달나라의 계수나무·옥토끼·선녀.(중국, 7세기경).

와 놀았다(그림42, 그림43 참조).

그러던 어느 날, 그 선녀는 계수나무의 품에 안기는 듯한 이상한 느낌을 받았다. 그날 이후 이 선녀는 태기胎氣가 있어, 아이를 잉태한 줄 알게 되었다. 이렇게 되자, 이 선녀는 당분간 하늘나라로 올라갈 수가 없게 되었다. 그녀는 이 계수나무 곁에서 계수나무와 같이 살게 되었다. 그녀는 이 계수나무 곁에서 행복했다. 가끔, 하늘나라 선녀들이 그곳으로 내려와 그 둘의 행복을 축복해 주기도 하였다.

얼마 뒤에, 그녀는 이목耳目이 수려한 아들 하나를 낳았다. 그녀는 계수나무 그늘에서 이 아들을 기르며 살았다. 그러나 아이가 다 자라자, 선녀는 아이를 계수나무에게 맡기고 하늘나라로 올라가야만 했다.

아이는 하늘 어머니를 그리워하며 지상에서 아버지와 함께 살았다. 세상 사람들은 이 아이를 **나무도령**이라 불렀다. 이 아이는 하늘나라 신들이 아끼는, 세상에서 가장 총명한 아이였다.

대홍수가 나서 나무도령을 포함한 몇몇 남녀와 동물들만이 살아남다

그러던 어느 날, 큰 바람이 불고 먹구름이 하늘을 뒤덮었다. 이어 비가 억수같이 퍼부었다. 이 비는 석 달 열흘 동안 그치지 않고 계속해서 내렸다. 세상은 온통 **물바다**가 되고 말았다.

나무도령의 아버지 계수나무도 그만 **홍수**에 휩쓸려 쓰러졌고, 마침내 뿌리마저 뽑히게 되었다. 아버지 계수나무는 나무도령을 태우고 물이 흐르는 대로 정처 없이 어디론가 흘러갔다.

나무도령은 물바다를 이리저리 정처 없이 떠돌다가 물에 빠져 허우적거리는 **개미**와 **모기**들을 구해주었다.

그러다가 한 곳에서 살려달라고 아우성치는 한 아이를 만났다. 나무도령이 살려주려 하자, 아버지 계수나무가 이를 만류했다. 나무도령이 그 아이를 불쌍히 여겨 간절히 부탁하자, 아버지는 할 수 없이 그 아이를 등에 태워 살려주었다.

이윽고, 나무도령 일행은 어느 작은 섬에 닿았다. 섬에 오르고 보니 그곳은 높은 산봉우리였다. 육지에 닿자 개미와 모기들은 고맙다는 인사를 하고 어디론가 사라졌다. 나무도령과 아이도 육지로 올라와, 이젠 아버지 계수나무와 슬픈 작별을 해야만 하였다.

나무도령과 아이는 인적을 찾다가 날이 저물었다. 그런데, 마침 멀리서 가느다란 불빛이 새어나오는 것이 보였다. 그곳으로 가 보니 조그마한 초가집 한 채가 있었다.

집안으로 들어가니 할머니와 두 여자 아이가 있었다. 한 여자 아이는 친딸이었고, 다른 여자 아이는 양딸이었다. 그들은 이 집에서 함께 살게 되었다.

꽤 오랜 시간이 지난 뒤, 홍수가 그치고 점차 물이 빠지기 시작했다. 물이 다 빠진 뒤에 보니, 그들은 이 세상에 자기들만이 살아남아 있다는 것을 알게 되었다. 그들은 홍수가 휩쓸고 지나간 땅을 다시 갈고 씨를 뿌려, 함께 농사를 지으며 열심히 살았다.

살아남은 사람들이 결혼하여 자손들을 낳아 인류와 선악이 이어지다

어느덧 이 아이들이 처녀 총각이 되자, 할머니는 이들을 서로 짝지어 결혼시키고자 하였다. 그런데, 할머니는 두 총각 가운데서 더 수려하고 지혜로운 나무도령을 자기 친딸과 결혼시키고 싶었다.

이러한 할머니의 마음을 알아차린 총각은 꾀를 내어 나무도령을 곤경에 처하게 하려고 할머니에게 가서 이렇게 말했다.

"나무도령은 좁쌀 한 섬을 모래밭에 뿌려 놓아도 한나절도 못 되어 그 좁쌀을 모래 하나 섞이지 않게 다시 가마니에 다 주워 담을 수 있다고 합니다. 이를 한 번 시험해 보시지요."

이 말을 들은 할머니는 몹시 감탄하여 그의 그런 재주를 한번 시험해보고 싶어 했다. 어느 날 할머니는 좁쌀 한 섬을 모래밭에다 뿌려 놓고는, 나무도령을 불러 한나절 안에 모래 한 알 섞이지 않게 그 좁쌀을 가마니에 다시 주워 담아 오라고 하였다.

이 말을 들은 나무도령은 어찌할 바를 모르고 한숨만 짓고 모래밭에 주저 앉아 있었다. 이때, 갑자기 개미떼가 몰려왔다. 나무도령이 홍수 때 살려준 개미가 낳아 기른 개미들이었다. 개미들은 순식간에 그 좁쌀들을 물어다가 모래 한 알 섞이지 않게 깨끗이 다시 가마니 속에 담아 다 놓았다.

나무도령이 모래밭의 좁쌀 한 섬을 하나도 빠뜨리지 않고 가마니에 다 담아 집으로 돌아가자 할머니는 몹시 놀랐다. 그러나 한 편으로는 이러한 나무 도령의 지혜를 알아차리고 있는 그 총각의 지혜 또한 놀라운 것이라 생각했다. 할머니는 두 총각 가운데 어느 총각을 친딸의 배필로 삼아야 할지를 결정하기가 어려웠다.

그래서 할머니는 두 총각 몰래 두 딸들을 각기 다른 방으로 들여보낸 뒤에, 두 총각들을 불러 이렇게 말했다.

"너희들도 이제는 결혼을 할 나이가 되었구나. 우리 두 딸과 결혼을 해서 자손들을 널리 퍼뜨리거라. 그러나 누구에게 어느 딸을 주어야 할지를 결정하기가 어렵구나. 그러니, 너희들 각자 자기 마음에 드는 방으로 들어가 그곳에 있는 내 딸과 결혼하여 함께 행복하게 살도록 하거라."

이 말을 들은 두 총각은 모두 다 예쁘고 마음씨 착한 친딸이 있는 방으로 들어가고 싶었다. 그러나 그녀가 어느 방에 있는지 알 수가 없어 방 밖에서 둘 다 망설이고 있었다.

그때, 나무도령 귓가에 모기 한 마리가 날아왔다. 홍수 난리 때 나무도령이 구해준 모기였다. 모기는 귓속말로 나무도령에게 이렇게 말했다.

"동쪽 방으로 들어가세요, 앵앵. 동쪽 방으로 들어가세요, 앵앵."

이 말을 들은 나무도령은 주저 없이 동쪽 방으로 들어갔다. 그 방에는 바로 그 예쁘고 마음씨 착한 친딸이 기다리고 있었다. 그러나 마음씨 나쁜 그 총각은 서쪽 방으로 들어가 할머니의 양딸과 짝을 짓게 되었다.

이렇게 해서, 두 부부의 자손들이 세상에 널리 퍼져, 오늘날과 같이 많은 사람들이 다시 세상에 살게 되었다고 한다.

나무도령의 후손들은 그 부모를 닮아 선량하고 정직하고 지혜로운 인류가 되었다. 그러나 은혜를 모르는 나쁜 총각의 후손들은 지금도 그 부모를 닮아 악하고 남을 속이고 좋지 못한 일들을 끊임없이 저지르고 있다 한다.[42]

이 신화는 우리 여성신화의 원형으로 볼 수 있는 마고신화 계통의 계보를 잇는 신화로서, 하늘나라의 여신 선녀와 지상의 남성적 존재인 계수나무 사이에서 태어난 영웅 나무도령이 멸종의 위기에 처한 인류를 구원하는 이야기이다.

침묵 속에 의연히 서서 세상 사람들뿐만 아니라 하늘나라 선녀들까지 감동시킨 우주목宇宙木 신단수神檀樹(그림44 참조)인 계수나무와 천상의 여신이 구원한 인류, 그 계수나무 아버지와 하늘의 선녀 사이에 태어난 영웅 '나무도령'의 선량한 삶과 지혜, 그런 존멸의 위기 속에서도 어쩔 수 없이 끼어들게 되는 인간의 사악함 등을 전해주는 신화로서, 우리 인류의 복잡한 삶과 역사를 암시적으로 표현하고 있다.

▶그림44_천지인 합일의 우주생명 조화사상을 상징적으로 표상하는 3마리 새를 얹은 우주목 솟대.(전북 남원시 주천면 호경리 소재, 국립민속박물관 제공)

---

42) 1955년 12월, 충남 금산군 진산면 교촌리, 한경득(남, 58세) 제보. [한상수(2003), 《한국인의 신화》(서울: 문음사), 227~235쪽 참조].

오누이가 결혼하여 인간의 멸종을 막다

대홍수 속에서 오누이가 살아남다

혼돈의 우주가 음양陰陽으로 갈라지고, 신들이 출현하여 이 세상과 온갖 생물들과 사람을 만들고, 그렇게 생겨난 사람들이 퍼져나가 지상 방방곡곡에서 부족과 민족을 이루어 살게 된 뒤부터, 세상에는 점차 많은 혼란이 찾아왔다. 자식들은 부모를 공경할 줄 모르고, 형제들은 서로서로 반목反目을 일삼게 되었다.

이런 시대에, 어느 깊은 산 속에 몹시 가난한 한 농부 가족이 살고 있었다. 그에게도 여러 명의 자식들이 있었는데, 서로 우애할 줄 모르고 싸움질을 밥 먹듯이 하였다. 그런데, 그들 가운데 셋째 딸과 일곱째 아들만은 마음씨가 매우 착하고 고왔다.

어느 날, 이 셋째 딸과 일곱째 아들이 가까이의 높은 산으로 **머루**를 따러 갔는데, 갑자기 비가 쏟아지기 시작했다. 비는 잠시도 그치지 않고 계속해서

▲그림45_서양 사람이 그린 대홍수.(연대 작자 미상)

퍼부어 삽시간에 사방에 물난리가 났고, 이들은 이를 피해 제일 높은 산마루로 올라갔다. 하루가 가고 이틀이 지나도 비는 그칠 줄을 몰랐다. 석 달 열흘 동안이나 비가 퍼부어, 세상은 온통 **물바다**가 되고 말았다(그림45 참조).

이들 두 남매는 산마루로 올라가 겨우 살아났으나, 세상의 다른 사람들은 모두 다 물에 빠져 죽고 말았다. 비가 그치자 이 세상에 살아남은 사람이라고는 자기들 두 사람뿐이라는 걸 알았다.

결혼을 결심하고, 그 뜻을 하늘에 묻다─연기, 맷돌, 피의 대답

그들은 그들 밖에는 아무도 없는 이 세상에서 서로 의지하며 외롭게 살아갔다. 그러던 어느 날, 그들은 자기들마저 사라지면 이 세상에는 사람이 아무도 남지 않을 것임을 알게 되었다. 그래서 그들 둘은 **결혼**해서 자식을 낳기로 하였다.

그러나 서로 남남이 아닌 친누이와 남동생 사이인지라 하늘의 뜻이 두려웠다. 그래서 먼저 하늘의 뜻을 묻기로 하여, 각자 다른 산으로 올라가 불을 피워 **연기**를 하늘로 올렸다. 그러자 두 산에서 위로 올라간 연기가 하늘에서 합쳐져 하나가 되었다.

그래도 결혼하기가 두려워, 다시 한 번 하늘의 뜻을 묻기로 하였다. 이번에는 산 위로 올라가 **맷돌**을 산 아래로 굴려보기로 하였다. 남동생은 앞산으로 올라가 수망 곧 맷돌의 아래짝을 산 밑으로 굴리고, 누이는 뒷산으로 올라가 암망, 곧 맷돌의 위짝을 산 밑으로 굴렸다. 그러자 두 맷돌 짝이 아래로 굴러내려가 합쳐져 하나가 되었다(그림46 참조).

그러나 그래도 결혼하기가 못내 두려웠다. 두 사람은 마지막으로 한 번 더 하늘의 뜻을 묻기로 하였다. 이번에는 그릇에 물을 떠다 놓고 누이가 먼저 손가락을 깨물어 **피**를 물속에 떨어뜨렸다. 그런데 누이의 피는 물속에서도 풀리지 않고 그대로 있었다. 다음에는 남동생이 손가락을 깨물어 피를

▲그림46_맷돌의 암망(상) · 수망(하) · 어처구니.

그 물그릇 속에 떨어뜨렸다. 그러자 서서히 두 사람의 피가 물그릇 한가운데로 모이더니, 이윽고 합쳐져 한 덩어리가 되었다.

오누이가 결혼하여 인류를 보전하다

이렇게 해서, 두 사람은 그들이 결혼하는 것이 하늘의 뜻이라는 것을 아주 분명하게 알게 되었다. 두 사람은 더 이상 주저하지 않고 결혼하였다. 이때부터, 사람들은 결혼할 때 여자가 남자보다 나이를 더 먹어야 하는 법이 생겨나게 되었다 한다.

결혼한 뒤, 이들은 많은 자식을 낳고 행복하게 살았으며, 새로운 인류의 시조가 되었다. 이들의 자식들은 온 세상으로 퍼져나가 인류의 새 씨족들이 되었으며, 또한 인류의 새로운 문명들을 이루어내었다.[43]

이상에서 살펴본 바와 같이, 우리나라 신화 가운데서 대홍수 · 지진과 같은 천지개벽 신화는 대체로 이런 식의 신화로 나타나며, 우리 신화의 원형인 '단군신화'와 직접 관련된 신화로는 나타나지 않고 있다. 다만 어떤 기록에는, 2세 단군인 부루씨夫婁氏 때 홍수를 다스리기 위해 도읍지를 평양에서 아사달阿斯達 장당 땅으로 옮겼다는 내용이 보인다.[44]

이런 홍수와 같은 천지개벽 신화의 가장 오래된 원형을 찾아 탐구하는 연구도 앞으로 후대의 학자들에게 남겨진 중요한 과제들 가운데 하나일 것이다.

---

43) 1953년 11월, 전북 완주군 운주면 산북리, 유명열 씨(남, 50세) 제보[한상수(2003), 《한국인의 신화》(서울: 문음사), 223~226쪽 참조].
44) 위의 책, 146~147쪽 참조.

5. 세상의 여러 종족들과 우리 민족의 조상

우리는 앞장에서 혼돈 상태에서 신들이 출현하고 이 신들과 자연이 세상을 만들고, 그 안에서 만물과 인류가 탄생하고, 그 뒤에 여러 차례의 천지개벽을 겪으면서 인류가 살아 남아온 내력을 살펴보았다.

여기서는, 신들이 어떻게 인간을 만들었으며 그들이 어떻게 이 세상에서 집단 곧 종족種族·부족部族 등을 이루어 살게 되었는가에 관한 흥미로운 이야기들을 살펴보기로 하자.

 하느님이 사람의 인종을 만들다

우리 선조들이 들려주시던 세상 사람이 만들어진 내력 이야기

어릴 때, 어르신들은 우리에게 다음과 같은 흥미로운 하느님 이야기 곧 신화神話를 기회가 있을 때마다 들려주시곤 하셨다.

하느님 곧 환인桓因이 아들 환웅桓雄과 여러 작은 신들과 함께 세상을 이루신 다음, 마지막으로 사람[人]을 만들 때에, 다음과 같은 일이 있었다고 한다.

앞장에서 언급한 바와 같이, 하느님이 세상世上과 만물萬物을 다 만드신 다음 사람을 만들 때에는 몹시 신중하시어, 아들 환웅桓雄을 시키지 않고 자기 스스로 직접 만드셨다.

하느님 환인桓因이 '만물의 주인'인 사람을 만들 때, 하느님은 흙으로 사람의 형상形象을 빚어 불에 구워서 만들기로 하였다.

하느님은 이 사람에 온갖 지극 정성을 다 기울이느라, 매우 신중하게 충분한 시간을 두고 형상形象을 불에 구웠다.

이윽고, 이 첫 번째로 구워내신 사람 형상을 불 밖으로 꺼내어 보았다. 그러나 이를 본 하느님은 못내 아쉬운 마음이 들었다. 그 이유는, 너무나 신중히 충분히 굽느라 오래 참고 기다린 나머지, 그만 피부 빛깔이 검게 그을려 있었기 때문이었다.

그러나 이것을 그냥 버리기에는 너무나 아까우리만큼, 이 사람의 형상은 훌륭하였다. 그래서 하느님은 이 인형에 하느님의 호흡과 생명력을 불어 넣어 그냥 이 세상에 내보내기로 하였다. 이렇게 해서 이 세상에 처음으로 나오게 된 사람의 인종이 바로 오늘날 아프리카에 많이 살고 있는 흑인黑人이라 한다.

이렇게 검은 피부의 사람을 만들어내신 다음, 하느님은 이번에는 좀 더 마음에 쏙 드는 사람을 만들어 보고픈 생각이 들었다.

하느님은 다시 흙으로 더욱더 정성껏 자신의 형상대로 사람의 형상을 빚어 활활 타오르는 불 속에 집어넣었다. 그리고 이번에는 지난번처럼 너무 오래 기다리는 실수를 범하지 않겠다고 마음먹고는, 얼마 지나지 않아 불 속에서 구워지고 있는 사람의 형상을 꺼내었다.

불 속에서 꺼낸 사람의 형상은 이번에도 훌륭하였다. 그러나 이번에는 너무 일찍 꺼낸 나머지 아직 제대로 잘 구워지지 못한 점이 흠이었다. 그러나 그것도 그냥 깨어버리기에는 너무 아까울 정도로 아름답고 훌륭하였다. 그래서 이 형상에도 하느님은 호흡과 생명력을 불어넣어, 그대로 세상에 내어 보내기로 하였다.

▲그림47_삶의 풍요를 위해 남근과 유방이 크게
강조되고 있는 흙인형 부부 모습.(국립박물관
소장, 삼국시대)

▲그림48_흥겹게 노래하고 비파를 연주하
는 남녀의 모습.(국립박물관 소장, 삼국
시대)

이렇게 해서 세상에 나온 인종人種이 바로 오늘날 서양西洋에 많이 살고
있는 백인白人이라 하며, 이 인종의 피부가 흰 것은 아직 좀 덜 구워진 상태로
세상에 나왔기 때문이라 한다.

인류학의 발굴 자료에 따르면, 이들은 약 1만~4만 5천 년 전 후기 구석기
시대에 서양에 많이 살았으며, 뛰어난 수준의 동굴벽화 등을 남겼다고 한다.

이렇게 되자, 하느님은 정말 제대로 된 사람을 한 번 만들어 보고 싶어졌
다. 첫 번째는 너무 신중하여 좀 검게 구워진 사람의 형상을 만들었고, 두
번째는 너무 빨리 꺼낸 나머지 좀 설익게 된 사람의 형상을 만드는 시행착오
試行錯誤를 겪은 하느님은, 이번에는 그 적절한 조화調和를 염두에 두고서, 가
장 적절한 시간 동안 제대로 불에 구워 꺼내기로 하였다.

이윽고, 이 세 번째 사람의 형상이 불 속에서 세상으로 나왔다. 이를 본
하느님은 비로소 빙그레 회심의 미소를 지었다. 왜냐하면, 이번에 하느님이
빚어 구워낸 형상은 너무 검게 타지도 않고 너무 하얗게 구어지지도 않고
아주 적절하게, 마치 잘 구워진 향기로운 빵처럼 적당히 노릇노릇하게 제대
로 구워져 나왔기 때문이었다. 이렇게 해서, 세상에 나온 사람이 곧 오늘날
주로 동양東洋에 많이 퍼져 살고 있는 황인黃人이라 한다(그림47. 그림48 참조).

그런데, 이 인종은 불 속에서 적절한 시간 동안 조화롭게 구워져 나온 인종이라서, 오래 견디고 참아야만 할 때는 오래도록 잘 견디며 참고, 또 신속하고 재빠르게 행동하고 일을 처리해야만 할 때에는 그에 맞게 재빠르고 신속하게 생각하고 행동하고 처리하여, 앞으로 점차 세상 사람들의 큰 귀감龜鑑이 될 것이라 한다.

처음에는 너무 오랫동안 구워진 사람들이 세상을 이끌어 갔기 때문에 세상은 살기가 좀 답답하였고, 그 다음에는 너무 빨리 구워진 사람들이 세상을 이끌어갔기 때문에 수많은 시행착오들을 겪게 되었다 한다.

그러나 그 다음 시대에는 마침내 제대로 잘 구워져 나온 사람들이 이 세상을 이끌게 되는데, 그렇게 되면 비로소 세상에 새로운 화해와 상생과 조화의 빛이 감돌기 시작하게 된다고 한다. 그래서 이 인종이 앞으로 인류와 세상을 조화롭고 행복한 길로 인도해 갈 것이라고 한다.45)

이 인종 탄생 신화에서 우리가 파악해야만 할 중요한 점은, 피부 색깔의 우열관계가 아니라, 황색 인종으로서 우리 민족 나름의 긍정적인 '정체성'을 추구하고자 하는 점일 것이다.

---

45) 전라북도 정읍시 입암면 신정리 가은동 고 김현구 옹(남, 1904년생) 제보.

오래 전부터 전해오는 책46)에 따르면, 세상 인종들이 다 만들어진 다음
이 인종들이 점차 세상으로 퍼져나가, 인류는 아홉 개의 부족部族으로 나누어
졌다 한다.47) 이 아홉 개 부족을 곧 '구부족九部族'이라 부르고, 이 아홉 개
부족들이 이룬 아홉 개의 나라를 '구환국九桓國'이라 한다. 그러면, 이제 이
부족들에 관한 흥미로운 이야기에 귀를 기울여보기로 하자.

　인류의 하느님은 환인桓因이다. 사람들은 그를 '안파견' 또는 '거발환'이라
고도 불렀다. '안파견'이란 하늘의 뜻을 이어 처음으로 나라를 세운 분이란
뜻이며, '거발환'이란 그가 하늘과 땅과 사람을 하나로 통일하였다 하여 그렇
게 부르는 이름이라고 한다.48)

　세상이 다 이루어진 다음, 하느님 환인은 여러 아들들을 지상으로 내려
보내어 세상에 신들의 나라를 세우게 하였다. 이 신들의 나라를 환국桓國이라
하는데, 환인의 아들들이 지상에 세운 신들의 나라는 모두 아홉 개였다. 그래
서 세상은 아홉 개 나라로 나뉘어졌다(그림49 참조).

　이 아홉 개의 나라를 구환국九桓國이라 하고, 구환국을 이루는 이 아홉 부족
을 구부족九部族이라 하는데, 이 구부족은 황이黃夷 · 백이白夷 · 현이玄夷 · 적이
赤夷 · 풍이風夷 · 양이陽夷 · 우이于夷 · 방이方夷 · 견이畎夷 등이다. 이 구부족九
部族에는 모두 각각의 임금이 있었다. 이들이 다시 여러 갈래로 나뉘어져 세상
에 퍼져나가 살게 된 지역은 총 64개 지역이라고 한다.

　이 환국과 구환국 사람들은 모두 삼신三神 곧 환인桓因 · 환웅桓雄 · 환검桓儉
을 숭상하였다. 환인桓因은 우주를 낳아 만물을 창조하고, 환웅桓雄은 하늘의

---

46) 이맥, 〈삼신오제본기〉, 《태백일사》. [계연수 편저 · 김은수 옮김(1985), 《환단고기》(서
　　울: 가나출판사), 127~134쪽 참조].
47) 다른 책에서는 12개 부족의 '십이환국十二桓國'이라고도 한다.
48) '안파견'이란 아버지를 뜻하고, '거발환'이란 머리 환웅 곧 환웅-나라의 첫 번째 환웅이란
　　뜻이라고도 함.

▲그림49_환국과 환국에서 뻗어나간 구환국과 세계문명의 관계 추정 지도.(상생방송 제공)

현묘玄妙한 도로써 세상을 널리 광명光明으로 다스려 올바른 천부天符[49)의 도를 세상에 전하였으며, 환검桓儉은 이 뜻을 받들어 삼한 지역을 비롯한 온 세상을 두루 평화롭게 다스렸다. 그래서 이들 삼신三神은 곧 영원한 생명의 근본이 된다 한다.

이 구환국의 구부족九部族은 그 피부색과 얼굴 모양에 따라 다섯 종류의 부족 곧 오부족五部族으로 구별되기도 한다. 황부족黃部族 · 백부족白部族 · 적부족赤部族 · 남부족藍部族 · 흑부족黑部族 등이 그것이다.

황부족黃部族의 사람들은 피부는 약간 노랗고 코는 높지 않으며 광대뼈가 높고 머리는 검으며 눈은 평평하고 청흑색이다. 이 황부의 사람들이 바로 우리 민족 등 여러 황색 인종들이라고 한다. 백부족白部族의 사람들은 피부가 밝고 얼굴은 길며 코가 튀어나오고 머리는 회색이다. 이 부족은 오늘날 서양 백인들의 조상이다. 적부족赤部族의 사람들은 피부가 녹슨 구릿빛이며 코는 낮고 코끝이 넓고 이마는 뒤로 경사지고 머리는 말려 오그라졌으나, 그 얼굴 모양은 황부의 사람들과 비슷하다. 남부족藍部族의 사람들은 피부는 암갈색이고 얼굴은 황부의 사람과 같다. '풍족'이라고도 하며, 이들에게는 황색종이란 병이 있다고 전한다. 흑부족黑部族의 사람들은 피부가 검으며, 오늘날 아프리

---

49) 세상의 근본 이치 혹은 그것을 형상화한 물건.

카에 가장 많이 살고 있다.

인류의 이 오부족五部族 가운데 황부족에는 곰족이 있었다. 하느님 환인의 아들 환웅이 이 곰족의 여인과 결혼하여 아들 환검 곧 단군을 낳았다. 곰족이 세운 나라 가운데는 단국檀國이 가장 강성했다. 단국이란 '밝은 나라' 곧 늘 밝은 빛이 비추이는 나라란 뜻이다. 그래서 이 나라를 조선朝鮮 곧 '아침의 빛이 처음 비추는 나라'라고도 한다.

단국檀國 곧 조선朝鮮은 하느님 환인의 아들 환웅桓雄이 지상의 곰족 여인 웅녀熊女와 결혼하여 낳은 환검桓儉 곧 단군왕검檀君王儉이 세운 나라로서, 단군檀君은 단국의 임금이란 뜻이지만, 고대 몽골어로는 '탕구르' 곧 우리말의 단골/큰무당이란 뜻이며, 이는 옛날 나라의 제사장을 뜻하던 말이다. 왕검王儉은 우리말 '임금'을 한자로 적은 것이다.

단군왕검檀君王儉은 세상의 삼한三韓 지역을 통일하여 옛날 신시神市 곧 하느님의 나라 법도인 천부天符의 도를 부활시켜 천하를 크게 다스리니, 세상 사람들이 모두 그를 높이 숭앙하였다.[50]

---

50) 이맥, 〈삼신오제본기〉, 《태백일사》. [계연수 편저 · 안경전 역주(2012), 《환단고기》(대전: 상생출판), 323쪽 참조].

오부족五部族 가운데 황부족黃部族에 속한 우리 민족의 탄생에 관한 이야기는 다음과 같은 각별한 이야기로 세상에 전해지는데, 보통 '단군신화檀君神話'라는 이름으로 전해지고 있는 다음과 같은 이야기이다.

세상이 모두 이루어진 어느 날, 하느님 **환인**桓찟은 세상을 밝은 광명의 세계로 만들기 위해 그의 아들 환웅桓雄을 지상으로 내려 보내기로 하였다(그림50 참조).

이때 환인이 지상을 두루 둘러보니,

▲**그림50**_황해남도 구월산 삼성사三聖祠 삼성전三聖殿에 봉안돼 있는 환웅상.

태백산太白山 근처가 가히 세상을 널리 이롭게 할 가장 좋은 곳이었다. 이에 아들 **환웅**桓雄에게 명하여 하느님의 권위를 뜻하는 천부인天符印 3가지 곧 방울·거울·칼을 가지고 이곳으로 내려가, 하늘의 뜻을 이어받아 이곳에 큰 가르침을 세워 세상을 밝게 잘 다스리라고 하였다.

이에 환웅이 바람신[風伯]·비신[雨師]·구름신[雲師]을 거느리고, 일행 삼천 명을 이끌고, 태백산太白山51)의 신단수神檀樹 곧 신령스러운 박달나무 아래로 내려와 처음으로 세상에 정치를 펴니, 이것이 신시神市 곧 지상에 세운 하느님의 나라이다.

환웅은 목숨·곡식·선악·질병·형벌 등 인간의 360여 가지 일들을 모두 주관하고, 자연의 이치에 따라 세상을 잘 다스려 세상을 널리 이롭게 하였다. 이러한 신시神市의 정치 이념을 일러 '**홍익인간**弘益人間'이라 한다. 이 말의

---

51) 이 '태백산'은 현 카자흐스탄의 천산天山이라고도 하고, 중국 랴오닝성遼寧省 환런현桓仁縣 오녀산성 내 고구려 첫 수도 졸본성이 있던 산이라고도 하며, 현 백두산이라고도 한다.

뜻은 '세상을 널리 두루 이롭게 하다'라는 뜻이다.

이때 곰족과 호랑이족이 서로 이웃해 살며, 항상 신시神市의 신령스러운 나무[神檀樹]에 간절히 빌며 환웅에게 간청하여 말하기를, "원컨대, 하늘의 밝은 계율戒律을 따르는 백성이 되게 하소서."라고 하였다.

이에 환웅桓雄이 영험한 쑥[艾]과 마늘을 만들어 이들에게 주고 말했다. "너희는 어두운 굴속에 들어가 이것을 먹고 삼칠일三七日 곧 21일 동안 햇빛을 보지 말고 견디도록 하라. 그러면 마침내 하늘의 도리를 아는 참된 사람이 되리라." 하였다.

이에 이들은 굴속으로 들어가 이것을 먹고 삼칠일 동안의 금기禁忌를 지키려 했다. 곰족은 고통을 참고 이 금기를 지켜 사람의 도리를 아는 족속이 되었다. 호랑이족은 이 금기를 지키지 못하여, 끝내 하늘의 뜻을 아는 사람의 모습을 얻지 못하게 되었다.

어느 날, 곰족의 한 여인 곧 **웅녀**熊女가 이 신단수 아래 찾아와 새로운 사람을 잉태하기를 간절히 빌었다. 이에, 환웅이 잠시 사람으로 변신變身하여 그녀와 결혼하여 자녀들을 낳으니, 이로부터 곰족에서 하늘과 세상의 도리를 아는 많은 훌륭한 사람들이 태어나게 되었다.

이후에, **단군**檀君 곧 '밝은 임금'이라고 하는 분이 이 곰족으로부터 나왔다. 그는 아사달 곧 지금의 중국 송화강松花江 근처에 도읍을 정하고 나라를 세우게 되니, 이 나라가 곧 **조선**朝鮮이다. 삼한·시라尸羅·고례高禮52)·옥저沃沮·부여夫餘·예濊·맥貊 등이 다 이 조선이 다스리던 지역이다.53)

위에서 정리해본 바와 같이, 우리 민족은 우리 민족 나름의 자주적인 세계 인종 탄생의 신화를 가지고 있으며, 이 신화는 우리 민족이 어떻게 해서 하나의 혈연 공동체를 형성하여 이 세상에 하나의 부족/민족으로 자리 잡게 되었는가를 신화적인 어법으로 흥미롭게 잘 알려주고 있다.

---

52) '시라'는 신라, '고례'는 고구려를 가리키는 것으로 보임.

53) 이맥, 〈신시본기〉, 《태백일사》. [계연수 편저·김은수 옮김(1985), 《환단고기》(서울: 가나출판사), 140~166쪽 참조].

6. 신들이 지상에 세운 신들의 나라

이렇게 해서 세상이 만들어지고 인류가 탄생하고 그 인류가 종족을 이루어 세상 사방으로 퍼져나가 살게 되자, 하늘의 신들도 이런 세상이 퍽이나 아름다워 보이게 되었다. 그래서 하늘의 신들도 이 지상으로 내려와 자기들의 나라를 세우게 되었는데, 이렇게 해서 이 지상에 세워진 신들의 나라를 **신국**神國이라 하고, 이들이 세운 나라인 신국의 중심지를 **신시**神市라 한다.

이 신국은 앞서 언급한 바와 같이 아홉 개의 나라 곧 '구환국九桓國' 혹은 '십이환국十二桓國'이었는데, 이 가운데서 황부족黃部族에 속한 우리 민족의 신국은 다음과 같이 환인의 나라, 환웅의 나라, 환검의 나라 등 세 시대에 걸쳐서 지상에 펼쳐졌다고 한다.

환인이 오훈으로 환국을 세우다

세상이 만들어진 뒤에, 제일 먼저 하느님 **환인**桓因이라는 분이 지상으로 내려와 신들이 다스리는 나라를 세웠는데, 이 나라를 **환국**桓國이라 한다(그림

▲**그림51**_한국 민화民話에 그려진 하느님 환인桓因의 모
습.(신명기 선생 제공)

51 참조).

환국桓國이란 '온전한 나라' 또는 '밝은 빛의 나라'를 뜻한다. '온전한 하나'
라 함은 곧 삼신三神의 지혜와 능력으로 다스려지는 나라임을 말한다. **빛**은
바로 이 삼신이 실현하는 덕이다. 이는 우주 만물보다 앞서 있다.

환인은 지상에서 가장 높은 산인 **천산**天山에서 살면서, 하늘에 제사 지내는
일을 주관하고, 큰 교화를 일으켜 사람들을 가르치고, 사람들의 수명을 정하
고, 세상만사를 천지 자연自然의 이치에 따라 골고루 배려하여 다스렸다.

이때에는 세상의 모든 생물들과 삼라만상들이 함께 조화롭게 어울려 행복
하게 살았다. 멀고 가까움을 구별하지 아니하고, 상하가 차등이 없었으며,
남녀노소가 모두 평등했다. 서로 일을 나누어 맡아 협동했으므로, 법규나
호령이 없이도 모두들 서로 화합하며 즐겁게 세상의 이치에 따라 살았다.
그야말로 무릉도원武陵桃源이었다.

이 나라는, 환인천왕桓因)天王/안파견安巴堅 · 혁서환인赫胥桓因 · 고시리환인

▲그림52_《환단고기》·《부도지》·《규원사화》등을 근거로 그려진 12
환국의 영토 추정 지도.(상생방송 제공)

古是利桓因 · 주우양환인朱于襄桓因 · 석제임환인釋提壬桓因 · 구을리환인邱乙利桓
因 · 지위리환인智爲利桓因 등 7대에 걸쳐 펼쳐진 시대로 이어졌다.

이 나라가 존속한 기간은 63,182년 또는 3,301년 동안이나 되었고, 이
나라는 파미르고원 아래에 있었으며, 그 크기는 남북이 50,000리, 동서가
20,000리였다 한다. 일연 스님이 쓴《삼국유사三國遺事》및 고려 후기에 이암
李嵒이 쓴〈단군세기檀君世紀〉의 기록을 근거로 이 나라의 시작 연대를 추증하
면 B.C. 7,199년이 된다.

이 환국은 모두 열 두 개의 작은 나라로 이루어져 있었기 때문에 **십이환국**十
二桓國이라고도 한다.54) 이 십이환국의 이름은 비리국卑離國 · 양운국養雲國 · 구
막한국句莫汗國 · 구다천국句茶川國 · 일군국一群國 · 우루국虞婁國/필나국畢那國 ·
객현한국客賢汗國 · 구모액국句牟額國 · 매구여국賣勾餘國/직구다국稷臼多國 · 사납
아국斯納阿國 · 선비국鮮卑國/탁위국啄韋國/통고사국通古斯國 · 수밀이국須密爾國
등이다(그림52, 그림53 참조).

이 나라의 도읍들은 **신시**神市였으며, 이 나라 백성들은 '밝은 빛'을 숭상하
여 태양을 신으로 여기고 하늘을 조상으로 여겼다. 사람들은 하늘의 빛을
얻어 자연으로 변화하며 자연과 더불어 살았다.

온 나라 백성들은 아침저녁으로 항상 하늘에 제사 지내는 의식을 행하였

---

54) 다른 책에서는 '구환국九桓國'으로도 되어 있다.

▲그림53_환국과 세계문명의 관계 추정 지도.(상생방송 제공).

다. 아침에는 일제히 해 뜨는 동산에 올라가 해를 향해 절을 하고, 저녁에는 일제히 달 돋는 서천에 이르러 달을 향해 절을 하였다.

이 시대에 환인은 다섯 가지 가르침 곧 **오훈**五訓으로 교화하고, 다섯 가지 일 곧 오사五事를 주관하여 실행하고, 다섯 관리 곧 오가五加의 무리를 두어 세상을 다스리고, 다섯 가지 가축 곧 오물五物을 기르도록 하였다. 다섯 가지 교훈 곧 오훈五訓은 다음과 같다.

첫째, 정성을 다해 서로 믿으며 거짓된 짓을 저지르지 말라. 둘째, 공경하고 삼가 나태하지 말라. 셋째, 효도하고 순종하여 도리에 어긋나지 말라. 넷째, 염치廉恥와 의리를 지켜 음탕하지 말라. 다섯째, 겸손하고 화합하여 서로 싸우지 말라.

이 나라는, 모든 사람들이 밝은 빛으로 마음을 열어 상서로운 일들을 수없이 이루었고, 온 세상 사람들이 즐거움 속에서 편안히 머물러 사는 그야말로 지상낙원이었다.55)

---

55) 안경전 교주(2012), 《환단고기》(서울: 대전, 상생출판), 341~345쪽.

하느님 환인桓因의 나라인 환국桓國 이후에, 환인의 아들 **환웅**桓雄이 하느님 환인의 뜻을 받들어 다시 지상에 하느님의 나라를 세웠다. 이를 환웅桓雄의 나라라 하고, **'배달국'**이라고도 한다(그림54, 그림55 참조).

환웅은 하늘의 이치와 권위를 상징하는 상서로운 물건인 방울·거울·칼 곧 천부인天符印 3가지를 가지고 태백산 신단수 아래로 내려와 도읍을 정하고, 도읍 이름을 역시 신시神市라 하였다.

그는 하느님 환인의 뜻에 따라

▲**그림54**_민간에서 그려진 환인桓因의 아들 환웅桓雄의 모습.

오훈五訓·오사五事·오가五加·오물五物을 주관하면서, 우리나라 강토인 청구靑丘 땅을 고르게 분배하고, 천지자연의 이치에 따라 조화롭게 나라를 다스려, 널리 세상 사람들을 이롭게 하였다. 이러한 이치를 **'홍익인간**弘益人間**'** 곧 세상을 널이 이롭게 함이라 한다.

환웅은 신시神市에 머무르며 삼가 문을 닫고 스스로를 수양하면서, 외물外物을 경계하고 하늘에 소원을 빌어, 천지의 공을 스스로 이루어 나아갔다. 처음으로 괘상卦象56)을 그려 미래를 예측하고, 만물의 형상形像을 포착하여 신을

---

56) 세상 삼라만상의 변화 이치를 '역易'이라 하고, 그 '역'을 표현하는 상징적 기호를 '괘상卦象'이라 한다. 이 역易의 괘상은 맨 처음 환웅이 그려서 중국에 전해주었으며, 그것이 오늘날의 주역周易이 되었다 한다.

▲**그림55_**《환단고기》·《부도지》·《규원사화》 등을 근거로 그려진 환국과 배달국의 영토 추정 지도.(상생방송 제공)

움직였다. 또한 영혼과 머리가 밝은 사람들을 불러 그들의 도움을 받았다.

환웅이 그린 이 괘상은 세상 변화의 이치를 그린 최초의 괘상이었다. 훗날, 중국의 복희씨伏羲氏가 이를 본받아 그린 것이 바로 중국 《주역周易》의 기본이 된 복희팔괘伏羲八卦라고 하는 것이다(그림56 참조).

그는 **혼인**의 예법을 정하여 짐승 가죽으로 폐백幣帛57)을 하고, 곰부족의 여인 **웅녀**熊女를 왕후로 삼았으며, 씨앗을 뿌려 가꾸고 가축을 기르고, 신시神市의 **시장**을 열어 서로 교역을 하도록 하였다.

이리하여, 온 세상 곧 구환국九桓國 혹은 십이환국十二桓國 64개 지역의 크고 작은 나라 사람들이 두루 이 환웅의 나라 곧 배달나라에 와서 조공朝貢을 바쳤으며, 이를 본 새들과 짐승들이 모두 춤을 추었다. 후인들은

▲**그림56_**환웅이 만든 《환역桓易》의 영향을 받아 중국 복희씨가 그린 것으로 전해지는 팔괘의 모양.

---

57) 임금에게 바치거나 제사 때 신에게 바치는 물건. 또는 결혼식 때 예물로 주고받는 물건.

그를 세상 최고의 신으로 받들고 대대로 끊임없이 제사를 올렸다. 그래서 이런 시기를 일러 세상 사람들은 '**신시시대**神市時代'라 한다.

이 시대 후기에 들어, **치우천왕**蚩尤天王이 다시 우리 옛 강토인 청구靑丘의 옛땅 전체를 회복하여 18대를 전하니, 이 배달국 시대의 모든 햇수는 1,565년이었으며, 18세에 걸친 임금들이 다스렸다.[58] 일연 스님이 쓴 《삼국유사三國遺事》 및 이암이 쓴 〈단군세기檀君世紀〉의 기록을 근거로 이 나라의 시작 연대를 추중하면 B.C. 3,898년이 된다. 이 환웅의 나라 18세 임금들의 이름은 다음과 같이 기록되어 전하고 있다.

1세 환웅천왕桓雄天王/거발환居發桓/안파견安巴堅, 2세 거불리환웅居佛理桓雄, 3세 우야고환웅右耶古桓雄, 4세 모사라환웅慕士羅桓雄, 5세 태후의환웅太虞儀桓雄, 6세 다의발환웅多儀發桓雄, 7세 거련환웅居連桓雄, 8세 안부련환웅安夫連桓雄, 9세 양운환웅養雲桓雄, 10세 갈고환웅曷古桓雄/독로한獨盧韓桓雄, 11세 거야발환웅居耶發桓雄, 12세 주무신환웅州武愼桓雄, 13세 사와라환웅斯瓦羅桓雄, 14세 자오지환웅慈烏支桓雄/치우천왕蚩尤天王, 15세 치액특환웅蚩額特桓雄, 16세 축다세환웅祝多世桓雄, 17세 혁다세환웅赫多世桓雄), 18세 거불단환웅居弗檀桓雄/단웅檀雄/단군檀君이 바로 그 역대 이름들이다.[59] 이 환웅의 나라에 관한 좀 더 자세한 이야기는 뒤에 나오게 될 '제2부 환웅-중천시대' 신화들에서 살펴보기로 하겠다.

58) 이맥, 〈환국본기〉, 《태백일사》. [계연수 편저·김은수 옮김(1985), 《환단고기》(서울: 가나출판사), 135~139쪽 참조].

59) 원동중元董仲, 〈신시역대기神市歷代記〉, 《삼성기전三聖紀全》. [계연수 편저·김은수 옮김(1985), 《환단고기》(서울: 가나출판사), 37~39쪽 참조.

환검이 팔조법금으로 단군조선을 세우다

환웅이 세운 '배달국' 이후에 환인桓因의 아들 환웅桓雄과 인간 곰족의 여자 웅녀熊女 사이에서 태어난 단군檀君 환검桓儉이 세운 나라를 환검의 나라 혹은 '**단군조선**檀君朝鮮'이라고 한다(그림57, 그림58 참조).

중국의《한서漢書》〈지리지地理志〉에 의하면, 단군 환검은 8조의 금법禁法을 세워 나라를 다스렸는데, 그 중에는 사람을 죽이면 사형에 처한다. 사람을 다치게 하면 곡물로 배상한다 등의 조항이 있었다 한다. 전해 오는 역사 기록에 따르면, 단군조선은 B.C. 2,333년부터 A.D. 295년까지 총 2,628년 동안 지상에 존속하였다. 이 나라의 역대 임금들로는 다음과 같이 총 47명이나 된다.

▲그림57_일제강점기 독립운동가들이 모시던 단군 환검 초상.(전북 김제 조앙사)

▲그림58_최근 발견된 가장 오래된 무속적인 단군 초상화.(단군학자료원 소장)

▲그림59_《환단고기》·《부도지》·《규원사화》 등을 근거로 그려진 조선국의 영토 추정 지도. (상생방송 제공)

환검단군桓儉檀君, 부루단군扶婁檀君, 가륵단군嘉勒檀君, 오사구단군烏斯丘檀君, 구을단군丘乙檀君, 달문단군達文檀君, 한율단군翰栗檀君, 우서한단군于西翰檀君/오사함단군烏舍咸檀君, 아술단군阿述檀君, 노을단군魯乙檀君, 도해단군道奚檀君, 아한단군阿漢檀君, 흘달단군屹達檀君/대음달단군代音達檀君, 고불단군古弗檀君, 벌음단군伐音檀君/후흘달단군後屹達檀君, 위나단군尉那檀君, 여을단군余乙檀君, 동엄단군冬奄檀君, 구모소단군緱牟蘇檀君, 고홀단군固忽檀君, 소태단군(蘇台檀君, 색불루단군索弗婁檀君, 아홀단군阿忽檀君, 연나단군延那檀君, 솔나단군率那檀君, 추로단군鄒盧檀君, 두밀단군豆密檀君, 해모단군奚牟檀君, 마휴단군摩休檀君, 나휴단군奈休檀君, 등올단군登兀檀君, 추밀단군鄒密檀君, 감물단군甘勿檀君, 오루문단군奧婁門檀君, 사벌단군沙伐檀君, 매륵단군買勒檀君, 마물단군麻勿檀君, 다물단군多勿檀君, 두홀단군豆忽檀君, 달음단군達音檀君, 음차단군音次檀君, 을우지단군乙于支檀君, 물리단군勿理檀君, 구물단군丘勿檀君, 여루단군余婁檀君, 보을단군普乙檀君, 고열가단군古列加檀君 등이 바로 그분들이다.[60]

---

60) 이암李嵒, 《단군세기檀君世紀》. [계연수 편저 · 김은수 옮김(1985), 《환단고기》(서울: 가나출판사), 46~93쪽 참조].

이상의 기록에 따르면, 그동안 우리가 알고 있던 바와 같이 단군이 단지 하느님 환인桓因의 아들 환웅桓雄과 지상 곰족의 여인 웅녀熊女 사이에서 태어난 한 분의 반신반인半神半人 곧 영웅이 아니라, 놀랍게도 단군檀君 환검桓儉이 세운 지상 신국神國의 한 왕조 이름이라는 것을 알게 된다(그림59 참조).

이러한 기록은 우리의 신화적 상상력을 훨씬 더 활기차고 장대하게 작동케 하며, 이에 따라 이런 신화와 동전의 양면처럼 연결되어 있는 역사적인 지평에 관해서도 새로운 탐구를 시도하도록 촉구하고 있다. 단군 환검의 나라에 관한 좀 더 자세한 흥미로운 이야기들은 뒤에 나올 '환검 – 후천시대' 신화 부분에 가서 알아보기로 하겠다.

7. 하늘나라 사랑 이야기

그러면 여기서 잠시, 인간의 가장 '오래된 미래'인 '사랑'에 관한 신들의 이야기 하나를 살펴보기로 하자. 이 이야기는 동북아시아의 여러 논농사 지역들에서도 전승되는 유명한 하늘나라 사랑 이야기이다.

 ## 견우와 직녀의 하늘나라 사랑

옥황상제玉皇上帝[61]의 딸 직녀織女와 목동 견우牽牛가 사랑에 빠지다

먼 옛날, 하늘나라 옥황상제님에게는 베를 잘 짜는 어여쁜 딸이 하나 있었다. 옷감을 잘 짜기 때문에 이름을 직녀織女라 하였다. 그녀는 하늘나라 옷감을 짜는 여신이었다. 온종일 베틀에 앉아 해·달·별·은하수·빛·그림자 등, 아름다운 천상의 무늬들을 찬란히 옷감에 수놓아 넣었다. 그녀가 짜는 옷감들은 너무나 아름다워, 하늘을 순환하는 해·달·별들도 이 아름다운 수를 보기 위해, 가던 발걸음을 잠시 멈추고 구경을 하곤 하였다(그림60 참조).

---

61) 단군신화에서의 '환인'과 같은 신.

그러나 그녀는 옷감을 짜는 일에 너무나 골몰한 나머지, 세월이 흐르면서 점차 그 일에 싫증을 느끼게 되었다. 그래서 그녀는 가끔 옷감을 짜던 베틀에서 내려와 창가에 우두커니 서서, 성벽 아래로 넘실거리며 흘러가는 하늘의 푸른 **은하수**銀河水 강물을 물끄러미 내려다보곤 하였다.

▲**그림60_**여름밤, 하늘을 가로지르는 별들의 강인 은하수 가운데 안드로메다 은하.

그러던 어느 봄날, 은하수 강둑을 따라 궁중의 소떼를 몰고 가는 아주 잘생긴 목동신牧童神의 모습을 보게 되었다. 그는 하늘나라의 소들을 잘 돌보기 때문에 사람들은 그를 **견우**牽牛라 불렀다. 이들은 서로 눈이 마주치게 되자, 그 순간부터 운명처럼 깊은 사랑에 빠졌다. 직녀는 아버지 옥황상제玉皇上帝에게 이 사실을 고백하고, 둘을 결혼시켜달라고 간청했다. 옥황상제는 이들의 결혼을 승낙했고, 둘은 하늘나라에서 가장 행복한 부부가 되었다.

은하수 다리를 건너 만나다

그러나 그들은 행복한 사랑에 너무 깊이 빠진 나머지, 그만 자신들이 맡은 하늘나라 일들을 잊어버리고 게을리 하게 되었다. 이에 화가 난 옥황상제는 마침내 그들을 떼어놓고 일 년에 한 번씩만 만나도록 했다. 견우는 은하수銀河水 건너편 서쪽으로 쫓겨나 그곳에서 소들을 돌보며 살았다. 직녀는 은하수 동쪽 궁궐에 쓸쓸히 혼자 남아, 또 다시 하늘의 베틀에 북을 놀려야만 했다.

그들의 만남은 한 해 동안에 다만 하루뿐이었다. 그러나 간절한 기다림의 시간들은 그들의 사랑을 한없이 넓고 깊게 하여, 온 세상의 모든 신과 인간과 사물들을 곰곰이 생각하고 깨닫는 사색의 나날을 가져다주었다. 그들이 만나기로 허락된 날은 일 년 가운데 일곱 번째 달 일곱 번째 날 밤, 곧 칠월 칠석날 밤이었다. 해마다 이날 밤이 되면, 그들은 하늘나라 은하수 강의 다리를 건

▲그림61_견우와 직녀. 소를 끌고 있는 견우와 개를 데리고 있는 직녀 사이에, 왼쪽 위에서 오른쪽 아래로 은하수가 흐르고 있다.(덕흥리 벽화고분의 천정화 모화)

너, 한 해 동안 쌓인 안타까운 그리움의 회포를 풀고 한없이 기쁜 해후를 가지곤 하였다(그림61 참조).

'칠일월' 배를 타고 만나다

그러나 그들은 서로가 너무나 그리운 나머지 옥황상제의 어명마저 어기고, 몰래 하늘다리 위에서 만나곤 하였다. 이 사실을 알게 된 옥황상제는, 이들이 다시는 만날 수 없도록 은하수의 하늘다리마저 끊어버리고 말았다. 그 후, 견우와 직녀는 은하수 강을 사이에 두고 서로를 애타게 부르며 한없는 정한의 세월을 보내야만 했다. 이들이 서로를 그리워하며 토해내는 애련처창哀戀悽悵한 한숨 소리는 마침내 옥황상제가 기거하는 천궁天宮에까지 메아리쳤다.

이를 딱하게 여긴 옥황상제는 다시 한 번 마음을 누그러뜨려, 칠월 칠석날 밤이 되면 은하수 강에 '칠일월七日月'이란 배를 띄워, 이들이 서로 만나는 다리를 대신하게 하였다. 그래서 해마다 칠월 칠석날 밤이 되면, 그들은 옥황상제가 내어준 '칠일월七日月'이라는 배를 타고 하늘나라 은하수 강을 건너, 일 년에 한 번씩 다시 눈물겨운 상봉을 할 수 있게 되었다.

마침내, 오작교烏鵲橋를 건너 만나다

하지만 칠월 칠석이 되어도 이날 비가 너무 많이 내리면 은하수 강 위에 배가 뜨지 못하였다. 해마다 칠월 칠석날 밤비가 너무 많이 내려 서로 만날 수 없게 되자, 그들은 그 슬픔을 이기지 못하여 은하수 강가에 서서 서로를 애타게 부르며 하염없이 우는 수밖에는 다른 방법이 없었다. 그들이 흘리는 눈물은 은하수 강으로 들어가 거대한 강물을 이루었다. 그리고 이것이 흘러 넘치면 지상으로 쏟아져 내려와, 세상은 온통 물바다가 되곤 하였다. 이 고통을 겪어야만 하는 지상의 신과 인간과 동식물들은 큰 고민에 빠지게 되었다.

오랜 숙의熟議 끝에 까마귀와 까치들은 자기들 날개를 연이어 펴서 은하수 강 위에 까마귀, 까치 다리를 놓기로 했다. 이후 칠월 칠석이면 견우와 직녀는 이 다리를 건너 서로 만날 수 있었다.

이때 견우와 직녀가 이 까마귀와 까치들의 머리를 밟고 건너가는 바람에, 까치의 머리가 벗겨지게 되었다고 한다. 또한, 이후부터는 음력 칠월 칠석날 밤이 되면 지상에는 까마귀와 까치들이 잘 보이지 않는다고 한다. 모두 견우와 직녀의 사랑다리를 놓아주러 하늘나라로 올라가기 때문이다. 그리고 이때부터 칠월 칠석이 되어도 지상에서는 큰 물난리가 나지 않게 되었고, 지상의 신들과 인간들과 동식물들도 다시 평안을 되찾을 수가 있게 되었다.

직녀와 견우가 만나는 다리는 까마귀와 까치가 놓아 주는 다리이기 때문에, 사람들은 까마귀 – 까치다리 곧 **오작교**烏鵲橋라 부르게 되었다. 그리고 그들이 만나는 칠석날에 내리는 비를 '칠석우七夕雨'라 한다. 이날 밤에 내리는 비는 견우와 직녀가 만나 흘리는 기쁨의 눈물이며, 이튿날 새벽에 내리는 비는 이들이 헤어질 때 흘리는 슬픔의 눈물이라 한다. 그러나 이때에 흘리는 눈물이 예전처럼 물난리를 일으킬 정도는 아니었다.

이때부터, 사람들은 이 하늘나라의 순결한 사랑을 높이 기리고자 이 날을 '칠석날'이라 부르고, 바쁜 여름 내내 힘들었던 일손들을 잠시 멈추고, 사랑하는 사람과 더불어 서로 행복한 사랑을 나누며, 마을 사람들이 함께 모여 즐겁게 노는 한여름 최고의 명절날이 되었다 한다.

이 아름다운 견우와 직녀의 사랑 이야기를, 일찍이 미당 서정주 시인은
견우牽牛의 마음으로 다음과 같이 감동적으로 노래하고 있다.

견우의 노래

서정주

우리들의 사랑을 위하여서는
이별이, 이별이 있어야 하네.

높었다 낮었다, 출렁이는 물살과
물살 몰아갔다 오는 바람만이 있어야 하네.

오 - 우리들의 그리움을 위하여서는
푸른 은핫물이 있어야 하네.

돌아서는 갈 수 없는 오롯한 이 자리에
불타는 홀몸만이 있어야 하네!

직녀여, 여기 번쩍이는 모래밭에
돋아나는 풀싹을 나는 세이고….

허이언 허이언 구름 속에서
그대는 베틀에 북을 놀리게.

눈썹 같은 반달이 중천에 걸리는
칠월 칠석이 돌아오기까지는,

검은 암소를 나는 먹이고
직녀여 그대는 비단을 짜세.

제2부

환웅 – 중천시대

앞장에서 우리는 아득한 '천지창조'의 시대, 곧 세상이 처음 이루어지고 인류와 세상 만물들이 생겨나, 지진과 대홍수 같은 온갖 어려움을 겪으며 처음 이 세상에 살기 시작한 시대의 신화들을 찾아보았다. 이 신화시대를 우리는 '환인 – 선천시대'라고 하였다.

이 장에서는, 이제 인류가 이 세상에서 불을 발견하고 좀 더 세련된 도구들을 만들고 의사소통의 방법 등을 창안하면서, 더 복잡하게 발전된 집단과 문명을 이루어 사는 시대의 신화들을 살펴보기로 하자. 이 시대를 우리는 '환웅 – 중천시대'라고 부른다. 이러한 이야기들은 결국 우리 인류 문명의 초기 시대에 관한 이야기들이라고 할 수 있다. 이 시기에 오면, 인간들은 나라의 관직과 제도를 갖추고, 칼 등 무기를 만들어 서로 다투는 큰 싸움들도 점차 거세어지게 된다.

그러면, 우리 신화들이 전해주는 인류 문명의 초기에 관한 흥미로운 이야기들에 귀를 기울여보기로 하자.

1. 인류 문명의 새로운 시작과 전개에 관한 이야기들[62]

환인의 아들 환웅천왕이 신시의 나라를 열다

하느님 환인桓因이 여러 신들과 함께 세상을 다 이루어낸 다음, 그는 아들 환웅桓雄을 불러 지상으로 내려가 세상을 잘 다스려 이끌도록 하였다. 환웅은 아버지 환인에게서 세상의 근본 이치와 하늘의 권위를 담은 천부인天符印 세 가지 곧 거울·칼·방울을 받아(그림62~그림64 참조), 바람신風伯·비신[雨師]·구름신[雲師]을 비롯한 하늘의 무리 삼천 명을 거느리고 태백산 신단수神檀樹 아래로 내려왔다.

환웅천왕이 처음 신시神市를 세워 세상을 다스릴 때에는 세상이 평화로웠다. 산에는 길과 굴이 없고, 못과 강과 바다에는 배와 다리가 없었다. 산야에는 초목들이 무성했다. 새와 짐승들은 서로 무리를 이루어 자유롭게 살았으며, 백성들은 만물과 함께 어울려 화합하고, 배고프면 먹고 목이 마르면 마셨다. 밭을 갈아 곡식을 거두고, 때로는 짐승의 피와 고기를 먹고, 옷감을 스스로 짜 옷을 만들어 입었다.

---

62) 이하의 내용은 1675년(숙종 2) 북애노인北崖老人이 지은 《규원사화揆園史話》에 전해지는 것이다.

▲**그림62**_백제 무령왕릉 왕비의 머리 부분에서 출토된 청동거울.(국립공주박물관 소장)

▲**그림63**_청동방울[팔주령八珠鈴 1쌍, 쌍두령雙頭鈴 1쌍, 조합식쌍두령組合式雙頭鈴 1점, 간두령竿頭鈴 1쌍].(국립중앙박물관 소장)

◀**그림64**_전북 장수에서 출토된 마한시대 청동칼.(국립전주박물관 소장)

이 시대를 **신시시대**神市時代라고도 한다. 하늘나라 신들이 세상을 다스리는 시대, 신들의 신성함이 지상에 충만한 시대를 말한다. 그들은 따로 복잡하게 생각할 바를 알지 못하고, 제각기 따로 행할 바를 알지 못했다. 그러나 그들은 늘 보고 듣는 것이 한결같아, 행실이 **순박**淳朴했으며, 태평하게 배불리 먹고 즐겁게 살았다. 해가 뜨면 일어나 움직이고 해가 지면 잠자리로 들어가 쉬니, 하늘의 은혜가 넉넉하여 궁색함을 알지 못했다.63)

이런 이상향을 일찍이 중국 동진시대의 유명한 시인 도연명陶淵明은 **무릉도원**武陵桃源이라 하였고, 서양에서는 낙원樂園 곧 파라다이스paradise라고 불렀다.

---

63) 북애노인 지음 · 민영순 옮김(2008), 《규원사화》(서울: 다운샘), 40쪽 참조.

환웅천왕이 신시神市를 세워 나라를 다스
릴 때, 그는 먼저 고시씨高矢氏를 불러 농사
짓는 법과 가축 기르는 법, 그리고 불 만드는
법을 가르쳤다. 이때에는 아직 곡식을 심고
농사를 지어 수확하는 방법을 제대로 알지
못했다. 불이 없어 사람들은 모두 풀과 나무
열매와 짐승의 고기를 날것으로 먹었다.

고시씨는 먼저 곡식을 가꾸어 농사를 짓
는 방법을 가르친 다음, 짐승들을 모아 가축
으로 기르는 방법도 가르쳤다. 지금도 우리
나라 사람들이 일손을 쉬고 식사 전에, 먼저
음식을 땅에 놓고 '고시례高矢禮'라고 말하는

▲그림65_무신도에 나타난 불의 신 화
덕장군.(고 김태곤 선생 제공)

것은, 바로 사람들에게 농사법과 축산법을 가르쳐준 고시씨 은혜에 대해 감
사하는 예의를 갖추기 위한 것이라고 한다.

고시씨는 또한 세상 사람들이 아직 음식을 날것으로 먹는 것을 걱정하다
가, 숲에서 나무들이 바람에 부딪쳐 불이 일어나는 것을 보고, 불이 만들어지
는 원리를 깨달았다. 그리고 짐승을 잡기 위해 던진 돌이 큰 바위에 부딪쳐
불꽃이 튀어나는 것을 보고, 불을 만드는 방법을 알아냈다. 오늘날 전해지는
'부싯돌'은 바로 고시씨가 인간에게 전해준 불을 만드는 방법이라고 한다(그림
65 참조).

이때부터, 사람들은 음식을 익혀 먹을 줄 알게 되었으며, 쇠붙이를 달구어
연장을 만드는 기술도 점차 알게 되었다고 한다.[64]

---

64) 북애노인 지음·민영순 옮김(2008), 《규원사화》(서울: 다운샘), 22~26쪽 참조.

치우씨가 도구와 병기를 만들다

뒤에 환웅천왕은 세상을 다스리는 도구를 만드는 일
에 탁월한 재주를 타고난 **치우씨**蚩尤氏를 불러, 각종 도
구와 병기들을 만들게 했다. 치우씨는 하늘을 빙빙 돌리
는 엄청난 힘을 가진 존재였다. 바람·구름·번개·안
개 등을 능수능란하게 부릴 줄 알았으며, 도끼·활·
창·칼 따위 **도구**를 만들어, 초목·길짐승·날짐승·
물고기·벌레 등을 두루 다스렸다(그림66 참조).

▲그림66_중국 하북성 탁록 삼조당에 모셔 져 있는 치우상.

그는 우거진 숲 속에 새로 **길**을 만들기도 하였다. 짐승·물고기·풀벌레들
이 깊은 산속, 큰 연못, 우거진 숲속으로 들어가 살도록 하고, 이것들이 사람
들을 해치지 못하게도 하였다. 또 사람들에게 **집** 짓는 방법을 가르쳐서, 인류
가 야생 생활에서 벗어나 주거 생활을 하도록 하였다.

이런 방법을 다 가르친 다음, 그는 마지막으로 적들을 막아 물리치기 위해
각종 **병기**兵器를 만들었다(그림67 참조). 자기가 만든 이 병기들로 수많은 적들
을 물리쳐 나라를 지키는 일도 맡았다. 지금도 우리나라 사람들이 힘센 장사
를 가리켜 '지위知爲'라고 하는데[65], 이것은 바로 '치우蚩尤'를 가리키는 말이
라 한다.

치우씨는 훗날 환웅천왕 시대의
14세 임금인 자오지환웅慈烏支桓
雄, 곧 치우천왕이 된 신인神人이
며, 중국 헌원軒轅의 군사를 물리
치고 탁록대전涿鹿大戰을 승리로
이끈 신인神人이기도 하다.[66]

▲그림67_각종 무기를 착용한 치우의 모습.(오른쪽 두 번째, 중국 고대 화상석)

---

65) 조선시대에는 '지위'라는 말이 있었다 한다.
66) 북애노인 지음·민영순 옮김(2008), 《규원사화》(서울: 다운샘), 44쪽 참조.

신지씨가 처음으로 글자를 만들다

환웅은 또 신지씨神誌氏로 하여금 **글자**를 만들게 하였다. 신지씨는 원래 환웅천왕의 명령을 세상에 전달하는 일을 맡아보는 영관令官이었는데, 천왕의 명령을 적어두는 글자가 없는 것을 그는 늘 안타깝게 여겼다.

어느 날 그는 숲에 사냥을 나갔다가, 도망치는 사슴을 쫓아 바닷가 모래톱에 이르게 되었는데, 그곳에는 사슴이 남기고 간 수많은 발자국들이 남아 있었다. 그는 이 사슴 발자국을 보고 골똘히 생각한 끝에, 글자를 만들었다. 이것이 바로 우리나라 최초의 글자인 '**녹도문자**鹿圖文字'라고 한다. 사슴 발자국을 보고 깨달아 만들었다 하여 '녹도鹿圖/사슴그림'이라 붙여진 이름이다.

지금도 우리나라 강토 여러 곳에서 신지씨가 만든 문자가 발견된다고 한다. 경상남도 남해군의 양하 마을67) 암벽에도 신시시대 곧 환웅천왕시대의 옛글자를 새긴 고각古刻이 남아있다.68) 이 글자를 '**남해도 각자**南海島刻字'라 한다(그림68 참조). 제주도 서귀포 정방폭포에도 이와 비슷한 문자가 새겨져 있다(그림69 참조). 우리나라 북쪽의 육진六鎭 땅과 선춘先春 땅 바깥69) 지방의 바위들에서도 인도의 범자梵字도 중국의 전자篆字도 아닌 이런 글자들이 간혹 발견된다고 한다.70)

▲**그림68**_신지씨가 발명했을 것으로 추측되는 옛글자.

▲**그림69**_제주도에서 발견된 옛글자.(허정주 촬영)

---

67) 현 경상남도 남해군 상주면 상주리 양하 마을 산 4-3번지. 이곳은 현 경상남도 남해섬 '상주해수욕장' 근처의 금산이란 산에 위치해 있다.

68) 바위에 새겨놓은 옛 글자. 이 옛 글자들은 지금도 이곳 바위에 남아 있으며, 일찍이 위당 정인보 선생은 이 글자들을 《훈민정음》 이전의 우리 고대문자로 추정하여, 이 글자들의 뜻을, "사냥을 하러 이곳에 물을 건너와 기를 꽂다"로 해석한 바 있다. [이홍직(1982), 《국사대사전》(서울: 한국출판사), 339쪽, 〈남해도 각자〉 조항 참조].

69) 우리나라 동북쪽에 있는 선춘령先春嶺 바깥 지역. 이곳에 조선시대 초기에 윤관이 쌓은 9성城이 있었다.

환웅천왕이 수리와 역법을 만들어 중국에 전하고,
주인씨가 혼인법을 가르치다

환웅천왕은 천하 큰 기운의 활동이 잠시도 쉬지 않으며, 해·달·별들이 바쁘게 돌고, 봄·여름·가을·겨울의 사계절 변화에 따라 천하 만물이 순환하고 회생하는 이치를 꿰뚫어 알았다. 이러한 천지조화의 깊고 오묘한 순환의 이치를 수의 변화 곧 수리數理로 정리하여 만든 것이 이 신시시대의 **환역**桓易71)이었다.

이 무렵, 우리 민족은 이미 요심遼瀋과 유연幽燕72)의 땅에서 농사를 짓고 가축을 기르며 살고 있었다. 이때 복희伏羲73)라는 이가 풍이風夷 땅에서 태어났다. 그는 환웅천왕이 만든 환역桓易을 얻어 이를 깊이 궁리하다가, 황하黃河에서 나온 용마龍馬 등위에 새겨진 무늬를 보고 그 이치를 깨달아, 중국의 역易인 **복희팔괘**伏羲八卦74)를 만들었다(그림70 참조). 이것이 중국 역리易理의 시작이다. 그는 이것을 근거로 지금의 중원 땅으로 나아가 수인燧人75)을 대신하여 중국의 임금이 되었다 한다. 이렇게 해서, 음양이 생기고 없어지는 우주 삼라만상의 조화와 변화의 이치가 처음으로 우리나라에서 나와, 중국으로 건너가 세상에 널리 쓰이게 되었다 한다.

▲그림70_복희 팔괘.

---

70) 북애노인 지음·민영순 옮김(2008), 《규원사화》(서울: 다운샘), 24~26쪽 참조.
71) 환국의 역易, 곧 우리나라의 역易이란 뜻으로, 오늘날의 말로는 달력과 비슷한 것.
72) 오늘날의 중국 요동 지방 및 심양 지방 일원의 지역을 말함인 듯함.
73) 중국 상고 신화시대의 제왕으로, 백성들에게 어렵漁獵·농경·목축을 가르쳤으며, 중국에서 처음으로 역易의 기본인 팔괘八卦와 글자를 만들었다고 함.
74) 역리易理의 8가지 기본 요소인 건乾·곤坤·이離·감坎·진震·손巽·간艮·태兌.
75) 중국 상고 신화시대의 제왕으로, 부싯돌로 불을 일으켜 백성들에게 음식물 익혀 먹는 법을 중국인들에게 처음으로 가르쳐 주었다고 함. 우리나라 신화의 고시씨와 비슷한 신.

한편, 환웅천왕은 **주인씨**朱囙氏로 하여금 남녀가 혼인하는 법을 정하여 가르치게 했다. 그래서 오늘날에도 남녀 간의 혼인을 중매하는 사람을 '주인朱囙'이라고 한다. 특히, 서울·경기 지방에서는 혼인을 중매하는 것을 **'주인선다**'고 한다. 이것은 바로 처음으로 혼인하는 법을 마련하여 가르친 주인씨의 '주인'이라는 말에서 유래된 것이라고 한다.[76]

---

76) 북애노인 지음·고동영 옮김(1986), 《규원사화》(서울: 흔뿌리), 13~29쪽 참조.

환웅천왕이 이 세상에 내려온 지가 수천 년이 지나자, 천하에 백성들과 생산물들이 많이 늘어나고 사람들이 사는 지역이 더욱더 넓어져서, 이 세상을 잘 다스리기가 점점 더 어려워지게 되었다. 그래서 환웅천왕은 다시 세상을 잘 다스리고 백성들을 제대로 감독할 **관직**들을 두어, 그들로 하여금 형사刑事 · 병사兵事 · 선악善惡을 주관하게 하였다. 관직으로는 호가虎加 · 우가牛加 · 마가馬加 · 응가鷹加 · 노가鷺加 등의 성을 가진 분들이 있었으며, 이들을 **오가**五加라 한다.

이들의 노력으로 남녀 · 부자 · 군신 · 의복 · 음식 · 궁실 등 여러 가지 **제도**들이 모두 훌륭한 규모와 풍속을 갖추어, 천하가 모두 그것에 따르게 되었다. 신시시대의 이러한 제도가 세상에 점점 더 널리 펼쳐져, 나라에 정치와 예의가 두루 갖추어지게 되니, 풀로 옷을 만들어 입고 나무 열매를 먹고 살던 사람들이 비로소 사람으로서 지켜야 할 도리道理와 염치廉恥를 알게 되었다.

이렇게 하여, 환웅천왕이 신시의 나라를 세워 세상을 다스린 지 이미 오래 되자, 점차 고시씨 · 치우씨 · 신지씨 · 주인씨가 인간 세상의 365가지 일을 두루 맡아 다스리게 되었다. 어느덧, 환웅 – 중천시대의 후기가 되었다. 이 시기에 들어서자, 세상에는 고시씨高矢氏 · 치우씨蚩尤氏 · 신지씨神誌氏의 후예들이 지상에 널리 퍼져 가장 번성하게 되었다.

▲그림71_전통 기와에 새겨진 치우천왕의 모습.

치우씨 후손들은 우리나라 강토인 청구靑丘의 서남지방, 곧 오늘날 중국의 동남지방을 차지하고(그림71 참조), 신지씨의 후손들은 동북지방 곧 오늘날의 중국 동북지방을 차지하였다. 한편, 고시씨의 후손들은 동쪽지방으로 옮겨가 마한·변한·진한의 겨레가 되었다. 이것이 이른바 후세의 **삼한**三韓이다.

그런데, 환웅천왕 시대의 삼한은 지금의 한반도 남부지역이 아니라, 동북 아시아 가운데서도 그 동남쪽 전역을 가리켰다고 한다. 이 삼한지역의 후손들은 모두 고시씨의 후손이다.77)

---

77) 북애노인 지음·고동영 옮김(1986), 《규원사화》(서울: 흔뿌리), 13~29쪽 참조.

2. 인류의 타락과 낙원의 파괴[78]

 인류가 타락하다

지금까지 살펴본 신들의 이야기에 따르면, 세상이 만들어진 뒤 얼마 동안은 인류가 행복하게 살았다. 그러다가 어느 때부터인가 세상 사람들은 서로 갈등을 일으키고 다투고 싸우며, 더 나아가 피를 흘리는 살육과 전쟁의 역사를 끊이지 않고 이어갔다. 이런 인류의 타락과 싸움은 한국신화 속에서는 대체로 환웅 – 중천시대 말기에 본격적으로 시작하며, 이런 변화에 대해서 한국신화는 다음과 같은 흥미로운 이야기로 전해주고 있다.

젖샘의 고갈과 금기禁忌의 파괴

앞장에서 보았던 바와 같이 인류 최초의 여신은 **마고**麻姑인데, 그녀는 오늘날 파미르고원에 있던 인류의 낙원 마고성麻姑城에서 살았다.

마고성 한가운데에는 생명수인 지유地乳

▲그림72_생명의 물 옹달샘.

---

78) 이하는 신라 박제상(朴堤上, 363~419)이 지은 것으로 전해지는 《부도지符都誌》에 전해지는 내용이다.

가 흘러나오는 **젖샘**[乳泉]이 있었다(그림72 참조). 이곳에서는 항상 인류 불멸의 생명수인 지유가 끊임없이 용솟음쳐 활기차게 흘러나왔다. 사람들은 이곳에서 이 생명수를 마시면서 아무런 근심 걱정이 없이 살아갔다.

이러한 평화롭고 행복한 시대는 마고麻姑시대, 궁희씨穹姬氏 – 소희씨巢姬氏 시대, 백소씨白巢氏 – 흑소씨黑巢氏 시대까지 오래도록 이어졌다. 그러나 그 다음 시대인 지소씨支巢氏 시대에 이르자, 사람들 숫자가 너무 많이 불어나, 생명수인 지유가 흘러나오는 젖샘이 점차 말라가기 시작했다.

어느 날, **지소씨**支巢氏[79]는 여러 사람들과 함께 마고성 안의 젖샘으로 생명수인 지유를 길으러 갔는데, 사람들이 너무 많아서 샘물을 길을 수가 없었다. 이런 일이 여러 차례 계속되자, 지소씨는 갈증을 견디지 못해 그만 정신을 잃고 쓰러지고 말았다. 이때, 지소씨支巢氏의 귀에 이상한 소리가 들려왔다. 그는 허기진 몸으로 그 소리를 따라가, 자기 집 둘레 나무에 달려 있는 **열매**를 따 먹었다. 이 열매를 맛보자, 그는 처음으로 다섯 가지 맛 곧 오미五味를 구별할 수 있게 되었으며, 눈이 밝아져 신처럼 사물事物의 오묘한 진리를 분별할 수 있게 되었다. 그는 크게 기뻐하며 자리를 박차고 일어나 노래했다.

"크고도 넓도다. 이 세상이여! 내 기운이 천지를 능가하는구나! 이 어찌 도道의 힘이리요? 저 열매의 힘이로다!"

그러나 그가 맛본 열매는 인간이 맛보아서는 안 될 하느님의 열매였다. 그가 이 열매를 따 먹은 것은, 사람들이 스스로 알아서 지켜야할 사람의 도리 곧 **자재율**自在律을 처음으로 파괴한 것이었다. 인간이 저지른 이 죄는 다섯 가지 맛을 처음으로 알게 된 죄이기 때문에 곧 '오미五味의 죄'라 한다.

지소씨支巢氏의 노랫소리를 들은 마고성 안의 사람들은 처음엔 그의 말이 무슨 뜻인지 몰라 이상하게 생각했다. 그러나 그가 거듭하여 그 열매의 맛이 좋다고 주장했으므로, 이를 신기하게 여긴 여러 사람들이 한 둘씩 그 나무의

---

79) 서양 기독교 신화의 '아담'에 해당하는 인물.

열매를 따 먹기 시작했다. 이 나무 열매를 맛본 사람들은 그것이 과연 그의 말과 같음을 알게 되었고, 이 후에 마고성 안 모든 종족들 가운데서 이 열매를 따 먹은 자가 점점 더 늘어나게 되었다. 그리하여, 이때부터 사람들은 이 나무 열매를 따먹는 습관이 생기게 되었고, 이를 먹지 못하게 하는 **금법禁法**이 시작되었다. 이렇게 되자, 여신 마고麻姑는 마고성麻姑城의 성문을 굳게 걸어 잠그고, 성을 둘러싼 수운水雲 위를 덮고 있던 신성한 기운을 모두 거두어버렸다.

지혜의 터득과 인류의 타락

그 뒤, 이 열매를 따 먹은 사람들은 모두 **이**[齒]가 생겼으며, 그들의 침은 뱀과 같은 강한 독을 지니게 되었다. 이는 금기禁忌의 다른 생명을 강제로 먹었기 때문이었다. 뿐만 아니라, 이 열매를 따 먹은 사람들은 모두 **눈**이 밝아져 세상을 환하게 볼 수 있게 되었다. 이것은 신들만이 아는 우주의 심오한 이치 곧 **공률公律**을 인간이 사사로이 몰래 훔쳐보았기 때문이었다.

이런 까닭으로, 이때부터 사람들은 피와 살이 탁해지고 심기心氣가 혹독해져서, 마침내 본래의 순수한 천성을 잃게 되었다. **귀**에 있던 오금烏金[80]이 변하여 토사兎沙[81]가 되어버렸고, 이로 말미암아 인간은 더 이상 하늘의 소리 곧 천음天音을 들을 수 없게 되었다(그림73 참조).

▲그림73_하늘의 소리를 듣기 위해 만들었던 고대의 금귀고리.

발은 무거워지고 땅은 단단해져서, 걸을 수는 있지만 가벼이 뛸 수는 없게 되었다. 만물을 생성하는 원기 곧 태정胎精이 불순해져서, 짐승처럼 생긴 사람들도 많이 생겨나게 되었다. 이때부터, 사람들 수명이 지금처럼 짧아지고, 주검은 다시 새로운 모습으로 변신하지 못하고 썩어 없어지게 되었다. 이는 사람이 미혹에 빠져 사람의 도리를 잃었기 때문이었다.[82]

---

80) 천음天音 곧 하늘의 소리를 들을 수 있도록 되어 있는 장치. 귀걸이의 원조라 함.
81) 미상. 쓸모 없는 장치.

인간이 불멸의 마고성麻姑城을 떠나 성 밖으로 흩어지다

이런 과정에서, 젖샘은 더욱더 고갈되고 이에 따라 사람들의 원성怨聲이 높아지자, 먼저 지소씨支巢氏가 자기의 무리들을 이끌고 마고성[83]을 나와 어디론가 멀리 떠나갔다(그림74 참조). 또한 그 나무 열매를 따 먹고 자재율自在律을 지키지 못한 다른 사람들도, 모두 성을 나와 이리저리 뿔뿔이 사방으로 흩어져 갔다.

이때부터, 하늘과 땅의 기운이 서로 부딪쳐, 시간과 절기節氣를 만드는 빛이 한쪽으로만 치우치기 시작했다. 이로 말미암아 세상엔 밝은 곳과 어두운 곳, 따뜻한 곳과 차가운 곳의 구별이 생기게 되었고, 물과 불의 조화가 어긋나, 세상의 핏기 있는 모든 사물들이 서로 **시기**猜忌하는 마음을 품게 되었다. 이는 하늘이 세상을 비추던 밝은 빛을 거두어 버리고, 인간 세상과 하늘이 서로 통하던 관문 곧 우주로 통하는 세상의 신성한 관문인 **마고성** 성문도 닫혀버려, 더 이상 인간이 하늘과 소통할 수 없게 되었기 때문이었다.

성을 나간 사람들은 기갈飢渴에 시달린 나머지 한 방울의 **지유**地乳라도 얻기 위해 마고성麻姑城 성곽 밑을 마구 파헤쳤다. 그러자 성곽이 무너지면서 젖샘의 생명수 지유地乳가 성 밖 사방으로 흩어져 흘러내렸다. 지유는 사방으로 이리저리 흘러내리다가 곧 단단한 흙으로 변해버렸다. 이렇게 해서, 성 안에도 지유가 다 마르고, 모든 사람들이 동요하여 그 오미五味의 열매를 다투어 취했으므로, 그 혼탁함이 극에 달하여 마침내 마고성은 완전히 파괴될 위기를 맞았다.

---

82) 박제상 지음·김은수 옮김(2002), 《부도지(符都誌)》(서울: 한문화), 33~41쪽 참조. 여기서 우리는 옛사람들의 생사관을 볼 수 있다. 곧 우리의 옛 선인들은 사람은 죽는 것이 아니라 오직 여러 가지 형태로 변신transformation하는 것이라고 생각했으며, 인간이 타락한 뒤부터 그런 변신이 불가능하게 되었다고 생각하고 있음을 알 수 있다. 이것은 서양 그리스의 '변신' 개념과도 상통하면서 또한 서로 다른 바가 있다.

83) 이 마고성麻姑城은 오늘날의 파미르고원에 있었다 함.

　　그러나 이때까지도 성안에는 몇 분의 천인天人들이 남아 있었다. 그 가운데
가장 어른인 황궁씨黃穹氏[84]는 흰 **띠풀**을 묶어 가지고 마고신 앞에 나아가
깊이 사죄하고, 사람들이 오미의 열매를 따 먹고 오미의 죄를 지게 된 책임을
지고, 다시 근본으로 돌아갈 것을 서약하였다.[85]

　　마침내, 이 마고성을 보전하고자 천인들이 사람들을 데리고 성을 나가 서
로 나뉘어 살기로 결정하였다. 이에, 황궁씨는 천인들에게 하늘의 뜻을 새긴
신표信標인 **천부**天符를 나누어주고, **칡**을 캐어 식량 만드는 법을 가르쳐준 다
음, 성 밖으로 나가 사방으로 나뉘어 살 것을 명하였다.

　　이에 따라, 청궁씨靑穹氏는 자기의 무리들을 이끌고 동쪽[86] 문으로 나가
운해주雲海洲로 갔고, 백소씨白巢氏는 자기의 무리들을 이끌고 서쪽 문으로
나가 월식주月息洲로 갔다. 흑소씨黑巢氏는 자기의 무리들을 이끌고 남쪽 문으
로 나가 성생주星生洲로 갔으며, 황궁씨黃穹氏는 자기의 무리들을 이끌고 북쪽
문으로 나가 천산주天山洲로 갔다.

　　이 가운데 황궁씨 무리가 가게 된 천산주는 가장 춥고 험한 땅이었다. 이는

---

84) 우리 민족의 조상.

85) 다시 복본複本할 것을 서약한 것. 곧 다시 죄를 뉘우치고 타락 이전의 낙원으로 돌아갈
　　것을 맹서한 것.

86) 마고성이 있던 파미르고원의 동쪽.

황궁씨가 다시 마고성으로 돌아가고자 스스로 큰 고통을 감내하는 맹서로써 스스로 이곳을 선택했기 때문이었다. 황궁씨는 옛날 마고 후손 궁희穹姬의 아들로서, 그의 아들 유인有因, 손자 유호有戶, 증손자 유순有舜 등으로 이어진 천부天符의 도道가 이후 단군 환검桓儉에 의해 우리 민족에게 전승되었다고 한다.

성을 떠난 여러 종족들의 행방

이렇게 사람들이 마고성麻姑城을 떠나 살게 된 지도 어느 덧 몇 천 년이 흐르자, 사방으로 흩어진 종족들이 세상 곳곳에 퍼져 살게 되었다. 또한, 먼저 성을 나간 사람들의 자손은 더 넓은 세상을 차지하여 그 세력이 자못 강성하게 되었다. 그러나 그들은 사람의 근본을 거의 다 잃어버리고 성질이 몹시 사나와져서, 새로 갈라져 나온 종족들을 보면 무리를 지어 그들을 추적하여 해치곤 하였다.

마고가 성을 더 높은 곳으로 옮기다

여러 천인天人들과 그들을 따르는 사람들이 마고성을 떠나자, 마고는 그의 딸 궁희穹姬 · 소희巢姬와 함께 다시 성을 보수하고, **천수**天水를 부어 성안을 깨끗이 청소한 다음, 마고성을 아득히 먼 하늘의 **허달대성**虛達大城[87) 위로 옮겨버렸다(그림75 참조). 이때 성을 청소한 물이 동서로 크게 흘러 넘쳐 세상에 큰 **홍수**가 나게 되었다. 홍수는 운해주 땅을 크게 휩쓸었고, 월식주 사람들을 많이 죽게 하였다.

이로부터 지구가 한쪽으로 기울고 그 중심이 변하여, 역수曆數[88)에 차이가 생기게 되었으며, 처음으로 삭朔[89)과 판販[90) 현상이 생기게 되었다.

---

87) 하늘. '허달'은 지구 땅덩어리의 근원적인 영체 곧 하늘을 뜻하는 말로, 지구 땅덩어리를 뜻하는 '실달'과 상응하는 말이라 함.
88) 해 · 달, 더위 · 추위가 철따라 돌아가는 차례.
89) 합삭合朔. 해와 달이 지구를 그 사이에 두고 서로 나란히 일직선상에 놓이게 되는 때.
90) 지구가 해와 달로부터 가장 멀리 떨어져 지구의 크기가 가장 커지는 때.

▲그림75_마고성을 닮았을 것으로 추정되는 강화도 마니산 참성대.

황궁씨가 마고성 회복을 위해 노력하다

그러나 **황궁씨**黃穹氏는 자기 무리들을 이끌고 험한 땅 천산주天山州에 이르러서도, 미혹에 빠지지 않고 스스로 힘써 천지의 도를 닦으며 다시 마고성으로 돌아가려는 노력을 계속하였다.

이를 위해, 첫째 아들 **유인씨**有因氏에게 명하여 세상의 사리를 밝혀 가르치게 하고, 둘째 아들과 셋째 아들로 하여금 영토를 두루 순행 巡行하여 백성들의 사정을 잘 파악케 하였다. 그런 뒤, 그는 천산으로 들어가, 길게 신성한 소리를 울려 인간 세상의 어리석음을 깨우치고, 마침내 돌이 되었다.

그 뒤, 황궁씨 아들 유인씨가 황궁씨의 천부天符91)를 이어 받아 천 년을 다스렸다. 유인씨는 다시 아들에게 천부를 전하고 곧 산으로 들어가, 재앙을 없애는 **굿** 의식을 행하여 이를 사람들에게 전수케 했다. 그 의식을 **계불**禊祓92)이라 한다. 이후에 그는 다시는 세상에 나오지 않았다.

---

91) 하늘의 근본 이치와 권위를 상징하는 물건. 거울·칼·방울.

92) '소도蘇塗'에서 열리는 제천행사를 지내기 전에 행하는 제사 의식. 이것은 현재 우리 민족

그 뒤, 천부를 이어받은 유인씨 아들이 다시 인간 세상의 이치를 증거하여 이를 크게 밝히니, 이에 다시 세상에 빛이 고르게 비치기 시작했다. 기후가 순조로워져 생물이 편안함을 얻게 되었고, 괴상한 사람들 모습이 다시 본래의 모습으로 되돌아가게 되었다. 이것은 황궁씨의 무리가 3대에 걸쳐 하늘의 도를 닦아 삼천 년 동안이나 그 공력을 다했기 때문이었다.

그 뒤에 **환웅씨**桓雄氏가 그 천부를 계승하여 계불 의식을 행하고, 하늘의 뜻에 따라 '**무여율법**無餘律法' 4조를 제정하여, **환부**鰥夫라는 이로 하여금 사람들의 마음을 조절하게 하였다 한다. 이 유명한 '무여율법' 4조는 다음과 같다.

첫째, 항상 사람의 행실을 깨끗이 하고 거리낌 없이 마음을 탁 트이게 하여, 자기도 모르는 사이에 마음이 막혀 살아 있는 귀신이나 마귀가 되지 않도록 하라.

둘째, 사람이 사는 동안 쌓은 공은 죽은 뒤에도 두루 밝혀, 살아 있는 귀신의 더러움을 말하지 못하게 하고, 쌓은 공을 함부로 허비하여 마귀가 되지 않도록 하여, 사람들을 두루 밝게 화합하라.

셋째, 고집이 세고 간사하고 미혹한 자는 광야로 귀양을 보내어 때때로 그 사악함을 씻게 하여, 사악한 기운이 세상에 남아 있지 않게 하라.

넷째, 죄를 크게 범한 자는 섬에 유배시켰다가 죽은 뒤에 그 시체를 태워 그의 죄업罪業이 지상에 남지 않게 하라.[93]

의 유습 가운데 목욕재계의 풍속으로 남아 있다. 가락국의 '계욕禊浴'과 유사한 말. 수계제 불修禊除祓 · 계사禊事 · 계제禊除 · 제불除祓 등의 말과 같은 뜻으로 쓰임.
93) 박제상 지음 · 김은수 옮김(2002), 《부도지(符都誌)》(서울: 한문화), 33~41쪽 참조.

3. 말기의 큰 싸움, 탁록대전⁹⁴⁾

환웅 – 중천 시대 말기의 세상 형편

세상이 만들어지고, 인류가 세상에 출현한 뒤로도, 수많은 세월이 흘렀다. 환인 – 선천시대도 지나고 환웅 – 중천시대 말기에 이르자, 세상에 물산物産이 많아지고 이에 따라 사람들의 욕심慾心도 더욱더 커져서, 이전의 순박하고 도리를 아는 마음씨는 점점 더 사라지게 되었다.

농부는 논두렁을 서로 다투고, 어부는 고기잡이 구역을 다투었다. 다투지 않고 무엇인가를 얻으려면 궁색함을 면할 수가 없게 되었다. 사람들이 활을 만들어 쏘니 짐승들이 다 숲 속으로 도망가고, 그물을

▲**그림76**_중국 상고신화에 나오는 신, 수인씨 모습.

만들어 물에 던지니 물고기들이 모두 깊은 물속으로 들어가 버렸다. 사람들은 갑옷을 입고 투구를 쓰고 창과 칼과 방패를 들고 서로 싸우니, 뼈를 갈고

---

94) 이하의 내용은 1675년(숙종 2) 북애노인北崖老人이 지은 《규원사화揆園史話》 및 계연수가 편찬한 《환단고기》에 전해지는 것이다.

피를 흘리며 땅위에 쓰러지는 시체가 온 대지를 뒤덮었다.

이 시기에, 우리 동방의 임금은 **환웅씨**桓雄氏였고, 서방 중국의 임금은 **수인씨**燧人氏95)씨였다(그림76 참조). 초기에는 제각기 세상의 한 쪽에 자리를 잡고 교통이 트이지 않아, 서로를 알지 못하고 살았다. 그러나 그 뒤 수천 년이 지나자 세상이 바뀌어, 중국 땅이 기름진 옥토로 변하니, 우리 동방의 민족도 점차 서방 중국 쪽으로 뻗어나가지 않을 수 없게 되었다. 그 결과, 동방의 우리 백성과 서방의 중국 백성들이 서로 부딪치게 되더니, 마침내 두 백성 사이에서 큰 싸움이 시작되기에 이르렀다.96)

---

95) 중국 상고 신화시대에 나오는 제왕 이름. 처음으로 불을 일으켜 중국 사람들에게 화식火食하는 법을 가르쳐 주었다 함.

96) 북애노인 지음 · 민영순 옮김(2008), 《규원사화》(서울: 다운샘), 43쪽 참조.

이 무렵, 중국은 이미 신농씨神農氏[97]가 농업을 일으켜 곡식을 재배하는 방법과 옷감 만드는 방법을 알게 되고, 병을 고치는 의술醫術을 갖추게 되었다(그림77 참조). 하지만, 그 뒤 여러 대를 지나 **유망**榆罔[98] 때에 이르자 나라가 몹시 혼란스러워졌다. 유망은 정사政事를 가혹하게 펼쳐 백성들을 심하게 몰아세우니, 신하들조차 그를 배반하고 민심도 몹시 흉흉해지고 말았다.

▲그림77_중국 상고신화에 나오는 신농씨 모습.(《산해경》)

이때, 환웅천왕의 신하 **치우씨**蚩尤氏는 우리 동방 백성들을 거느리고 황하 이북 땅에 자리를 잡고, 안으로는 용감한 군사들을 많이 기르고, 밖으로는 세상의 변화를 유심히 관찰하고 있었다(그림78 참조). 서방 중국의 유망이 잔혹

▲그림78_중국 고대 화상석에 새겨진 전쟁신 치우씨의 모습.

한 정치를 일삼아 그의 백성들이 신음하는 것을 보자, 치우씨는 그들을 구하고자 마침내 군사를 일으켜 폭군 유망을 치기로 하였다. 이에, 먼저 형제와 친척들 가운데 전술이 뛰어난 81명을 군대의 우두머리로 선발하여 군사들을 훈련시키게 하고, 갈노산葛盧山[99]의 황금과 철을 캐내어 수많은 칼과 창과 화살촉들을 만들었다.

드디어, 치우씨는 훈련한 군사들을 한 곳으로 모

---

97) 중국 상고 신화시대 신화에 나오는 제왕 이름. 중국 사람들에게 농사짓는 법을 처음으로 가르쳤다 함.

98) 중국 상고 신화시대 신화에 나오는 제왕 이름. 염제 신농씨의 후예로서, 처음에는 치우천왕과 황제 헌원씨의 세력 사이에 있었으나, 먼저 치우천왕한테서 쫓겨나고, 그 다음에 다시 황제 헌원씨에게 멸망당했다.(《漢語大詞典》 참조).

99) 환웅천왕의 신하 치우씨가 금철金鐵을 캐낸 중원의 산 이름. 현 산동성 청도시 부근에 '갈로산'이란 지명이 보임. 북경 근처의 갈석산碣石山인 듯도 함.

아 정비하여 이끌고, 유망의 군대와 맞서 싸우니, 싸울 때마다 백전백승의 승리를 거두었다(그림79, 그림80 참조). 치우씨가 군사들을 이끌고 적진으로 쳐들어갈 때, 그 기세는 마치 휘몰아치는 거센 태풍과 같아서, 세상 만물과 모든 사람들이 두려움을 이기지 못하고 벌벌 떨었다. 그는 군사를 일으킨 처음 한 해 동안에 무려 아홉 제후諸侯의 땅을 다 빼앗아 점령하였다.

▲그림79_전투도. 머리에 치우씨의 붉은 뿔이 있는 것이 흥미롭다.(집안 장천 12호분 벽화, 4세기 후반)

▲그림80_중국 청동기에 새겨진 전투 장면. (기원전 4세기)

이를 발판으로 삼아, 그는 다시 군대를 크게 일으켜 금이 많이 나오는 옹호산雍狐山100)으로 나아가 그곳을 점령한 다음, 수금秀金을 캐내어 예과銳戈와 용호창龍虎槍101) 같은 신이神異한 무기들을 만들고 군사들을 정비했다(그림80 참조).

다음에는, 옹호산을 떠나 양수 땅을 지나 유망이 도읍하고 있는 공상空桑102) 땅으로 쳐들어갔다. 그곳에서 또 한 해 동안에 열 두 제후국을 빼앗아 점령했다. 이때, 공상 땅 들판에는 유망楡罔 군사들의 시체로 가득찼다. 이를 본 중국 백성들은 간담이 서늘해져서, 황급히 도망가거나 보이지 않는 곳으로 깊이 숨어버렸다.103)

---

100) 중국 동북방에 있는 산 이름.
101) 예과 · 용호창 : 치우씨가 발명한 창 이름.
102) 중국 산동성 곡부현曲阜縣, 하남성 진류현陳留縣에 있는 지명. 여기서는 하남성 진류현陳留縣으로 보임.
103) 북애노인 지음 · 민영순 옮김(2008), 《규원사화》(서울: 다운샘), 43~44쪽 참조.

치우씨가 탁록대전涿鹿大戰으로 중원의 땅을 차지하다

치우씨蚩尤氏가 유망榆罔 · 소호少顥의 군대를 물리치다

이때 유망은 **소호**少顥라는 장수로 하여금 치우씨蚩 尤氏의 군대를 막아 싸우게 하였다. 이에 맞서 싸우는 치우씨는 가끔 짙은 **안개**를 불러일으켰다. 그럴 때마 다 유망의 군사들은 사방을 분간하기가 어려웠고, 치 우씨 군사들은 안개 사이를 신출귀몰神出鬼沒하며 거 대한 용호창龍虎槍을 휘둘러, 혼란에 빠진 소호의 군 사들을 들이쳐 물리치곤 하였다.

▲그림81_황룡사지 출토 기와의 치우상.

결국, 소호의 군대는 넋을 잃고 대패하여 공상 땅 깊은 곳으로 달아났다. **유망**도 소호와 함께 공상 땅 깊은 산속으로 달아나, 나중에는 탁록涿鹿 땅으로 들어갔다. 이에, 치우씨는 공상 땅을 점령하여 백 성들을 안정시키고, 다시 군대를 정비하였다. 탁록涿鹿 땅으로 도망한 유망과 소호의 군대도 이곳에서 다시 한 번 전열을 정비하고 치우씨의 군대를 맞아 싸울 준비를 하니, 그 군사 수가 수만에 달하였다.

드디어, 탁록 들판(그림82 참조)에서 치우씨 전사戰士들과 유망 군사들의 마 지막 혈전血戰이 벌어졌다. 먼저, 기세충천氣勢衝天의 치우씨 전사들이 탁록涿 鹿 들판으로 나아갔다. 이에 맞서는 유망의 군사들도 탁록 들판으로 나왔다.

▲그림82_최근에 비정된 탁록의 위치.

마침내 들판 한가운데에서 전투가 벌어졌다.

전투가 벌어지려 할 때, 치우씨는 탁록 들판 한복판에 짙은 **안개**를 일으켜 전쟁터를 에워쌌다. 그러자 잠시 뒤 주위에는 한 치 앞을 볼 수 없이 온통 짙은 안개뿐이었다. 이때, 치우씨 진영에서 하늘을 울리는 거대한 북소리를 울렸다. 북소리를 들은 치우씨 군사들은 안개 속을 슬며시 **빠져나와** 북소리에 맞추어 하늘을 찌를 듯한 함성으로 탁록 들판을 가득 채웠다.

함성에 놀란 유망의 군사들은 앞이 뿌연 안개 속에서 아군과 적군을 분간하지 못한 채, 닥치는 대로 서로를 찌르기 시작했다. 얼마가 지났을까. 들판에서는 치우씨 진영의 북소리와 함성만이 남고, 안개 속은 고요한 침묵만이 흐르게 되었다. 그리고 탁록 들판을 뒤덮었던 안개가 서서히 걷히기 시작했다. 안개가 다 걷힌 탁록 들판에는 적군인 줄 알고 서로를 무찌른 유망의 수만 병사들의 시체만이 가득하였고, 그들이 흘린 피가 붉은 강줄기를 이루어 탁록 들판을 핏빛으로 물들이며 굽이쳤다. 이를 본 유망과 소호少顥는 넋을 잃고 정처 없이 어디론가 달아나 자취를 감추었다. 훗날, 중국의 관자管子104) 가, "천하의 임금이 칼을 들고 노하면, 쓰러진 시체가 들판에 가득하다."고 한 것은 바로 이 사실을 두고 말한 것이라 한다.

이렇게 하여, 치우씨는 유망과 소호의 군대를 물리치고 탁록 땅 백성들을 위로하여 안정시킨 다음, 마침내 중원 동남쪽 전체를 바로잡아 놓았다. 이 지역에서는 지금도 치우씨를 드높이 숭앙하고 기리는 풍속이 많이 남아 있다.

치우씨蚩尤氏가 헌원軒轅의 군사를 물리치다

탁록대전涿鹿大戰은 여기서 끝나지 않았다. 이 시기 중원 서방에 헌원軒轅105)이란 이가 있었다. 그는 유망의 군대가 대패하여 도망하고, 치우씨가 동남쪽을 차지하여 제위에 올랐다는 소식을 들었다. 이에, 그는 중원 전체를

---

104) 중국 춘추시대의 제나라 재상 관중管仲. 혹은 그가 지은 책 이름. 관포지교管鮑之交로도 유명함.
105) 중국 한족漢族의 시조.

▲그림83_중국 한대漢代 화상석에 그려진 치우씨(우)와 헌원(좌)의 싸움

차지할 야욕을 품고서, 군사를 크게 일으켜 치우씨에게 도전해 왔다. 치우씨와 헌원의 싸움은 무려 10년 동안이나 계속되었으며, 싸움 횟수도 70여 차례나 되었다. 그러나 치우씨의 장수와 병사들은 피로한 기색이 없었고, 또한 후퇴할 줄도 몰랐다(그림83 참조).

먼저, 치우씨의 군대에는 환웅천왕이 지상으로 내려올 때 거느리고 온 바람신·비신·구름신106)들이었다. 그리고 하느님 환인桓因이 부여해준 하늘 권위의 상징인 천부인天符印 세 가지107)도 있었다. 이러한 하늘 천부天符의 권위는 이 지상에서 오직 우리 민족에게만 부여된 것이었다.

드디어 탁록 들판으로 헌원의 군대가 쳐들어 왔다. 탁록 들판은 전에 없이 밝고 청명했다. 들판에는 치우씨 군대의 붉은 깃발이 가득했다. 먼저, 헌원의 군대가 벌떼처럼 왱왱거리며 들판으로 달려나왔다. 그러자 치우씨는 천둥, 우레[雷車]로 하여금 청명한 하늘에 갑자기 번개[閃光]를 번쩍이게 하고, 벽력霹靂, 벼락이 치는 소리가 들리게 하니, 탁록 들판에 갑자기 검은 먹구름이 몰려오기 시작하였다(그림84 참조). 바로 치우씨가 보낸 구름신, 운사雲師의 책략이었다. 초조해진 헌원은 군사들을 거세게 몰아부쳐 치우씨 군대 쪽으로 돌진시켰다.

---

106) 이를 각각 풍백風伯·우사雨師·운사雲師라고 함.
107) 거울·칼·방울.

▲그림84_무신도에 나타난 벼락장군의 모습.
(신명기 선생 제공)

헌원의 군사들이 모두 탁록 들판 한복판에 이를 즈음, 갑자기 하늘에서 폭우가 퍼부었다. 그런데, 폭우는 치우씨 군대 쪽으로는 전혀 내리지를 않고 헌원의 군대 쪽으로만 퍼부었다. 치우씨가 보낸 비신 곧 우사雨師의 작전이었다. 폭우에 준비가 되지 않은 헌원의 군사들은 들판의 진흙탕 속에서 향방을 잃고 풍비박산이 되어 허우적거렸다.

이때, 치우씨 군대의 진영이 있는 들판 동쪽에서부터 갑자기 안개가 일기 시작하더니, 치우씨 진영 전체를 짙은 안개로 뒤덮어버렸다. 황망 중에 처한 헌원의 군사들은 치우씨 군사들이 어디에 있는지도 도무지 분간을 할 수가 없었다. 때가 여기에 이르자, 치우씨 진영에서는 수많은 화살을 헌원의 군사들 쪽으로 날렸다. 폭우 속에서 허우적거리며 우왕좌왕하던 헌원의 군사들은 어찌할 바를 모른 채, 치우씨 진영에서 날아드는 화살 앞에서 화살받이가 될 수밖에 없었다.

중국의 유명한 고서인 《산해경山海經》이란 책에는, 〈대황북경大荒北經〉이란

▲그림85_중국 하북성 탁록현 삼조당 벽화에 그려져 있는 치우의 모습.

부분이 있다. 이 기록에 따르면, 이때 헌원씨의 군사들이 흘린 피가 100여 리를 붉게 물들이며 굽이쳐 흘러내렸다고 기록해 놓고 있다. 또, 중국의 운급雲笈이란 사람이 쓴 〈헌원기軒轅記〉라는 글의 기록 속에는, "치우씨가 처음으로 투구와 갑옷을 만들었다. 그런데, 사람들이 이것을 알지 못하여, 투구를 쓰고 갑옷을 입은 치우씨를 보고 '구리 머리에 쇠 이마를 한 자[銅頭鐵額者]'라고 하였다."는 기록도 있다. 이것은 바로 갑옷과 투구를 만들어 쓴 치우씨 모습을 처음 본 사람들이 그의 모습을 보고 놀라 한 말이라 하겠다(그림85 참조).

이토록 큰 패전을 여러 차례 겪은 뒤에, 헌원의 군사들은 치우씨 군사들의 본을 받아 갑옷과 투구를 만들어 쓰고 쇠로 만든 무기를 들고 다시 한 번 왱왱거리며 도전해 왔다. 그러자 치우씨는 **지남거**指南車라는 자력磁力이 강력한 전차戰車를 만들어, 이들을 또다시 크게 물리쳤다. 이 전차는 매우 센 자력을 가진 전차였기 때문에, 헌원의 군사들이 쇠로 만든 갑옷을 입고 쇠로 만든 창칼 무기를 들고 이 전차 근처에 접근해 오면, 그 강력한 자력 때문에 힘을 쓸 수가 없었다.

탁록 들판에 다시 전운이 감돌았다. 그런데, 치우씨 군사들이 들판에 보이지 않았다. 날씨는 이날도 청명했다. 이번에도 먼저 헌원의 군사들이 들판으로 나왔다. 그들은 쇠로 만든 투구와 갑옷과 창을 착용하여 햇빛에 반짝이니, 그 찬란한 위세가 자못 대단하였다.

헌원의 군대가 들판 한복판에 이르러도, 치우씨 진영에서는 아무런 반응이

▲그림86_치우씨의 중원 공략도.(상생방송 제공)

없었다. 이에 기세를 얻은 헌원은 곧 군사들에게 명하여 곧바로 치우씨 진영으로 돌진하게 했다. 헌원의 군대가 탁록 벌판 한가운데에 이르자, 치우씨 진영에서 '돌격 앞으로!'의 명령이 떨어졌다. 명령이 떨어지자마자, 치우씨 진영에서 지남거指南車 전차 수 십여 대가 서서히 앞으로 돌진해 나왔다.

이런 무기를 처음 본 헌원의 군사들은 매우 놀랐으나, 한창 달아오른 기세로 무작정 앞으로 돌진하였다. 헌원의 군사들이 전차 근처에 접근하자, 헌원의 군사들은 무슨 일인지 다리에 힘을 잃고 몸을 가누지 못한 채 비척거리며 부지불식간에 전차에 이끌려 갔다. 전차는 강력한 자력을 지닌 지남철 전차였기 때문이었다. 이때, 갑자기 천둥 곧 우레[雷車]가 탁록의 벌판에 번개[閃光]를 번쩍이게 하고, 벽력霹靂 곧 벼락이 치는 소리가 크게 들리더니, 사방에서 바람이 크게 일어나고 하늘에 먹구름이 몰려왔다. 그러자 갑자기 탁록 벌판에 폭우가 쏟아져 내리고, 안개가 자욱하게 주위를 뒤덮었다. 치우씨가 보낸 바람신[風伯]·구름신[雲師]·비신[雨師]의 조화였다.

오도가도 못 한 채 전차에 붙잡혀 있던 헌원의 군사들은 하는 수 없이 착용한 투구와 갑옷을 벗고 쇠로 된 무기들을 모두 버린 채, 맨몸으로 사방으로 흩어져 달아나기 시작했다. 이를 본 치우씨 군사들은 일제히 이들을 향해 화살을 쏘아 대기 시작했다. 투구와 갑옷을 모두 벗어던진 헌원의 군사들은 어찌할 바를 모른 채, 또 다시 대책 없이 치우씨 전사들의 화살받이가 되어야만 하였다.

때를 맞추어, 치우씨의 군대가 앞으로 나오며, 사방으로 뿔뿔이 흩어져 패주하는 헌원의 군사들을 추격하기 시작했다. 앞에서는 바람과 구름과 비가 패주하는 적군들을 거세게 몰아치는 가운데, 그 뒤에서는 치우씨의 군사들이 쏘는 화살이 맨몸인 헌원의 군사들을 맞혀 들판에 쓰러트리니, 그 시체가 탁록 벌판에 또 다시 가득하였다. 마침내, 헌원의 군대는 완전히 통제력을 잃고 허둥대며 사방팔방으로 흩어져버렸다. 이렇게 해서, 헌원의 군사들은 결국 탁록의 들에서 완전히 사라지고 말았다(그림86 참조).

이리하여, 치우씨는 중원의 회남·산동·북경·낙양의 땅들을 모두 차지하게 되었다. 전쟁이 가장 극렬했던 탁록 들판에는 **치우성**蚩尤城을 쌓고, 그 성문 중앙에는 **치우기**蚩尤旗를 높이 세웠다. 이 모든 일들을 다 마친 다음, 치우씨는 회남·산동 땅에 자리를 잡고, 헌원이 더 이상 동방을 넘보지 못하도록 이쪽의 땅을 굳게 지켰다.

그의 무덤은 중국 산서성山西城 운성시運城市 등 여러 곳에 있다(그림87 참조). 이러한 사실은 중원지역에서 치우씨의 역사적 영향력이 얼마나 지대한가를 여실히 보여주는 것이라 하겠다. 중국 최고의 역사가 사마천司馬遷도 그의 저서《사기史記》의 〈오제본기五帝本記〉에 이러한 사실을 기록하고 있으니, 이 싸움이 얼마나 큰 싸움이었는지를 가히 짐작하고도 남음이 있다. "헌원 때, 신농씨의 시대가 쇠퇴하여 제후가 서로 침범하여 싸우고 백성에게 포학하였으나, 신농씨는 이를 정토하지 못하였다. 이에, 헌원이 군사를 일으켜 진헌進獻하지 않는 자를 정벌하니, 제후들이 모두 와서 복종하여 따랐다. 그러나 치우는 가장 사나워 정벌할 수가 없었다."라는 기록이 〈오제본기〉에 보인다.108) 이러한 기록은 중국쪽의 기록인데도, 치우씨를 인정하고 있다는 점에서 주목할 만하다.

▲그림87_중국 산서성 운성현 치우촌 인근에 있는 치우씨의 무덤.

108) 북애노인 지음·민영순 옮김(2008),《규원사화》(서울: 다운샘), 45~51쪽, 계연수 편저·안경전 역주(2012),《환단고기》(대전: 상생출판), 371~379쪽 참조.

치우씨 이후 세상이 평화로워지다

중국의 유명한 역사책 《한서漢書》의 〈지리지地理志〉에 따르면, 치우씨의 무덤은 중국 동평군 수장현 감향성 안에 있다고도 한다. 또한 중국 진한秦漢시절의 백성들은 시월이 되면 하늘에 제사를 지냈는데, 이때에는 반드시 붉은 비단 폭과 같은 붉은 기운이 하늘 높이 일어났으며, 백성들은 이것을 보고 '치우기蚩尤旗'라 하였다고 한다.

이처럼 뛰어난 치우씨의 드높은 기상과 씩씩한 넋은 보통의 신인들과는 크게 달라, 오랜 세월이 지나도 사라지지 않았다. 이후에 치우씨가 중원에서 물러나온 뒤 중국은 급격히 쓸쓸해지고, 유망은 다시는 복위하지를 못하였으며, 그의 후사는 이로써 완전히 끊어지고 말았다. 이후에 헌원이 중원의 제위에 올랐다. 그러나 그는 치우씨 문제로 늘 마음이 불안하여, 세상을 떠날 때까지 하루도 편안히 잠을 잘 수가 없었다 한다. 이러한 사실은 사마천의 《사기史記》와 《서경書經》의 〈여형편呂刑篇〉[109]에도 기록되어 있다.

그 뒤 삼백 여 년 동안 세상은 별다른 싸움이 없이 조용했다. 환웅 – 중천시대는 이처럼 고시씨와 치우씨 등이 서로 이어서 임금이 되면서 이 시대를 이루어 나갔으며, 이 시대를 뒤이어 단군환검檀君桓儉이 임금이 되어 환검 – 후천시대를 이루어나갔다. [110]

그러나 무릇 태고의 일은 너무 오래고 멀어, 그 내막을 자세히는 알 수 없는 노릇이다. 이후에, 치우씨는 방상씨 · 도깨비 등으로 변이 되면서, 오늘날까지 우리나라에 전승되고 있다.

---

109) "옛날에 교훈이 있다. 치우가 처음 난리를 일으키니, 그 영향이 백성들에게까지 뻗치고 미치어, 도둑질과 남을 해치는 짓을 하지 않는 자가 없게 되고, 의를 가벼이 여기고 반란을 일으키고 난동을 일 삼았으며, 계속해서 서로 약탈하고 혼란을 일으켰다." [차상원 옮김 (1985), 《서경》(서울: 명문당), 307쪽 참조].

110) 북애노인 지음 · 민영순 옮김(2008), 《규원사화》(서울: 다운샘), 45~51쪽, 계연수 편저 · 안경전 역주(2012), 《환단고기》(대전: 상생출판), 371~379쪽 참조.

4. 환웅천왕 시대의 여러 제왕들, 환웅의 삶과 승천

🪨 여러 제왕들이 환웅천왕 신시시대를 이루다

앞서 잠깐 언급한 바와 같이, 우리 신화에서 '환웅천왕'은 한 임금을 가리키는 왕명이 아니라, 하나의 신화적 왕조 또는 역사적 왕조를 일컫는 명칭이다. 그리고 이 환웅－중천시대의 왕조는 다음과 같이 18세대를 이어 여러 왕들이 있었다고 한다. 즉, 환웅천왕 시대는 환웅천왕 한 분뿐만 아니라 18대를 이어 여러 임금들이 연이어 이룩한 시대였다. 그래서 이 신시시대神市時代는 모두 18대의 제왕들이 왕위에 올랐으며, 이 시대가 전개한 햇수는 1,565년이나 된다고 한다. 이 환웅천왕 신시시대의 18세 왕조는 다음과 같다.

1세 환웅천왕桓雄天王/거발환居發桓/안파견安巴堅, 2세 거불리환웅居佛理桓雄, 3세 우야고환웅右耶古桓雄, 4세 모사라환웅慕士羅桓雄, 5세 태후의환웅太虞儀桓雄, 6세 다의발환웅多儀發桓雄, 7세 거련환웅居連桓雄, 8세 안부련환웅安夫連桓雄, 9세 양운환웅養雲桓雄, 10세 갈고환웅曷古桓雄/독로한獨盧韓桓雄, 11세 거야발환웅居耶發桓雄, 12세 주무신환웅州武愼桓雄, 13세 사와라환웅斯瓦羅桓雄, 14세 자오지환웅慈烏支桓雄/치우천왕蚩尤天王, 15세 치액특환웅蚩額特桓雄, 16세 축다세환웅祝多世桓雄, 17세 혁다세환웅赫多世桓雄), 18세 거불단환웅居弗檀桓雄/단웅檀雄/단군檀君 등[111]

환웅-중천시대의 시조 환웅천왕은 평소에는
버드나무 대궐과 쑥대 정자에서 순채蓴菜112)를
먹으며 살았다(그림88 참조). 머리털을 길게 늘어뜨
리고 소를 타고 다니며 세상을 평화롭게 다스렸
으며, 그것은 자연으로 되는 이치를 널리 펴 나라
를 세우고 왕업을 크게 이룩한 것이었다.

▲그림88_환웅이 즐겨 드시던
순채 잎과 꽃.

　세상과 나라의 기틀이 완전해지고 사람을 비롯한 삼라만상이 두루두루 모
두 서로 크나큰 조화를 되찾게 된 것을 보자, 그는 하늘에서 가져온 천부인天
符印 세 가지를 백두산 천지 연못가 신단수에 걸어 둔 다음, 신선이 되어 구름
을 타고 하늘나라로 올라갔다. 이 연못을 일러 옛사람들은 조천지朝天池 곧
‘아침 햇빛이 비치는 하늘못’이라 불렀다 한다.113) 이 ‘하늘못’이 바로 오늘날
의 백두산 천지天池이다(그림89 참조).

▲그림89_환웅이 신선이 되어 하늘로 올라갔다고 하는 백두산 천
지.(허정주 촬영)

111) 원동중元董仲, 〈신시역대기神市歷代記〉, 《삼성기전三聖紀全》. [계연수 편저ㆍ김은수 옮
　김(1985), 《환단고기》(서울: 가나출판사), 37~39쪽 참조].
112) 수련과의 다년생 풀. 어린 잎을 먹음.
113) 북애노인 지음ㆍ고동영 옮김(1986), 《규원사화》(서울: 흔 뿌리), 32쪽 참조.

제3부
환검 – 후천시대

　우리는 지금까지, 우리 민족의 신화세계를 상당히 멀리까지 거슬러 올라간 셈이다. 먼저, 우리는 이 세상이 열리는 천지창조 사건에서부터 시작해서, 신들의 탄생, 그리고 신들이 개입하여 만든 만물과 인류의 탄생, 홍수와 같은 천재지변에 의한 세상의 개벽開闢, 인류 문명의 본격적인 시작과 전개를 톺아 보았다. 그리고 인간의 타락에 따른 신성성의 파괴와 그로 말미암은 여러 가지 갈등과 전쟁과 고통 등등, 우리 인류가 오늘날에 이르기까지 겪어온 수많은 경험들이 '신들의 이야기'라는 지평에서 어떻게 전개되었는가를 매우 흥미롭게 살펴보았다.

　특히, 우리나라 신화의 천지창조 이야기에서 흥미로운 점 가운데 하나는, 암흑 혼돈의 세상이 먼저 있었으며, 그 다음에 신들이 나타나 대자연의 자발적인 변화와 함께 우리가 사는 이 세상을 만들었다고 하는 것이다. 그러니까, 신들이 먼저 세상을 창조한 것이 아니라, 혼돈한 세상이 신들보다도 먼저 존재했으며 그 다음에 나타난 신들과 자연이 함께 합심하여 이 세상을 창조해 내었다는 것이다.

어쨌든, 우리는 이제 환인桓因을 중심으로 전개되는 '환인 – 선천시대'를 지나, 환웅桓雄이 중심이 되어 전개되는 '환웅 – 중천시대'를 거쳐, 환검桓儉 곧 단군이 신화의 중심인 '환검 – 후천시대'의 신화세계에 이르게 되었다. 이 시대의 신화 세계로 들어서면, 신화와 역사가 서로 만나게 되는 접점도 훨씬 더 다양해지며, 그 벽두에 바로 단군환검檀君桓儉 신화를 필두로, 부여 · 고구려 · 백제 · 신라 등 여러 부족국가의 국조國祖 탄생 신화들과 만나게 된다. 신들의 종류도 훨씬 더 다양해져서, 천신 · 지신 · 산신 · 마을신 · 집안신 · 수신 · 저승신 등으로 다양하게 나타난다.

이 시대의 이런 수많은 신들의 흥미로운 이야기 세계를 찾아 또 새로운 여행을 떠나보기로 하자.

1. 조선을 연 단군 환검[114]

 단군 환검이 태어나다

단군 환검桓儉은 환웅桓雄 천왕 혹은 환웅 왕조로부터 천부인天符印을 이어받아 왕위에 올라, 중국 요임금이 왕위에 오른 지 50년이 되던 해인 경인년 곧 기원전 2,333년에 백두산 서남쪽 우수하牛首河 근처 평양성에 도읍을 정하고, 비로소 나라 이름을 **조선**朝鮮 또는 단국檀國이라 하였다(그림90, 그림91 참조).

▲**그림90**_단군 조선시대의 우리나라 강토 추정도.(상생방송 제공)

▲**그림91**_단군 조선시대의 삼경三京 추정도.(상생방송 제공)

---

114) 이하의 내용은 신라 박제상(朴堤上, 363~419)이 지은 것으로 전해지는《부도지符都誌》, 일연 스님이 지은《삼국유사》, 1675년(숙종 2) 북애노인北崖老人이 지은《규원사화揆園史話》, 1911년 계연수가 모아 편찬한《환단고기桓檀古記》에 전해지는 것이다.

그는 이곳에서 오랫동안 나라를 다스리다가, 2세 단군 부루씨夫婁氏 때 도읍을 백악산 아사달阿斯達로 옮겼다. 이곳을 사람들은 금미달今彌達 혹은 궁홀산弓忽山이라고도 한다. 단군 조선은 1,500년 동안이나 계속되었다.

그는 중국 주나라 무왕武王이 왕위에 오른 기묘년에 중원中原의 기자箕子가 조선에 귀화함에 따라, 황해도 구월산 아래의 장당경藏唐京으로 옮겨가 살았으며, 이후에 다시 아사달阿斯達로 돌아와 깊은 산속에 은거하며 살았다(그림92 참조). 그 뒤에 그는 산신山神이 되었는데, 그때 그의 나이는 1,908살이었다고 한다.[115]

이런 《삼국유사》의 기록과는 달리, 《환단고기桓檀古記》 등 기록에 나오는 단군은 한 분을 일컫는 말이 아니라 단군조선 왕조 전체를 가리키는 말이라고 하며, 단군조선은 환검 단군桓儉檀君에서 고열가단군古列加檀君까지 총 2,628년 47세에 이른다 한다. 또한, 그 영토의 범위도 앞선 지도에서 보듯 동북아시아 전반에 걸쳐 있었다 한다.

▲그림92_옛 도읍지 장단경터의 산.(황해도 구월산)

---

115) 일연 지음 · 이재호 옮김(1997), 《삼국유사》(서울: 솔출판사), 69~70쪽.

제도를 정비하고 하늘에 제사를 지내다

그는 도읍에 궁궐과 서오각이란 집을 짓고, 호가虎加·마가馬加·우가牛加·웅가熊加·응가鷹加·노가鷺加·학가鶴加·구가狗加 등의 관리를 두어, 이들로 하여금 각각 제사·목숨·곡식·군사·형벌·질병·선악·고을 등을 나누어 맡아 다스리게 했다. 이들을 가리켜 사람들은 **단군팔가**檀君八加라 한다.

이렇게 제도를 정비한 다음, 그는 단군팔가를 이끌고 백두산白頭山 산록山麓에서 **흰소**를 잡아 하늘에 제사를 지냈다. 백두산이란 말은 흰소 머리를 제물로 삼은 데서 비롯되었다 한다.[116] 이러한 의식을 **계불의식**禊祓儀式이라 한다(그림 93 참조).

땅을 갈고 곡식을 심어 가꾸고 누에를 치고 **칡**을 먹고 그릇을 굽는 법을 사람들에게 가르치고, 결혼하고 **족보**를 만들고 서로 교역하는 제도를 만들어 세상에 공포했다.

▲**그림93**_태백산 천제단 전경.(허정주 촬영)

---

116) 지금도 백두산의 중국 쪽 산록에서는 흰소들을 많이 키우고 있다.

단군 환검의 큰 가르침[八條法禁]

단군 환검은 단군팔가 · 제후 · 백성들과 더불어, 일월 · 음양 · 사시 · 산악 · 하천 · 이사里社의 신들에게 제사를 드린 다음, 무리들을 모아놓고 다음과 같이 가르쳤다.117)

하느님은 오직 한 분으로, 가장 높은 으뜸 자리 우리 마음속에 내려와 계신다. 천지를 창조하시고, 세상을 주관하시고, 천하의 온갖 사물들을 지으시며, 우주를 넓고 크게 둘러싸시므로, 그 안에 들어있지 않은 것이 없고, 밝고 밝아 작은 티끌 하나라도 새어나가 보이지 않는 것이 없도록 하시었다.

천궁天宮을 거느려 세상의 만선萬善과 만덕萬德의 근원이시기에, 모든 신령들이 옹위하고 받들어 모신다. 크게 상서롭고 크게 밝아 빛나는 그곳을 일러 **신향**神鄕이라 한다. 천제의 아들 환웅천왕께서는 천궁으로부터 3천 단부團部118)를 거느리고 인간 세상에 내려와 우리의 조상이 되시어, 신시神市를 열어 공을 세우시고, 조천朝天119)하시여 다시 신향神鄕으로 돌아가셨다.

우리도 오직 하늘이 내려 주신 바른 법도를 지켜 선을 돕고 악을 없애, 본성이 두루 통하고 공이 바르게 세워지게 되면, 모두 다 하늘로 다시 조천朝天하게 될 것이다.120) 하늘의 법도는 오직 하나이며 그 문도 둘이 아니므로, 그대들이 마음을 깨끗이 하고 지극히 정성스러워야만 조천하게 될 것이다. 인심 또한 그와 같으니, 자신의 마음을 바로 잡아 그것을 사람들의 마음에 미치게 하고, 사람들의 마음이 이에 감화되도록 한다면, 또한 하늘의 법도와 하나로 통일되어 만방을 거느리게 될 것이다.

그대가 살아 있는 것은 **어버이**가 있기 때문이며, 어버이는 하늘에서 내려오셨으므로, 오로지 그대의 어버이를 공경하고 하늘을 공경하여 그 뜻과 행실이 나라

---

117) 북애노인 지음 · 민영순 옮김(2008),《규원사화》(서울: 도서출판 다운샘), 96~99쪽 및 계연수 편저 · 안경전 역주(2012),《환단고기》(대전: 상생출판), 95~97쪽 참조.
118) 여러 직책을 맡은 각 부서의 대표자들.
119) 화천. 신이 되어 하늘로 돌아감.
120) 이상의 교훈에 우리 민족의 오래된 내세관이 잘 나타나 있다.

안에 두루 미치게 하는 것, 이것이 바로 충효忠孝이다. 그대들이 이 도를 체득하기에 이르면, 하늘이 무너져도 반드시 솟아날 길이 있을 것이다.

나는 새도 짝이 있고 해진 신발도 짝이 있으니, 남녀가 **화합**하여 서로 미워하거나 시기하지 말며 음탕하지도 말라. 서로 사랑하여 원망하지 말고 서로 돕되 서로 죽이지 말아야, 가정과 이웃과 나라가 번성할 것이다. 소와 말도 그 먹이를 나누는 것처럼, 너희들도 서로 사양하여 빼앗지 말고 서로 훔치지 말아야 나라가 융성할 것이다. 네가 범을 보고 사납고 신령스럽지 못하다 하여 잡으려 하다가 사람을 다치게 하지 말고, 언제나 하늘의 도대로 그것을 사랑해야 한다. 그렇지 않으면 신의 도움을 받지 못해 몸과 집이 다 몰락하고 말 것이다.

너희가 만약 산천에 **불**을 질러 생물의 씨앗이 불타 없어지면 신인이 노할 것이다. 넘어지는 것들을 도와 일으켜주고, 약한 자들을 업신여기지 말고 구제하며, 낮은 자들을 깔보지 말 것이라.

그대가 비록 겉으로 두껍게 감싼다 해도 그 향기는 새어나가게 되어 있으니, 그대가 타고난 떳떳한 성품을 지켜 부끄러움과 모진 생각과 화를 품지 말고, 하늘을 공경하고 백성들을 가까이 하면, 영원토록 복을 누리게 될 것이다. 너희 무리들은 이 말을 우러러 공경하고 지킬지라.

단군 환검이 나라 사람들에게 이러한 뜻을 널리 가르치니, 그의 신령스러운 덕이 세상에 크게 드러났다. 이후에는 천하가 다시 밝아지고 재앙을 모면하게 되었다. 어떤 사람은 단군의 이러한 가르침이 팔개조목八個條目으로 나뉘어져 있다 하여, 이를 단군의 **팔조법금**八條法禁이라고도 한다.

천하를 두루 순행巡行하고 사방에 천제단과 부도를 세우다

제도를 정비한 다음, 단군 환검씨는 천하 사방을 두루 순행하여, 제후들을 모아 놓고 농사와 양잠養蠶을 널리 장려하고, 사방 명산에다 천제단天祭壇을 세웠다(그림94 참조).

북으로 순행하여 우수홀을 지나 고신홀에 이르러 숙사달에 제단을 만들고,

동북쪽의 제후들을 모아 환웅천왕의 영령에 제사를 올렸다. 서쪽으로 순행하여 엄려홀에 이르러 염려달에 제단을 만들고, 남서쪽 제후들을 모아 치우씨의 영령에 제사를 올렸다.

다시 남쪽으로 순행하여 갑비고차甲比古次[121]에 이르러 두악頭

▲그림94_신화시대 천제단의 유풍으로 보이는 강화도 마니산 정상의 참성단.

岳[122] 남쪽의 제후들을 모아, 두악에 제단을 마련하고 하늘에 제사를 올렸다. 이때 붉은 용이 나타나 그 상서로움을 보이고, 신녀가 술잔을 바치니, 붉은 옷을 입은 한 동자가 그 술잔 속에서 나왔다. 단군이 이 동자를 사랑스럽게 여겨 그의 이름을 **비천생**이라 하고 남해 지역의 어른으로 삼았다.

마지막으로, 낙랑홀 곧 청구땅에 이르러 소루달에 제단을 마련하고, 남동쪽 여러 제후들을 모아 고시씨의 영령에 제사를 올렸다. 단군 환검은 이렇게 사해를 두루 순행하며 다시 천하에 천부天符를 비추어 믿음을 쌓고, 그동안 쌓인 사람들의 미혹을 풀어 근본으로 되돌아가도록 하기 위해, 옛 마고성의 법제를 본받아 사방에 부도符都[123]를 건설했다.

먼저, 밝은 땅 태백산 정상에 부도를 건설했다. 즉, 태백산 정상에 천부단天符壇을 짓고(그림93 참조), 그 아래 사방에는 보단堡壇[124]을 설치했으며, 각 보단 사이는 각각 세 겹의 도랑을 만들어 서로 통하게 하였고, 도랑 좌우에 각각 관문을 설치해 지키게 하였다.

부도가 있는 산 아래 지역을 조화롭게 나누어 여러 마을들을 만드니, 마을의 그림자가 물속에 둥그렇게 잠긴 모양이 지극히 아름다웠다. 온 나라 안은

---

121) 이곳이 현재의 강화도란 설도 있고, 현재의 경남 남해섬이라는 설도 있음. 현재 강화도 마리산/마니산 정상에는 하늘에 제사지내던 '첨성단'이 남아 있으며, 경남 남해군 상주면 상주리 양하 마을 바위에는 옛날의 문자로 보이는 고각古刻 글자가 남아 있다.
122) 머리산·마리산摩利山·마니산摩尼山 등으로도 불림.
123) 하늘의 근본 이치 곧 천부天符의 뜻을 받들어 실천하는 장소.
124) 신시의 중심지인 천부단을 둘러싸고 이 천부단을 보호하는, 천부단의 주변부 제단.

천리 간격으로 네 곳의 나루와 네 곳의 포구가 있어, 이것들을 서로 연결 지어 사방으로 온 나라 땅이 상통하게 하였다. 이렇게 해서 **부도**符都가 다시 이루어지니, 그 웅장하고 아름답고 빛남은 온 천하가 화합하기에 충분했다.

마침내, 단군의 교화는 세상 사방에 두루 미치어, 그것이 동쪽으로는 창해蒼海125)에 이르고, 서쪽으로는 알유猰貐126)에 이르고, 남쪽으로는 해대海岱127)에 이르고, 북쪽으로는 대황大荒128)에 이르렀다 한다.

다시 신시神市를 크게 열다

이어, 태백산 박달나무 숲에 신시神市를 크게 열고, 사해의 모든 종족들을 초청했다. 사해의 모든 종족들이 신시神市로 모여들자, 그들과 더불어 제단에 나아가 **계불의식**禊祓儀式을 행하여 사람들을 깨끗하게 정화시켰다.

하늘의 움직임을 살펴 별자리들의 위치를 정하고, 옛 마고麻姑의 계보를 살펴 그 족속들의 내력을 자세히 밝혔다. 천부의 소리에 맞추어 말과 글을 다시 정리하고, 웅장한 하늘의 음악을 연주했다. 이후부터 10년마다 반드시 **신시**神市를 여니, 점차 세상의 말과 글이 서로 같아지고 천하가 다시 하나로 통일되어, 세상 사람들이 크게 화합하게 되었다.

또 물줄기가 교차하는 중심지에 조시朝市129)를 설치하고, 사방의 바닷가에 해시海市를 설치하여, 매년 시월에 **조천제**朝天祭130)를 올리니, 사방의 종족들이 와서 여기에 경건히 참배하고 각 지방의 토산물들을 바쳤다.

각지에 **성황**城隍131)을 지어 하늘에 제사를 올리고, 집을 지어 여러 종족들이 머물러 살게 하니, 그 뒤로 천 년 사이에 이 성황이 세상의 전역에 널리 퍼지게

---

125) 지금의 중국 발해 요동만 지역이라 함.
126) 일설에, 흉노족이 살 던 곳이라 함.
127) 지금의 중국 산동반도 지역이라 함.
128) 지금의 중국 고비사막 지역이라 함.
129) 신성한 시장.
130) 신의 근원으로 돌아가는, 하느님께 올리는 제사.
131) 씨족이나 부족 단위로 하늘에 제사를 지내던 장소로 작은 소도蘇塗인 것으로 보임. 오늘날의 성황당 혹은 마을 당산.

되었다. 이는 '**오미의 죄**'[132]를 지어 혼탁해진 피를 정화하여, 다시 근본으로 돌아가기 위한 제사였다. 이 제사를 가리켜 '**조선제**朝鮮祭'라 하였다.

신시의 세 가지 보물

이때부터 사해에 산업이 크게 일어나 교역이 왕성해졌으며, 천하가 넉넉하여 부족함이 없게 되었다. 신시神市의 세 가지 보물은 잣·인삼·방장해인이다. 신시에 모인 사해의 여러 종족들이 봉래산 원교봉에서 상서로움을 가져다주는 다섯 개의 잎을 가진 나무의 열매를 얻으니, 이것이 곧 백송柏松 곧 잣나무 열매인 **잣**이었다. 이 잣나무를 다른 이름으로 '봉래해송'이라고도 했다(그림95 참조).

▲그림95_신시의 세 가지 보물 가운데 하나인 잣나무 열매.

신시에 왔던 사람들은 또한 영주 대여산 계곡에서 삼영근三靈根을 얻으니 이것이 곧 **인삼**이었다(그림96 참조). 이것을 사람들은 '영주해삼'이라 하였다. 수와 격을 갖춘 인삼은 우리의 부도符都 지역이 아니고는 얻을 수가 없는

▲그림96_신시의 최고 보물 삼영근(인삼).

것이었다. 사람들은 이것을 '방삭초方朔草'라고도 하였는데, 세상의 불사약이라 하는 것이 바로 이것이다. 혹 뿌리가 작은 인삼이라도 우리 부도 지역에서 생산되는 것은 모두가 신령한 효험이 있었으므로, 신시神市에 온 사람들은 반드시 이것을 구하고자 하였다.

그리고 방장산에서 캐어낸 칠보의 보옥에 천부天符를 새겨 이것으로써 여러 가지 재난을 물리쳤는데, 이 보물을 앞서 말한 바와 같이 **방장해인**方丈海印[133]이라 불렀다.

---

132) 오미五味를 맛보아 인류의 낙원인 '마고성'에서 추방된 죄.
133) 보석에 천부경天符經을 새긴 천부인天符印 도장의 일종.

이러한 잣 · 인삼 · 방장해인은 우리 불함不咸지역 곧 우리 부도符都지역의 세 가지 보물이자 특산이었으며, 하늘이 우리 민족에게 내려주신 보배로운 은혜였다.

12부족 연맹체 나라를 세우다

그의 덕화德化가 세상에 두루 미치게 되자, 그는 천하의 땅을 크기와 공로에 따라 12개의 작은 나라로 나누어 다스리게 했다. 그 나라 이름은 단국檀國 · 우엄려홀宇奄慮忽 · 숙신홀肅愼忽 · 낙랑홀樂浪忽 · 개마국蓋馬國 · 예濊 · 고구려高句麗 · 진번眞蕃 · 부여夫餘 · 옥저沃沮 · 졸본卒本 · 비류沸流 등이다.

단군 환검은 이 가운데서 중앙의 나라인 단국檀國, 곧 **조선**朝鮮에 거주하였으며, 치우씨의 후손들에게는 남서쪽의 우엄려홀 땅, 신지씨의 후손들에게는 북동쪽의 숙신홀 땅, 고시씨 후손들에게는 동남쪽의 낙랑홀 땅, 주인씨의 후손들에게는 개마국 땅, 여수기에게는 예의 땅, 부소씨에게는 고구려 땅, 부루씨에게는 진번 땅, 부여씨에게는 부여 땅, 그리고 동해에서 온 세 이인들에게는 각각 옥저 · 졸본 · 비류 땅을 주어 다스리게 하였다.

우엄려홀宇奄慮忽 땅[134]을 물려받은 치우씨 후손들은 선조의 뜻을 받들어 백성들을 자식처럼 보살피고 큰 싸움에 대비하여 항상 훈련을 게을리 하지 않았으니, 언제나 우리 환국 곧 조선 서남쪽의 방패가 되었다. 이들은 또한 자주 중원의 해대海岱 쪽으로 나아가, 늘 중국 한족漢族의 여러 나라와 승부를 겨루었다.

숙신홀肅愼忽 땅[135]을 물려받은 신지씨의 후손들은, 그 땅은 넓으나 기후가 몹시 추워 곡식이 제대로 되지 않고 사람 수가 적어, 백성들로 하여금 목축을 주로 하도록 하고, 활을 메고 칼을 차고 사냥을 즐겨 하였다. 이들은 매우 건장하고 용감하여 세상의 여러 나라로 널리 퍼져 나아갔다. 훗날, 사람들은

---

134) 지금의 중국 산동반도 및 그 이남 지역. 지금도 이 지역에는 치우씨를 신으로 모시는 곳이 많다.
135) 오늘날의 만주 · 몽골 지역.

이들을 가리켜 읍루·물길·말갈 등으로 불렀다. 후에 일어난 금·여진 등의 나라가 다 이들의 후손이다.

낙랑홀樂浪忽 곧 청구국青丘國의 땅136)을 물려받은 고시씨 후손들은 이 지역으로 들어가 땅을 개간하여 농업을 크게 일으켰다. 이곳은 기후가 온화하고 오곡이 풍성하여, 백성들이 모두 가볍고 따뜻한 옷을 입고 편안하게 살았다. 기름지고 맛있는 음식을 먹고, 의복을 차려 입고 관대를 하고 신발을 신는 예의禮儀 제도가 제법 갖추어져, 이곳에서부터 세상의 문물제도文物制度가 찬란하게 일어났다. 훗날, 중국의 공자가 "동이東夷의 나라에 가서 살고 싶다."137)고 한 것은 바로 이 낙랑홀 지역을 두고 말한 것이라 한다.

이후로, 천하가 여러 주로 나뉘어 다스려졌으나, 지금은 그 내막을 자세히 알 수가 없다.

부루씨夫婁氏가 홍수를 피해 수도를 아사달阿斯達로 옮기다

단군 환검이 나라를 다스린 지 오랜 뒤, 나라에 큰 **홍수**가 닥쳐, 패수의 강물이 요동과 만주 벌판을 품은 평양138)에까지 넘쳐 들어와 평양성이 물에 잠겼다. 이에, 단군 환검씨는 네 명의 아들을 사방으로 보내어 새 도읍지로 마땅한 곳을 두루 찾아보게 하였다.

그 뒤, 2세 단군인 부루씨夫婁氏 때에 도읍지를 평양에서 아사달阿斯達의 장당 땅으로 옮기니, 이곳은 지금의 구월산 아래에 있는 장평들이라고 한다. 부루씨는 홍수를 잘 다스리고 의약으로 전염병을 치료했다.

'부루단지' 혹은 '업주가리'·'부싯돌'의 유래

지금까지도 시골 사람들 집안에는 '부루단지'라는 것이 전해온다. 이것은

---

136) 오늘날의 우리나라 영토 지역을 말함.
137) 《논어》의 〈자한子罕〉편과 공자의 7대손 공빈이 고대 한국에 관한 이야기를 모아서 쓴 〈동이열전東夷列傳〉 등에 나오는 말.
138) 이 기록에 따르면, 이 당시의 '평양'의 위치는 지금의 평양의 위치가 아니라 압록강 건너 요동에 있던 평양임을 알 수 있다.

울타리 밑 깨끗한 곳에 흙을 쌓아 단을 만들고, 질그릇 항아리 속에 벼를 담아 단 위에 놓은 다음, 짚을 엮은 덮개를 덮어놓았다가, 시월이 되면 반드시 여기에 새 곡식을 담아 두는 것이다. 이것을 세간에서는 **'부루단지'** 또는 '업주가리'라 하는데, 이는 바로 그 옛날 단군 시절에 부루씨가 세상의 큰 홍수를 다스리고 새로운 삶터를 마련하여 살게 해준 데 대한 고마움을 표시하는 것이라 한다(그림97 참조).

부루씨가 홍수를 다스리고 의약으로 전염병을 치료했으나, 맹수와 독충이 많이 번식하여 백성들을 괴롭혔다. 이에, 부소씨扶蘇氏가 고시씨高矢氏의 옛법을 다시 익혀, 마른 쑥을 재료로 쇠와 돌을 부딪쳐 좀 더 쉽게 불을 일으키는 방법을 개발했다. 이 방법으로 쉽게 불을 사용하니, 짐승과 독충 벌레들이 인가에서 멀리 도망가 그 피해가 점점 사라지게 되었다.

오늘날까지도 사람들이 불붙이는 도구를 **'부시'** 또는 '부소'라 하는데, 이것은 바로 이때 부소씨가 불을 쉽게 일으키는 방법을 발명하신 공을 기리는 데서 유래된 말이라 한다.[139]

▶**그림97**_오늘날에도 가정집 장독대에 모셔 진 부루단지.《한국민속신앙사전》

---

139) 북애노인 지음 · 고동영 옮김(1986), 《규원사화》(서울: 흔 뿌리), 32~70쪽 및 박제상 지음 · 김은수 옮김(2002), 《부도지符都誌》(서울: 한문화), 53~93쪽 참조.

2. 중원을 교화한 단군 환검[140]

 요임금이 오행의 화를 저지르다

남이南夷를 평정하고, 서방 중원으로 나아가다

그 뒤 부여씨扶餘氏가 남이南夷를 평정하여 열수冽水[141] 남쪽이 완전히 단군 조선에 복종하게 되니, 낙랑홀 곧 청구 지역 백성들이 점점 이곳으로 옮겨와 살게 되었다. 홍수가 가라앉고 남쪽으로 내려오는 사람들이 더욱 많아지니, 이에 남이 사람들도 부여씨의 감화를 입어, 마침내 그들의 풍속을 바꾸게 되었다. 뒤에 마한·진한·변한의 여러 족속들이 다 이들이다.

단군이 나라를 다스린 지 얼마 뒤에 **알유**猰貐[142]**의 난**이 있었다. 홍수의 혼란을 틈타 알유가 나라에 침입한 것이었다. 그 세력이 자못 거세었으나 부여씨扶餘氏로 하여금 이를 평정케 했다. 이어 단군은 부여씨 족속을 북방으로 가서 우수홀에 자리를 잡게 하고, 부루씨夫婁氏족은 서방으로 가서 임검성

---

140) 이하의 내용은 북애노인 지음·고동영 옮김(1986), 《규원사화》(서울: 흔뿌리), 32~70쪽 및 박제상 지음·김은수 옮김(2002), 《부도지符都誌》(서울: 한문화), 53~93쪽 등을 참조.

141) 유득공은 그의 책 《삼한시기三韓詩紀》에서 이 강을 대동강으로 보았음.

142) 중국 고대의 전설상의 동물. 머리는 용을 닮았고, 몸은 너구리 또는 개를 닮아 얼룩무늬가 있다고 하는데, 사람을 잡아먹으며 동작이 매우 날랬다고 함.

을 지키게 하고, 부소씨扶蘇氏 족은 낙랑홀을 다스리게 하고, 부우씨夫虞氏 족은 장당경으로 가서 이곳을 감독케 하고, 고시씨高矢氏 족은 남방으로 내려가 그곳을 돌보게 했다.

한편, 환웅 – 중천시대 말기에 치우씨가 서방 중원 쪽 족속들과 **탁록대전涿鹿大戰**을 치른 뒤, 치우씨 형제들이 비록 탁록 땅에서는 물러났으나, 회대淮岱[143] 땅에는 그 뒤로도 그들의 후예인 우리 겨레들이 많이 살았다. 이들은 서방 중원 사람들과 어울려 함께 살면서 농사를 짓고 누에를 치고 길쌈을 하고 가축을 길렀다.

또한 남방의 도서 지방 백성들은 조개 · 생선 등의 해산물을 가지고 서방 중원 쪽 사람들과 교역을 하며, 점점 바닷가 쪽으로 나아가, 이 무렵에는 드디어 해대海岱[144]와 강회江淮[145] 땅을 차지하게 되었다. 중국의 《서경》에서 말하고 있는 우이嵎夷 · 채이寀夷 · 회이淮夷 · 도이島夷 등은 모두 이들을 말하는 것이라 한다.

중원의 요임금이 단군 환검에 대항하다

이때, 서방 중원의 **도요陶堯**[146]가 천산 남쪽에서 일어나 스스로 **요堯임금**이라 하였다(그림98 참조). 이는 옛날 환웅 – 중천시대에 마고성에서 맨 처음 '오미五味의 죄'를 저지르고 가장 먼저 마고성에서 나간 사람들의 후예였다. 그도 일찍이 단군 환검씨의 신시 제사 모임에 왕래하였고, 서보西堡[147]의 칸[干] 곧 서쪽 보단의 대표자였다.

그러나 원래부터 도요 곧 요임금은 수리數理에 밝

▲그림98_중국 신화시대의 요임금 모습.(《산해경》)

---

143) 중국 회수淮水 곧 회하淮河 유역과 산동성 일대.
144) 황하黃河와 회하淮河의 하류지역.
145) 양자강과 회하淮河 사이의 지역. 현재 강소성의 북부.
146) 중국 고대 신화시대의 임금인 요堯임금을 가리킴.
147) 신시의 천부단 주위에 설치했던 사방의 네 보단堡壇 중에 서쪽에 있는 보단.

지 못하여, 스스로 1부터 9까지 늘어놓으면 5가 가운데가 되는[九數五中] 이치를 잘 알지 못했다. 가운데 수인 5이외의 8가지 수는 1이 곧 8이라 생각하고, 이것이 안으로써 밖을 제어하는 이치라 하여, 스스로 이른바 '오행五行의 법'을 만들어 제왕의 도라고 주장했다. 그러나 당대의 은사隱士 소부巢父와 허유許由등은 이를 매우 꾸짖고 거절하였다.

▲그림99_중국인이 그린 명협풀.(산동성 한나라 무량사 화상석)

그러나 도요는 이런 말을 듣지 아니하고 무리를 모아, 옛 마고성 황궁씨의 후예인 묘예苗裔148)를 좇아내고, 우리의 옛 부도 지역을 빼앗아 나라를 세웠다. 그 땅을 9주로 나누고, 자기 스스로를 가운데 수인 5의 위치에 사는 제왕이라 일컬으면서, **당도**唐都149)를 세워 단군 환검씨의 부도符都150)와 대립하였다.

그는 거북이가 등에 지고 나왔다는 부문負文과151) **명협**蓂莢152)이 피고 지는 것을 보고, 그것을 신의 계시라 여겨 거기에다 세상의 변화를 적어 기록하는 역曆153)을 만들었다(그림99 참조).

이로써, 단군 환검의 신시神市에 유구하게 전해 내려오던 부도역符都歷154)을 버리고 천부天符155)의 이치를 폐하였다. 이것을 '**오행**五行**의 화**禍'라 한다.

---

148) 현재, 중국 운남성과 귀주성 등지에 많이 사는 소수민족인 묘족苗族. 우리 민족과 비슷한 점이 많다. 예컨대 묘족의 신화를 보면, 주로 천지개벽, 해와 달의 탄생, 인류의 기원, 대홍수, 남매간의 결혼 등에 관한 신화가 있어, 우리 민족의 신화와 비슷한 점이 있다. 역사적으로 중국 한족漢族과 대항하며 독자적인 문화를 이루어 왔다. 현재, 중국에서 4번째 큰 소수민족이다.

149) 도요가 처음 이룩한 나라 및 그 정치 이념.

150) 우리 민족이 환인 - 선천시대, 환웅 - 중천시대, 환검 - 후천시대에 걸쳐 이룩해온 나라 및 그 정치 이념.

151) 거북이가 등에 지고 나온 무늬. 나중에 《주역周易》 복희팔괘伏羲八卦의 기본이 되었음.

152) 명협초蓂莢草. 일명 역초曆草라고도 함. 매달 보름까지는 날마다 잎이 하나씩 났다가, 보름 후부터는 잎이 하나씩 떨어지며, 작은 달에는 잎이 떨어지지 않고 그대로 말라버렸다고 함.

153) 세상 변화의 원리. 이것이 나중에 현전하는 《주역周易》의 기본이 되었음.

154) 환웅천왕이 지상에 세운 최초의 우리나라인 신시神市에서 사용하던 세상 변화의 이치 혹은 달력.

이것은 인간이 처음 '오미五味의 죄'156)를 저지른 이후에 두 번째로 저지른 가장 큰 죄이자 변란이었다.

유호씨有扈氏를 보내어 요임금을 깨우치다

이에 단군 환검이 그것을 매우 걱정하여, 유인씨有因氏157)의 아들인 유호씨有扈氏와 그의 아들 유순有舜으로 하여금 환부鰥夫158)와 권사權師 등 백여 인을 인솔하고 가서 도요 곧 요임금을 깨우치도록 하였다.

유호씨有扈氏는 그 이전 부도 곧 마고성에 있을 때부터도 마고성의 포도나무 열매를 먹지 않아 '오미의 죄'를 저지르지 않고 대신 칡을 먹었으므로, 키는 열 자나 되고 눈에서는 정기어린 불빛이 번쩍거렸다. 그는 단군 환검씨보다 나이를 백여 살이나 더 먹었으며, 할아버지와 아버지의 업을 이어 단군 환검씨를 도와 도를 행하고, 그 도道로써 사람들을 가르쳤다.

도요는 그들을 맞이하여 겉으로는 그들의 명령에 복종하는 체하며 공손하게 대접하여 이들을 황하黃河의 물가에서 살게 하였다. 그러나 유호씨는 도요의 행동을 유심히 관찰하여 도요의 속마음을 깊이 꿰뚫어 보고는, 스스로 사람들을 가르치고 삼가면서 여러 번 그 거처를 옮겼다. 완고하고 사리에 어두운 도요의 세상을 구제하려 하니, 그가 하는 일에는 여러 가지 어려움이 많았다.

---

155) 우리 민족이 생각한 세상의 근본 원리. 이것을 상징하는 것이 단군신화에 나오는 '천天·부符·인印' 세 개라는 것이다.
156) 앞서 나왔던 '마고신화'에서 신성한 낙원이었던 부도符都에서, 이곳의 주인이었던 '마고'의 자손 가운데 한 사람인 지소씨가, 부도의 보금자리 시렁 가장자리에 뻗어 있던 포도를 따서 먹고 오미 곧 다섯 가지 맛을 분별하게 되고, 이 사건으로 말미암아 이빨이 나고 눈이 밝아지고 부도의 지유地乳가 메마르게 되어, 이 죄로 말미암아 부도로부터 쫓겨나게 된 죄를 말함.
157) 옛날 마고신의 딸 궁희의 아들인 황궁씨의 첫째 아들. 이 신들의 계보는 마고→궁희→황궁→유인→유호→유순 등으로 이어진다.
158) 인류가 타락하기 이전의 낙원인 부도符都의 법을 시행하던 직책의 이름.

사자 유순有舜이 중원中原의 순임금이 되다

이때, 도요陶堯, 곧 요임금은 유호씨의 아들
유순有舜[159]의 사람됨을 자세히 보고, 그의 마
음속에 다른 뜻이 있음을 알았다. 그래서 도요
는 그에게 나라 일을 맡기고 도와주며 자기 두
딸로 유혹하니, 유순이 차차 그 유혹에 넘어오
게 되었다. 그리하여, 유순은 요임금을 도와 그
의 뒤를 이어 임금 자리에 올라 **순舜임금**이라
하였다(그림100 참조).

▲그림100_중국 신화시대의 순임
금 모습.《산해경》

유순은 일찍이 우리나라 부도符都의 법을 행
하는 환부鰥夫가 되었으나, 그의 능력이 부족하여 절도가 없었다. 그의 이러
한 한계는 이후에 그를 멸망의 길로 인도하였다. 그 길은 바로 요임금의 꾀에
넘어간 것이었다. 결국 그는 어리석게도 도요, 곧 요임금의 꼬임에 빠져 요임
금의 두 딸을 몰래 아내로 삼고, 요임금을 협조하여 임금이 되었다.

유호씨有扈氏가 요임금과 순임금을 중원에서 멸망시키다

이를 본 유호씨는 아들 유순 곧 순임금을 크게 꾸짖고 타일렀으나 유혹에
넘어간 유순은 이런 충고를 듣지 않았다. 유순, 곧 순임금은 마침내 요임금의
촉탁囑託을 받아들여 숨어 사는 현자들을 찾아 죽이고 묘예苗裔 곧 묘족苗族을
정벌했다. 그러자 유호씨는 이들을 다음과 같이 꾸짖었다.

"오미五味의 죄 재앙도 아직 다 끝나지 않았는데, 너희가 또 다시 '**오행五行
의 화禍**'[160]를 지으니, 그 죄가 세상에 가득하다. 너희들의 죄로 말미암아 하

---

159) 나중에 도요 곧 요임금의 꼬임에 넘어가 요임금의 뒤를 이어 중국 순임금이 됨.

늘은 북두성北斗星을 가리어 천하의 운수가 많이 어그러지고, 사람들이 곤란을 겪고 고통스러워졌다.[161] 이는 바로 잡지 않을 수가 없다. 알지 못하고 죄를 범하는 자는 혹 용서하여 가르칠 수도 있으나, 너희들처럼 알고도 죄를 범하는 자들은 비록 부자 · 형제간이라 하더라도 결코 용서할 수가 없도다."

이윽고 둘째 아들 유상有象에게 명하여 권사들을 부르고 무리들을 모아 유순, 곧 순임금의 죄를 세상에 널리 알리고 그를 치게 했다. 이후 유상은 수 년 동안 요임금과도 싸워 마침내 요임금 도요가 내세웠던 **당도**唐都가 세상에서 혁파되었다.

이에 요임금은 거처할 땅이 없어 순임금 유순에게 스스로 붙잡혀 옥에 갇히고, 순임금은 하느님을 부르며 통곡했다. 이후, 요임금 도요는 옥에 갇혀서 죽고 순임금 유순은 창오[162]의 들판으로 도망하였으며, 그들의 도당들도 사방으로 흩어지고 말았다.

---

160) 중국 한족漢族이 우리 민족이 수립해 놓은 세상의 근본 이치인 부도역符都曆을 폐지하고, 이른바 명협풀을 보고 만든 '음양오행'의 역을 만들어 세상의 이치를 그르쳐 받게 된 재앙.

161) 훗날 조선 말기에 이런 잘못된 역曆을 새로운 차원에서 바로잡고자 한 역이 바로 일부一夫 김항金恒(1826~1898)의 '정역正易'이다.

162) 지금의 중국 광서성廣西省 창오현. 광서성은 중국의 서남단 지역으로서, 베트남과 접경을 이루는 지역이다.

우禹가 중원의 하夏나라 왕이 되다

흩어진 요임금 도요의 무리들 가운데 우禹[163])라는 자가 있었다. 그는 순임금 유순을 자기의 원수라 생각하여 원한을 품고 무리들을 모아 그를 끝끝내 추격하여 붙잡아 죽이고 말았다. 이렇게 되자 순임금의 두 아내도 역시 강물에 투신하여 자살했다.

이에 우禹는 곧 유호씨의 둘째 아들 유상有象의 군사들 앞에 나아가 그들을 위로하며, "그대들은 정의를 위해 목숨을 바쳐 공을 세우는 사람들이다."라고 칭송하고 돌아갔다. 이후에 우禹는 다시 무리들을 모아 도읍을 다른 곳으로 옮기고 무기들을 보수한 다음, 스스로 **하왕夏王** 곧 하나라의 왕

▲그림101_중국신화에 나오는 우임금의 모습.(타이베이고 궁박물원)

우禹임금이라 일컫고, 다시 유호씨에게 대항해 왔다(그림101 참조).

이렇게 하여, 우임금도 마침내 단군 환검의 부도符都를 완전히 배반하고 도산塗山에 따로 제단을 설치했다. 이후에 서남쪽 종족들을 정벌하여 그들을 제후諸侯라 부르고, 그들을 도산으로 모이게 하여 조공을 받았다.

그의 이러한 짓은 단군 환검이 세운 부도의 신시神市 제도를 본받은 것이었으나, 매우 갑작스러운 것이었다. 그래서 이후에 천하가 시끄러워지고 우리의 부도符都로 도망하여 오는 자들이 많았다. 그러자 우임금은 곧 수륙의 길을 차단하여 우리 단군 환검의 부도符都와 연락을 끊어, 그의 백성들이 부도로 도망가지 못하게 하였다. 그러나 감히 부도符都를 공격하지는 못했다.

---

163) 중국 하夏나라를 세운 왕. 왕이 되기 전에 요·순 두 임금을 섬겨 홍수를 다스리는 데 큰 공을 세웠다 함.

우임금이 유호씨有扈氏에게 대항하다 죽고 중원이 황폐해지다

이때에 유호씨는 계속 서방 중원에 머물러 살면서 다시 묘예苗裔164)를 수습했다. 소부巢父·허유許由165)가 사는 곳과도 서로 연락을 취하고, 서남쪽의 종족들과도 연결하여, 그 세력을 왕성하게 넓혀 스스로 큰 도읍을 이루었다. 유호씨는 다시 권사權師를 보내어 여러 가지 천지 역수曆數의 이치를 들어 우禹166)를 조목조목 자세히 꾸짖었다.

유호씨가 이렇게 우禹임금을 단단히 타일러 모든 위법違法을 폐지하고 부도符都의 진법眞法으로 돌아올 것을 권면하였으나, 우임금은 이를 완강히 거부하고 듣지 않았다. 뿐만 아니라, 오히려 이를 위협이자 모욕이라 생각하여 무리를 이끌고 유호씨를 공격해 왔다.

그러나 우임금은 이런 공격과 싸움에서 여러 번 패한 뒤에, 마침내 모산茅山의 진지에서 죽게 되었다. 이에 하나라 무리들이 슬프고 분하여 죽기를 원하는 자가 수만 명이었다. 그 이유는 이들 대부분이 우임금과 함께 어려운 하나라 치수治水 사업에 동참한 무리들이었기 때문이었다.

우임금이 죽자 우의 아들 계啓가 다시 대군을 이끌고 유호씨의 도읍으로 진격해 들어왔다. 이때 유호씨 군대는 겨우 수천 명이었는데도, 계가 이끄는 하나라 군사는 싸우는 족족 패하여 한 번도 전공을 이루지 못했다. 이에 계가 마침내 두려워 퇴각하여 돌아가고, 다시는 공격해 오지 못했다. 그러자 그의 무리들이 몹시 격앙되었다.

---

164) 황궁씨의 후손인 묘예족 곧 지금의 묘족苗族.

165) 중국 요임금 때의 청백하고 결백한 사람들. 소부는 나무 위에 까치집을 짓고 살기 때문에 소부라 불렀다. 요임금은 자신의 덕이 허유만 못하다 하여 허유에게 자기 대신 천자가 되어 주기를 원했다. 그러나 허유는 이를 거절하고 돌아가 소부에게 그 이야기를 하니 소부는 허유를 꾸짖어 "자네가 가만히 숨어 있으면 그런 더러운 소리가 왜 자네 귀에 들어 오겠는가? 쓸데없이 돌아다니기 때문에 그러한 말을 얻어 들었지. 자네는 이제부터 나의 친구가 아니니 다시는 나를 찾아 오지 말게."라고 했다. 이에 허유는 그런 말을 들은 자신의 귀가 더러워졌다 생각하여, 맑은 물가에 가서 귀를 씻고는, 기산箕山 산속으로 들어가 다시는 세상에 나오지 않았다. 이때 변중부라는 사람이 소를 몰고 나와 맑은 물가에서 소에게 물을 먹이다가 허유가 그 물에 귀를 씻었단 말을 듣고는, 이런 더러운 물을 내 소에게 먹일 수 없다 하며, 물을 먹이지 않고 소를 끌고 돌아갔다.

166) 중국 하나라의 세 번째 임금인 우禹임금.

이에 유호씨는, 이들 하나라 백성이 **싸움**에 눈이 멀게 된 것을 보고는, 더 이상 그들을 고치기가 어렵다고 생각했다. 이에, 유호씨가 장차 서남쪽의 종족들을 가르치기 위해 무리들을 이끌고 그쪽으로 떠나가니, 자연히 그 도읍이 사라져 없어지게 되었다.

이로부터 중원中原의 천산 남쪽 태원太原 지역이 뒤숭숭하고 떠들썩해져, 마치 주인이 없는 집과 같이 되었다. 이른바 왕이란 자는 귀가 먹고, 백성들은 장님이 되어, 암흑 세상이 거듭되었다. 강자는 위에 있고 약자는 아래에 있어, 왕과 제후를 나라에 봉하고 생민들을 강제로 제압하는 풍속의 폐해가 세상에 만연하여 고질병이 되었다. 끝내는 서로가 서로를 **침탈**侵奪하기에 이르니, 헛되이 생령을 죽여 한 가지도 이 세상에 이로운 것이 없게 되었다.167)

결국에는, 중원의 하夏나라와 은殷나라가 다 그런 법으로 망하고서도 끝내 그 까닭을 알지 못하니, 이는 스스로 우리의 부도符都에서 떨어져 나가, 더 이상 진리의 도를 들을 수 없게 된 까닭이었다. 결국, 중원의 하나라 · 은나라는 우리 민족의 창세이념이자 부도符都의 이념인 '홍익인간弘益人間'의 이념에서 멀리 벗어나게 되었다.168)

▲그림102_중국 은나라시대 갑골문자.

---

167) 이런 시대는 중국 하夏나라 · 은殷나라 이후인 주周나라 시대에도 계속되었으며, 이런 양육강식의 주나라 시대를 이른바 '춘추전국시대春秋戰國時代'라 한다.

168) 북애노인 지음 · 고동영 옮김(1986), 《규원사화》(서울: 흔뿌리), 32~70쪽 및 박제상 지음 · 김은수 옮김(2002), 《부도지》(서울: 한문화), 53~93쪽 참조.

3. 천부의 도를 이은 단군 환검씨의 후예[169]

유호씨가 천부의 도를 전하다

어느덧 유호씨가 그 무리들을 이끌고 월식주와 생성주의 땅으로 들어가니, 이곳은 바로 옛날 백소씨白巢氏와 흑소씨黑巢氏가 마고성을 나온 뒤에 살던 곳이었다. 백소씨와 흑소씨의 후예들은 이때까지도 오히려 보금자리를 제대로 만드는 풍속을 잊지 아니하고, 높은 계단과 탑을 옛 부도符都의 이치에 따라 만들 줄 알고 있었다.

그러나 천부의 본음本音을 잊어버리고 탑 만드는 유래[170]를 깨닫지 못함으로써, 도는 와전訛傳하여 잘못된 도가 서고, 서로 시기하고 의심하며 싸우고 정벌하기를 일삼았다. 옛날 마고麻姑의 일은 거의 다 기괴하고 허망하게 변하고 남은 흔적마저 아주 없어졌다. 이에, 유호씨가 여러 종족들의 지역을 두루 순행하며 다시 옛 마고성과 천부天符의 이치를 말하였으나, 모두가 의아스럽

---

169) 이하의 내용은 1675년(숙종 2) 북애노인北崖老人이 지은 《규원사화揆園史話》와 신라 박제상(朴堤上, 363~419)이 지었다는 《부도지符都誌》에 전해지는 것이다.

170) 탑을 만드는 유래는 탑이 하늘과 땅을 이어주는 매개자 역할을 하는 데에서 나온 것이라 한다. 이런 이치를 구현하는 대표적인 것이 바로 마을 동구에 서 있는 당산나무이다. 이 당산나무는 하늘과 땅과 사람을 연결시켜 주는 나무, 천지인天地人의 이치를 구현하는 신화수神話樹 곧 '우주목宇宙木'이다.

게 생각하고 받아들이지 아니하였다.

　그러나 다행히도 옛일을 맡아보는 지위에 있는 자들은 자리에서 일어나 유호씨를 송구스럽게 맞이하였으므로, 이에 유호씨가 이들에게 천부天符의 본래 이치 곧 세상의 근본 이치를 말하여 그것을 후세에 전하였다.

이때에 단군檀君 환검씨桓儉氏(그림103 참조)가 유호씨의 이러한 행적을 듣고 그의 도를 귀하게 여겨, 유호씨 족속들을 나라의 교부教部[171]에 머물러 살도록 하고, 그의 천부의 도를 이어나갔다. 이에 중원의 하夏나라도 운해족雲海族[172]과 긴밀히 연락하여 다시 우리 부도의 일족으로 돌아오고자 하였으나, 그들의 달라진 도가 너무나 성하여져서 마침내 그 뜻을 이루지 못하고 말았다.

▲그림103_최근에 그려진 단군 환검.

그 뒤 부루씨가 다시 천부天符의 도를 그의 아들 읍루씨挹婁氏[173]에게 전수하고 산으로 들어갔다. 읍루씨는 태어날 때부터 깊고 큰 소원이 있어서, 천부天符의 도를 이어받은 뒤에는, 진리가 거짓된 곳에 떨어진 것을 슬프게 생각하고, 하나라 족속이 도탄에 빠진 것을 불쌍하게 여겼다. 마침내 명지明地[174]의 제단에 천부인天符印을 봉쇄하고, 산으로 들어가 다시 근본으로 돌아가는 대원大願을 세상에 전수하고는, 백 년 동안 그 산에서 나오지 아니하니, 남은 백성들이 모두 통곡하였다.

단군 환검씨가 후천 말세 초에 태어나, 사해의 장래를 미리 살피고 부도 건설을 몸소 실천해 보이시니, 천 년 사이에 그 공업功業을 크게 이루었다. 그러나 이에 이르러 천부의 전해짐이 끊어지니, 여러 종족들이 마고성麻姑城을 떠나 나누어 살게 된 이래, 그래도 황궁씨黃穹氏·유인씨有因氏·환인씨桓因氏·환웅씨桓雄氏·임검씨壬儉氏[175]·부루씨夫婁氏·읍루씨挹婁氏의 7세 동안에 걸쳐 천부天符[176]가 전해진 것이 무릇 7천 년이나 되었다.[177]

---

171) 오늘날의 교육부와 같은 부서.
172) 마고의 후손 청궁씨靑穹氏의 일족.
173) 부루씨 다음의 단군왕조 곧 3세 단군인 가륵嘉勒.
174) 백두산을 말함인 듯함.
175) 단군임금.

단군 환검씨의 생활과 승천

단군 환검씨는 오랫동안 임금의 자리에 있었으며, 천하가 크고 넓어 그 즐거움을 누릴 겨를이 거의 없었다. 그러나 그는 검은 버드나무집[柳闕]에 기거하면서 스스로 흙 계단을 만들었고, 풀과 **순채**蓴菜178)를 없애지 못하도록 했으며, 박달나무가 우거져 그늘이 생기면 그 그늘 아래서 곰이나 범들과 더불어 놀고, 소와 양이 한가로이 노니는 것을 즐겨 보았다. 어느 날, 아들 부루씨에게 임금 자리를 물려주고, 이렇게 말했다.

> "하늘의 도가 밝아 네 마음에 내려와 있으니,179) 오직 네 마음을 열어 모든 백성들을 사랑하는 일에 지성을 다하라."

이후에 그는 남쪽 아사달에 들어가 살다가, 10월 어느 날 신이 되어 하늘로 올라갔다. 세상에 처한 지 210년이며, 임금 자리에 오른 지 93년만이었다. 아들 부루씨가 단군팔가檀君八家와 제후들을 거느리고, 단군이 하늘로 올라가신 자리에서 하늘에 제사를 올리고, 신축년에 평양성에서 왕위에 오르니, 이 분이 바로 2세 단군 부루씨夫婁氏이다.180)

단군조선檀君朝鮮의 여러 임금들

전하는 기록에 따르면, 우리가 알고 있는 바와는 다르게, 단군檀君이란 말

---

176) 하늘의 이치 곧 세상의 근본 이치. 또는 그것을 상징하는 신비한 물건.

177) 박제상 지음 · 김은수 옮김(2002), 《부도지》(서울: 한문화), 53~93쪽 참조.

178) 수련과의 다년생 풀. 어린 잎을 먹음.

179) 이러한 사상은 훗날 '동학'의 근본 사상인 '시천주侍天主' 사상 곧 '마음 속에 하느님을 모신다'는 사상과 연결되고 있다.

180) 북애노인 지음 · 고동영 옮김(1986), 《규원사화》(서울: 흔뿌리), 32~70쪽 및 박제상 지음 · 김은수 옮김(2002), 《부도지》(서울: 한문화), 53~93쪽 참조.

은 한 분의 국조國祖 이름이 아니라, 한 왕조의 이름이라고 한다. 한 기록에 따르면, 단군조선이란 왕조는 기원전 2,333년부터 기원후 295년까지 총 2,628년 동안 존속하였으며, 그 역대 임금들로는 다음과 같이 총 47명이나 된다. 기록에 보이는 단군조선의 여러 임금 이름은 다음과 같다.[181]

환검단군桓儉檀君, 부루단군扶婁檀君, 가륵단군嘉勒檀君, 오사구단군烏斯丘檀君, 구을단군丘乙檀君, 달문단군達文檀君, 한율단군翰栗檀君, 우서한단군于西翰檀君/오사함단군烏舍咸檀君, 아술단군阿述檀君, 노을단군魯乙檀君, 도해단군道奚檀君, 아한단군阿漢檀君, 흘달단군屹達檀君/대음달단군代音達檀君, 고불단군古弗檀君, 벌음단군伐音檀君/후흘달단군後屹達檀君, 위나단군尉那檀君, 여을단군余乙檀君, 동엄단군冬奄檀君, 구모소단군緱牟蘇檀君, 고홀단군固忽檀君, 소태단군(蘇台檀君, 색불루단군索弗婁檀君, 아홀단군阿忽檀君, 연나단군延那檀君, 솔나단군率那檀君, 추로단군鄒盧檀君, 두밀단군豆密檀君, 해모단군奚牟檀君, 마휴단군摩休檀君, 나휴단군奈休檀君, 등올단군登兀檀君, 추밀단군鄒密檀君, 감물단군甘勿檀君, 오루문단군奧婁門檀君, 사벌단군沙伐檀君, 매륵단군買勒檀君, 마물단군麻勿檀君, 다물단군多勿檀君, 두홀단군豆忽檀君, 달음단군達音檀君, 음차단군音次檀君, 을우지단군乙于支檀君, 물리단군勿理檀君, 구물단군丘勿檀君, 여루단군余婁檀君, 보을단군普乙檀君, 고열가단군古列加檀君.

이러한 기록은, 이 기록 자체의 역사적 실증성을 차치하고라도, 우리나라 신화시대 후기에 해당하는 후천-환검시대의 신화세계를 구체적으로 상상하고 사고할 수 있다는 점에서, 신화학적으로 매우 흥미롭고 의미있는 기록이라 할 수 있다.

---

181) 이암李嵒, 《단군세기檀君世紀》. [계연수 편저 · 김은수 옮김, 《환단고기》(서울: 가나출판사), 47~93쪽 참조].

단군조선의 글자, 노래, 소도蘇塗

우리의 관심을 끄는 환검－후천시대에 관한 기록들 가운데는, 이 시대의 글자, 노래, 그리고 이 시대의 신성지역神性地域이자 오늘날 '솟대'에 해당하는 소도蘇塗에 관한 기록이 있어, 우리의 주의를 끌고 있다. 다음은 이에 관한 내용을 살펴보기로 하겠다.

＊ 가림토문자

단군조선의 3세 단군 가륵씨嘉勒氏 시대인 경자 2년, 기원전 2181년에는, 세상의 풍속과 말이 서로 다른 것을 고치기 위해, 가륵씨가 삼랑 을보륵乙普勒에게 명하여 정음正音 38자를 짓게 했다. 이것을 '가림토문자加臨土文字'라 하며, 이것이 오늘날 우리 한글 곧 훈민정음의 근원이 되었다고 한다. 이 글자는 다음과 같다(그림104 참조).

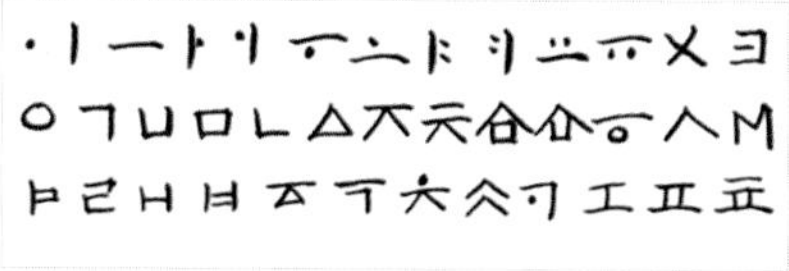

▲그림104_가림토문자.(《환단고기》)

＊ 어아가

또한, 단군조선의 2세 단군 부루씨 시절에는 백성과 더불어 산업을 두루 널리 일으켜, 굶주리거나 추운 백성이 한 사람도 없었다. 신시神市 이래 나라에서는 해마다 국중대회國中大會를 열고 하늘에 제사를 드렸으며, 덕을 기리고 서로 화합하는 노래를 함께 불렀다. 이때 부른 노래를 〈**어아가**於阿歌〉 혹은 〈참전계參佺戒〉라 했는데, 사람들은 이 노래를 부르며 옛날 부도符都의 근본 이치인 천부天符의 도道에 감사하고, 신인神人이 사방을 화합하는 의식을 행하였다. 이 노래 가사는 다음과 같다.

어아어아,

대조신大朝神 큰 은덕 백백천천百百千千 잊지 마세.

어아어아,

선심善心은 활이 되고 악심惡心은 과녁되네.

백백천천 활줄 같이 착한 마음 곧은 화살 동심同心이네.

어아어아,

백백천천 비탕沸湯 같은 화살 선심, 한 점 눈雪 악심이네.

어아어아,

백백천천 활같이 굳은 마음 배달나라 광명이네.

백백천천 높은 은덕 우리 대조신, 우리 대조신.[182]

※ **염표문念標文 · 애환가愛桓歌/산유화가山有花歌**

11세 단군인 도해단군道奚檀君은 우리 민족정신인 '홍익인간弘益人間'의 뜻을 깊이 밝히는 〈염표문念標文〉을 지어 전해오는데, 이 글은 다음과 같다.[183]

하늘은 가마득하고 고요함으로 광대하니

그 도는 두루 미치어 원만하고

그 하는 일은 참됨으로 만물을 하나 되게 함이라.

땅은 하늘의 기운을 모아서 성대하니

그 도는 하늘의 도를 본받아 원만하고

그 하는 일은 쉼 없이 길러 만물을 하나 되게 함이라.

천지간의 사람은 지혜와 능력이 있어 위대하니

그 도는 천지의 도를 선택하여 원만하고

그 하는 일은 협동하여 태일太一세계를 만드는 데 있느니라.

그러므로, 삼신께서 참마음을 내려 주시어

---

182) 계연수 편저 · 김은수 옮김(1985), 《환단고기》(서울: 가나출판사), 55~56쪽 참조.
183) 앞의 책, 〈단군세기〉부분 참조.

사람의 성품은 삼신의 대광명에 통해 있으니,

삼신의 가르침으로 세상을 다스리고 깨우쳐

인간을 널리 이롭게 해야 하는 것임이니라.[184]

16세 단군 위나씨尉那氏 시대에 인류 전체의 부족들인 구환족九桓族의 여러 씨족 대표자들이 영고탑迎鼓塔에 모여 삼신인 환인·환웅·환검 및 치우씨에게 제사를 지내고, 무리들과 더불어 5일 동안 큰 잔치를 베풀었다. 이에 기린麒麟이 나타나는 등 상서로운 일들이 많았다(그림105 참조).

이때, 밝은 등불이 밤을 지키는 가운데, 사람들은 함께《천부경天符經》[185]과 같은 경전經典을 노래하며 뜰을 밟고, 한편으로는 줄을 지어 횃불을 들고 둥그렇게 모여 춤추어 돌며〈애환가愛桓歌〉라는, 삼신(환인·환웅·환검)을 찬양하는 노래를 제창했다. 이 노래는 곧 옛날 신가神歌의 일종이며, 그 가사는 다음과 같다.

▲그림105_상서로운 동물 기린.(집안현 고구려고분 벽화. 4–5세기)

---

184) 天以玄默爲大 其道也普圓 其事也眞一. 地以蓄藏爲大 其道也效圓 其事也勤一. 人以知能 爲大 其道也擇圓 其事也協一. 故一神降衷性通光明 在世理化 弘益人間.

185) 우리나라에서 입으로 전해 내려오던 경전으로 9자 1구로 하여 9중 81자로 구성되어 있다. 전하는 말에 따르면, 원래 환웅/거발환이 하늘에서 태백산 신시神市에 내려와 도읍하고, 신지神誌로 하여금 이를 전자篆字로 빗돌에 새겨 전해지던 것을 신라 말기에 고운孤雲 최치원崔致遠이 한문으로 번역하여 세상에 전하던 것이, 1917년에 묘향산에서 수도 중이던 계연수桂延壽에 의해 세상에 알려지게 된 경전이라 한다. 경전의 내용은 하나에서 아홉까지의 숫자를 가지고 천지창조와 그 운행의 묘리를 만물의 생장 성쇠의 원리로 설파한 것이라 한다.

산유화山有花야, 산유화山有花야,

지난해도 만발했고 올해도 만발했네.

불함不咸[186]에 봄 오니 온 천지 꽃이로세.

하느님을 섬기오며 태평을 즐기네라.[187]

또한, 《천부경天符經》은 다음과 같다(그림106 참조).

하나는 시작이나 시작함이 없고, 하나가 나누어져

삼극三極이 되나 그 근본은 다함이 없다.

하늘은 한 번 움직여 하나의 수를 얻고,

땅은 한 번 움직여 둘의 수를 얻고,

사람은 한 번 움직여 셋의 수를 얻는다.

이렇게 하나가 움직여 열까지 커지나,

없어지지 아니하고 다시 셋으로 화한다.

하늘이 두 번 움직여 셋과 합하고, 땅이 두 번 움직여

셋과 합하고, 사람이 두 번 움직여 셋과 합한다.

▲그림106_《천부경》원본.

이 커다란 셋 곧 하늘 · 땅 · 사람이 이렇게 움직여 합하면 여섯이 되고,

다시 일곱과 여덟과 아홉을 낳는다.

셋을 한 번 움직여 넷을 이루고 다시 차례로 움직여 다섯과 일곱으로 선회한다.

이렇게, 하나가 오묘하게 퍼져서 만왕만래萬往萬來하며 써서 변하여도,

그 근본은 변하지 아니한다.

본래의 마음은 태양을 근본으로 삼으니,

밝고도 밝아 사람 가운데 하늘과 땅이 하나를 이룬다.

하나는 끝이나 하나에서 끝나지 아니한다.[188]

---

186) 우리나라 강토.

187) 앞의 책, 68쪽 참조. 이런 이른바 '산유화' 노래는 우리 민족의 가장 오래된 노래로서,
오늘날 '사뇌가 · 산타령 · 뫼나리/메나리' 등의 이름으로 전해오고 있다.

188) 앞의 책, 199~200쪽 참조. 원문은 다음과 같다. 一始無始, 一析三極無盡本, 天一一,

17세 단군 여을씨余乙氏 시대에는 왕이 오가五加[189]와 더불어 나라 안을 순행巡行하다 개사성의 경계에 이르렀는데, 푸른 도포를 입은 한 노인이 임금의 은혜를 칭송하여 다음과 같은 시를 지어 바쳤다. 이를 〈헌하가獻賀歌〉라 한다.

영원불멸永遠不滅의 나라,

즐거이 하늘 백성 되네.

임금 덕은 어그러짐 없고,

왕도王道는 치우침이 없네.

백성이여, 이웃이여,

수고로움도 볼 수 없네.

믿음으로 나무라고

은혜로써 다스리니,

성이여, 나라여, 겨레여,

싸움도 보지 못하네.[190]

＊ 도리가兜里歌

34세 단군 오루문씨奧婁門氏 시대에는 오곡이 풍성하게 익자 만백성이 기뻐하여 노래를 지어 불렀다. 이 노래를 〈도리가兜里歌〉라 하는데, 그 가사는 다음과 같다.

하늘엔 아침 해 밝은 빛 비추시고,

나라엔 큰 성인 큰 가르침 펴시네.

地一二, 人一三, 一積十鉅, 無匱化三, 天二三, 地二三, 人二三, 大三合六, 生七八九, 運三四成, 環五七, 一妙衍, 萬往萬來, 用變不動本, 本心本太陽昂明, 人中天地一, 一終無終一.

189) 정치를 맡은 5부의 우두머리.

190) 앞의 책, 69쪽 참조.

큰 고을 우리나라 성스런 배달 조상,

그 많은 사람들 못된 정치 못 보아,

밝은 노랫소리 오래도록 태평일세.[191]

※ **소도**蘇塗**와 천지화랑**天指花郞

13세 단군인 흘달씨屹達氏 시대에는 나라 안에 하늘에 제사를 지내는 신성
지역인 소도蘇塗를 많이 세웠는데, 이것은 오늘날까지도 '솟대'의 전통으로
전국 방방곡곡에 전해져오고 있다(그림107 참조).

또한, 하늘의 뜻을 드러내어 밝히는 꽃인 **천지화**天指花란 꽃을 심고, 미혼의
자제들이 독서와 활쏘기 연습을 하도록 했다. 이들을 가리켜 국자랑國子郞이
라 했다. 이들이 밖에 나갈 때에는 머리에 천지화 꽃을 꽂았으므로 사람들이
이들을 '천지화랑天指花郞'이라 불렀으며, 이 말이 줄어서 '화랑花郞'이란 말이
되었다.

이런 전통은 훗날 남북국시대 '화랑花郞'의 전통으로 이어지게 되었다. 이들
이 곧 우리나라 근원의 도道인 **풍류도**風流道의 실행인인 화랑도花郞徒의 원형
이라고 할 수 있다. 풍류도와 이의 실행인인 화랑
의 전통은 이처럼 단군 환검시대부터 비롯된 아
주 오래된 것이며, 이러한 전통은 오늘날 우리
마음속에도 살아 숨 쉬고 있다 한다.

▶그림107_오늘날까지 전해지는 소도의 전통인 솟대.

---

191) 이암, 《단군세기》. [계연수 편저 · 김은수 옮김(1985), 《환단고기》(서울: 가나출판사),
77쪽 참조].

4. 단군조선 이후 여러 나라의 건국신화와 임금 이야기

우리 신화 자료들에 따르면, 환검─후천시대인 단군조선 이후, 12부족 연맹체로 이루어져 있던 여러 부족들은 부여·고구려·백제·신라 등 여러 부족국가나 왕권국가들로 나누어져 나라를 세우게 되는데, 이에 따라 국가들의 건국에 관한 이야기 곧 '건국신화'들이 나타나게 된다. 여기서는, 이러한 건국 신화들 및 왕조신화들, 그리고 고대국가의 전개과정에서 형성된 흥미로운 신화들을 살펴보기로 하자.

하느님의 아들 해부루가 동부여를 세우다
동부여 건국신화

이 신화는 하느님의 아들인 해모수解慕漱의 자식 부여왕 해부루解夫婁192)가 산천에 제사를 지내어 아들 금와金蛙를 얻고 가섭원迦葉原이란 곳으로 도읍

---

192) 동부여의 시조. 해모수解慕漱의 아들이란 설[삼국유사三國遺事]과 단군과 하백河伯의 딸 사이에 태어난 아들이란 설[세종실록世宗實錄·단군고기檀君古記]이 있다.

을 옮겨 동부여를 세우는 이야기이다.

이 신화에 나오는 '해모수'는 해를 의미하는 말과 관련이 깊다는 점에서 천신 계통의 신이며, 하느님의 아들로 되어 있다는 점에서 우리 신화의 원형인 단군신화의 환웅桓雄에 해당하는 신이다. 그리고 해부루가 산천에 제사를 지내어 아들 금와金蛙를 얻었다고 하는 것으로 보아, 이 신화가 지신 계통의 신과도 관련이 깊다는 것을 알 수 있고, 금와의 어머니도 지신 계통의 신임을 암시하고 있다. 따라서, 금와의 어머니는 단군신화의 웅녀熊女에 해당하는 존재라고 할 수 있다.

이렇게 보자면, 이 신화도 우리 신화의 원형인 '단군신화'의 변이형임을 알 수가 있다. 즉, 이 신화의 해모수는 환웅桓雄, 그의 아들 해부루는 환검桓儉, 그리고 금와金蛙는 단군檀君 환검桓儉의 아들인 셈이다. 결국, 이 신화는 우리 민족신화의 원형인 '단군신화'가 동부여 건국신화로 변이된 변이형 신화인 셈이다. 이 이야기는 다음과 같다.

하느님의 아들 해모수의 자식 부여왕 해부루解夫婁[193]는 늘그막에 아들이 없어 산천에 제사를 지내고 후사後嗣를 얻게 되기를 빌었다. 어느 날, 왕이 타고 있던 말이 고니못[鯤淵]에 이르러 큰 돌을 보고 눈물을 흘렸다. 왕이 이를 이상히 여겨 사람을 시켜 그 돌을 굴리게 하였더니, 그 돌 아래 한 어린 아이가 있었는데, 그 모습이 금빛 개구리[金蛙] 모양이었다. 이를 본 왕은, "이는 하늘이 나에게 내린 훌륭한 아들이로다." 하고, 이 아이를 거두어 데리고 돌아와 이름을 금개구리 곧 금와金蛙라 하고 길러 태자로 삼았다.

어느 날 해부루 왕의 대신大臣 아란불阿蘭弗이 왕에게 와서, "요사이 하늘에서 저에게 이르시기를, '장차 하느님의 자손으로 하여금 이곳에 나라를 세울까 하니, 너희들은 여기를 떠나 동해 바닷가 가섭원迦葉原[194]이란 곳으로 가

---

193) '해부루'란 이름도 '해' 곧 하늘의 해와 관련이 있으며, 이 천신계통의 신임을 암시하고 있다.
194) 이 '가섭원迦葉原'의 위치는 중국의 지린성吉林省 훈춘琿春이라는 설과 지금의 강원도 강릉이라는 설이 있다. 기원전 1~기원후 2세기 사이에 중국 지린성 북쪽 눙안현農安縣

라'고 하셨습니다. 그곳은 농사짓기에 알맞아 도읍을 정할만하다고 하옵니다."라고 말했다. 이 말을 들은 부여왕 해부루는 이것이 하늘의 뜻임을 알고, 대신 아란불의 말을 따라 도읍을 가섭원迦葉原이란 곳으로 옮기고, 나라 이름을 **동부여**東夫餘라 고쳤다.[195]

일대에서 부여국夫餘國이 발전하였다. 지금도 중국 지린성 서북쪽에 부여夫餘라는 지명과 도시가 있다.

195) 일연 지음 · 이재호 옮김(1997), 《삼국유사》(서울: 솔출판사), 95~96쪽.

해모수가 북부여를 세우다
북부여 건국신화

이 신화는 하느님 아들 해모수解慕漱가 옛날 부여 땅에 북부여北扶餘를 세우고, 수신水神 하백河伯의 딸 유화柳花를 사랑하여, 나중에 고구려를 세우게 되는 주몽朱蒙을 잉태시키는 과정을 서술한 이야기이다.

이 신화도 '단군신화'의 변이형으로 볼 수 있다. 이 신화도 모두 천상계 신과 지상계 존재가 결합하여 영웅을 낳게 된다는 점에서 그렇다. 이 신화에서 해모수解慕漱는 단군신화의 환웅桓雄에 해당하고, 유화는 단군신화의 웅녀熊女에 해당한다. 다른 점은 단군신화에서 웅녀가 지신계地神系 존재인데 비하여, 이 신화에서 유화는 수신계水神系 존재라는 점이다. 그러나 두 존재는 모두 지상계地上界 존재라는 점에서 공통적이다. 즉, 이 신화는 천신과 지신 계통 여인의 결합인 단군신화가 천신과 수신 계통 여인의 결합으로 변이된 신화임을 알 수가 있다.

이에 따라, 천신과 지신 계통 여인의 결합으로 태어난 영웅이 환검, 곧 단군檀君인데, 천신과 수신 계통 여인의 결합으로 태어난 영웅이 바로 주몽朱蒙이다. 이처럼 천신계와 수신계의 결합으로 태어난 신이나 영웅은 이후에 여러 신화에서 반복되어 나타나게 된다.

하느님 아들 해모수가 옛 부여 도읍터에 북부여를 세우다

부여왕 해부루가 하느님의 뜻에 따라 가섭원迦葉原으로 가서 동부여를 세운 뒤에, 부여의 옛 도읍터에는 하느님의 뜻대로 하느님의 아들 해모수解慕漱[196]가 하늘에서 내려와 도읍을 정하고 나라를 세우니, 이것이 곧 북부여北夫餘이다. 즉, 중국 한漢나라 신작神爵 3년 임술년壬戌年 곧 기원전 59년[197]에 하느

---

196) 단군신화에서의 '환웅'에 해당하는 인물.
197) 다른 학설에는 임술년, 곧 기원전 239년이라고 한다.

님이 태자 해모수를 이곳으로 내려 보내어, 부여왕의 옛 도읍지를 차지하여 북부여를 건설하게 하였다.

그가 하늘에서 내려올 때, 머리에는 까마귀 깃털로 만든 오우관烏羽冠을 쓰고, 허리에는 빛나는 용광검龍光劍을 차고, 다섯 마리 용이 끄는 오룡거五龍車를 탄 가운데, 백여 명의 시종들이 흰 고니[白鵠]를 타고 따르고, 오색구름[彩雲]이 그들 위에 뜨고, 음악 소리가 그 구름 속에서 퍼져 나왔다(그림108 참조).198)

해모수는 먼저 웅심산熊心山199)에서 십여 일 동안을 머문 다음 산 아래로 내려와, 부여국 왕이 되어 나라를 다스렸다. 그는 아침에 지상에서 정사政事를 보고 저녁이 되면 다시 하늘나라로 올라가곤 하였다. 그래서 세상 사람들은 그를 하느님의 아들 곧 **천왕랑**天王郎이라 불렀다.

▲**그림108**_천왕상을 그린 벽화. 해모수의 모습을 연상시킨다.(천왕지신총 후실 북벽 벽화, 5~6세기)

198) 단군신화에서 환웅이 지상으로 내려오는 모습과 닮은 데가 있음.
199) 역사기록에 나오는 백두산의 옛이름. '곰산'이란 뜻인데 곰을 숭배한 우리 조상들의 신앙과 관련이 있음. '개마산蓋馬山 · 고마산'이라고도 한다.

해모수解慕漱가 수신 하백河伯의 딸 유화柳花를 유혹하다

이때 부여성 북쪽 압록강에 사는 하백河伯[200]의 세 딸들이 매우 아름다웠는데, 첫째 딸을 유화柳花, 둘째 딸을 훤화萱花[201], 셋째 딸을 위화葦花라[202]라 하였다.

어느 날 이들이 압록강 맑은 물을 거슬러 올라가 웅심연熊心淵[203]이란 곳에 떠서 놀았는데, 그 자태가 아름답게 빛나고 장식한 패옥들이 어지럽게 울려, 마치 하늘의 선녀 한고漢皐[204]와 다름이 없었다. 해모수解慕漱 왕이 이들을 보고 좌우의 신하들에게 일러 말하기를, "저들을 얻어 왕비를 삼으면 아들을 얻을만하도다." 하였다. 그러나 그녀들은 왕을 보자 곧 바로 물속으로 들어가 버리고 나오지 않았다.

이에, 좌우의 신하들이 왕에게 이렇게 말했다.

"대왕께서는 먼저 궁전을 마련하소서. 그런 다음에, 저들이 그 궁전 안으로 들어오거든 문을 닫아 가두소서."

왕이 이 말을 듣고 "그러리라!" 했다. 왕이 말채찍을 들어 땅을 내려쳐 금을 그으니, 문득 눈앞에 구리집[銅室]이 나타나 그 모양이 가히 장관이었다.

그 으리으리한 궁전 안 아름다운 방 한가운데에다 향기로운 술상을 차려 놓고 세 자리를 마련해 두니, 사정을 알지 못한 그녀들이 그 안으로 들어가 각각 자리에 앉아 서로 술을 권하며 마시어 크게 취하였다. 왕은 이 때를 기다렸다가 문을 닫고 그녀들을 가로막았다. 그러자 그녀들이 몹시 놀라 황급히 달아났으나, 큰딸 유화만은 달아나지를 못하고 그만 왕에게 붙잡히고 말았다.

---

200) 물의 신. 용왕.
201) '원추리꽃'이란 뜻.
202) '갈대꽃'이란 뜻.
203) '개마못' 혹은 '고마못', 곧 백두산 천지.
204) 중국의 고대 여선女仙 이름. 중국 주나라 정교보鄭交甫란 사람이 지금의 호북성湖北省 한고대漢皐臺라는 곳에서 두 신녀로부터 패옥佩玉을 얻은 고사가 곽박郭璞(276~324)의 〈강부江賦〉라는 시에 전하고 있다.

해모수가 하늘수레 오룡거五龍車를 타고 하백을 찾다

이 소식을 들은 하백은 크게 노하여 해모수에게 사자를 보내어 이렇게 말했다.

"그대는 어떤 사람인데 내 딸을 강제로 붙들어 두었는고?"

왕이 대답했다.

"나는 하느님의 아들 해모수인데 이제 하백의 딸에게 구혼을 하고자 한다."

하백이 다시 사자를 보내어 이렇게 꾸짖었다.

"그대가 진정 하느님의 아들로서 내 딸에게 구혼할 뜻이 있다면, 마땅히 중매자를 보내어 청혼할 것이지, 어째서 내 딸을 강제로 붙들어 이렇게 큰 실례를 저지른단 말인가?"

이에 해모수 왕은 스스로 부끄러운 생각이 들어, 곧 하백을 찾아가 사과하고자 했다. 그러나 하백은 그를 자기 집으로 들어오지 못하게 했다.

해모수 왕은 할 수 없이 유화를 다시 놓아주려고 하였으나, 이미 왕과 정이 들어버린 유화는 좀처럼 해모수 왕의 곁을 떠나려 하지 않았다. 그러면서 유화는 왕에게 이렇게 말하였다.

"만약, 오룡거五龍車가 있다면 아버지 하백의 나라에 들어갈 수가 있습니다."

왕이 이 말을 듣고 하늘을 우러러 오룡거를 내려달라고 비니, 문득 하늘에서 다시 오룡거가 내려왔다. 왕이 유화와 함께 오룡거에 오르자, 갑자기 주위에 바람과 구름이 일어나며 눈 깜짝할 사이에 오룡거는 물의 신 하백河伯의 궁전에 이르렀다.

하백이 해모수의 능력을 인정하다

오룡거五龍車를 타고 온 해모수와 자기의 딸 유화를 본 하백은 예의를 갖추어 이들을 맞이해 좌정한 후에 이렇게 말했다.

"천하에는 혼인의 도가 있는 법인데, 어찌하여 그대는 예의를 모르고 이토

▲그림109_물의 신. 어룡魚龍.(무녕왕릉 출토 침장식화. 6세기 초)

록 우리 집안을 욕되게 하는가? 그대가 진실로 하느님의 아들이라면 그대는 무슨 신이함을 지녔는가?"

해모수가 대답했다.

"그러시면 한번 **시험**해 보십시오."

이에, 하백은 그를 시험해 보고자, 자기가 먼저 뜰 앞의 연못으로 들어가 잉어로 **변신**하여 물결을 타고 유유히 노닐었다(그림109 참조). 그러자 해모수는 곧 수달로 변신하여 그를 쫓아가 잡았다. 또 하백이 사슴으로 변신하여 뛰어가니, 해모수는 늑대가 되어 그를 쫓아갔다. 다시 하백이 꿩으로 변신하여 날아가니, 해모수는 매가 되어 이를 낚아챘다.

이를 본 하백은 그가 진실로 하느님의 아들임을 알고, 예의를 갖추어 두 사람의 혼례를 치르게 했다. 오히려 해모수가 혹시 자기의 딸을 데려갈 마음이 없어질까 걱정하여, 성대한 풍악을 연주케 하고 술자리를 베풀어 해모수를 만취케 했다. 그러고는 그를 자기 딸 유화와 함께 혁여革輿205)에 실은 다음, 오룡거에 태워 함께 하늘나라로 올라가도록 하였다.

해모수의 도망에 하백이 유화를 버리다

그러나 수레가 물을 채 빠져나오기도 전에 해모수 왕은 곧 술이 깨고 말았

205) 가죽으로 만든 가마 혹은 수레.

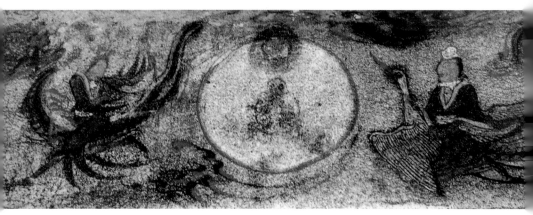

▲그림110_학을 탄 신선.(집안 오회분 4호 묘 천정화, 6세기)

다.206) 사정을 알게 된 해모수는 재빨리 유화의 황금 비녀를 빼어 혁여를 찔러 구멍을 내고, 그 구멍으로 재빠르게 빠져나와 혼자 하늘나라로 올라가 버렸다(그림110 참조).

이를 안 하백은 크게 노하여 자기 딸 유화를 꾸짖어 말했다.

"너는 내 훈계를 따르지 아니하다가 끝내는 우리 집안을 이토록 욕되게 하였다!"

그리고는 좌우 신하들을 불러 딸의 입을 쥐어 잡아당기게 했다. 그녀 입술을 새의 부리 모양으로 석 자나 되게 길게 빼놓은 다음, 노비 두 사람만 딸려 그녀를 우발수渤水207) 가운데로 추방해버렸다.208)

---

206) 원문에, 원래 하백의 술은 7일이 되어야 깬다고 되어 있음.
207) 원문에, '우발優渤'은 못 이름인데 지금의 태백산 곧 백두산 남쪽에 있다고 되어 있음.
208) 이규보 · 이승휴 지음, 박두포 옮김(1974), 《동명왕편東明王篇 · 제왕운기帝王韻紀》(서울: 을유문화사), 49~85쪽 참조.

고구려 건국신화

이 신화는 하느님의 아들 해모수解慕漱와 수신의 딸 유화柳花 사이에서 태어
난 주몽朱蒙이 고구려를 세우는 이야기이다.

하느님의 아들 해모수의 자식 해부루解夫婁가 가섭원에 동부여를 세운 뒤
에, 해부루의 아들 금와金蛙가 아버지의 뒤를 이어 동부여 왕이 되는데, 이
동부여 금와왕 시기에, 앞의 북부여 건국신화 말미에서 우발수에 버려진 유
화柳花가 어사漁師의 그물에 잡혀 나온다. 금와왕은 이 할아버지 해모수의 부
인 곧 자신의 할머니인 유화를 궁 안으로 모셔다가 별궁에 두어 자식 주몽朱蒙
을 낳게 한다.209)

이 신화는 이렇게 태어난 주몽이 금와왕의 동부여를 떠나 비류수沸流水 가
에 고구려를 세우는 과정을 서술한 이야기이다. 이 신화도 천신과 지상 존재
의 결합으로 영웅이 태어나는 식의 신화라는 점에서는 '단군신화'와 그 계통
이 같은 것이다. 단지 지상 존재인 웅녀 대신 이 신화에서는 수신 계통의
여인 유화가 등장한다는 점이 다를 뿐이다. 그리고 이 주몽은 단군신화의
'단군'에 해당하는 영웅이다.

동부여 금와왕이 임신한 유화를 데려다 별궁에 두다

하느님 아들 해모수와 유화 사건이 일어난 뒤에, 어느 날 하느님 해모수의
자식인 동부여 해부루 왕의 아들 금와왕의 어사漁師210) 강력부추强力扶鄒가
금와왕에게 와서 이렇게 말했다.

"요즈음 어량魚梁211) 속의 물고기를 훔쳐가는 일이 자주 있사온데, 도대체

---

209) 그러므로, 이 해모수의 자식 주몽은 혈통으로는 결국 금와왕의 큰아버지 또는 작은아버
지뻘이 되는 존재이다.

210) 나라의 어업을 관장하는 벼슬.

211) 물살을 가로막고 물이 한 군데로만 흐르게 터놓은 다음 거기에 통발이나 살을 놓아서

어떤 짐승이 그러는지 알 수가 없사옵니다."

왕이 어사를 시켜 그것을 그물로 잡아 끌어내게 하였더니, 그물이 찢어져 잡지를 못했다. 다시 쇠그물을 만들어 이를 포획한 다음 그물을 당겨 끌어내니, 비로소 한 여자가 돌 위에 앉은 채로 끌려 나왔다. 그런데 이 여자의 입을 보니 입술이 몹시 길어서 말을 할 수가 없었다. 그 입술을 세 번이나 잘라내니, 비로소 말을 할 수가 있게 되었다.212)

하백의 딸 유화가 해모수의 아들 주몽朱蒙을 낳다

이에 동부여 금와왕은 그녀가 하느님 아들 해모수의 왕비 유화柳花213)임을 알고, 그녀를 데려다가 별궁에 머물도록 하였다.

어느 날, 그녀는 품속에 햇빛을 받고 임신을 하여, 왼쪽 겨드랑이로 아이가 아닌 커다란 **알** 하나를 낳았는데, 그 크기가 닷 되들이쯤 되었다.

금와왕이 이를 괴이히 여겨, "사람이 새알을 낳은 것은 상서롭지 못하다" 하고, 사람을 시켜 알을 말 목장에 버렸으나, 여러 말들이 이를 밟지 않았다. 또 깊은 산중에 버렸으나 온갖 짐승들이 이 알을 보호했다. 구름이 끼고 음침한 날에도 알 위에는 이상하게도 항상 햇빛이 비추었다. 이를 들은 금와왕은

▲**그림111**_최근에 세워진 고주몽 동상.(국학원)

그 알을 도로 가져다가 그 어미에게 주었다.

어미 유화가 그 알을 받아 잘 감싸 따뜻이 해가 비치는 곳에 두니, 알 속에서 한 아이가 껍질을 깨고 나왔는데, 그 울음소리가 매우 크고 골격과 겉모습이 특출하고 기이했다. 이것이 기원전 58년(단기 2276

고기를 잡는 장치. 물을 막아 물고기를 잡는 어로 설비의 일종.

212) 뒷장에서 보게 될 신라 '박혁거세' 신화에 나오는 '알영부인'도 이 유화와 비슷하게 입술이 새의 부리로 되어 있고, 물의 신 계룡이 옆구리로 낳았다고 되어 있어 흥미롭다.

213) 나중에 고구려에서 '부여신夫餘神'으로 모셔짐.

▲**그림112_**고구려 고분벽화에 그려진 사냥하는 모습.(무용총 벽화. 3~5세기)

년, 한漢 신작 4년) 4월의 일이다. 그는 낳은 지 한 달이 채 못 되어 말을 했다. 나이 겨우 일곱 살이 되자, 기골氣骨이 장대하고 준수하여 범인들과 달랐다. 이 아이가 바로 주몽朱蒙이다(그림111 참조).

주몽朱蒙이 자라 명궁수가 되다

주몽은 스스로 활과 화살을 만들어, 백 번을 쏘면 백 번을 다 맞추었다. 하루는 파리 떼들이 눈에 덤벼들어 잠을 잘 수가 없었다. 그가 활로 물레[紡車] 위에 앉아 있는 파리들을 쏘니, 화살이 날아가는 족족 다 파리를 맞추어 떨어뜨렸다. 부여국 풍속에는 활을 잘 쏘는 사람을 주몽朱蒙 혹은 추모鄒牟라 했으므로, 이 아이의 이름도 그렇게 따라 불렀다.214) 주몽은 점점 자라 소년이 되면서 재능까지 겸비했다.

동부여 금와왕에게는 아들이 일곱 명 있었는데, 이들은 항상 주몽과 같이 사냥을 하곤 했다(그림112 참조). 어느 날, 그들이 함께 **사냥**을 나갔다. 이들 일곱 명의 왕자들과 그들의 시종 사십여 명은 겨우 사슴 한 마리밖에 잡지를

---

214) 주몽의 활 쏘는 능력이 중시되는 이 신화는 이 신화를 만든 집단이 농경생활보다는 유목생활을 한 집단이라는 점을 암시해 주는 것이라고 한다. [서대석(1997), 《한국인의 신화》(서울: 집문당), 24쪽 각주 참조].

못했는데, 주몽은 여러 마리를 잡았다. 그러자 왕자 일행은 이를 질투하여 주몽을 붙잡아 나무에 묶어 놓고, 그가 잡은 사슴들을 모두 빼앗아서 돌아갔다. 그러나 기골이 장대하고 힘이 장사인 주몽은 그 나무를 뽑아 묶인 줄을 풀고 집으로 돌아왔다.

주몽이 준마駿馬를 길러 장래를 도모하다

이를 본 금와왕의 태자 대소帶素[215]는 크게 놀라 왕에게 말했다.

"주몽이란 놈은 힘이 장사이고 안목과 지혜 또한 귀신같이 비상한 놈입니다. 만약 이놈을 일찍 처단하지 않는다면, 반드시 큰 뒷근심이 있을 것입니다."

이 말을 들은 금와왕은 주몽에게 말 기르는 일을 시켜 그의 속마음을 시험해 보기로 했다.

주위의 냉대를 계속 겪게 되자, 주몽 역시 마음속에 한을 품게 되어 그 어미 유화에게 말했다.

"저는 하느님의 자손인데도 다른 사람을 위해 말이나 먹이고 있으니, 사는 것이 차라리 죽는 것만 같지 못합니다. 저도 남쪽 땅으로 가서 나라를 세울까 합니다. 그러나 어머니가 계시기로 감히 마음대로 할 수가 없습니다."

이 말을 듣자 어미 유화는 주몽에게 이렇게 말했다.

"이는 모름지기 나도 늘 마음 썩이던 바이다. 내가 듣기에 장사가 먼 길을 떠날 때에는 반드시 좋은 말에 힘입는다고 했으니, 내가 좋은 말을 골라 주마. 나는 말을 고를 줄 아느니라."

유화는 아들 주몽을 데리고 곧장 말 목장으로 가 긴 채찍으로 말들을 마구 후려쳤다. 그러자 여러 말들이 놀라 이리저리 내달렸다. 그 가운데 불그스름한 말 한 마리가 두 길이나 되는 울타리를 훌쩍 뛰어 넘었다. 이를 본 주몽은 곧 그 말이 **준마**駿馬임을 알고는, 말 혀뿌리에 몰래 바늘을 찔러 두니, 그

---

215) 동부여의 마지막 왕. 금와왕金蛙王의 맏아들. 6명의 동생들과 함께 주몽朱蒙의 재주를 시기하여 몰아내고 아버지를 이어 왕위를 계승하였다. BC 7년(고구려 유리왕 13) 고구려에 볼모를 요구, 거절당하자 5만의 군사로 고구려를 공격했으나 실패하였다. 22년(고구려 대무신왕 5년) 고구려의 공격으로 피살되고 동부여는 멸망하여, 고구려에 병합되었다.

말이 혀가 아파 물과 풀을 제대로 먹지 못하여 갈수록 몸이 야위어 갔다.

얼마 뒤, 왕이 말 목장을 순행하다가 여러 말들이 살찐 것을 보고 크게 기뻐 주몽을 칭찬하며, 그 야윈 말을 주몽에게 선물로 주었다. 주몽은 그 말을 얻자 찔러두었던 바늘을 뽑고 잘 갖추어 먹이니, 곧 천하에 비길 데 없는 준마가 되었다.216)

주몽이 어머니 유화가 싸준 오곡의 씨앗을 가지고 동부여를 탈출하다

주몽은 마침내 오이烏伊·마리摩離·협부陜父 세 사람과 함께 은밀히 남쪽으로 길을 떠났다. 압록강 동북쪽 개사수蓋斯水217) 물가에 이르렀을 때, 강을 건널 배가 없고 추격하는 병사들이 갑자기 닥쳐올까 염려되어, 주몽이 채찍으로 하늘을 가리키며 개연히 한숨짓고 탄식하며 말했다.

"나는 천제天帝의 손자요, 하백의 외손자로소이다. 내가 지금 난을 피해 여기까지 왔으나, 저 강을 건널 길이 없습니다. 황천후토皇天后土218)께서는 저를 불쌍히 여겨 속히 배나 다리를 마련해 주옵소서."

말을 마친 다음 그가 활로 물을 한 번 치니, 갑자기 물고기와 자라들이 몰려와 물 위로 떠올라 **다리**를 이루어 주었다. 주몽 일행은 그 다리를 밟고 강을 무사히 건넜다. 얼마 안 있어 그들을 쫓는 군사들이 그곳에 이르렀다. 그러나 그들이 강물 속으로 달려들자 물고기와 자라들이 놓아주었던 다리는 사라지고, 이미 그 다리 위로 올라섰던 자들은 모두 물에 빠져 죽었다.

이보다 앞서, 주몽이 어머니 유화부인柳花夫人과 이별에 임하여 차마 떠나지 못하고 서 있자, 유화부인은 무엇인가를 풀잎에 싸서 주며 이렇게 말했다.

"이 어미 걱정은 하지 말거라. 이것을 꼭 간직하고 가거라."

어미가 풀잎에 싸서 준 것은 **오곡五穀의 씨앗**이었다.219) 그러나 주몽은

---

216) 원문에, 《통전通典》에 이르기를, 주몽이 탄 것은 모두 과하마果下馬였다."는 기록이 있음. 《통전》은 당나라 두우杜佑가 편찬한 역사서인데 여기에, "그 말들은 모두 작았는데, 산에 오르기에 편리하다. 그 말들은 주몽이 타던 말의 종류인데, 그 이름은 과하마果下馬이다."라는 기록이 있음.

217) 《삼국유사》에는 '엄수淹水'라 되어 있다.

218) 천신과 지신 곧 하늘의 신과 땅의 신.

그 생이별의 슬픔으로 그만 중도에서 그 씨앗들 가운데 보리 씨앗을 잃어버리고 말았다. 나중에 이 사실을 알게 된 주몽 일행이 이를 걱정하며 큰 나무 그늘 아래에서 잠시 쉬고 있을 때, 비둘기 한 쌍이 날아왔다. 주몽은 이 비둘기들을 보자 이렇게 말했다.

"이는 틀림없이 어머니가 사자를 시켜 내게 보리씨를 보내주신 것이다."

주몽은 이 말을 마치자마자 **활**을 당겨 그 비둘기를 쏘았다. 그러자 비둘기 두 마리가 한꺼번에 한 화살에 맞아 땅에 떨어졌다. 떨어진 비둘기를 주어다가 목구멍을 열어 보니 과연 그 안에 **보리씨**가 들어 있었다. 보리씨를 꺼낸 다음 주몽이 비둘기에게 물을 뿜으니, 비둘기들은 다시 살아나 하늘 높이 날아갔다. 이를 본 사람들이 몹시 놀랐다.

비류수 근처에 새로운 나라 고구려를 세우다

주몽 일행은 개자수 강을 건너 그 남쪽 땅 졸본주卒本州[220]라는 곳으로 내려와, 비류수沸流水[221]가에 도읍을 정하고, 나라 이름을 **고구려**高句麗라 불렀다(그림113, 그림114 참조).

주몽은 본래 하느님[天帝]의 아들 해모수解慕漱의 아들이기 때문에 그의 성씨 또한 해씨解氏였으나, 그가 높은 곳에서 햇빛을 받아 태어났다는 뜻에서 높을 고高 자를 자기의 성씨로 삼은 것이고, 이로 인하여 그가 세운 나라

---

219) 이 '오곡의 씨앗'은 본격적인 농경생활의 시작을 암시하는 것이다.

220) 《삼국유사》에는 졸본주卒本州, 《삼국사기》의 〈고구려본기〉에는 졸본卒本, 《위서魏書》에는 흘승골성紇升骨城, 〈광개토대왕릉비문〉에는 비류곡沸流谷 홀본忽本으로 표기되어 있다. 이곳은 현재의 중국 동북지역인 환인桓仁지방인데, 우리나라 평안북도와 인접한 지역이며, 고구려 고분이 밀집되어 있는 옛 고구려의 영토이다. 이곳에는 압록강의 지류인 혼강渾江이 흐르고 그 주변에 충적대지가 펼쳐져 있어 신석기시대부터 농경문화가 크게 발달했으며, 혼강을 굽어보는 오녀산五女山에는 고구려 석성인 오녀산성五女山城이 있다. 또, 오녀산성 주변에는 고구려 고분군이 분포되어 있어, 이 지역이 고구려 국가형성기의 도읍이었음을 보여준다. 특히, 이 지역의 지명 이름인 '환인桓仁'이 우리 민족의 하느님 이름인 '환인桓因'과 거의 같다는 점은 우리의 큰 흥미를 끌고 있다.

221) 중국 요령성遼寧省과 지린성吉林省의 접경지대를 흐르는 강으로, 현재의 이름은 부이강富尒江이며 압록강의 한 지류인 혼강渾江이다. 삼국시대 이전에 이미 송양국松讓國 등의 고대 종족에 의하여 그 상류지역이 개척되었다. 후대 역사서나 지리지에서는 이 비류수沸流水를 평양이나 성천 부근의 강으로 그 위치를 비정比正해 왔으나 이는 잘못이라 한다.

▲그림113_고구려의 첫 수도 졸본성이 위치했던 오녀
산성 원경. 이 지역 현의 명칭인 '환인桓仁'이 우리
신화의 하느님인 '환인桓因'과 상통한다는 점에서 흥
미를 끈다.(중국 랴오닝성 환런현)

▲그림114_첫 수도 졸본성 오녀산성
안의 연못 천지天池. 백두산의 '천지
天池'와 이름이 같다.

이름도 고구려高句麗라 칭하였다. 그가 중국 한나라 효원제孝元帝 건소建昭 2년
갑신년 곧 기원전 37년에 왕위에 오르니, 이때 그의 나이는 열 두 살이었다.
이 분이 고구려의 시조 **고주몽**高朱蒙 곧 **동명왕**東明王이다.

비류국沸流國222) 졸본부여卒本扶餘를 취하다

당시 인근에 있던 **비류국**沸流國223) **송양왕**松讓王224)이 인근으로 사냥을 나
왔다가 고주몽, 곧 고구려 동명왕을 만났다. 송양왕은 그의 용모가 범상치
아니함을 알아보고, 자리를 마련하여 동명왕을 불렀다.

"멀리 물가에 떨어져 살아 아직 군자를 만나보지 못하였소. 오늘 우연히
그대를 만났으니 참으로 다행한 일이오. 그대는 어떤 사람이며 어디에서 오
셨소이까?"

동명왕이 말했다.

"과인은 하느님의 손자이며 서쪽 나라의 왕입니다. 감히 묻습니다만 그대
는 누구의 후손이십니까?"

---

222) 송양왕이 비류수 가에 세운 나라. 졸본주에 있었다고 하여 '졸본부여'라고도 함. 송양왕
의 딸이 주몽과 결혼하여 비류沸流·온조溫祚를 낳음.

223) 고구려 초기 5부족 가운데 하나인 소노부消奴部의 근거지. '비류수沸流水'는 현재의 중국
동북지역인 환인桓仁지방에 있는, 압록강의 지류인 혼강渾江이며, 우리나라 평안북도와
인접한 지역이다. 고구려 고분이 밀집되어 있는 옛 고구려의 영토이다.

224) '소노왕'이라고도 함.

▲그림115_덕흥리벽화고분에 등장하는 선인仙人의 모습.

그러자 송양왕이 말했다.

"나는 **선인**仙人의 후예로서 여러 대에 걸쳐 왕 노릇을 해오고 있소(그림115 참조). 지금 이 지방은 너무 좁아, 두 임금이 나누어 차지할 수가 없소. 그대는 나라를 세운 지도 얼마 되지 않았으니, 우리의 부용국附庸國225)이 되는 것이 어떻겠소?"

그러자 동명왕이 말했다.

"과인은 하느님의 자손이오. 당신은 신의 자손도 아닌데 어찌 억지로 왕이라 하시오? 만약 나에게 복종하지 않는다면 하늘이 반드시 그대를 벌할 것이오."

동명왕이 하느님의 자손이라 주장하자, 송양왕은 속으로 의심을 품고 그의 재주를 **시험**해 보고자 하였다.

"왕과 더불어 활을 한 번 쏘아 보고 싶소."

이에 동명왕이 동의하여, 둘은 서로 **활쏘기 재주**를 겨루어 보기로 했다. 사슴을 그린 과녁을 백 보 앞에 세워놓고, 먼저 송양왕이 활을 쏘았다. 화살이 정확히 사슴의 배꼽을 맞히지는 못하였으나 그는 맞힌 것으로 여겼다.

---

225) 천자에 직속되지 못하고 제후에 부속된 작은 나라.

이를 본 동명왕은 사람을 시켜 옥지환玉指環을 백 보 전방에 걸어 놓게 하고
활을 쏘았다. 그러자 그 옥지환이 기왓장 깨어지는 듯한 소리를 내며 부서졌
다. 이를 본 송양왕은 크게 놀랐다.

이런 일이 있은 뒤에, 동명왕은 주위의 신하들을 불러 놓고 이렇게 말했다.

"나라를 새로 세우다 보니, 우리나라에는 아직 **고각**鼓角226)의 위엄과 의례
儀禮가 없다. 이로 말미암아, 비류국沸流國의 사자가 우리나라에 왕래할 때
우리가 능히 왕의 예로써 그들을 맞이하고 보낼 도리가 없구나. 이것은 저들
이 우리를 업신여기는 한 구실이 되니, 이를 어떻게 하면 좋겠는가?"

그러자 동명왕을 모시고 있던 신하 부분노扶芬奴227)라는 사람이 앞으로 나
와 말했다.

"신이 비류국沸流國으로 가서 그 나라의 고각을 취하여 오겠습니다."

왕이 말했다.

"깊이 감추어둔 다른 나라의 소중한 물건을 네가 어떻게 가져오겠느냐?"

그러자 부분노가 대답했다.

"그것은 하늘이 내리신 물건인데, 어찌하여 가져오지 못하겠습니까? 대체
로 대왕께서 부여 땅에서 어려움을 겪으실 때 어느 누가 대왕께서 이곳으로
옮기시어 새 나라를 세우시리란 생각을 했겠습니까? 이제 대왕께서는 만 번
죽을 위태한 땅에서도 몸을 빼어 나와 장차 요좌遼左228)에서 이름을 떨치게
되셨습니다. 이것은 하느님이 명하여 이루신 일이오니, 무슨 일인들 이루어
내지 못하시겠습니까?"

말을 마친 뒤, 그는 다른 두 사람을 대동하고 비류국에 가서 과연 그 고각을
몰래 취해 가지고 돌아왔다. 고각을 잃은 비류국 송양왕은 동명왕에게 사자를
보내어 이 문제에 관해서 이런 저런 얘기들을 하였다. 그러자 동명왕은 취해온

---

226) 군중軍中에서 호령하는 때 쓰는 북과 나팔.
227) 고구려의 시조 주몽/동명왕 때의 장군. 기원전 32년(동명왕 6년)에 오이烏伊 등과 함께
    태백산 동남쪽의 행인국 등을 정벌하고, 기원전 9년(동명왕 11년)에는 변경을 자주 침략하
    던 선비족을 계략을 써서 대패시키고 이를 속국으로 만들었다.
228) 요하遼河의 동쪽. 요하는 중국 동북지방 남부 평원을 관류하는 랴오허강遼河.

그 고각에 어두운 색을 칠하여 마치 오래된 물건처럼 보이게 해 놓았다. 마침내 송양왕은 동명왕을 의심하여 동명왕의 궁궐로 찾아와 그 고각을 보았으나, 감히 그것을 자기 나라의 것이라 주장하지 못하고 묵묵히 돌아갔다.

이후에 송양왕은 또 도읍을 세운 시기의 선후를 따져 부용국附庸國을 정하자고 했다. 그러자 동명왕은 썩은 나무로 궁실을 지어 마치 천 년이나 묵은 궁실처럼 보이게 해 두었다. 송양왕이 다시 찾아와 이것을 보고는, 이번에는 감히 도읍의 선후도 다투지 못하게 되었다.

그러던 어느 날, 동명왕은 궁궐 서쪽으로 사냥을 나가 흰 사슴 한 마리를 사로잡았다. 이에 그는 이 **사슴**을 해원蟹原229)에 거꾸로 매달아 놓고 **주술**을 행하여 다음과 같이 말했다.

"하늘이 만약 비를 내려 송양왕의 비류국을 물바다로 만들지 않는다면, 나는 너를 놓아 주지 아니하리라. 이런 고난을 면코자 하거든, 네가 능히 하늘에 호소하여 비류국을 물바다로 만들어 놓거라."

그러자 그 흰 사슴이 슬피 우니, 그 울음소리가 하늘 높이 사무쳤다. 갑자기 하늘에 먹구름이 몰려오더니, 장맛비가 칠일 동안이나 퍼부었다. 이렇게 되자, 결국 비류국 송양왕의 도읍이 물바다가 되었다.

이에 주몽왕은 갈대로 새끼줄을 꼬아 강을 가로질러 늘여 매어놓으니, 백성들이 그 줄을 잡고 홍수에 떠내려가지 않았다. 그는 물 위에 떠 있는 오리 등위에 앉아 오리말[鴨馬]을 탔다. 얼마를 지난 뒤에, 동명왕이 채찍으로 불어난 물을 내려쳐 물에 금을 그으니, 갑자기 물이 줄어들었다. 이런 일이 있은 뒤, 그 해 6월에 드디어 송양왕이 자기 나라 백성들을 이끌고 고구려로 와서 동명왕에게 항복하였다.

그 해 7월에는, 검은 구름이 골령鶻嶺230) 위에서 일어나 산을 뒤덮었다. 사람들은 그 산을 볼 수가 없는데, 그 산에서 수천 명의 사람들이 토목공사를 하는 듯한 소리가 들려왔다. 이에 왕이 말하기를, "하늘이 나를 위해 저곳에

---

229) 비류수 강가에 있는 언덕 이름.
230) 평안남도와 중국 동북지방 사이의 비류수 가에 있는 고개 이름.

▲그림116_고분 천정벽화에 그려진 신화적인 세계.(무용총. 4~5세기)

성을 쌓는 것이다."라고 하였다. 그 뒤, 칠 일 만에 구름과 안개가 스스로 걷혔다. 그곳에는 과연 거대한 성곽과 궁실과 누대들이 들어서 있었다. 이에 동명왕이 하늘에 경건한 제사를 올리고 그 **궁궐**로 나아가 머물러 살았다.

이 고구려 시대 고분 벽화에는 주몽이 거처하던 궁궐 벽에 그려져 있었을 것 같은 신화적인 그림들이 보이기도 하다(그림116 참조). 지배자가 좌정해 있는 하늘 위로 신선과 용과 봉황새들이 날고 있다. 이런 신화적인 그림들은 이 당시 한국인들의 꿈과 이상을 보여주는 것이다.

주몽의 아들 유리琉璃가 아버지를 만나 고구려의 태자가 되다

그 해 가을 9월 달에 왕은 하늘로 올라갔다. 그 뒤로 다시는 이 세상으로 내려오지 않으니, 그의 나이 40세였다. 이에 태자 **유리**琉璃231)는 주몽왕이 남기고 간 옥채찍[玉鞭]을 용산에 묻어 왕을 장사 지냈다(그림117 참조).

일찍이, 주몽 곧 동명왕의 태자 유리는 주몽이 금와왕의 동부여국에 있을 때 그곳에서 얻은 아내 예씨부인禮氏夫人에게서 낳은 아들이었다. 주몽이 동

---

231) 누리累利 또는 유류孺留라고도 함.

부여국을 탈출하여 졸본으로 올 때 유리는 그의 어미 예씨부인의 태중에 있었다. 그 뒤에 그는 동부여국에서 태어나 그곳에서 어머니 예씨부인의 보살핌으로 자랐다.

▲그림117_고주몽/동명왕 왕릉.(평양시 역포구역 용산리, 5세기 초)

유리는 어려서부터 남다른 **징표**[奇節]를 지니고 있었다. 그는 장난이 아주 심하여, 활로 참새 잡는 것으로 일을 삼다시피 하였다. 어느 날, 한 부인이 물동이를 이고 가는 것을 보고는, 물동이를 활로 쏘아 구멍을 내었다. 그녀가 매우 노하여 그에게 욕설을 퍼부어 말했다.

"아비도 없는 후레자식이 내 물동이를 깼구나!"

이 말을 들은 유리는 크게 부끄러이 생각하였으나, 일단 다시 진흙 탄환을 쏘아 그 **물동이**에 난 구멍을 막아 전과 같이 만들어 놓았다. 그 부인의 말을 의심한 유리는 그 길로 급히 집으로 돌아와 어미 예씨부인에게 따져 물었다.

"우리 아버지는 어떤 사람입니까?"

어미는 유리 나이가 아직 어리므로 장난삼아 이렇게 말했다.

"너는 정한 아비가 없느니라."

그러자 유리는 크게 울며 말했다.

"사람으로서 정한 아비가 없이 장차 무슨 면목으로 남을 대할 수가 있겠습니까?"

말을 마치고 그는 마침내 목숨을 끊으려 했다. 이에 놀란 어미는 유리를 만류하여 놓고 그간의 사정을 자세히 말해주었다.

"아까 한 말은 장난으로 한 말이었다! 너의 아버지는 하느님 해모수解慕漱의 손자이고 물의 신 하백河伯의 외손자인데, 부여 나라의 신하됨을 원통히 여겨 남쪽 땅으로 가서 나라를 세우셨다. 네가 장차 그곳으로 가서 아버지를 뵙겠느냐?"

유리가 대답했다.

"아버지가 임금이 되셨는데도 자식은 남의 신하가 되어 있으니, 제가 비록 재간이 없사오나 어찌 부끄러운 일이 아니겠습니까?"

다시 어미가 아들에게 말했다.

"너의 아버지가 떠날 때 남긴 기이한 말이 있다. 그것은 '내가 감추어둔 물건이 있는데, 그것은 일곱 고개 일곱 골짜기의 돌 위에 선 소나무에 있다. 이것을 얻은 자라야 나의 자식이다.'라는 말씀이었다."

이 말을 들은 유리는 스스로 사방의 산골짜기들을 이리저리 두루 돌아다니며 그것을 찾아보았으나, 끝내 얻지를 못하고 지치고 피로해서 집으로 돌아왔다.

그런데, 집안 어디에선가 슬픈 소리가 났다. 그가 이 소리를 이상히 여겨 집안을 살펴보니, 집의 기둥 어디에선가 나는 소리였다. 그가 집안의 기둥들을 자세히 살펴보니, 그 기둥들이 바로 돌 위에 선 소나무요, 기둥 모양은 모두 일곱 모가 나 있었다. 유리가 이를 보고 탄성을 지르며 말했다.

"일곱 고개 일곱 골은 곧 이 일곱 기둥의 일곱 모를 말하고, 돌 위의 소나무는 곧 이 주춧돌 위의 소나무 기둥을 말함이다!"

그가 재빨리 집안의 기둥들을 소상히 살펴보니, 과연 한 기둥 위에 구멍이 나 있고, 그 구멍 속에 **부러진 칼 조각** 하나가 들어 있었다. 그것을 얻자 유리는 크게 기뻐했다.

중국 전한前漢 홍가鴻嘉 4년 갑진년, 기원전 17년[232] 4월에 유리는 마침내 그 칼 한 조각을 가지고 고구려로 가서 고주몽 동명왕에게 바쳤다. 동명왕은 자기가 간직하고 있던 칼 조각을 꺼내어 그것과 맞추어 보았다. 그러자 칼에서 피가 흘러나오더니, 두 칼 조각이 하나로 합쳐져 한 자루의 온전한 칼이 되었다. 이에, 왕이 기쁜 회심의 미소를 지으며 유리에게 이렇게 말했다.

"너는 진실로 내 아들이로구나! 너도 무슨 신성함을 지녔느냐?"

이 말을 들은 유리는 몸을 날려 공중으로 치솟아 오르더니, 창을 타고 하늘

---

232) 단기 2317년.

을 날아 그 몸이 해에 닿았다가 내려왔다. 이에 왕이 크게 기뻐하고 유리를 고구려의 태자로 삼았다.[233]

유리왕이 우리나라 최초의 서정시 〈황조가黃鳥歌〉를 짓다

유리는 훗날 고구려의 2대 임금인 유리왕琉璃王이 되었으며, 송씨松氏의 딸을 아내로 삼았는데, 그녀가 죽자 골천鶻川 사람의 딸 화희禾姬와 한인漢人의 딸 치희雉姬를 계실繼室로 얻었다. 그런데, 두 여자가 사랑을 다투어 서로 화목하지 않자, 왕은 양곡凉谷의 동쪽과 서쪽에 두 개의 궁을 짓고 그녀들을 제각기 살게 하였다.

훗날, 왕이 기산箕山으로 사냥을 나가서 7일간 돌아오지 않은 사이에 두 여자가 서로 다투게 되었다. 화희가 치희에게, "너는 중국놈 집안의 비천한 여자일 뿐인데, 무례함이 어찌 이리 심한가?"라고 꾸짖으니, 치희가 부끄러워 원한을 품고 도망쳐 돌아갔다.

왕이 이 말을 듣고 말을 달려 치희를 쫓아갔으나, 치희는 노하여 끝내 돌아오지 않았다. 슬픔에 잠긴 유리왕이 나무 밑에 앉아 쉬면서 꾀꼬리가 날며 서로 기꺼워하는 것을 보고, 자신의 처지를 생각하며 노래 하나를 지었는데, 이 노래가 바로 우리나라 최초의 서정시로 알려진 다음과 같은 〈황조가黃鳥歌〉라는 유명한 시이다.

> 펄펄 나는 저 꾀꼬리,　　翩翩黃鳥
>
> 암수 서로 정답구나.　　雌雄相依
>
> 외로워라! 이내 몸은,　　念我之獨
>
> 뉘와 함께 돌아가리.　　誰其與歸

---

233) 이규보, 〈동명왕편(東明王篇)〉의 분주(分註), 《동국이상국집(東國李相國集)》 3권. 이규보·이승휴 지음, 박두포 옮김(1974), 《동명왕편·제왕운기東明王篇·帝王韻紀》(서울: 을유문화사), 49~85쪽. 서대석(1977), 《한국의 신화》(서울: 집문당), 21~30쪽. 일연 지음·이재호 옮김(1998), 《삼국유사》1(서울: 솔출판사), 95~102쪽 등을 참조.

주몽의 두 아들이 백제와 비류백제를 세우다

백제百濟와 비류백제沸流百濟[일본] 건국신화

이 신화는 천신 해모수와 수신 계통의 여인 유화 사이에서 태어난 주몽朱蒙이 그가 정복한 비류수沸流水 근처 비류국沸流國/졸본부여卒本扶餘 왕인 송양왕松讓王/소노왕의 딸과 결혼하여 낳은 아들 비류沸流와 온조溫祚가 각각 새로운 땅에 새로운 나라를 세우는 이야기이다. 형인 비류는 나중에 일본으로 건너가 일본 땅에 비류백제沸流百濟를 세우고, 동생 온조는 하남 위례성에 백제를 세운다.

이 신화에서 주몽은 '단군신화'로 보면 '단군'의 위치에 해당하는 영웅이므로, 주몽의 아들인 유리琉璃·비류沸流·온조溫祚는 단군의 '아들' 위치에 해당하는 영웅이다. 어쨌든, 백제의 건국신화는 백제가 신화적으로는 고구려와 같은 계통의 나라 곧 부여계夫餘系 나라임을 알려주고 있다.

주몽의 아들 비류沸流·온조溫祚가, 따르는 신하들을 데리고 남하하다

《삼국사기三國史記》에는 다음과 같은 기록이 전한다. 백제의 시조는 온조왕溫祚王이다. 그의 아버지는 주몽朱蒙이다. 일찍이 주몽은 금와왕이 다스리는 동부여를 떠나 남쪽으로 내려와 비류수 가에 고구려를 세우고, 그곳에 있던 송양왕의 비류국沸流國 곧 졸본부여卒本扶餘를 고구려에 복속시켰다.

이후에 그는 비류국의 송양왕 곧 소노왕의 딸과 결혼하여 아들 둘을 낳으니, 맏아들은 **비류**沸流, 둘째 아들을 **온조**溫祚라 했다(그림118 참조).

훗날, 주몽이 전날 동부여에 있을 때 예씨와 혼인하여 얻은 아들 유리琉璃가 고구려로 찾아

▲**그림118**_최근에 세워진 온조왕 동상.(국학원)

오자, 주몽은 그를 태자로 삼았다. 이에, 비류와 온조는 유리 태자에게 용납되지 못할 것을 생각하여, 오간烏干·마려馬黎 등 열 명의 신하들과 함께 남쪽으로 내려왔다. 이때 그들을 따르는 백성들이 많았다.

동생 온조가 하남 위례성慰禮城에 백제百濟를 세우다

그들이 한산寒山234)이란 곳에 이르니, 그곳에 부아악負兒岳235)이란 높은 산이 눈앞에 나타났다. 그들은 이 산에 올라 산 아래를 널리 둘러본 뒤에, 비류와 온조는 어디가 도읍지로 길지吉地인가를 신하들에게 물었다. 그러자 그를 따르는 열 명의 신하들이 다음과 같이 아뢰었다.

"오직 이 하남 땅은 북쪽으로는 한강을 두르고, 동쪽으로는 높은 산악에 의지하고, 남쪽으로는 비옥한 늪과 연못들을 바라보고, 서쪽으로는 큰 바다가 가로막혀 있으니, 이런 자연적인 요충지와 지리는 좀처럼 얻기 어려운 형세입니다. 여기에다 도읍을 세우는 것이 어찌 마땅치 않겠나이까?"

그러나 비류는 이 말을 듣지 않고 따라온 백성들을 두 패로 나누어 자기는 그 한 패를 이끌고 미추홀彌鄒忽 곧 지금의 인천으로 가서 나라를 세우고자 했다.

이와 달리 동생 온조는 신하들의 간함을 따라 하남 위례성236) 곧 지금의 경기도 광주 부근에 도읍을 정했다. 그리고 열 명의 신하들이 함께 강을 건너왔다 하여 나라 이름을 십제十濟라 했다가, 그를 따르는

▲그림119_온조왕을 모신 사당 숭렬전.(경기도 광주시)

---

234) 지금의 서울 강북 삼각산 근처.

235) 지금의 서울 삼각산 인수봉. 애기를 업은 모습 같다 하여 붙여진 이름. 삼각산은 서울특별시 북부와 경기도 고양시 사이에 있는 산이자 북한산의 중심을 이루는 산이다.

236) 지금의 경기도 광주군 동부면 춘궁리로 추정된다 함. 백제의 22대 문주왕이 웅진/공주로 천도하기 전까지 백제의 도읍이었다.

백성들이 점차 많아지자, 여러 사람들이 함께 강을 건너왔다 하여, 나라 이름을 백제百濟로 고쳐 건국하였다. 그가 백제를 건국한 해는 중국 전한前漢 성제成帝 홍가鴻嘉 3년 계묘년, 기원전 18년 곧 단기 2,316년이었다. 그의 영위를 모시고 제사를 지내는 사당이 지금 경기도 광주시 남한산성 안에 있다(그림119 참조).

형 비류는 일본으로 건너가 비류백제沸流百濟를 세우다

미추홀로 간 형 비류는 그 땅이 습기가 많고 물이 너무 짜서 편히 지낼 수가 없었다. 그래서 동생 온조가 나라를 세운 하남 위례성으로 가보니, 그곳은 미추홀에 견주어 도읍의 형세가 훨씬 좋아 백성들이 편안함을 이루고 살고 있었다.

이에, 비류는 자기를 따르는 신하와 백성들을 이끌고 배를 타고 서해 바다를 돌아, 오늘날의 일본 땅으로 갔다. 그는 거기서 나라를 세우고, 나라의 이름을 자기의 본 고향 이름237)을 따서 **비류백제**沸流百濟라 하였다. 그러나 백제의 계보는 고구려와 같이 부여에서 나왔으므로 그 성씨는 부여씨夫餘氏라고 불렀다.238)

이러한 신화에서 나오는 '비류백제'는 곧 오늘날 일본을 있게 한 일본 왕족의 나라라고 하며, 이런 사실을 입증하는 '칠지도七支刀'(그림120 참조)와 같은 일본 왕실 자료들이 많이 전해져, 이러한 신화의 역사적 사실들을 입증하고 있기도 하다.

▲그림120_일본 석산신궁石山神宮의 칠지도.(문화콘텐츠닷컴)

---

237) 비류의 부친 주몽/동명왕이 고구려를 건국한 중국 요령성遼寧省과 지린성吉林省의 접경지대를 흐르는 부이강富尒江/혼강渾江의 이 당시 이름인 비류수沸流水를 말함.
238) 김부식 지음 · 이재호 옮김(1997), 《삼국사기》(서울: 솔출판사), 279~289쪽 참조.

알에서 태어난 박혁거세가 신라를 세우다

신라 건국신화

이 신화는 하늘에서 천마天馬를 타고 내려온 알에서 태어난 박혁거세朴赫居世와 수신水神 계룡鷄龍이 낳은 알영閼英이 결혼하여, 계림국鷄林國/서라벌徐羅伐 곧 신라의 왕과 왕비가 되는 과정을 서술한 이야기이다.

따라서, 이 신화는 앞에서 살펴본 해모수와 유화의 신화와 같은 유형에 속하는 신화라는 점을 유념해야 한다. 왜냐하면, 이 두 신화들은 모두 천신계 신과 수신계 존재 사이의 만남과 그 사이에서 태어난 영웅을 다룬 신화이기 때문이다.

▲그림121_백제 금동대향로. (국립부여박물관 소장)

특히, 이 신화에 나오는 알영은 이미 앞에서 살펴본 북부여 왕 해모수의 아내 유화와 아주 비슷한 신의 계보와 모습을 가지고 있음을 유념할 필요도 있겠다. 즉, 알영은 그 계통이 수신 계통이라는 점뿐만 아니라, 그 본래의 모습 또한 유화와 같이 입술이 새 부리 모양을 하고 있다.

그리고 궁극적으로는 이 신화도 우리 신화의 원형인 '단군신화'의 변이형이라는 점도 염두에 두어야 한다. 즉, 이 신화에서 박혁거세는 단군신화의 환웅桓雄에 해당하고, 그와 결혼하는 지상의 존재 알영은 단군신화의 웅녀熊女에 해당한다.

또 이 신화는 해모수 신화와 같은 유형의 신화이기도 하다. 왜냐하면, 해모수 신화에서 해모수는 박혁거세와 같이 하늘에서 지상으로 내려온 신이며, 해모수의 아내는 박혁거세의 아내와 같이 수신계통의 존재이기 때문이다.

여기서 또 한 가지 우리가 유념해야 할 것은 지금까지 학계에서는 '난생신화', 곧 알에서 신인이 태어나는 점에 지나치게 주목하여 신화의 근원적 원형을 제대로 보지 못한 점이 있다. 문제는 신이나 영웅의 '난생'이 중요한 것이 아니라, 그 신의 '계통'이 어디인가가 더 중요하다.

우리 신화에서 이런 난생신화卵生神話가 존재하는 것은 우리 민족의 신화적 사고양식의 특성에서 오는 것이다. 즉, 우리 민족은 인간의 고향은 하늘이며, 이 하늘나라로 가는 방법 가운데 하나가 새를 타고 가는 것이라고 생각했다. 즉, 우리 민족은 새를 하늘과 땅을 이어주는 중요한 매개자로 생각하였던 것이다. 그래서 우리나라 방방곡곡의 시골 마을에는 지금도 솟대를 세워놓고, 그 솟대 위에 새 모양의 장식을 얹어놓은 것을 흔히 볼 수가 있다.

새의 알에서 신인이 태어났다고 하는 식의 우리 신화는 바로 우리 민족의 이런 솟대신앙과 깊은 관련이 있으며, 이런 신화적 사고방식으로 보면, 새의 알에서 신이나 영웅이 태어나는 것은 새가 천상과 지상을 이어주는 매개자 역할을 하는 존재로 생각한 데서 연유하는 것이다. 그렇기 때문에, 이런 신화도 결국은 알에서 태어난 점을 강조하여 '난생신화'로 보기보다는 그 근원적 원형성을 중시하여 '천생신화天生神話'로 보는 것이 바람직하다.

이런 신앙은 부족국가시대 마한 지방의 소도蘇塗에 관한 중국 쪽의 역사서인 진수陳壽(233~297)의 《삼국지》〈위서·동이전〉'마한조' 기록에도 아주 분명하게 기록되어 있다.

서라벌 육부六部의 촌장들이 임금을 원하다

옛날 진한辰韓 땅 서라벌에는 여섯 개의 마을이 있었다. 알평謁平이 다스리는 서라벌 동쪽 알천閼川 양산楊山 마을, 소벌도리蘇伐都利가 다스리는 남쪽 돌산突山 고허高墟 마을, 구례마俱禮馬가 다스리는 서쪽 무산茂山 대수大樹 마을, 지백호智伯虎가 다스리는 동남쪽 취산嘴山 진지珍支 마을, 지타祉沱/只他가 다스리는 동북쪽 금산金山 가리加里 마을, 호진虎珍이 다스리는 서북쪽 명활산明活山 고야高耶 마을이 그것이었다. 이 여섯 마을의 우두머리 곧 촌장들은 모두 하늘에서 내려온 신인神人이었다.

▲그림122_나정蘿井 터.(경주시 탑동. 경주시청 제공)

중국 전한前漢 지절地節 원년 임자년壬子年 곧 기원전 69년 3월 초하룻날, 그들은 이 여섯 마을의 이름을 육부六部로 고치고, 육부의 우두머리들이 각각 젊은이들을 거느리고 알천閼川 시냇가 언덕 위에 모여 다음과 같은 논의를 했다.

"우리에게는 아직도 백성들을 다스릴 임금이 없소. 하루빨리 덕이 있는 분을 모셔다가 임금으로 삼아 나라를 세우고 도읍을 만듭시다."

박혁거세朴赫居世가 알에서 태어나다

이 날, 육부의 촌장들이 높은 산에 올라가 남쪽을 바라보니 양산陽山 아래 있는 나정蘿井이란 우물 쪽으로 하늘로부터 이상한 기운이 드리웠는데(그림122 참조), 그곳에서 흰말[白馬]239) 한 마리가 무릎을 꿇고 절을 하는 시늉을 하고 있었다(그림123 참조).

▲그림123_신라 시기 천마도.(경주시 황남동 천마총. 5~6세기)

239) 천마天馬 · 용마龍馬.

이들이 급히 그곳으로 내려가 보니, 거기에는 자줏빛이 나는 알이 한 개 놓여 있었다. 흰말은 사람들을 보자 길게 울음소리를 뽑아 울며 하늘로 날아 올라갔다. 그 알을 쪼개어 보자 그 안에서 한 사내아이가 나왔는데, 그 모습이 단정하고 아름다웠다. 그 아이를 동천東泉으로 데리고 가서 목욕을 시켰더니, 몸에서 이상한 광채가 났다. 또한, 새와 짐승들이 모여들어 춤을 추고 천지가 진동하고 해와 달이 밝아졌다.

▲그림124_최근에 세워진 박혁거세 동상.(국학원)

이에, 사람들은 아이가 박과 같이 생긴 알 속에서 나왔다 하여 성을 박朴씨로 정하고, 밝은 빛으로 세상을 다스리라는 뜻으로 이름을 혁거세赫居世, **박혁거세**朴赫居世라 이름 지었다. 직위 이름으로는 거슬한居瑟邯 또는 거서간居西干이라고도 하였다(그림124 참조).

계룡鷄龍이 옆구리로 알영閼英을 낳다

박혁거세를 모시게 된 서라벌 사람들은 그를 다투어 치하하며 말했다. "이제 하늘에서 천자天子 곧 하느님의 아드님이 내려오셨으니 마땅히 덕망

▲그림125_박혁거세 무덤인 오릉 곁에 있는 알영정.(허정주 촬영)

있는 황후皇后를 찾아내어 그의 배필을 정해야 하겠소."

그러던 어느 날, 사량리沙梁里에 있는 **알영정**閼英井240)이란 우물에 **계룡**鷄龍이 나타나더니, 왼쪽 옆구리로 계집아이 하나를 낳았다 (그림125〉 참조).241)

---

240) 혹은 '아리영정娥利英井'이라고도 함.
241) 혹은 용이 나타나 죽었는데 그 배를 갈라 여자아이를 얻었다고도 한다.(《삼국유사》 2권 〈기이편〉 상, '신라 시조 혁거세왕' 참조).

그런데 이 아이의 얼굴은 아주 고왔으나 입술은 마치 닭 부리와 같이 삐죽했다. 이 아이를 월성月城 북쪽 시냇가로 데리고 가 목욕을 시키니, 부리가 뽑혀 빠지고 그 자리에 아름다운 사람의 입술이 나타났다. 이로 말미암아 이 시냇물 이름을 부리를 뽑은 시내, 곧 발천撥川이라 부르게 되었다.

사내아이가 박처럼 생긴 알에 나왔다 하여 아이 이름을 박씨라 한 것같이, 이 계집아이는 알영정閼英井이라는 우물에서 나왔다 하여 이름을 **알영**閼英이라 했다. 이에, 남산 서쪽 산기슭에 궁실을 짓고 이 두 아이들을 그곳에서 받들어 길렀다.

박혁거세와 알영이 계림국 곧 서라벌의 왕과 왕비가 되다

이들이 열세 살 되던 해인 전한前漢 선제宣帝 오봉五鳳 원년 갑자년 기원전 57년 단기 2,277년에 사람들이 박혁거세를 왕으로 추대하고 알영을 왕비로 모시어, 나라 이름을 서라벌徐羅伐 또는 서벌徐伐이라 하였다.

처음에는 왕후가 알영정이라는 우물 곁에서 계룡이 상서로움을 나타낸 까닭으로, 나라 이름을 **계림국**鷄林國이라 했다. 일설에는 탈해왕 때 김알지金閼智를 얻을 때 닭이 숲속에서 울었으므로 국호를 고쳐 계림鷄林이라 했다고도 한다. 후세에 와서는 다시 국호를 신라新羅로 바꾸었다.

박혁거세의 신비한 죽음과 사릉蛇陵

박혁거세 왕이 나라를 다스린 지 61년 만에 왕은 하늘로 올라갔다. 그가 하늘로 올라간 지 7일 뒤에 그의 유해遺骸가 하늘에서 땅으로 떨어져 흩어졌다. 이후에 왕후도 곧 작고했다.

나라 사람들이 흩어진 왕의 유해를 합쳐 장사를 지내려 하니, 큰 뱀이 이를 쫓아다니며 못하게 방해했다. 할 수 없이 유해를 원래 땅에 떨어져 흩어졌던 대로 다섯 부분으로 나누어 장사지냈다. 그래서 이 왕릉王陵을 오릉五陵이라 한다(그림126 참조). 그래서 박혁거세 능은 다섯 개다. 뱀과 관련된 사연 때문에 이 다섯 개 능들을 사릉蛇陵이라 부르기도 한다. 담엄사曇嚴寺 뒤의 왕릉이 바로 그것이다. 태자 남해 왕이 그의 뒤를 이어 신라 왕위를 계승했다.

일설에는 다음과 같은 이야기도 있다. 박혁거세는 본래 하늘나라 신인神人이어서 땅위에서 나라를 다스리다가 어려운 일이 있으면 가끔 하늘나라에

▲그림126_박혁거세의 오릉五陵.(경북 경주시 탑동)

올라가 하느님과 의논을 하고 돌아오곤 했다. 박혁거세가 왕위에 오른 지 61년째가 되던 해 어느 날, 어떤 궁녀 하나가 이를 알고 박혁거세에게 애원하여 말했다.

"임금님, 저도 하늘나라에 한 번 가보고 싶사옵니다. 꼭 한번만 하늘나라 구경을 시켜주시옵소서."

그러자 박혁거세가 타일러 말했다.

"이 세상 사람은 하늘나라에 갈 수가 없느니라."

그러나 궁녀는 하늘나라 구경을 하지 않고는 견딜 수가 없었다. 그래서 박혁거세가 하늘나라로 올라가는 날 얼른 파리로 변하여 박혁거세가 타고 가는 천마天馬 꽁무니에 붙어 몰래 하늘나라로 올라갔다. 하느님[上帝]은 이를 알고 크게 노하여 박혁거세에게 꾸짖어 말했다.

"너는 막중한 죄를 지었도다! 오늘부터 너의 영혼은 하늘나라에 두고, 육체는 땅의 나라로 내려가거라."

말이 떨어지자, 박혁거세 몸이 다섯 토막으로 갈라져 땅으로 흩어졌다. 그러자 왕후 알영마저 세상을 떠났다는 것이다.242)

---

242) 일연 지음·이재호 옮김(1997), 《삼국유사》 1(서울: 솔출판사), 7~115쪽 및 김부식 지음·이재호 옮김(1997), 《삼국사기》(서울: 솔출판사), 33~37쪽 참조.

알에서 태어난 김수로왕이 가야국 왕이 되다

가락국/가야국 건국신화

이 신화는 하늘에서 내려온 6개의 알에서 태어난 6명의 천인天人이 각각 나라를 세워 6개의 가야국이 세워지는 이야기이다.

이 신화에서 하늘나라에서 6개의 알이 지상으로 내려와 이 알 속에서 6명의 신인神人이 태어났다는 것은, 이들이 모두 천신 계통의 신인임을 말해주고 있다. 즉, 이들의 계보는 천신계이며, 따라서 이들은 모두 단군신화의 환웅桓雄에 해당하는 신인들이다.

그리고 이들 가운데서 첫 번째인 대가야 수로왕首露王은 바다에서 온 인도 아유타국阿踰陀國 공주 허황옥許黃玉과 결혼을 한다. 그녀는 바다로부터 온 여인이라는 점에서 수신 계통의 여인임을 암시한다.

이렇게 보자면, 이 신화도 결국은 해모수 신화와 박혁거세 신화와 같이, 천신과 수신 계통의 여인이 결혼하여 나라를 세우는 이야기 유형이라는 것을 알게 된다. 그리고 이런 점에서 이 신화도 궁극적으로는 천신계 신과 지상의 존재가 결합하는 우리 신화의 원형인 '단군신화'의 변이형임을 알 수가 있다.

구지봉龜旨峯으로 황금알 6개가 내려오다

천지가 개벽한 뒤에, 수많은 세월이 흘러, 가야伽倻 지방에도 많은 사람들이 여러 부족을 이루고 살게 되었다. 그러나 이곳에는 아직도 나라 이름도 왕과 신하의 칭호도 없었다.

이때 이곳에는 아홉 부족들과 그 부족들을 대표하는 아홉 부족장들만 있었다. 그들은 아도간我刀干·여도간汝刀干·피도간彼刀干·오도간五刀干·유수간留水干·유천간留天干·신천간神天干·오천간五天干·신귀간神鬼干 등이었다. 이들을 일러 구간九干이라 했다. 이 구간들이 지역 백성들을 통솔했는데, 그 부족들의 총 숫자는 대략 1만호에 7만 5천명 정도였다. 이때 이곳 사람들

▲**그림127**_알이 내려온 현 김해시 구지봉 정상에 있는 거북이 머리 모양의 바위.

거의가 산과 들 여기저기에 모이고 흩어져 우물을 파서 물을 마시고 밭을 갈아서 먹고 살았다.

중국 후한後漢 세조 광무제 건무建武 18년 임인년, 기원후 42년인 단기 2,375년 3월 첫 번째 뱀날 곧 계욕일禊浴日243)에, 그들이 사는 곳 북쪽 산봉우리인 **구지봉**龜旨峯에서 이상한 소리가 들려왔다(그림127 참조). 이 소리를 듣고 구간들과 마을 사람들 2~3백 명이 그곳으로 모이니, 사람 소리 같기는 한데 그 모습은 보이지 않은 채로 다음과 같은 소리가 하늘에서 들려왔다.

"여기 누가 있느냐?"

구간들이 "저희들이 있습니다."라고 대답했다.

그러자 또 그 소리가 말했다.

"내가 있는 곳이 어디냐?"

"여기는 구지봉입니다." 하니, 소리가 또 다음과 같이 말했다.

"하늘이 나에게 명하시기를, 내가 이곳에 와서 새로 나라를 세워 임금이 되라 하셨다. 그래서 내가 이곳에 내려왔다. 너희들은 이 산꼭대기를 파고

243) 액을 없애기 위해 물가에서 목욕재계하고 술 마시고 놀던 날.

흙을 집으면서 다음과 같이 노래 부르며 춤을 추어라. 그러면 너희들은 곧 하늘로부터 그동안 너희들이 고대하던 임금을 맞이하여 기뻐 춤을 추게 될 것이다."

> 거북아, 거북아,
> 수로首露를 내놓아라.
> 만약 내놓지 않으면
> 구워서 먹으리라'244)

이때 부른 이 노래를 가리켜 세상에서는 보통 **귀지가**龜旨歌 혹은 구지가라 한다. 구간들은 구지봉 위의 하늘에서 들리는 이 이상한 말의 지시에 따라, 크게 기뻐하며 마을 사람들과 함께 모두들 이 노래를 부르고 춤을 추었다.

그렇게 한 지 얼마 뒤에 하늘을 우러러 바라보니, 자주색 **동아줄**이 하늘로부터 땅으로 내려왔다. 줄 끝에는 붉은 단이 붙은 보자기에 금합金盒245)이 싸여 있었다. 그 금합을 열어보니, 그 안에는 해처럼 둥글고 번쩍이는 **황금알** 6개가 들어 있었다. 이를 본 사람들은 모두들 놀라고 기뻐하여 어쩔 줄 모르고 수없이 절을 한 뒤에, 보자기에 깨끗이 싸 모시고 아도간我刀干의 집으로 돌아와 평상 위에 안치해 두고 돌아갔다.

황금알에서 6명의 신인이 태어나 6가야국 왕이 되다

그 뒤 12일이 지난 날 아침, 마을 사람들이 아도간의 집에 다시 모여 그 금합을 열어보니, 알 여섯 개가 모두 어린아이들로 변해 있었다. 그 용모가 모두 한결같이 수려하고 훤칠하였으며, 밖으로 나오자마자 이내 평상 위에 앉았다. 이를 본 사람들은 모두 삼가 절을 올리고 극진히 공경했다.

---

244) 일설에는 '신이여, 신이여,/ 수로를 내놓아라./ 내놓지 않으면/ 구워서 먹겠다.'로 풀이하기도 함.
245) 금으로 만든 둥글고 넙적하게 생긴, 뚜껑이 있는 큰 그릇의 일종.

▲그림128_김수로왕 영정.(김해시청 제공)

이 아이들이 나날이 자라 십여 일이 지나니 그 용모가 더욱 빼어났다. 키는 9척이라 은나라의 탕왕湯王[246]과 같았고, 얼굴은 용안이라 한나라 고조高祖 유방劉邦과 같았으며, 눈썹은 팔채八彩라 중국 요임금과 같았고, 눈동자는 겹 눈동자라 순임금과 같았다. 이들이 황금빛 알 속에서 나왔다고 이들의 성을 모두 김金이라 했고, 가장 먼저 태어난 사내아이 이름은 '세상에 처음 나왔다' 고 하여 수로首露라 하니, 이 분이 **김수로왕**金首露王이다(그림128 참조).

그 달 보름날 그가 왕위에 오르니, 나라 이름을 대가락大駕洛 혹은 **가야국**伽倻 國이라 했다. 이는 곧 6가야국 가운데 하나였다. 나머지 다섯 사람들도 각각 나머지 다섯 가야국의 임금이 되었다. 이렇게 해서 모두 6가야국이 생겼으며, 그 이름은 대가야 · 소가야 · 아라가야 · 금관가야 · 고령가야 · 성산가야 등이 다. 이들 여섯 가야국은 동쪽은 황산강, 서남쪽은 창해, 서북쪽은 지리산, 동북쪽은 가야산으로 그 경계를 삼았고, 남쪽 끝은 바다에 닿아 있었다.

---

246) 중국 고대 은나라/상나라를 창건한 왕.

수로왕이 새 궁궐을 짓고 나라를 태평하게 다스리다

수로왕首露王은 왕위에 오르자 임시 궁궐을 지어 그곳에 거처했는데, 그 궁궐은 말할 수 없이 검박하여, 풀로 만든 지붕은 이엉을 다듬지 않았고, 흙으로 만든 계단은 석 자를 넘지 못하게 했다.

수로왕이 즉위한 이듬해 봄, 왕은 신하들과 함께 새 도읍지를 정하기 위해 신답평新畓坪 들로 갔다. 수로왕은 사방을 둘러본 다음 신하들에게 이렇게 말했다.

"이곳은 여뀌풀 잎사귀처럼 좁다랗고 길기는 하나, 산천이 빼어나게 아름다워 16나한羅漢247)같은 신들이 늘 이곳을 지켜줄 것이다. 구지봉에서 남쪽으로 뻗어 내린 산줄기가 우뚝 솟았는가 하면, 거기서 시작하여 다시 세 번, 그리고 이곳에 이르기까지 다시 세 번, 이렇게 모두 일곱 번을 솟아오른 형상은 칠성신七星神248)이 살만하다. 이곳을 개척하여 나라의 터전을 열어 놓으면, 마침내 훌륭한 나라가 될 것이다."

수로왕의 이 말을 들은 신하들은 모두 왕의 뜻을 따르기로 했다. 이렇게 해서 나라의 도성都城을 만들 계획이 마련되니, 그 외성의 둘레는 1천5백 보였다. 그 안에 궁궐과 여러 관공서의 청사 · 무기고 · 창고를 건축할 터를 잡았다. 그 해 10월에 새 궁궐을 짓기 시작해서 그 이듬해 2월에 그것을 다 지었다. 이에 수로왕이 그 새 궁궐로 옮겨가 나라 일을 부지런히 살피고 일으키니, 태평한 세월이 오랫동안 계속되었다.

수로왕이 탈해를 물리치고 왕권을 지키다

그러던 어느 날, 완하국琓夏國249)의 왕자 탈해脫解가 바닷길을 따라 가락국으로 왔다. 그의 키는 석 자이고 머리통 둘레는 한 자나 되었다. 그는 홀연히

---

247) 석가모니의 교화를 받았던 16인의 뛰어난 제자. 한국에서는 8세기 후반 말세 신앙과
  함께 16나한에 대한 신앙이 깊어지기 시작했다.
248) 인간의 길흉화복吉凶禍福을 관장하는 신.
249) 용성국龍成國 · 정명국正明國 · 화하국花夏國이라고도 함. 신라건국 시기에 주변에 있던
  소국. 석씨昔氏의 시조이며 왕인 탈해脫解가 태어난 나라이다.

수로왕의 궁궐로 들어와 다음과 같이 소리쳤다.

"수로왕은 들으시오. 나는 왕의 자리를 빼앗으려고 왔소이다."

수로왕은 이 뜻밖의 침입자를 대하고 위엄 있게 다음과 같이 말했다.

"하늘이 나에게 명하여 왕위에 오르도록 하시니, 나는 지금까지 이 나라를 평안하게 잘 다스려 왔다. 그런데 그대가 감히 하늘의 명을 어기고 왕위에 오르겠다 하니 그것은 될 수 없는 일이다. 어찌 나를 따르는 백성들을 너에게 맡기겠느냐?"

이 말을 들은 탈해는 다시 말했다.

"그렇다면 좋소이다. 우리 서로 재주를 겨루어 승부를 결정합시다."

이에 수로왕도 좋다고 허락을 했다. 이리하여, 두 사람은 서로 재주를 겨루게 되었다.

먼저 탈해脫解가 삽시간에 한 마리의 매가 되어 하늘 높이 날아올랐다. 이것을 본 수로왕首露王은 금새 독수리가 되어 그의 뒤를 쫓아 날아 올라갔다. 그러자 탈해는 얼른 참새가 되었다. 그러자 수로왕은 얼른 새매가 되었다. 이게 모두 잠깐 동안의 일이었다.[250]

잠시 뒤에 탈해와 수로왕은 모두 제 모습으로 돌아왔다. 그러나 기세 등등했던 탈해는 수로왕 앞에 무릎을 꿇고 이렇게 말했다.

"제가 대왕을 미처 알아보지 못하고 경솔하게 행동한 것을 사과드립니다. 매가 독수리에게, 참새가 새매에게 쫓기되 죽음을 면할 수 있었던 것은, 아마도 살생을 싫어하시는 대왕의 어지신 마음 때문으로 압니다. 제가 외람되이 왕위를 다툰 것을 진실로 사과드립니다."

이에 수로왕은 웃으며 그를 용서했다. 이렇게 되자 탈해는 올 때와는 사뭇 달리 풀이 죽어 다시 바다로 나가 배를 타고 다른 곳으로 떠났다.

수로왕은 탈해가 이곳에 머물러 반란을 일으킬까 경계하여 수군 오백 척을 동원하여 탈해를 뒤쫓았다. 그러자 탈해는 그곳에서 빠져나가 신라 쪽으로

---

250) 앞의 해모수와 주몽 신화에서, 주몽의 아버지 곧 천신의 아들 해모수와 주몽의 어머니 유화부인의 아버지 곧 해신 하백이 벌인 재주 겨루기, 그리고 고구려를 세운 주몽과 비류국 송영왕이 벌인 재주 겨루기와 유사하여 매우 흥미롭다.

달아났다. 이런 일이 있은 뒤부터 수로왕에 대한 백성들의 신망은 더욱더
두터워졌다.

수로왕이 아유타국阿踰陀國251)의 허황옥許黃玉을 왕후로 맞이하다

그러나 가야국의 백성들에게는 아직도 하나의 근심이 있었다. 그것은 왕이
훌륭한 배필을 맞이하지 못한 것이었다. 하루는 구간들이 수로왕을 찾아뵙고
아뢰었다.

"대왕께서 이 땅에 강림하신 이래 나라가 갈수록 번창하고는 있으나, 아직도
대왕께는 좋은 배필이 없으시니 걱정입니다. 아뢰옵기 외람되오나, 저희들에
게 있는 처녀 가운데서 좋은 처녀가 있으면 고르시어 왕비로 맞이하십시오."

그러자 수로왕은 이렇게 대답했다.

"내가 이곳에 내려온 것은 하늘의 명령이다. 나와 짝하여 살 왕비도 하늘이
내려주실 것이다. 그러니 그대들은 너무 염려치 말라."

구간九干들은 더 이상 이 문제를 언급하기 어려워 수로왕 곁에서 물러 나왔
다.

그러던 어느 날, 수로왕은 신하들에게 왕비가 올 테니 맞이할 준비를 하라
고 명령했다. 유천간留天干252)에게는 가벼운 배와 날쌘 말을 이끌고 남쪽 바
다에 있는 **망산도**望山島253)에 가서 왕비를 기다리게 하고, 신귀간神鬼干254)에
게는 승점乘岾 땅에 있다가 왕비의 소식이 있거든 빨리 알리라고 했다. 신하들
은 너무 뜻밖의 일이라 아무 영문도 모르고 다만 왕이 시키는 대로만 했다.

유천간은 왕명을 받고 쏜살같이 망산도로 나갔다(그림129 참조). 바로 그때,

---

251) 인도 우타르프라데시 주의 갠지스강의 지류인 고그라강 연변에 있는 도시 아요디아
　　Ayodhya. 고대부터 번영한 오래된 도시이며, 힌두교 7성지 가운데 하나이다. 코살라왕국
　　의 초기 수도였고, 불교시대(기원전 6~5세기)에는 100여 개의 사원이 늘어선 불교의 중심
　　지였다. 아유타국이라고도 불린다. 1999년 4월 28일에 이곳의 미쉬라 왕손 내외가 한국을
　　방문한 것을 계기로, 2000년 경상남도 김해시와 인도 아요디아시와 자매결연을 맺었다.

252) 구간 곧 아홉 부족장들 가운데 하나.

253) 현 김해시 앞바다, 창원시 진해구 용원동에 위치한 섬.

254) 구간 가운데 하나.

가락국 서남쪽 앞바다에 붉은 돛을 단 배 한 척이 붉은 깃발을 휘날리며 북쪽을 향해 오는 것이 보였다. 망산도에서 기다리고 있던 유천간은 이를 보고 횃불을 높이 올렸다.

▲그림129_망산도.(창원시 진해구 용원동)

배는 빠르게 달려와 배 안에 있던 일행들이 앞을 다투어 뭍에 올랐다. 승점에 있던 신귀간은 이 광경을 보고 대궐로 달려가 대왕에게 이 사실을 아뢰었다. 수로왕은 이 말을 듣고 흔연히 기뻐하며, 구간들을 보내어 그들을 영접해 오게 했다. 구간들이 달려가 그 일행을 정중히 모시려 했다. 그러자 왕후는 입을 열어 다음과 같이 말했다.

"나와 그대들은 평소에 알아 온 터수가 아닌데 어찌 내가 경솔하게 그대들을 따라가겠소?"

유천간 일행은 왕에게 돌아가 왕후의 이 말을 전했다. 이 말을 들은 수로왕은 왕후의 말이 그럴 듯하다고 생각하여 몸소 신하들을 데리고 궁궐을 나서서 서남쪽 60보 가량 되는 곳으로 나아가, 그곳에다 장막을 치고 임시 행궁行宮을 마련하여 왕후를 기다렸다. 그러고는 수로왕의 신하가 왕후에게 가서 말했다.

"지금 대왕께서 마중을 나와 계십니다."

왕후는 그제야 배를 별포別浦 나루에 매어 놓고 뭍으로 올라와 언덕에서 잠시 쉬었다. 그런 다음 왕후는 자기가 입고 있던 **비단치마**를 벗어 그것을 산신에게 예물로 바쳤다. 왕후는 자기를 따라 온 신보申輔·조광趙匡255) 내외

---

255) 둘 다 인도 아유타국의 공주 허황옥이 수로왕의 배필이 되기 위해 바다를 건너올 때, 공주를 수행하여 가락국에 왔다. 신보申輔는 수로왕 때의 대신 천부경泉府卿 벼슬을 지냈으며, 가락국에 온 지 30년 만에 두 딸을 낳았는데, 딸 모정慕貞은 제2대 왕 거등왕居登王의 왕비가 되어 제3대 왕 마품麻品을 낳았다. 조광은 수로왕의 대신 종정감宗正監 벼슬을 지냈

▲그림130_허황옥 영정.(김해시청 제공)

▲그림131_무신도에 나타난 허황옥.(신명기 선생 제공)

와 노예 등 20여 명을 이끌고, 수로왕이 보낸 사신들 안내를 받아, 왕이 나와서 임시로 머물고 있는 행궁 가까이 다가왔다.

수로왕은 왕후의 행차를 멀리서 바라보고 있다가, 그녀 일행이 가까이 오는 것을 보자, 행재소를 나와 그를 맞이해 들이며 이렇게 말했다.

"멀리서 오시느라고 수고가 많았소. 과인은 그대가 오기를 손꼽아 기다렸소."

수로왕은 그녀를 장막 안으로 안내한 다음, 왕후를 모시고 먼 길을 따라온 시종들의 노고를 치하하고, 귀한 선물을 내린 뒤에 그들을 편히 쉬도록 하였다.

드디어 저녁이 되자, 수로왕은 왕후가 머물고 있는 방으로 건너갔다. 왕후는 조용히 입을 열어 왕을 향해 다음과 같이 말했다.

고 두 딸을 두었다. 손녀 호구好仇는 제3대 마품왕麻品王의 왕비가 되어 제4대 거질미왕居叱彌王을 낳았다.

"저는 아유타국의 공주로, 성은 허씨이고 이름은 황옥 곧 **허황옥**許黃玉이라 합니다(그림130, 그림131 참조). 나이는 이제 열여섯 살입니다. 제가 본국에 있던 지난 5월 달 어느 날, 저의 부왕과 왕후께서 저에게 이런 말씀을 하셨습니다. 하느님께서 꿈에 나타나, 가락국의 임금 수로는 하늘이 내려준 신령스러운 사람이나 아직 배필을 정하지 못하고 있으니, 저를 보내어 그와 짝을 짓도록 하라는 분부를 하셨다는 것입니다. 부왕께서는 저를 즉시 이곳으로 가라 하셨습니다. 저는 배를 타고 이곳으로 와 이렇게 대왕의 용안을 뵈옵게 되었습니다."

이 말을 들은 수로왕은 기뻐하며 다음과 같이 말했다.

"나는 이 세상에 태어날 때 신령을 받고 태어나, 공주가 이곳으로 올 것을 이미 알고 있었소. 그래서 신하들이 빨리 왕비를 맞아들이라고 권하였으나, 나는 그 말을 따르지 않았소. 이제 비로소 현숙한 공주를 맞이하게 되었으니, 더 이상 기쁜 일이 어디 있겠소이까?"

그들은 이렇게 하늘이 이루어 준 인연을 크게 기뻐하며, 드디어 혼인하여 이틀 밤과 하루 낮을 함께 지냈다. 그리고 왕후를 태우고 왔던 배는 다시 돌려보냈는데, 그 뱃사공은 모두 열다섯 명이었다. 이들에게는 각각 쌀 열 섬과 베 삼십 필을 주었다.

수로왕과 허왕후의 죽음

수로왕은 왕후를 맞이한 뒤로 더욱 나라를 잘 다스려, 가야국의 기틀은 더 튼튼해졌고 나라는 점점 더 융성해 갔다.

왕후는 **곰꿈**을 꾸고 태자 **거등공**居登公을 낳았다. 그 뒤 후한後漢 영제靈帝 중평中平 6년 기사년己巳年, 기원후 189년인 단기 2,522년 3월 1일 왕후가 먼저 세상을 떠나니, 그녀의 나이 157세였다. 나라 사람들이 마치 땅이 무너진 것처럼 슬퍼하고, 구지봉 동쪽 언덕에 장사를 지냈다(그림132 참조).

그리고 백성들은 사랑하던 왕후의 은혜를 잊지 않기 위해, 왕후가 처음 배의 닻을 내린 나루터 마을을 주포촌主浦村256) 곧 공주가 처음 도착한 포구

▲그림132_허황옥릉.(경상남도 김해시. 김해시청 제공)

마을이라 하고, 왕후가 비단 치마를 벗어 신령에게 제사 지낸 산등성이를
비단 고개 곧 능현綾峴이라 하고, 왕후가 탄 배의 붉은 깃발이 들어왔던 바닷
가를 기출변旗出邊이라 불러 왕비를 기념하였다.

천부경泉府卿[257] 신보申輔와 종정감宗正監[258] 조광趙匡 등은 가락국에 온 지
30년 만에 각각 두 딸을 낳았으나, 1~2년이 지나자 부부가 모두 세상을
떠났다. 그밖에 노비들은 온 지 7~8년이 되어도 아직 자녀를 낳지 못하였으
므로, 다만 고향을 그리워하는 슬픔을 품고 모두 고향을 생각하다가 죽어갔
다. 그리고 그들이 살던 빈관賓館은 텅 비어버렸다.

왕후가 세상을 떠난 뒤, 왕은 매양 외로운 베개에 의지한 채 왕비를 잃은
마음을 가누지 못하고 지나칠 정도로 슬퍼하였다. 그 뒤 10년을 지낸 중국
후한 헌제獻帝 건안建安 4년 기묘년, 기원후 199년인 단기 2,532년 3월 20일
에 수로왕도 마침내 세상을 떠나니, 그의 나이 158세였다. 이에, 나라사람들
은 마치 부모를 잃은 듯이 슬퍼했으며, 그 슬퍼함이 왕후가 돌아가던 때보다
훨씬 더 했다. 그래서 백성들은 대궐 동북쪽 평지에 수로왕의 빈궁殯宮[259]을

---

256)《동국여지승람》 32권에 따르면, 이 주포촌은 김해부金海府 남쪽 40리 웅천현熊川縣 동쪽
　　30리에 있다고 함.

257) 가야시대의 관직명. 제의나 의례를 관장하는 관직으로 보기도 함.

258) 금관가야의 관직명. 그 명칭을 보아 종실宗室 사무와 왕실족보의 편찬 등을 담당했던
　　관직으로 생각되고 있다.

259) 상여가 나갈 때까지 왕이나 왕족의 관을 두던 곳.

▲그림133_김수로왕릉.(김해시 서상동, 김해시청 제공)　　▲그림134_왕릉의 무인상.

세웠다. 빈궁의 높이는 한 발이요 둘레는 3백보였다. 그곳에 왕을 장사지내고 **수로왕묘**라 했다(그림133, 그림134 참조).

이 능묘陵墓에는 그의 아들 거등왕居登王으로부터 9대손 구형왕仇衡王에 이르기까지를 배향했다. 매년 정월 3일 및 7일과 5월 5일, 그리고 8월 5일 및 15일에는 풍성하고 정결한 음식을 갖추어 제사를 지냈으며, 그 전통이 대대로 이어져 끊어지지를 않았다.

한편, 가야국에는 놀이로써 수로왕을 사모하는 다음과 같은 **풍습**이 있다. 매년 7월 20일이 되면, 수로왕이 허황후를 맞이하던 곳에서, 백성과 서리 및 군졸들은 먼저 승점乘岾에 올라가 장막을 치고 술과 음식을 준비하여 즐기고 떠든다. 다음에는, 마을 사람들을 동편과 서편으로 나눈다. 그러고는 동편과 서편은 각각 건장한 남정네들을 내세워, 망산도望山島로부터 말을 타고 육지로 내달리는 모양의 경주를 한다. 다음에는, 동편과 서편 남정네들이 각 편별로 바다에 배를 띄워, 뱃머리를 둥실거리며 각 편 사람들이 힘을 합하여 자기들의 배를 노저어 북쪽의 고포古浦를 향해 내닫는다.

이 풍속은 대개 그 옛날 수로왕의 신하 유천간과 신귀간 등이 허황후가 오는 배를 발견하고 수로왕에게 급히 달려가 아뢰던 날의 역사적 자취라 한다. 260)

---

260) 일연 지음 · 이재호 옮김(1997), 《삼국유사》1권(서울: 솔출판사), 341~356쪽 참조.

여신 정견正見이 가야국 왕을 낳다

대가야국·금관가야국 건국신화

이 신화는 가야산 산신인 여신 '정견正見'이 천신 '이비가夷毗訶'의 햇살을 받아 잉태하여, 아들 '뇌질주일惱窒朱日'과 '뇌질청예惱窒靑裔'를 낳아, 각각 대가야와 금관가야의 임금이 되는 과정을 서술한 이야기이다.

이 이야기도 우리가 앞서 이미 살펴본 단군신화와 같이 천신이 지신 계통의 존재와 결합하여 지상의 영웅을 출생시킨다는 점에서는 '단군신화'를 그 원형으로 삼고 있다. 그리고 이 지신 계통의 존재가 산신이라는 것은 단군신화와 그 맥락이 거의 같다. 왜냐하면, 단군신화에서 천신 환웅과 결합하는 웅녀도 산신 계통의 여인이기 때문이다.

천신이 지신 계통의 존재와 결합하여 지상에 나라를 세우는 영웅을 출생시킨다는 점에서는 앞서 살펴본 단군신화, 해모수 신화, 박혁거세신화, 가락국신화 등과도 근원적으로 같은 계통의 신화라고 할 수 있으며, 이런 점에서 이런 신화들의 원형은 결국 '단군신화檀君神話'가 되는 것이다.

그리고 지상의 존재인 정견이 천상의 햇빛을 받아 아들을 잉태하는 형태는

▲그림135_진달래꽃이 만발한 가야산.(경남 합천군 가야면)

우리가 앞서 본 바 있는 해모수의 부인 유화가 하늘의 햇빛을 받아 주몽을 잉태하는 형태와 아주 똑같다.

가야산 산신 정견이 천신 이비가의 햇빛을 받아 잉태하다

경상도 성주·합천·금릉 세 고을에 걸쳐 있는 가야산은 예로부터 매우 신령스러운 산이다(그림135 참조). 이 산에 **정견**正見이라는 아름다운 여신이 살았다. 그녀는 이 신령한 산의 정기를 타고 태어나, 가야산처럼 수려하고 청순했다.

어느 날, 그녀는 비단 폭을 걸쳐놓은 듯이 수려한 가야산 숲속 용문폭포 **선녀못**에 들어가 목욕을 했다(그림136 참조). 혼자 선녀못에서 목욕을 하는 그녀의 모습은 마치 하늘나라 선녀처럼 눈부시게 아름다웠다. 이때, 하늘나라에 사는 **이비가**夷毗訶261)라는 분이 있었다. 그는 가야산 선녀못에서 목욕하고 있는 그녀의 자태가 너무나 아름다워, 그녀에게서 눈을 떼지 못하고 오랫동안 하염없이 그녀를 내려다보았다.

정견은 그런 줄 전혀 알지 못한 채 한가롭게 목욕을 마치고 못 밖으로 나오려고 했다. 그런데 갑자기 햇빛이 유난히 밝아지는 것을 느꼈고, 그 햇빛이 너무나 눈부시게 빛난다고 생각했다. 그 순간, 그녀는 갑자기 정신을 잃고 선녀못 물가에 쓰러졌다. 잠시 뒤에 정신을 차린 그녀는 눈이 부서 그 햇빛을 손으로 가렸으나, 햇빛은 여전히 정견의 마음속으로까지 환히 비쳐드는 듯했다. 그러더니 한 순간 한 남자의 얼굴이 보였다. 그 순간 그녀는 정신을 아주 잃고 말았다. 정견이 정신을 차리고 일어나보니, 해는 이미 서산으로 완전히 기울어져 있었다.

이런 일이 있은 뒤, 정견은 하늘나라 이비가의 아이를 잉태하게 되었다.

▲그림136_가야산 용문폭포 선녀못의 가을 경치.(경남 합천군 가야면)

---

261) '이비가지夷毗訶之'라고도 표시함. 천신 환웅 혹은 태양신 해모수와 비슷한 존재.

정견은 아이를 위해 자기 몸을 소중히 하고 근신했다.

정견이 나은 두 아이들이 가야국 임금이 되다

어느 날 정견은 두 사내아이를 낳았다. 이 날은 바람도 자고 산짐승도 뛰지 않았으며, 오색찬란한 구름이 그녀의 주위를 신비롭게 감쌌다. 큰 아이 이름을 **뇌질주일**惱窒朱日이라 짓고, 작은 아이 이름을 **뇌질청예**惱窒靑裔라 지었다. 아이들은 무럭무럭 자랐으며, 매우 총명하고 영특하고 용감했다.

이 당시 가야산 아래에는 사람들이 여기저기 흩어져 살고 있었으나, 아직 나라도 없고 임금도 없었다. 아이들이 자란 뒤, 정견은 자기 아들들이 곧 하느님이 이곳으로 내려주신 임금님이라 생각하고, 두 아이들을 불러 이렇게 말했다.

"너희들은 하느님의 뜻으로 이 땅에 태어난 사람들이다. 오늘부터 너희들은 이곳을 떠나 백성들이 사는 산 아래 마을로 내려가, 나라를 세우고 그들을 잘 다스려 하느님의 뜻에 보답하도록 하거라."

이 말을 들은 그들은 어미의 뜻을 따라 산 아래 세상으로 내려가 백성들 추대를 받아 왕이 되었다. 형 뇌질주일은 대가야의 왕이 되고, 동생 뇌질청예는 금관가야의 왕이 되었다(그림137 참조). 그래서 사람들은 가야의 두 왕을 하늘의 신 이비가와 가야산 산신 정견 사이에서 태어난 신인神人이라 전한다.[262]

◀그림137_경상북도 고령에서 출토된 가야
의 금관.(삼성미술관리움 소장)

---

262)《신증동국여지승람》29권 고령현 건치연혁 조. 1963년 8월 경북 고령군 내곡리 박성희
(남·78세) 제보. 한상수(2003),《한국인의 신화》(서울: 문음사), 272~275쪽 참조.

용왕국 왕비의 알 속에서 나온 석탈해가 신라의 왕이 되다

신라 탈해왕 신화

이 신화는 동해 용왕의 나라인 '용성국龍城國' 임금 '함달파왕含達婆王'의 왕비, 동해 여인국 '적녀국積女國'출신의 여인이 낳은 알에서 태어난 난생卵生 영웅 석탈해昔脫解가 신라의 왕이 되는 과정을 서술한 이야기이다.

이 신화의 주인공인 석탈해가 수신 계통의 여인인 동해 여인국 여자의 몸에서 알로 태어난다는 점에서는, 우리가 앞에서 이미 살펴본 고주몽 탄생 신화, 곧 천신 해모수와 인연을 맺은 수신 하백의 딸 유화의 몸에서 태어난 존재인 고주몽과 비슷한 신화적 원형성을 가지고 있음을 알 수가 있다.

▲그림138_석탈해 탄강 유허비.(경북 경주시 양남면 나아 해변)

이런 점에서, 이 신화는 앞의 고주몽 탄생 신화를 원형으로 변이된 신화로 볼 수도 있겠다.

그리고 이 신화가 난생신화라는 점과 난생신화가 근원적으로는 천신계통의 신화라는 점을 함께 감안한다면, 이 신화는 또한 난생신화 계통의 박혁거세 신화, 수로왕 신화 등과도 깊은 관련이 있음도 알 수 있다. 이런 점들을 고려한다면, 이 신화 또한 우리 신화의 원형인 '단군신화'와도 그리 멀지 않은 곳에 있는 변이형 신화임을 알게 된다.

용성국에서 알로 버려진 석탈해昔脫解가 배를 타고 신라로 오다

옛날, 일본 동북쪽 천 리 밖에 **용성국**龍城國이란 나라가 있었다. 이 나라에는 일찍이 28명의 용왕이 있었다. 이들은 모두 사람의 태胎에서 태어났으며, 대여섯 살 때부터 왕위에 올라 백성들을 잘 가르쳐 사람들의 마음을 바르게 했다. 이 나라에는 8품의 성골姓骨이 있었다. 이들은 왕위를 따로 선택해서 정하지 않고, 돌아가면서 모두 왕위에 올랐다.

어느 때, 이 나라 부왕 함달파왕含達婆王이 동해의 여인국 적녀국積女國이란 나라의 여인을 맞이하여 왕비로 삼았다. 그런데, 왕비는 오래도록 자식이 없어 간절한 기도로 자식 얻기를 빌었는데, 기도한 지 7년 뒤에 사람이 아닌 알 한 개를 낳았다. 그러자 용왕은 여러 신하들을 모아 놓고 이렇게 말했다.

"사람으로서 알을 낳는 일은 고금에 없는 일이니, 아마 좋은 일이 아닐 것이다. 이 알은 배에 실어 멀리 보냄이 마땅하다."

신하들은 왕의 명에 따라 궤 하나를 만들어 그 궤 안에 알을 넣고, 거기에 일곱 가지 보물들과 종들까지 넣은 다음, 배에 실어 바다에 띄워 보내며, 인연이 있는 곳에 가 닿아 그곳에 나라를 세우고 궁궐을 이루고 살라며 축원하였다.

배는 멀리 흘러가다가, 먼저 가락국 앞바다에 닿았다. 이를 본 가락국 임금 수로왕은 신하 및 백성들과 더불어 북을 치고 떠들며 그 배를 가락국으로 맞아들이려 했다.[263] 그러나 그 배는 그곳을 재빨리 빠져나와 신라 계림 동쪽의 하서지촌下西知村 아진포阿珍浦에 가 닿았다.

그때, 이 바닷가에 늙은 할멈이 하나 살고 있었다. 그녀는 박혁거세왕의 고기잡이 할멈이었는데, 이름을 **아진의선**阿珍義先이라 했다. 그녀가 마침 포구에 나가 있자니, 바닷가에 까치가 모여드는 것이 보였다. 이를 이상히 여긴 할멈이 그곳으로 가 보니, 바닷가에 배가 한 척 닿아 있었다. 배를 끌어당겨 그 안을 살펴보니, 배안에 궤 하나가 놓여 있었는데, 길이는 스무 자나 되고

---

263) 앞의 가락국 건국신화 곧 김수로왕 신화에서는 김수로왕이 재주를 겨루어 물리친 것으로 되어 있다. 앞의 가락국 건국신화 참조.

폭은 열 석 자나 되었다.

그녀는 얼른 배를 끌어다가 숲 속에 감추고, 그것이 흉조인가 길조인가를 몰라 하늘을 향해 그 사실을 고했다. 그런 뒤 조심스럽게 그 궤를 열어 보았더니, 그 안에는 **알**에서 갓 태어난 단정한 사내아이 하나와 노비들과 일곱 가지 보물들이 가득 차 있었다. 할멈은 이를 보고 몹시 놀랐으나, 보물들을 챙기고 그들을 집으로 데리고 가서 정성껏 대접했다.

이레가 지나자 그 사내아이가 입을 열어 이렇게 말했다.

▲그림139_최근에 그려진 탈해왕 모습.(문화콘텐츠닷컴)

"나는 용성국 왕자입니다. 가락국을 거쳐 이곳 계림鷄林 땅에 오게 되었습니다."

그녀는 마을 어른들과 상의한 끝에 이 왕자 아이의 이름을 **탈해**脫解라 지었다. 알을 깨고 나왔다는 뜻의 '탈脫'자와 궤 속에서 풀려났다는 뜻의 '해解'자를 합쳐서 만든 이름이었다(그림139 참조).

탈해가 호공瓠公의 집을 차지하고, 남해왕南解王의 큰사위가 되다

어느 날 탈해는 지팡이를 짚고 종 둘을 데리고 토함산吐含山 위로 올라가, 산위에 돌무더기 집을 만든 다음, 그곳에 이레 동안 머무르며, 성안 어느 곳이 자기가 머물러 살만한 곳인가를 두루 살펴보았다. 한 곳을 굽어보니, 마치 초승달 같이 생긴 산봉우리가 눈에 들어오고, 그곳의 지세가 그가 오래도록 머물러 살만한 곳임을 알았다.

탈해가 산을 내려와 그곳으로 가 보니, 그곳은 이미 **호공**瓠公 이란 사람이 집을 짓고 살고 있었다. 이에, 그는 밤중에 사람을 시켜 몰래 호공의 집안에 숫돌과 숯을 묻어 두게 한 다음, 어느 날 이른 아침에 그 집 문 앞에 가서 다짜고짜 이렇게 말했다.

"이리 오너라. 이 집은 우리 조상 때부터 우리 집안 사람들이 대대로 살아 온 집이요. 그러니 이 집을 빨리 비워 주시오."

호공은 이 뜻밖의 주장에 어이가 없어 대꾸를 하지 않았으나, 나중에 다툼이 길어지게 되어, 마침내 관가에 가서 이 사실을 판가름하게 되었다. 관가에서 탈해에게 물었다.

"그 집이 너의 집이라는 무슨 **증거**가 있느냐?"

이에 탈해가 다음과 같이 대답했다.

"저희 집안은 원래 대장장이 집안이었습니다. 잠시 이웃 고을에 나가 살고 있는 동안에, 다른 사람이 저희 집을 차지해 살고 있으니, 땅을 파서 조사해 보면 그 사실을 알게 될 것입니다."

탈해의 주장대로 호공의 집 땅을 파 보니 과연 땅 속에서 숫돌과 숯이 나왔다. 이에 관가에서는 그 집이 탈해의 집이라고 판가름해 주었고, 탈해는 호공의 집을 빼앗아 살게 되었다.

이 이야기를 들은 신라 2대 임금 남해왕南解王은 탈해가 지혜로운 사람임을 알고, 맏딸 큰 공주를 그에게 주어 사위로 삼았다. 이 분의 이름은 **아니부인**阿尼夫人이라 한다. 하루는, 탈해가 동악산에 올라갔다가 돌아오는 길에 백의白衣라는 하인을 시켜 **물**을 좀 떠 오게 했다. 하인이 물을 떠 오는 길에 먼저 그 물을 마시려 하니, 그 물그릇이 하인의 입에 붙어 떨어지지를 않았다.

탈해가 그 하인을 꾸짖으니 하인이 맹세하여 말하기를, "이후에는 가까운 곳이든 먼 곳이든 제가 먼저 물을 마시는 짓은 결코 하지 않겠습니다." 하니, 그제야 그 물그릇이 하인의 입에서 떨어졌다. 그 다음부터 이 하인은 그를 몹시 두려워하여 감히 속이지를 못했다. 지금도 동악산 산속에는 **요내정**遙乃井264)이라는 우물이 하나 있는데, 이것이 바로 그때의 그 우물이라 한다.

탈해가 이빨을 세어 유리에게 왕위를 양보하다

이 무렵 신라 남해왕南解王이 승하했다. 그 다음 왕위는 남해왕의 큰아들

---

264) 지금의 석굴암 자리에 있었다 함.

유리儒理 왕자의 차례였다. 그런데 유리 왕자는 자꾸 탈해에게 왕위를 양보했다. 탈해도 또한 유리에게 왕위를 양보했다. 좀처럼 왕위 결정의 결말이 나지를 않았다. 그러자 탈해가 이렇게 말했다.

"예로부터 위대한 사람은 보통 사람보다 **이빨**의 수효가 더 많다고 합니다. 그러니 이빨 개수를 세어서 왕을 결정합시다."

그리하여 그들은 떡을 입에 물어 떡에 나타난 이빨의 수효를 세어보고 왕위를 결정하기로 했다. 이빨의 수를 세어보니 유리 왕자가 탈해보다 어금니 한 개가 더 많았다. 그래서 유리 왕자가 먼저 임금이 되었으며, 이 분이 바로 신라 3대 임금 유리왕 곧 **유리이사금**儒理尼師今이며, 그의 시호는 노례왕弩禮王이라 했다.

탈해가 노례왕을 이어 왕위에 오르다

중국 후한後漢 중원中元 2년(57, 단기 2,390) 6월에 노례왕이 세상을 떠나자 탈해가 왕위에 올랐다. 이분이 바로 신라 4대 임금 **탈해왕**脫解王이다. 그의 성은 석昔씨였다. 옛날, 그가 왕위에 오르기 전에 남의 집을 내 집이라 주장하여 그 집을 빼앗은 일이 있었다 하여, '옛 석자[昔]'를 써서 그의 성씨를 석씨昔氏라 했다고 한다.

또 다른 일설에 따르면, 그가 용성국을 떠나 처음 계림 바닷가에 도착했을 때, 까치들이 탈해의 궤를 열었기 때문에, '까치 작자[鵲]'에서 '鳥'자를 떼어버리고 '昔'자를 성씨로 했다고도 한다. 그의 이름은 앞서 말한 대로 알을 벗고 궤를 열고 나왔기 때문에 탈해脫解라 했다.

탈해왕이 죽어 동악산 산신이 되다

탈해왕은 왕위에 오른 지 23년만인 중국 후한 장제章帝 건초建初 4년 기묘년 곧 서기 79년에 세상을 떠났다(그림140 참조). 시신을 소천구疏川丘라는 곳에 장사지냈더니, 그의 혼령이 나타나 사람들에게 명하기를, "내 뼈를 조심해서 다시 안치하라."고 했다.

시신을 파내어 다시 보니, 그의 두개골 둘레는 세 자 두 치나 되고, 몸뼈의 길이는 아홉 자 일곱 치나 되었다. 그의 이는 엉켜 뭉쳐져 하나로 된 듯하고, 뼈마디는 모두 연이어 연결되어, 천하에 둘도 없는 역사力士의 골격이었다. 오랜 논의 끝에, 그의 뼈를 부수어 흙가루에 섞어 소상塑像265)을 만들어 대궐 안에 안치했더니, 다시 그의 혼령이 나타나 이르기를, "내 뼈를 동악산에 안치하라." 했다. 그래서 그의 뼈로 만든 소상을 다시 동악산에 모시게 했다.

또 다른 일설에 따르면, 혹자는 다음과 같은 말을 전하기도 한다. 탈해가 세상을 떠난 뒤인 27대 문무왕 때, 곧 당나라 고제高帝 영륭永隆 1년, 기원후 680년 3월 15일 밤에, 문무왕 꿈에 험상궂게 생긴 노인이 한 사람 나타나 다음과 같이 말했다.

"나는 탈해왕이다. 내 뼈를 소천구에서 파내어 소상을 만들어 토함산에 봉안토록 하라."

왕이 이 말을 좇아 그대로 했기 때문에, 이후에 나라에서는 그에 대한 제사를 끊이지 않았고, 이때 모시는 석탈해왕 신을 **동악신**東岳神이라 한다.266)

◀그림140_경주시 동천동의 탈해왕의 왕릉. 능을 향해 가지를 뻗은 소나무가 이채롭다.(허정주 촬영)

---

265) 흙가루를 물에 이겨 만든 인형.
266) 일연 지음 · 이재호 옮김(1997), 《삼국유사》1권(서울: 솔출판사), 120~127쪽 및 김부식 지음 · 이재호 옮김(1997), 《삼국사기》1권(서울: 솔출판사), 27~33쪽 참조.

금궤에서 나온 김알지가 신라 김씨 왕조의 시조가 되다

김알지 탄생신화

이 신화는 닭을 매개로 하늘에서 내려온 김알지가 박혁거세의 박씨, 석탈해의 석씨 왕조 뒤를 이어, 신라 김씨 왕조의 시조가 되는 이야기이다. 앞에서 이미 말한 바와 같이, 새나 알을 매개로 하늘에서 신인이 내려오는 신화는, 새를 매개로 하늘과 소통한다고 생각한 우리 민족의 솟대신앙과도 깊은 관련이 있다.

이런 면에서, 이 신화도 우리 민족 신화의 근원적 원형인 '단군신화'와 깊이 관련되어 있다. 즉, 이 신화도 하늘에서 신인이 내려와 인간 세상의 임금이 되

▲그림141_김알지 탄생도.(조속의 〈금궤도金櫃圖〉, 조선 중기)

는 이야기이기 때문이다. 이 김알지 신화는 다음과 같이 기록되어 있다.

신라 탈해왕 9년 곧 서기 65년 봄 3월[267] 어느 날 밤이었다. 왕은 금성 서쪽에 있는 시림始林[268] 곧 **계림**鷄林 숲에서 닭 우는 소리가 나는 것을 들었

---

267) 이것은 《삼국사기》의 기록. 《삼국유사》에는 탈해왕 4년 8월 4일로 되어 있음.
268) 지금의 계림鷄林. 경상북도 경주시의 첨성대瞻星臺와 월성月城 사이에 있는 숲으로 왕버들·느티나무·단풍나무 등의 고목이 울창하게 서 있는, 신라 건국 당시부터 있던 곳이다. 처음에는 시림始林이라 부르다가 김씨의 시조 김알지金閼智가 태어난 이후부터 계림鷄林이라 하였다.

다. 왕은 이를 이상히 여겨 날이 샐 무렵 그곳으로 호공狐公을[269] 보내어 살펴보게 했다. 호공이 그곳으로 가보니, 계림 숲 나뭇가지 위에 금빛이 찬란한 작은 궤가 하나 걸려 있고, 그 아래에는 흰 닭이 길게 목청을 빼어 울고 있었다(그림141 참조).

▲그림142_최근에 그려진 김알지.(문화콘텐츠닷컴)

호공이 돌아와 이 사실을 왕에게 아뢰니, 왕이 사람을 시켜 그 궤를 가져오게 했다. 궤를 가져다가 열어보니, 그 속에서 한 사내아이가 나왔는데, 그 자태와 용모가 자못 크고 기이했다. 이를 본 왕은 크게 기뻐하여 측근의 신하들에게 일러 말하기를, "이것이 어찌 하늘이 나에게 준 아들이 아니랴?" 하고, 그 아이를 거두어 궁성에서 길렀다.

그가 총명하고 지혜로웠기 때문에, 무엇을 잘 아는 아이라는 뜻에서 그의 이름을 알지閼智[270]라 했으며, 그가 번쩍이는 금궤 속에서 나왔다 하여 그의 성을 김씨金氏라 했다(그림142, 그림143 참조). 또한, 그가 발견된 시림始林 숲에서 닭이 울었으므로, 이 시림을 이때부터 계림鷄林 곧 닭숲이라 고쳐 부르도록 했고, 그 이름으로 나라 이름을 삼아, 국호도 계림鷄林으로 바꾸었다.[271]

◀그림143_김알지 탄생 비각. 안에는 '김알지 탄생기록비'가 놓여 있다.(경북 경주시 교동, 1803년 (순조 3년) 건립)

---

269) 앞의 석탈해 신화에서 석탈해에게 집을 빼앗긴 사람.
270) '알지'는 우리말의 '아기'를 뜻한다고도 함.
271) 일연 지음 · 이재호 옮김(1997), 《삼국유사》1권(서울: 솔출판사), 127~129쪽 및 김부식 지음 · 이재호 옮김(1997), 《삼국사기》1(서울: 솔출판사), 48~49쪽 참조.

땅에서 솟아난 세 신인들이 탐라국을 세우다

제주도 삼성三姓 시조신 이야기

이 신화는 지금의 제주도 섬에
처음 살게 된 세 신들에 관한 이
야기이다. 그런데, 이 신들은 '땅
에서 솟아난' 신들이라는 점에
서, 우리가 앞에서 살펴본 천상
계 신들의 신화와는 다른 정체성
을 가지고 있다. 이런 신화는 특

▲그림144_하늘에서 내려다본 한라산과 제주도.

히 제주도에서 많이 나타나고 있어 주목된다.

그러나 제주도 신화들 가운데 뒤에 나오게 될 '오늘이 신화'의 주인공 '오늘
이'는, 이 '제주도 삼성 시조신' 이야기 주인공들과 같이 '땅에서 솟아난' 인물
인데도, 그녀의 정체성은 궁극적으로는 하늘나라 '부모궁'에 있는 부모에게서
확인되기 때문에, 그녀의 원고향이 하늘나라임을 알 수 있다.

이런 점으로 볼 때, '땅에서 솟아난' 신들의 고향 계보 또한 궁극적으로는
하늘나라임을 알게 되며, 이런 신화들도 결국은 우리 민족신화의 원형인 '단
군신화'와 깊은 관련을 가지고 있음을 알 수 있다.

또한, 이 제주도 삼성 시조신의 부인이 된 세 여인들이 일본에서 온 공주들
이란 점은, 제주도가 일찍부터 일본과 가까운 거리에서 서로 교류가 이루어
지고 있었음을 암시하는 것이다.

제주도 땅에서 양을나良乙那 · 고을나高乙那 · 부을나夫乙那 세 신이 솟아나다

아득한 옛날, 한반도 남쪽 끝 뚝 떨어진 바다 한가운데 탐라耽羅라고 하는
섬이 하나 있었다. 망망한 바다 한가운데 있는 이 섬은, 사람들 손도 닿지
않은 채 그저 메마른 바위와 검은 흙만이 바닷물에 씻겨 내리고 있었다. 섬

한 가운데에는 **한라산**漢拏山이 높이 솟아, 늘 흰 구름에 싸여 좀처럼 그 모습을 드러내지 않았다(그림144 참조).

그러던 어느 날, 하늘에 계신 옥황상제玉皇上帝가 한라산에 감돌고 있는 흰 구름들을 하늘로 끌어올려, 비로소 한라산이 그 웅장한 모습을 처음으로 세상에 드러내었다. 바로 이 날, 한라산 북쪽 들판에서 이상한 기운이 돌더니, 세 사람의 신인神人들이 땅 속에서 솟아 나왔다. 그들 몸에서는 찬란한 광채가 나고 용모와 풍신이 늠름했다. 그들 이름은 각각 양을나良乙那·고을나高乙那·부을나夫乙那였다(그림145, 그림146 참조). 그들은 이 섬에서 짐승들을 사냥해서 그 고기를 먹고 짐승 가죽을 입고 살아갔다.

▲그림145_양을나良乙那·고을나高乙那·부을나夫乙那 세 신인이 솟아난 삼성혈(제주시 이도동, 제주시 삼성혈청 제공)

▲그림146_삼성혈 가운데 하나. (제주시청 제공)

일본나라 공주 셋이 제주도로 와서 세 신인과 부부가 되다

그러던 어느 날, 이 섬 바닷가에 배 한 척이 와 닿았다. 그 배 위에는 자주색 옷을 입은 사내가 한 사람 서 있었으며, 배 안에는 자주색 나무상자[木凾]가 하나 놓여 있었다. 자주색 옷을 입은 그 사내가 세 신인들에게 큰절을 올리는, "저는 일본국 사신으로 공주 세 분을 모시고 왔습니다. 이 분들은 모두 하늘이 신인들께 내려주신 배필들이오니, 앞으로 이분들과 함께 나라를 세우시고, 자손만대에 번영하시길 바라옵니다."라고 말했다. 말을 마치고 그 사내는 세 사람의 이야기는 더 들을 필요도 없다는 듯이 하늘 높이 솟구쳐 올라

구름을 타고 어디론가 사라졌다.

세 신인들이 그가 두고 간 나무상자를 조심스럽게 열어보니, 그 안에는 다시 검은 돌상자[石函]가 들어 있고, 그 돌상자를 열어보니 그 안에서 이상한 향기와 함께 푸른 옷을 입은 신녀神女 세 사람이 나타났다. 이들 세 신녀들은 다음과 같이 말했다.

"저희들은 일본 나라 공주들입니다. 부왕께서 저희들께 이르시기를, 탐라 국 땅에 세 사람의 신인이 솟아나 나라를 세우려 하니, 너희들이 가서 그들의 배필이 되어 장차 함께 나라를 세워 만세를 번영하라는 분부를 받잡고 이렇게 왔사옵니다."

이렇게 해서, 세 신인들은 나이 순서대로 각각 세 공주들과 짝을 지어 행복 하게 살게 되었다.

세 신인이 활쏘기 시합으로 영토를 나누어 살다

그러나 이렇게 새로운 생활을 시작하고 나니, 전처럼 함께 살기가 불편해 졌다. 세 신인들은 의논 끝에 **활쏘기 시합**을 하여, 샘물이 달고 땅이 기름진 곳들을 찾아, 영토를 나누어 살기로 했다. 결국, 양을나는 첫 번째 섬에서 살고, 고을나는 두 번째 섬에서 살고, 부을나는 세 번째 섬에서 살게 되었다. 세 신인들 부부는 이렇게 영토를 나누어 제각기 행복하게 살았다. 공주들도 저마다 자기 남편을 도와 밭에 나가 농사를 짓고 바다에 나가 미역을 따, 탐라국은 날로 번창해 갔다.

이 신인들이 솟아나온 세 구멍을 **삼성혈**三姓穴이라 하며, 이들은 각기 고씨高氏 · 양씨梁氏 · 부씨夫氏의 시조 가 되었다. 지금도 제주도에는 이들 이 땅에서 솟아나온 세 구멍인 삼성 혈을 주요 사적지로 정해 전하고 있 다(그림147 참조).272)

▲그림147_제주인들이 삼성혈에서 제사를 모시 는 옛 모습.(《사진으로 보는 제주 역사》)

용의 아들 서동이 선화공주를 얻고 백제 무왕이 되다

풍류와 사랑으로 동서화합의 길을 열다

이 신화는 수신인 용신과 인간 여인이 결합하여 태어난 영웅 서동薯童/마동
이 신라 진평왕의 셋째 딸 선화공주와 결혼하여 부자가 되고, 백제의 무왕武王
이 된다는 이야기이다.

이 신화는 수신 용왕을 부친으로 하고 인간 여인을 모친으로 태어난 영웅
이 임금이 된다는 점에서, 앞의 다른 신화들과는 다른 특이한 신화로 보인다.
그러나 이런 수신 계통의 남신을 우리는 앞에서 이미 고주몽의 어머니 유화柳
花의 아버지 하백河伯이란 신에서 볼 수 있었다. 이렇게 보자면, 유화가 수신
하백의 딸이라면, 서동은 수신 하백의 아들이 되는 셈이다.

그리고 이 백제 수신계의 풍류적 영웅이 바로 서동/마동이라면, 신라 수신
계의 풍류적 영웅으로는 헌강왕 때 경주로 들어와 경주의 최고 미녀와 살며
〈처용가〉를 남기는 동해 용왕의 아들 처용處容이 있다.

특히, 이 신화에서 주목되는 것은, 용신 부친과 인간 모친 사이에서 태어난
수신계 영웅 주인공 서동/마동이 몹시 가난해서 마를 캐어다 팔아 연명을
하고 살았지만, 물욕에는 관심이 없는 자신의 도량과 지혜와 풍류로 이웃나
라 공주를 데려다가 아내로 삼고, 그런 지혜와 도량으로 백제 임금 무왕武王이
되는 주인공 서동의 인간적 풍모라고 할 수 있다.

서동이 동요를 지어 선화공주를 아내로 얻다

백제 30대 무왕武王의 이름은 장璋이었다. 그의 어머니는 일찍이 과부가
되어 나라의 도읍 남쪽 연못가에 집을 짓고 살았는데, 그 연못의 용신과 관계
하여 그를 낳았다.

---

272) 《고려사》 권57 〈지리지〉. 황패강(1988), 《한국의 신화》(서울: 단국대출판부) 및 현용준
(1976), 《제주도 신화》(서울: 서문당), 22~24쪽 참조.

그의 어릴 때 이름은 서동薯童 곧 마동이다. 어릴 때부터 재기와 도량이 넓어 그 크기를 헤아리기가 어려웠다. 그러나 집은 가난하여 늘 마[薯]를 캐어다 팔아 생업을 삼았으므로, 나라 사람들이 그의 이름을 '마둥이' 곧 **서동**薯童이라 하였다.

그는 신라 진평왕眞平王 의 셋째 딸 **선화공주**善花公主가 매우 아름답다는 말을 듣고, 머리를 깎고 신라의 서울 경주로 들어가, 그가 캔 마[薯]를 아이들에게 나누어 먹이니, 아이들이 그와 친해져서 그를 따르게 되었다. 이에, 그는 다음과 같은 동요童謠 하나를 지어 여러 아이들로 하여금 부르게 했다. 이 노래를 서동요薯童謠라 한다.

> 선화공주善花公主님은
> 남 몰래 임을 얻어 두고
> 서동薯童 서방書房을 밤에
> 몰래 안고서 다닌다네.

아이들이 부르는 동요가 신라 서울 경주에 두루 퍼져 대궐에까지 들어가니, 나라의 문무백관文武百官들은 임금에게 극력으로 간諫하여 공주를 먼 곳으로 귀양 보내게 했다. 어쩔 수 없이 딸을 귀양 보내야 하는 왕후王侯는 눈물을 흘리며 공주에게 순금 한 말을 노자路資로 주었다.

공주가 장차 귀양길을 떠나가는 도중에, 서동이 길가 숲속에 있다가 나와 공손히 절을 하며 공주를 모시고 가겠다고 했다. 공주는 비록 그가 어디서 왔는지는 알 수가 없었으나, 자기도 모르게 무단히 그가 믿음직스럽고 좋았다. 이로 말미암아 선화공주는 그를 따라 백제 땅 금마金馬273)에 있는 서동의 고향집으로 갔으며, 그와 은밀한 관계를 맺게 되었다. 그런 뒤에야 선화공주는 서동薯童의 이름을 알게 되었으며, 그 동요의 영험함도 깨닫게 되었다.

---

273) 지금의 전라북도 익산시 금마면 서고도리 소재 오금산 인근.

▲그림148_서동이 마를 캐고 나중에 황금을 캔 오금산과 토성.(익산시 금마면 소고도리)

서동薯童이 금을 모아 지명법사知命法師의 도술로 신라 궁궐로 보내다

그들이 함께 서동의 고향 금마金馬에서 가난한 살림살이를 시작할 즈음, 공주는 모후母后가 노자로 주었던 금을 꺼내어 생계를 도모하려 하니, 서동은 그것을 보고 크게 웃으면서 이게 뭐냐고 물었다.

"황금입니다. 이만큼이면 한 평생 부富를 이룰 만합니다."

그러자 서동이 말했다.

"나는 어릴 때부터 마[薯]를 캐어 팔아 생계를 도모했소. 내가 마를 캐는 그곳274)에 가면 이런 것은 산더미처럼 쌓여 있다오."(그림148 참조)

공주는 이 말을 듣고 크게 놀라 말했다.

"그것은 천하의 진귀한 보배입니다. 당신이 그곳을 안다면 그 보물을 우리 부모님이 계신 신라 궁궐로 보내드리는 것이 어떻겠습니까?"

서동은 그러자고 하고 공주를 데리고 오금산으로 갔다. 과연 그곳은 온통 황금산이었다. 그들은 그 금을 긁어모아 산더미처럼 쌓아놓은 다음, 용화산龍

---

274) 이곳은 현 전북 익산시 금마면에 있는 '오금산五金山'이라 함. 지금도 이 산에는 '오금산성五金山城'이 남아 있으며, 인근에는 마동신화와 관련될 것으로 보이는 연못도 있다.

▲그림149_사자자師子寺 자리에 세워진 사자 암.(전북 익산시 금마면 신용리)

▲그림150_사자자師子寺 자리에 세워진 사자 암의 대웅전과 석탑.

華山[275]) 사자사師子寺[276]) 주지인 지명법사知命法師에게 가서, 그것을 신라로 보낼 계책을 물었다(그림149, 그림150 참조). 그러자 법사는 다음과 같이 말했다.

"내가 신통한 도의 힘으로 보낼 수 있으니, 금을 이리로 가져오시오."

서동과 선화공주가 모은 금을 가져다가 편지와 함께 사자사師子寺 앞뜰에 놓으니, 법사는 신통한 도의 힘으로 하룻밤 사이에 그것을 신라의 서울 경주 궁궐로 보냈다. 이를 받은 신라 진평왕은 그 신비로운 변화를 이상히 여겨, 서동을 더욱 존경해 마지않았고, 늘 편지를 보내어 그의 안부를 물었다.

서동이 왕위에 올라 백제 무왕武王이 되고, 미륵사彌勒寺를 창건하다

이후에, 서동은 세상의 인심을 얻어 드디어 왕위에 오르니, 그가 바로 백제 무왕武王이다.[277])

어느 날, 무왕이 선화부인과 함께 사자사에 가기 위해 용화산 밑의 큰 연못 가에 이르니, 미륵삼존불彌勒三尊佛이 이 연못 가운데서 나타나므로, 그들은 수레를 멈추고 미륵삼존불께 공손히 절을 올렸다. 선화부인이 무왕에게 다음과 같이 간곡히 말했다.

"이곳에 큰 절을 세워주십시오. 이것이 진실로 저의 소원입니다."

---

275) 지금의 익산군 금마면에 있는 미륵산.

276) 현 전북 익산시 금마면 신용리 미륵산 산 127번지에 있음. 지금은 '사자암'으로 되어 있다. 1993년의 발굴조사에서 이 암자에서 '사자사師子寺'라고 쓰여진 기와가 발견되어 이 암자가 바로 《삼국유사》의 기록에 나오는 '사자사'임이 확인되었다.

277) 무령왕武寧王이라고도 함.

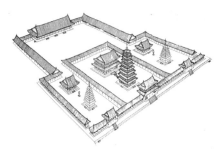

▲그림151_익산시 금마면 미륵사 가람배치도.
(익산시청 제공)

▲그림152_최근 복원된 미륵사지 석탑의 유
연한 모습. (전북 익산시 금마면)

　이 말을 들은 왕은 그것을 허락했다.
이에, 왕비가 지명법사에게로 가 그 큰
연못을 메울 계책을 물으니, 법사는 신
통한 도력으로 하룻밤 사이에 산을 무
너뜨려 그 흙으로 연못을 메워 평지로 만들었다.

　왕은 이곳에 절을 세우고 그 이름을 **미륵사**彌勒寺 혹은 왕흥사王興寺라 칭하
였다(그림151, 그림152 참조). 이 절을 지을 때, 신라 진평왕도 각종 공인工人들을
무왕에게로 보내어 미륵사 창건을 도와주었다. 이 절터와 석탑은 지금도 전
라북도 익산시 금마면 미륵산 아래에 남아 있다.278)

　지금도, 전북 익산시 석왕동에 가면, 이 정치적 국경을 초월하고 물욕을

▲그림153, 154_전북 익산시 석왕동에 있는 쌍릉 중 대왕릉(무왕의 무덤, 좌)과 소왕릉小王陵(선
화공주 무덤, 우).

278) 일연 지음 · 이재호 옮김(1997), 《삼국유사》(서울: 솔출판사), 303~307쪽 참조.

▲그림155_무왕과 선화공주의 무덤인 쌍릉.(전북 익산시 석왕동, 익산시청 제공)

초월한 아름다운 사랑의 인연이 두 개의 무덤 '쌍릉雙陵'으로 남아 있다(그림 153, 그림154 참조).

그런데, 이 두 무덤은 나란히 함께 있는 것이 아니라, 조금 떨어져 있다. 이는, 아마도 죽어서도 더욱더 서로 애틋하게 그리워하며 영원해지고자, 조금은 거리를 두고 지내는 것 같다(그림155 참조).

최근에 이 가운데에 대왕릉이 재발굴되면서 이 무덤이 무왕의 무덤임이 좀 더 분명해지고 있다. 신화와 역사는 마치 동전의 양면과 같아서, 신화에 담긴 역사적 사실성이 유적 발굴을 통해서 사실로 입증되기도 한다.

19세기 최대의 역사적 발굴이라고 하는 '트로이 발굴'은 트로이 전쟁을 다룬 그리스 신화를 근거로 해서 이루어진 것이다. 최근 이루어진 '쌍릉' 가운데 대왕릉의 발굴 작업으로 이 무덤이 무왕의 무덤으로 새롭게 고증되고 있는 것은 흥미롭다(그림156 참조).

▶그림156_전북 익산시 석왕동 대왕릉
大王陵/무왕릉에서 나온 무왕의 관.
(국립익산박물관 소장)

5. 하늘에 사는 다른 신들의 행방

우리나라 신들은, 환검-후천시대로 접어든 이후, 적지 않은 변화를 겪게 된다. 이런 변화들 가운데는 불교적 상상력에 따른 많은 변화도 찾아볼 수 있다. 여기서는, 이런 신화들을 비롯해서 지금까지 살펴본 신화들 외에, 하늘에 사는 다른 신들의 행방을 찾아보기로 하자.

사라도령과 할락궁이가 서천꽃밭을 지키는 꽃감관이 되다

제주도 서사무가 '이공二公본풀이'[279]

이 신화는 다음과 같은 줄거리로 되어 있다. 하늘에서 내려온 천인天人 김진국과 인간 아내 부부 사이에서 태어난 '사라도령'과, 역시 천인天人 원진국과 인간 아내 부부 사이에서 태어난 '원강아미'가 결혼을 한다. 그 뒤 '사라도령'은

---

279) 제주도 무가巫歌의 하나. '이공二公'이란 서'천꽃밭을 지키는 신인 '꽃감관'인 '사라도령'과 그의 아들 '할락궁이'를 가리키는 말. '본풀이'란 무당굿에서 섬기는 무속신의 근본 내력을 구비서사시의 형태로 풀어내는 굿의 절차를 말함.

하늘나라로 올라가 서천꽃밭을 지키는 꽃감관이 된다(그림157 참조).

▲그림157_최근 그려진 사라도령.(문화콘텐츠닷컴)

사라도령과 원강아미 부부 사이에 태어난 아들 '할락궁이'도 모진 시련과 고통 끝에 하늘나라 서천꽃밭에 도달하여, 아버지 꽃감관을 만나 거기서 구한 환생꽃을 가져다가 악한 자현장자에게 죽임을 당했던 어머니를 되살린다. 그러고는 어머니를 모시고 다시 하늘나라 서천꽃밭으로 올라가, 아버지 뒤를 이어 꽃감관이 되어 그곳에서 부모와 함께 행복하게 산다는 이야기이다.

이 신화의 원형은 역시 '단군신화'이다. 여기서 김진국 부부와 원진국 부부는, 모두 천신을 남편으로 인간을 아내로 하고 있다는 점에서, 다 각기 단군신화의 환웅과 웅녀에 해당한다. 그리고 이들이 낳은 '사라도령'과 '원강아미'는 모두 단군신화의 단군/환검에 해당하고, 또 이 둘이 부부가 되어 낳은 아들인 '할락궁이'는 단군의 아들에 해당된다.

달라진 것은 단군신화에서 한 쌍의 부부가 여기서는 두 쌍의 부부로 변이되고, 이 두 쌍의 부부가 낳은 자식들이 결혼하며, 또 이 부부가 낳은 자식의 행방까지 이야기가 발전되고 있다는 점이다.

그리고 이들이 다시 하늘나라로 승천하는 종결부는 단군신화 계통 신화에서 신들이 마지막에 하늘나라로 승천하는 종결부와 같다.

이 신화는 불교적인 영향을 많이 받아 하늘나라가 '서천'이나 '서천꽃밭' 등으로 표현되고 있다. 그러나 그런 상상력의 근원은 그 이전에 이미 형성된 우리민족의 이상세계인 '하늘나라'임은 물론이다. 이 이야기는 제주도 무당들이 큰굿 또는 '불도맞이굿'을 할 때 부르는 **이공본풀이**가 전하는 것이다.

천인天人의 후손 '사라도령'과 '원강아미'가 부부가 되다

옛날, 어느 곳에 하늘에서 내려온 천인天人 김진국 부부와 원진국 부부가 살았다. 김진국 집안은 매우 가난했고, 원진국 집안은 매우 부유했다. 그런데 두 부부는 모두 다 자식이 없어 외롭고 쓸쓸한 나날을 보냈다.

어느 날, 한 스님이 찾아와 산 너머 절에 불공을 드리면 자식을 낳을 수 있다고 했다. 두 부부는 그 절에 가서 정성껏 불공을 드렸

▲그림158_사라도령과 원강아미.
(주호민)

다. 그런 뒤, 두 집 부인들이 모두 다 태기胎氣가 생겨, 열 달 뒤에 자식을 낳았다. 김진국 부부는 아들을 낳아 '**사라도령**'이라 이름 짓고, 원진국 부부는 딸을 낳아 '**원강아미**'라 이름 지었다(그림158 참조). 이들이 자라 열다섯 살이 되는 해에 두 부부는 이들을 결혼시켜 행복하게 살았다.

사라도령이 '서천꽃밭'을 지키는 '꽃감관'으로 부름을 받아, 하늘나라로 올라가다

그들이 결혼한 지 일 년이 가까워오는 어느 날, 하늘나라 옥황상제280)가 차사差使를 보내어 사라도령을 불렀다. 하늘나라 '**서천꽃밭**'을 지키는 '**꽃감관**'으로 부임하라는 명령이었다. 부부는 함께 서천꽃밭으로 가는 길을 떠났다. 그러나 길이 너무 멀고 힘이 들어 부인 원강아미는 중도에서 지쳐 쓰러졌다.

하는 수 없이 사라도령은 아내 원강아미를 도중에 만난 부자 자현장자의 집에 종으로 맡겨두고, 먼저 혼자서 하늘나라로 올라가기로 했다. 하늘나라로 올라가기 전에 사라도령은 이미 임신한 아내에게 이렇게 말했다.

"아들을 낳으면 **할락궁**이라 하고, 딸을 낳으면 **할락덕**이라 하시오."

그러고는 명주실 한 타래와 얼레빗 하나를 주며 다시 만날 때의 증표로 삼았다.

---

280) 단군신화에서의 '환인'에 해당하는 신.

혼로 남은 원강아미가 고난을 겪다

사라도령이 떠난 뒤, 그 부인 원강아미를 돌보던 집주인 자현장자는 원강아미에게 자기의 둘째 아내가 되어 달라고 했다. 원강아미는 뱃속에 든 아기가 태어나면 그의 둘째 아내가 되겠노라고 했다. 얼마 뒤 원강아미는 옥동자를 낳아, 이름을 **할락궁**이라 했다(그림159 참조). 그러나 자현장자의 요청을 어떻게 모면할 것인가 걱정이었다.

자현장자가 다시 찾아와 아이가 태어났으니 자기의 둘째 아내가 되어달라고 거듭 보챘다. 원강아미는 태어난 아이가 성인이

▲그림159_최근에 그려진 할락궁이.(문화콘텐츠닷컴)

될 때까지는 남의 아내가 될 수 없는 것이 자기 나라 풍습이라며 그 요구를 모면했다.

어느덧 할락궁이가 성인이 되었다. 그러자 자현장자가 다시 찾아와 이제는 정말 약속대로 자기의 아내가 되어야 한다고 했다. 그러자 원강아미는, 주인과 종 사이는 부모와 자식 사이와 같은 것이니, 어떻게 종이 주인의 아내가 될 수 있겠느냐고 했다.

그러자 자현장자는 더 이상 참지를 못하고 원강아미를 죽이려 하였다. 이를 본 자현장자의 막내딸이 이를 만류하며, 종을 죽이면 이로울 게 없으니 살려두고 일을 많이 시키는 것이 더 낫다고 했다. 이때부터, 원강아미와 할락궁이는 주인 자현장자로부터 이루 말할 수 없는 시련들을 감내해야만 했다.

낮에는 산으로 올라가 나무 쉰 바리를 해오고 밤에는 새끼 쉰 동을 꼬는 것이 할락궁이의 임무였고, 낮에는 물명주 다섯 동을 짜고 밤에는 광명주281) 다섯 동을 짜는 것이 원강아미의 임무였다.

그런데, 이상하게도 할락궁이가 나무 한 짐을 하여 소등에 실어 놓고 하늘

---

281) '물명주'·'광명주'는 모두 옷감의 일종.

에 절을 한 번 하면, 쉰 마리 소등에 쉰 바리 나무가 실려 있었고, 밤에 새끼를 꼴 때에도 한 발을 꼬아 놓고 하늘에 절을 한 번 하면 눈앞에 쉰 동의 새끼가 쌓여 있었다. 원강아미도 낮에 물명주 한 자를 짜 놓고 하늘에 절을 한 번 하면 물명주 다섯 동이 되어 있었고, 밤에 광명주 한 자를 짜 놓고 하늘에 절을 한 번 하면 광명주 다섯 동이 되어 있었다.

그러나 그 다음 날에는 더 고된 고난들이 그들을 기다리고 있었다. 이번에는 자현장자가 할락궁이를 부르더니, 깊은 산속에 들어가 넓은 밭을 만들어 조 한 섬을 다 뿌리고 오라고 했다. 할락궁이가 산속으로 들어가 조 한 섬을 뿌릴 너른 밭을 만들려고 하니, 어디서 **멧돼지**가 나타나 이리 뛰고 저리 나뒹굴어 눈 깜짝할 사이에 밭을 다 만들어주었다. 그래서 그는 조 한 섬을 아주 손쉽게 다 뿌리고 돌아왔다.

그러자 이번에는 뿌려놓은 조를 도로 모두 다 주워오라고 했다. 할락궁이가 다시 산속 밭으로 올라가 뿌려 놓은 조를 주워 모으려 하니, 갑자기 수많은 **개미떼**가 나타나 눈 깜짝할 사이에 조 한 섬을 다 모아 주었다.[282) 자현장자가 몹시 놀라며 주워온 조를 세어보니 조 한 섬 가운데서 한 알이 모자랐다. 이에 그는 다시 할락궁이를 산으로 보내어 빠뜨리고 온 조 한 알을 찾아오라고 했다. 할락궁이가 조 한 알을 찾으러 산으로 가려 하니, 개미 한 마리가 잃어버린 조 한 알을 물고 와서 그에게 주었다.

'할락궁이'가 사슴을 타고 아버지 '꽃감관'을 찾아 '서천꽃밭'으로 떠나다

고통스런 나날을 보내던 할락궁이는 더 이상 이런 생활을 견딜 수가 없어, 어머니에게 아버지를 찾아가겠노라고 하였다. 그러자 원강아미는 그의 아버지가 하늘나라 서천꽃밭을 지키는 '꽃감관'임을 밝히고, 그가 떠날 때 **증표**로 주고 간 명주실 한 타래와 얼레빗 한 개를 할락궁이에게 주었다. 이에 할락궁이는 아버지를 찾아 길을 떠날 기회를 엿보고 있었다.

---

282) 이 이야기 화소는 우리가 앞의 개벽신화 중에서 '나무도령' 신화에서의 '나무도령'의 시련 부분에서도 나오고 있어 흥미롭다.

어느 날, 할락궁이가 산으로 나무를 하러 갔는데, 한 노인이 흰 사슴을 데리고 나타나, 그 사슴을 할락궁이에게 주며 말했다.

"이 **사슴**을 데리고 가 박넝쿨로 고삐를 하여 외양간에 매어 놓거라. 그러면 이 사슴이 고삐를 끊고 달아날 테니, 그때 이 사슴을 타면 네 아버지가 계신 곳으로 갈 수가 있을 것이다."

말을 마치자 그 노인은 사슴을 그에게 주고는 홀연히 어디론가 사라졌다.

할락궁이는 그 사슴을 데리고 집으로 돌아와 박넝쿨로 고삐를 하여 외양간에 매어 놓은 다음, 어머니에게 소금 닷 되 고춧가루 닷 되를 넣은 **메밀범벅** 세 덩이를 만들어 달라고 했다. 어머니가 메밀범벅 세 덩이를 보따리에 싸 주자, 그는 그것을 짊어지고 어머니에게 하직 인사를 하였는데, 때마침 외양 간에 매어 두었던 사슴이 고삐를 끊고 달아났다. 할락궁이는 달아나는 사슴을 잡으러 간다고 거짓말을 하고는 그 흰 사슴을 잡아타고 쏜살같이 하늘나라 서천꽃밭을 향해 달렸다.

자현장자가 개를 풀어 할락궁이 뒤를 쫓다

할락궁이에게 속은 것을 안 자현장자는 하루에 백 리를 달리는 **백리둥이**란 개를 풀어서 그를 쫓게 했다. 그러자 할락궁이는 미리 준비해온 메밀범벅 한 덩이를 얼른 그 개에게 던졌다. 그것을 받아먹은 개는 범벅이 너무 맵고 짜서 백 리 밖에 있는 백리수를 마시러 달려갔다.

그러자 자현장자는 다시 하루에 천 리를 달리는 **천리둥이**란 개를 풀어 그를 쫓게 했다. 이에 할락궁이는 미리 준비해온 메밀범벅 한 덩어리를 다시 그 개에게 던졌다. 그것을 받아먹은 개는 범벅이 너무 맵고 짜서 천 리 밖에 있는 천리수를 마시러 갔다.

이번에는 또 하루에 만 리를 달리는 **만리둥이**란 개를 풀어 할락궁이를 쫓게 했다. 이에 할락궁이는 또 마지막 남은 메밀범벅 한 덩어리를 그 개에게 던지니, 그것을 받아먹은 개는 역시 범벅이 너무 맵고 짜서 만 리 밖의 만리수를 마시러 가버렸다.

할락궁이가 까마귀 · 선녀에게 길을 물어 서천꽃밭을 찾아가다

할락궁이가 이 개들의 추적을 따돌리고 어디만큼 가노라니, 까마귀 한 마리가 울고 있었다. 우는 이유를 물으니 배가 고파 운다고 했다. 할락궁이는 까마귀에게 무엇을 먹고 싶으냐고 물었다. 까마귀는 땅속벌레 · 물속벌레 · 풀속벌레 각각 일곱 말을 먹고 싶다고 했다.

그래서 할락궁이는 땅속벌레 · 물속벌레 · 풀속벌레 각각 일곱 말을 까마귀에게 잡아다가 주고, 서천꽃밭 가는 길을 물어 보았다. 그러자 까마귀는 이렇게 말했다.

"이 길을 따라 한참 가면 울고 있는 선녀 세 사람이 있을 것이니, 그들에게 물어보세요."

한참을 가다 보니 과연 **선녀** 세 사람이 울고 있었다. 우는 이유를 물으니, 옥황상제 심부름으로 물을 길으러 가다가 그만 물동이를 깨뜨려 운다고 했다. 이에 할락궁이는 그 깨진 물동이 조각들을 맞추어 칡뿌리로 얽어매고, 금이 간 곳에 송진을 발라 때워준 다음, 서천꽃밭 가는 길을 물어보았다. 그러자 선녀들은 이렇게 말했다.

"이 길을 따라 어디만큼 가노라면 얕은 물, 깊은 물, 더 깊은 물이 나올 것이니, 그 물을 차례차례 건너가세요."

어디만큼 가다보니 과연 얕은 물, 깊은 물, 더 깊은 물이 나왔다. 할락궁이는 이 물을 차례차례 건너갔다. 먼저 무릎까지 차는 얕은 물을 건너고, 그 다음에는 가슴까지 차는 깊은 물을 건너고, 마지막으로 목까지 차는 더 깊은 물을 건넜다.

할락궁이가 드디어 서천꽃밭에 도달하여 아버지 꽃감관을 만나다

세 물을 다 건너가니, 사방 천지에 기이한 꽃들과 이상한 풀들이 가득하고, 온갖 향기가 흘러넘치는 별천지別天地가 눈앞에 나타났다. 이곳이 바로 할락궁이 아버지가 꽃감관이 되어 지키고 있는 **서천꽃밭**이었다(그림160 참조).

이에, 할락궁이가 가만히 서천꽃밭 어귀에 있는 아름드리 수양버드나무

▲그림160_안견이 그린 이상향 〈몽유도원도〉.(조선시대)

위로 올라가 주위를 살펴보았다. 잠시 뒤, 선녀들이 물동이를 이고 연못으로
나와 물을 길으려 했다. 이때, 할락궁이가 손가락을 깨물어 피 한 방울을
연못에 떨어뜨리니, 갑자기 연못이 흐려지며 못물이 바짝 말라버렸다.

선녀들이 몹시 놀라 이 사실을 '**꽃감관**'에게 전했다. 이를 이상히 여긴 꽃감
관이 직접 밖으로 나와 버드나무 위의 할락궁이를 크게 꾸짖었다. 그러자
할락궁이는 자기가 꽃감관 사라도령과 그의 부인 원강아미의 아들임을 아뢰
고, 그 **증표**로 명주실 한 타래와 얼레빗 한 개를 아버지인 꽃감관에게 드렸
다. 이에 크게 놀란 꽃감관은, 이것으로 할락궁이가 자기의 아들임을 확인하
고 할락궁이를 집안으로 반가이 맞이해 들였다.

자현장자를 처단하고 어머니를 다시 살리다

할락궁이를 집안으로 맞아들인 아버지 꽃감관은 아들에게 어머니의 소식
을 물으며, 서천꽃밭으로 오는 동안에 어떤 물을 건넜느냐고 물었다. 할락궁
이가 얕은 물, 깊은 물, 더 깊은 물을 건넜다고 하자, 그것은 바로 죽은 그의
어머니의 원한이 물로 된 것이라고 했다. 이에 몹시 놀란 할락궁이가 곧 어머
니의 원수를 갚으러 가겠다고 했다. 그러나 아버지 사라도령은 가기 전에
먼저 보아야할 것이 있다며, 아들을 데리고 **서천꽃밭**으로 갔다.

그곳에서 할락궁이는 죽은 사람의 **뼈**를 살리는 까만 **뼈살이꽃**, 죽은 사람의 살을 살리는 노란 **살살이꽃**, 죽은 사람의 피를 살리는 빨간 **피살이꽃**, 죽은 사람의 숨을 살리는 파란 **숨살이꽃**, 죽은 사람의 혼을 살리는 하얀 **혼살이꽃**을 하나씩 따서 가슴에 넣었다. 또 보기만 해도 웃게 되는 웃음꽃, 보기만

▲그림161_깊은 산중의 생명꽃 복주머니난초.

해도 서로 싸우게 되는 싸움꽃, 보기만 해도 서로를 죽이는 멸망꽃도 각각 하나씩 따서 가슴 안에 넣었다(그림161 참조).

그러고는 곧바로 꽃감관 아버지와 아쉬운 작별을 고하고는, 다시 서천꽃밭으로 왔던 수수 만 리 먼먼 길을 되짚어, 어머니가 계시는 지상으로 곧장 달려 되돌아왔다. 그가 돌아오자, 자현장자는 크게 놀라며 곧 할락궁이를 죽이려 했다. 그러자 할락궁이는 이렇게 말했다.

"제가 죽기 전에 꼭 보여드릴 것이 있습니다. 그러니, 장자님의 식구들을 모두 불러 모아 주십시오."

자현장자의 식구들이 다 모이자, 할락궁이는 먼저 가슴 안에 숨겨가지고 온 **웃음꽃**을 내보였다. 그러자 이것을 본 자현장자의 식구들이 모두 배를 움켜쥐고 웃느라 정신이 없어졌다. 다음으로 **싸움꽃**을 내보였다. 그러자 식구들은 모두 머리채를 움켜잡고 정신없이 싸웠다.

이때 할락궁이는 어려울 때 자기를 도와주었던 자현장자의 막내딸에게 눈을 가리라고 한 다음, **멸망꽃**을 가슴에서 내놓았다. 그러자 자현장자의 모든 식구들이 서로 달려들어 상대방을 닥치는 대로 쳐 죽여 삽시간에 집안이 온통 살육장으로 변하였다. 다만 막내딸만큼은 눈을 가리고 있어 그 비참한 죽음을 모면했다.[283]

이들을 이렇게 처단한 다음, 할락궁이는 살려둔 자현장자의 막내딸에게 죽은 자기 어머니의 몸이 어디에 있는가를 물었다. 그러자 그녀가 겁에 질린

---

283) 이처럼, 눈으로 보지 말라는 금기는 세계의 여러 신화에서 발견된다.

채 이렇게 대답했다.

"뒷산 청대밭 속에 있습니다."

말이 채 끝나기도 전에, 할락궁이는 곧장 뒷산 청대밭으로 달려갔다. 그곳에 가보니 과연 어머니의 죽은 몸이 그곳에 버려져 있고, 이마에는 동백나무가 나고, 배에는 오동나무가 나 있었다.

할락궁이는 크게 통곡하며 어머니 시신 위에 먼저 뼈살이꽃을 올려놓았다. 그러자 어머니의 뼈가 살아났다. 다음에 살살이꽃을 올려놓으니 어머니의 살이 살아나고, 피살이꽃을 올려놓으니 피가 살아났다. 다음엔 숨살이꽃을 올려놓으니 숨이 살아나고, 혼살이꽃을 올려놓으니 혼이 되돌아왔다. 마지막으로, 하늘의 옥황상제님께 절을 올린 뒤에, 물푸레나무 회초리로 어머니의 몸을 세 번 두드리니, 어머니가 기지개를 켜면서 살아 일어나 이렇게 말했다.

"아, 봄잠을 참 달게 잘도 잤구나!"

할락궁이가 사라도령의 뒤를 이어 서천꽃밭을 지키는 꽃감관이 되다

이후에, 세상 여자들은 할락궁이 어머니의 이마에 돋아났던 동백나무 열매로 기름을 짜서, 머리에 바르는 화장품으로 쓰게 되었고, 그녀의 배에 돋아났던 오동나무로는 어머니를 여읜 상제의 지팡이를 만들어 썼다고 한다. 이렇게 일을 모두 마친 할락궁이는 어머니를 모시고 아버지 꽃감관이 계시는 하늘나라 서천꽃밭으로 가서, 세 식구가 다시 만나 행복하게 살았다.

훗날, 할락궁이는 아버지 사라도령의 뒤를 이어 하늘나라 서천꽃밭[284]을 지키는 **꽃감관**이 되었으며, 사라도령은 부인 원강아미와 함께 하늘나라 서천꽃밭의 **신선**神仙이 되었다고 전한다.[285]

---

284) 하늘나라. 천상세계. 낙원.

285) 赤松智城·秋葉 隆(1937), 《朝鮮巫俗の研究》上卷(京城: 朝鮮印刷株式會社), 415~429쪽 및 현용준(1976), 《제주도 신화》(서울: 서문당), 65~76쪽 참조.

이 신화의 줄거리는 다음과 같다. 하늘나라 천신 '칠성님'이 지상의 인간 '매화부인'과 결혼하여 일곱 아들을 낳는다. 그런데, 칠성님은 불여우가 변신한 여자 '옥녀부인'의 유혹에 넘어가 그녀와 같이 하늘나라로 돌아가 지내게 된다. 지상에 남은 매화부인과 일곱 아들들은 온갖 고초를 다 겪은 다음, 다시 하늘나라로 올라가 칠성님을 만나 행복하게 살게 되고, 악녀 옥녀부인은 하늘의 심판으로 처단된다.

이 신화 역시 천신과 지상의 여인 사이에 태어난 영웅 아들에 관한 이야기라는 점에서, 우리 신화의 원형인 '단군신화'의 계보를 계승하고 있음을 알 수 있다. 즉, 이 신화에서 '칠성님'은 단군신화의 환웅桓雄에 해당하고, '매화부인'은 단군신화의 웅녀熊女에 해당하며, 이 둘이 결혼하여 낳은 일곱 아들들은 바로 단군 환검桓儉에 해당한다. 그러나 이야기 내용과 전개는 매우 속화되어 신화의 신성성은 많이 약화되었다.

칠성신七星神은 삼신三神인 환인·환웅·환검/단군과 더불어 우리민족이 초기부터 믿어온 신이다. 삼신이 인간에게 생명을 부여해 준다면, 칠성신은 인간의 수명장수壽命長壽와 길흉화복吉凶禍福을 관장한다. 칠성신 신앙은 우리민족 고유의 민간신앙 가운데 하나이다. 도교·불교 등과 융합되어 민간에서 더욱 활성화되었다.

칠성신은 탐랑貪狼·거문巨門·녹존祿存·문곡文曲·염정廉貞·무곡武曲·파군破軍 등 일곱 개의 별로 구성된다(그림162 참조). 탐랑貪狼은 하늘의 도리를 펼치고 관장하는 별이다. 거문巨門은 하늘의 창고이자 복주머니 별로, 임금의 족보와 인간의 식록을 관장한다. 녹존祿存은 인간의 화와 죽음을 관장한다. 문곡文曲은 권세와 권력을 관장하는 별이다. 염정廉貞은 북두칠성의 중심을 잡아주는 별이다. 무곡武曲은 북두칠성 가운데 힘이 가장 센 별

▲그림162_무신도에 그려진 칠성신들.(신명기 선생 제공)

로 인간의 수명을 관장한다. 파군破軍은 전쟁의 승패를 관장한다고 한다.

이런 이야기는 또 칠월 칠석의 '견우직녀 신화'와도 연결되면서, 칠성신은 비를 기원하는 기우신祈雨神으로도 알려져 왔다.

그리고 또 제주도의 무가巫歌 '칠성본풀이'에서는, 절에 불공을 드려 낳은 외동딸이 뱀으로 변신하여 쫓겨나, 나중에 일곱 딸을 낳아 집안 곳곳의 창고와 재산을 지켜주는 업신 곧 재산 칠성신으로 좌정하게 되었다는 이야기도 전해온다. 이런 경우는 원래 천신天神이었던 칠성신이 집안의 재물신 또는 뱀신 신화와도 연결된 것으로 보인다.

이처럼, 칠성신은 우리 신화 속에서 장수長壽·기우祈雨·재물財物의 세 가지 기능을 하는 우리 민족의 중요한 집안신으로도 자리 잡고 있다. 여기에 정리한 칠성신 신화는 특히 전라도 지역에 강하게 전승되고 있는 무가 **'칠성풀이'**의 이야기이다.

칠성님과 매화부인이 삼신산 칠성단에 기도하여 일곱 아들을 낳다

옛날, 칠월 칠석날 하늘나라 **칠성님**이 지상에 내려와 지상의 **매화부인**과 결혼하였다. 그런데, 오랫동안 슬하에 자식이 없어, 삼신산 칠성단을 찾아가 지극 정성으로 치성을 드렸다. 어느 날 밤, 부부는 하늘나라 선녀가 일곱 개의 구슬을 가지고 그들의 품안으로 들어와, 그것들이 점점 자라 일곱 명의 아이가 되는 이상한 꿈을 꾸었다. 이런 일이 있은 지 얼마 되지 않아 매화부인에게는 태기가 생겨, 열 달이 지나니 일곱 명의 아이가 태어났다(그림162 참조).

칠성님이 매화부인을 버리고 미인으로 변신한 불여우의 유혹에 넘어가다

아이들이 일곱 명이나 태어나자, 이를 본 칠성님은 너무 놀라 그만 하늘나라로 돌아가고 싶은 심정이 되었다. 이런 지경에 처한 칠성님의 마음을 알아챈 천 년 묵은 **불여우** 한 마리가, 아름다운 여인으로 변신하여 칠성님을 유혹했다(그림163 참조). 불여우의 꼬임에 빠진 칠성님은 아름다운 여인으로 변신한 불여우를 데리고 하늘나라로 올라가 행복하게 살았다.

▲그림163_꼬리 아홉 개 달린 여우 구미호.《산해경》

실의에 빠진 매화부인이 일곱 아들을 남기고 수중고혼이 되다

칠성님이 하늘나라로 올라가자, 아이들을 키울 방노가 없어진 매화부인은 실의에 빠져, 용동수라는 깊은 연못을 찾아가 먼저 아이들을 연못에 던진 다음 그 물에 뛰어들어 이승을 하직코자 했다. 그러자 갑자기 일진광풍─陣狂風이 일어나며 하늘이 오색구름으로 뒤덮이더니, 하늘나라 **선녀**가 무지개를 타고 황급히 내려와 매화부인에게 말했다(그림164 참조).

"멈추시오. 매화부인! 내가 약 세 봉지를 줄 테니, 이것을 가지고 아이들에게 먹이십시오. 그러면 아이들이 일곱 살까지는 무사히 잘 자랄 것입니다."

▲그림164_무지개를 탄 팔선녀. 인간에게 자손을 점지해 주고 수명을 연장하며, 부귀영화의 의미를 깨닫게 해준다. (신명기 선생 제공)

이에, 매화부인은 그 약봉지를 받아가지고 집으로 돌아와 칠형제에게 먹이고 다시 아이들을 정성껏 길렀다.

그러나 아이들이 일곱 살이 되는 해에 나라에 큰 가뭄이 들어, 더 이상은 살아갈 방도가 없게 되었다. 매화부인은 아이들을 몰래 재워놓고는, 혼자 다시 용동수 깊은 연못을 찾아가 하느님께 치성을 올렸다.

"비나이다. 비나이다. 명철하신 하느님 전에 비나이다. 저는 오늘 여기서 죽습니다. 하오나, 우리 칠형제 아이들 목숨만은 보전해 주옵소서."

말을 마친 매화부인은 용동수 깊은 물속으로 몸을 던져 그만 수중고혼水中孤魂이 되었다.

일곱 아들이 하늘나라로 올라가 아버지 칠성님을 만나다

매화부인의 칠형제는 어머니가 보이지 않자, 어머니를 찾아 용동수 연못으로 갔다. 어머니가 그곳에서 수중고혼이 된 것을 안 일곱 아이들은, 어머니의 뒤를 따라 함께 용동수 연못 속으로 뛰어들었다. 그러자 갑자기 난데없는 일진광풍이 일어나며 무지개를 탄 선녀들이 다시 하늘에서 내려와, 칠형제를 품에 받아 안고 하늘나라로 올라갔다(그림164 참조).

이때 칠성님은 하늘나라에서 바둑을 두며 허송세월을 보내고 있었다. 선녀들이 안고 올라간 칠형제 아이들이 칠성님을 아버지라 부르며 달려왔다. 이에, 이 사실이 믿기지 않은 칠성님은 자기는 아버지가 아니라고 부인했다. 그러자 일곱 형제 아이들은 이렇게 말했다.

"칠성님, 은하수 맑은 물을 놋대야에 떠다놓고, 우리 칠형제의 손가락을 깨물어 피 일곱 방울을 떨어뜨리고, 칠성님 손가락도 깨물어 피 한 방울을 떨어뜨려, 그 피가 하나로 합쳐지면 부자간의 혈육이 아니 나타나오리까?"

이에, 은하수 맑은 물을 놋대야에 떠 놓고 일곱 형제와 칠성님의 핏방울을 그 물속에 떨어뜨리니, 과연 피 여덟 방울이 합쳐져 하나가 되었다.[286] 그제야 칠성님은 칠형제를 자신의 아들들로 받아들이고, 몰래 자기 방 벽장에 숨겨 두고 함께 지냈다.

불여우 '옥녀부인'의 악행에도 일곱 아들이 사지에서 살아나다

이 사실을 알게 된 불여우 옥녀부인은 거짓으로 칭병稱病을 하고는, 칠성님을 내당內堂으로 불러들여 점쟁이한테 가서 무엇을 먹어야 병이 낫겠는지를 물어 오라고 했다. 이에 칠성님은 점쟁이에게 가 부인의 병에는 무엇을 먹어야 낫겠는지를 물었다. 그런데, 옥녀부인은 이전에 미리 점쟁이에게, 칠형제의 간을 먹어야 낫는다고 말해주라는 전갈을 해 놓았다.

점쟁이는 마음씨가 착한 사람이었다(그림165 참조). 그래서 옥녀부인의 농간

---

286) 우리는 앞의 개벽과 대홍수 이야기 중 '오누이가 결혼하여 인간의 멸종을 막다'에서 오누이가 하늘의 뜻을 물을 때에도 두 사람의 피가 합쳐지는 것을 보았다.

▲그림165_벽화에 나타난 점치는 여인(우)과 괴수(좌).(고구려오회분 중 4호분 벽화)

도 피하고 칠성님의 칠형제도 살릴 수 있는 묘안을 생각해내어, 그를 찾아온 칠성님에게 이렇게 말했다.

"오던 길로 돌아가시다 보면 도중에 **금사슴** 한 마리가 죽어 있을 것입니다. 그 사슴의 배를 가르면 사슴새끼 일곱 마리가 나올 것이니, 그 사슴새끼들의 간을 내어가지고 급히 집으로 돌아가십시오. 집에 다다르면 빨리 일곱 형제 아이들을 깊은 산속으로 피신시키십시오. 그런 다음, 가지고 간 사슴 간을 옥녀부인에게 주십시오. 그리고 그것이 일곱 형제의 간이라고 말하십시오. 그러고는 몰래 뒷문으로 가서 옥녀부인의 거동을 살펴보십시오."

칠성님은 그 연유를 몰랐으나, 일의 전후 사정이 급박한 줄을 직감하고는, 점쟁이가 시키는 대로 하기로 하였다. 집으로 돌아오자마자 자기 방에 있던 일곱 형제를 데리고 몰래 뒷문으로 나가 깊은 산속에 피신시키고, 가져온 사슴 간 일곱 개를 옥녀부인에게 주며, 그것이 칠형제의 간이라고 말했다. 그러고는 몰래 뒷문으로 가서 방안에 옥녀부인의 거동을 살펴보았다.

칠성님이 간을 주고 밖으로 나가자, 옥녀부인은 남편이 준 간을 담요 자리 밑에 숨겨놓은 다음, 병이 다 나은 것처럼 자리에서 일어나 방안을 이리저리 돌아다녔다.

다시 사지에 몰린 칠형제가 포수 어머니의 지혜로 목숨을 건지다

그러나 얼마 지나지 않아 옥녀부인은 칠형제가 아직 산속에 살아있다는 사실을 알게 되었다. 이에, 그녀는 장포수라는 **포수**를 매수하여 칠형제를 죽이려고 했다. 옥녀부인은 금 세 봉지를 들고 장포수를 찾아가 그에게 주고, 삼신산에 숨어 있는 칠형제의 간을 가져오라고 했다. 장포수가 총을 메고 칠형제를 잡으러 집을 떠나려 할 때, 그의 어머니가 소매를 부여잡고 간절히 만류하며 이렇게 말했다.

"이놈아. 네가 오늘 칠형제를 죽이러 간다마는, 그러다가는 도리어 네가 천벌을 받을 것이니, 지금부터 내가 하는 말을 잘 듣고 시키는 대로 해야만 한다. 삼신산에 가면 **환생화**還生花287)를 들고 서 있는 그 칠형제를 만날 것이다. 그들을 만나거든 이달 보름날이 아버지의 환갑날이니 그 날을 잊지 말고 아버지를 찾아가라고 당부하거라. 그리고 삼신산에 사는 **꿩** 가운데 장끼 네 마리와 까투리 세 마리를 잡아 그 간을 내어다 옥녀부인이게 가져다 주거라."

장포수는 어머니가 하는 말의 내막은 잘 몰랐으나, 어머니가 시키는 대로 장끼 네 마리와 까투리 세 마리를 잡아 간을 내어 옥녀부인에게 가져다주었다. 그러자 옥녀부인은 그제야 칠형제가 정말로 죽은 줄로 알고 어깨춤과 엉덩이춤을 추어제끼며 좋아서 어쩔 줄을 몰라 했다.

칠성님의 환갑날이 다가오자, 옥녀부인은 온갖 풍악을 다 갖추고 걸판지게 잔칫상을 차려 이웃 사람들을 대접했다. 이날, 칠형제는 칠성님의 환갑잔치에 참석하기 위해 산을 내려와 집으로 돌아갔다.

하늘의 심판으로 칠성님의 불여우 옥녀부인이 처단되다

칠형제가 잔치 마당에 들어서서 칠성님 앞에 무릎을 꿇고 머리를 조아리자, 옥녀부인은 귀신이라도 본 듯 크게 놀라 얼굴이 샛노랗게 변하며 당장 사라지라고 소리를 질렀다. 그러나 칠형제도 이번에는 물러서지를 않고 옥녀부인에게 이렇게 당당하게 말했다.

---

287) 죽은 사람을 다시 살리는 꽃.

"정 그러하시다면 할 수 없습니다. 우리가 하늘의 **심판**을 받아 보지요. 칼날은 우리 칠형제 입에 물리고, 칼자루는 부인 입에 물려, 땅에 엎드린 뒤 하늘의 심판을 기다립시다."

옥녀부인은 틀림없이 칼날을 물린 칠형제가 죽을 것이라는 생각에 칠형제의 제안을 선뜻 받아들였다. 약속한 대로, 칠형제는 칼날을 입에 물고 옥녀부인은 칼자루를 물고서, 땅에 엎드려 하늘의 심판을 기다렸다. 칠형제는 땅에 엎드린 채 하느님께 다음과 같이 소원을 빌었다.

"비나이다. 비나이다. 명철하신 하느님 전에 비나이다. 우리 일곱 형제, 이 자리에서 죽더라도 후생에 다시 태어나 불쌍하신 저 시상의 모친이나 상봉하게 하여주십시오."

칠형제가 소원을 빌자, 갑자기 잔칫집에 난데없는 일진광풍—陣狂風이 일어나고 오색구름이 뒤덮였다. 일곱 형제가 정신을 차려 고개를 들어보니, 하늘 나라도 간 곳이 없고, 천궁天宮도 간곳이 없고, 잔칫상도 간곳이 없어졌다. 옥녀부인도 간 곳이 없고 너른 천상의 들판 한 가운데 칠성님과 칠형제만이 우뚝 서 있을 뿐이었다.

옥녀부인은 벼락을 맞아 죽어 한 토막은 하늘로, 한 토막은 땅으로, 한 토막은 물로 날아갔다. 천상으로 날아간 한 토막은 **할미새**가 되어 혼인 대사에 뒷공론 노릇을 하게 되었고, 땅에 떨어진 한 토막은 **두더지**가 되어 늘 땅속을 헤매게 되었으며, 물에 떨어진 한 토막은 **실뱀**이 되어 늘 인간의 괴롭힘을 당하게 되었다.

매화부인이 다시 살아나고 칠성님 가족들이 하늘의 칠성신이 되다

이런 일을 겪은 뒤에, 칠성님과 아들 칠형제는 하늘나라에서 다시 지상으로 내려왔다. 지상에 내려온 칠형제는 먼저 용동수로 가 수중고혼水中孤魂이 된 어머니를 위해 죽은 이의 원혼을 위로하는 수륙재水陸齋를 지낸 다음, 그 깊은 연못 속에서 죽은 매화부인의 시신을 건져냈다.

물에서 건져낸 어머니의 시신을 따뜻한 방안에 반듯이 눕히고, 칠형제는 하늘나라 삼신산에서 가지고 온 **환생화**를 매화부인의 몸 위에 뿌렸다(그림166 참조). 그러자 매화부인이 잠에서 깨어나듯이 눈을 뜨며 이렇게 말하는 것이었다.

"아! 잠 한 번 참 곤하게 자알 잤다."

이렇게 매화부인과 아들 칠형제는 다시 천상으로 올라가 칠성님과 기꺼운 상봉을 하여 영원한 행복을 되찾게 되었다.

이들이 이렇게 다시 만난 날은 칠월 칠석날이다. 오랜 고난과 헤어짐 끝에 한 집안 식구들이 다시 만나 감격의 눈물을 흘리기 때문에, 이때부터 이날에는 반드시 하늘에서 비가 온다고 한다.

▲**그림166**_전라도 씻김굿에서 이승과 저승을 이어주는 매개물로 사용되는 지전, 곧 환생화.(이경엽 제공)

훗날, 칠성님과 매화부인과 이들의 아들 칠형제는 하늘나라에서 모두 큰 별들이 되었다. 칠성님은 **견우성**이 되고, 매화부인은 **직녀성**이 되었으며, 칠형제는 각각 하늘나라의 **동두칠성·서두칠성·남두칠성·북두칠성·중앙칠성·거문칠성·문곡칠성**[288]이란 별이 되었다고 한다.[289]

---

288) 칠성신은 앞에서 언급한 바와 같이 탐랑칠성·거문칠성·녹존칠성·문곡칠성·염정칠성·무곡칠성·파군칠성 등으로 불리기도 한다.

289) 1988. 7. 23. 전북 군산시 옥구군 어은리 박궁기(남·75세) 제보, 박순호 교수 채록본 참조.

지상에서 죄를 사한 궁상이가 다시 하늘나라로 돌아가다

함경도 서사무가 궁상이 이야기

이 신화는 선계仙界의 신인 '궁상이'가 하늘나라에서 죄를 지어 지상으로 귀양을 와, 지상의 아름답고 지혜로운 한 여인을 만나 가정을 이루고 행복하게 살다가, 악한인 배선이란 인물을 만나 온갖 삶의 고초를 다 겪어 지은 죄를 갚은 다음, 다시 지상에서 만난 아내와 같이 하늘나라로 올라가 행복하게 산다는 이야기이다.

전체적으로 보아, 이 신화에서 '궁상이'는 단군신화의 환웅桓雄에 해당하고, '궁상이 부인'은 단군신화의 웅녀熊女에 해당한다는 점에서, 이 신화도 역시 '단군신화'를 그 원형으로 하는 천신계 신화임을 알 수 있다.

특히, 궁상이 부인이 거지 잔치를 벌여 남편을 다시 만나게 되는 부분은, 우리나라 고전소설《흥부전》의 맹인 잔치 부분과도 닮은 점이 많아 흥미롭다.

신화는 이처럼 그 원형을 중심으로, 시대와 사회에 따라 부단히 변이를 일으키며, 최근으로 오면서는 속화된 설화나 소설로도 변이되어 나타난다는 것을 우리에게 알려주고 있다.

하늘나라 선인 궁상이가 지상으로 내려와 아름다운 아내와 행복하게 살다

하늘의 선계仙界에 살던 궁상이란 신인神人이 하늘에서 죄를 지어 지상의 인간 세상으로 유배를 오게 되었다. 그는 지상에 내려와 어느 바닷가에서 욕심이 없고 마음씨가 착한 선비로 살아갔다. 주위에 이런 그의 인품이 알려져 인근에 사는 아름답고 지혜로운 처녀와 결혼하여 행복하게 잘 살아갔다. 아내의 지혜로 재산도 많이 모아, 거부 장자로 남부러움 없이 살고 있었다.

마음씨 고약한 배선이가 궁상이의 재산과 아내를 모두 빼앗다

그런데, 바다 건너 어느 곳에 마음씨가 몹시 사악하고 잔꾀가 많은 배선이란 자가 살고 있었다. 그는 하늘나라 선비 궁상이 부인의 아름다움을 탐내어, 궁상이가 사는 마을로 와서 궁상이와 친구가 되었다. 그리고 이 악한惡漢 배선이는 늘 궁상이를 찾아와 바둑과 온갖 잡기로 그를 홀렸다.

하늘나라 선비 궁상이는 이렇게 하릴 없이 배선이에게 이끌려 잡기로 허송세월을 보내니, 많던 재산도 점차 축이 나기 시작했다. 하지만, 선비 궁상이는 친구 배선이를 잘 대접하며 날마다 그와 더불어 놀았다.

어느 날, 배선이가 궁상이에게 이제는 놀이바둑만 둘 것이 아니라 내기바둑을 두자고 제안했다(그림167 참조). 궁상이는 이에 순순히 응했다. 그런데, 내기바둑을

▲그림167_최근 만화로 그려진 궁상이와 배선이의 내기바둑 장면.(《우리 신화 한 바퀴》, 계림북스)

둘 때 배선이가 교묘한 속임수를 쓰는 바람에 매번 질 수 밖에 없었으며, 그럴 때마다 궁상이의 재산은 눈에 띄게 줄어들게 되었다.

그러던 어느 날, 궁상이의 아름다운 부인이 꿈을 꾸니, 그의 식기와 대접에 녹이 슬고 수저가 부러져 보였다. 꿈이 하도 이상하여 궁상이에게 무슨 변고가 일어날 것만 같아, 부인은 남편에게 꿈 이야기를 하고, 부디 자신의 신변을 신중히 보살피라고 당부했다. 그러나 그는 부인이 하는 충고의 말을 듣지 않았으며, 여전히 하루 같이 악한 배선이와 바둑 두기를 일삼았다.

마침내 궁상이는 자신이 가진 재산을 내기바둑으로 배선이에게 모두 다 털리고 말았다. 그러자 배선이는 말했다.

"친구, 그래도 아직 자네 아내는 남지 않았나? 아내를 걸고 마지막 한 판만 더 두기로 하세나!"

친구의 말을 거절하지 못하는 선량한 하늘 선비 궁상이는 결국 아내를 걸고 마지막 바둑 한 판을 더 두게 되었다. 결국, 궁상이는 이 마지막 내기바둑에서도 배선이에게 지고 말아, 마지막 남은 아리따운 아내마저 악한 배선이

손에 넘겨주어야만 했다.

　이런 곤궁한 처지에 놓이게 된 궁상이는 낙심천만이 되어 일단 친구를 보내고는, 3년 동안 불도 때지 않은 뒷방으로 들어가 숨어지내다가 죽기로 하였다. 이를 이상히 여긴 그의 지혜롭고 아름다운 부인은 남편에게 그 자초지종을 물어 알고는, 이렇게 말하는 것이었다.

　"서방님. 아무 걱정 마시고 어서 그 냉방에서 나오시어 따뜻한 안방으로 가십시다. 우선 진지나 잘 드시고 좀 쉬세요. 제가 다 알아서 처리하겠습니다."

궁상이 부부가 배선이에게 붙잡혀 가다

　마침 궁상이네 집 하녀가 매우 예뻤다. 부인은 하녀에게 자기 옷을 입히고 단장시켜 꽃방석에 앉혀 놓고는, 자신은 이리저리 구겨진 헌 옷을 입고 재를 끼얹어 남루하게 보이도록 한 다음, 그 하녀로 하여금 배선이에게 이렇게 말하도록 하였다.

　"남편을 잘못 만나 이 지경이 되었으니, 어서 저를 데리고 가사이다."

　그러나 잔꾀 많은 배선이는 이를 벌써 다 알아채고 능청스럽게 이렇게 말하였다.

　"아무리 내가 내기를 했지만 남의 부인을 데려갈 수야 있겠소이까? 저는 그냥 저 남루하고 쓸 모 없는 하녀나 데리고 가겠소. 이레 뒤에 와서 데려가겠소이다!"

　이에, 지혜로운 궁상이의 부인은 이렇게 대꾸했다.

　"남의 부인을 데려가는 데 어떻게 이레 만에 데려간답니까? 백 년을 살자, 천 년을 살자던 정리情理를 버리고 가자면, 어찌 이레 만에 갈 수가 있단 말입니까. 허나, 이미 약속한 일이니 가겠소만, 석 달 열흘만 참아주시오."

　이렇게 해서 궁상이의 부인은 석 달 열흘의 말미를 얻었다. 그러고는 궁상이에게 큰 소를 한 마리만 사 달라 했고, 궁상이는 남은 마지막 밑천을 다 팔아, 아내의 소원대로 큰 소 한 마리를 사다 주었다.

그녀는 이 소를 잡아 자기 손으로 그 고기를 포 떠 두드려 말리기를 거듭하여, 마치 솜같이 되었다. 그녀는 이 솜 같이 된 쇠고기를 남편의 옷 속에 솜처럼 넣어 소고기 솜옷을 만들고는, 그 옷에다가 또 주머니 열두 개를 달고 그 주머니 속에 낚싯줄을 넣은 다음, 그 옷을 남편 궁상이에게 입히었다.

이윽고, 석 달 열흘 만에 배선이가 궁상이의 부인을 데리러 왔다. 부인은 아니 갈 수 없어 자기가 시집 온 첫날 입었던 초록저고리 다홍치마와 족두리를 챙기고 물명주 한 필도 함에 넣어 가며, 배선이에게 궁상이를 가리키며 이렇게 부탁을 했다.

"여보시오. 나도 사람인데 어떻게 살던 정리情理를 아주 끊어버리고 갈 수 있겠습니까. 저 사람은 이제 올데갈데없는 불쌍한 사람이니 마당이라도 쓸게 데리고 갑시다."

배선이는 궁상이의 부인이 자기를 순순히 따라 간다는 말에 혹하여, 그녀의 말대로 궁상이를 데리고 가기로 하였다.

잡혀가던 궁상이가 바다에 버려지고, 바다 거북이가 궁상이를 구해주다

그러나 배선이가 일행을 데리고 가다가 생각해 보니, 궁상이는 데리고 갈 필요가 없다는 생각이 들어 그만 그를 지나가는 바다 속에 던져버리기로 했다. 이에, 부인이 간청하여 말하였다.

"그럼, 그 나뭇조각이나 하나 마련하여 그 위에다 실어 버리기로 하십시다. 어느 갯가에든 갈대밭에든 걸리어 고기밥이라도 되게 말이요."

이에 배선이는 그게 무슨 대수이랴 싶어 허락을 하였다. 그러자 궁상이 부인은 배선이 몰래 미리 준비해 가지고 왔던 물명주 한 필의 한 끝을 널빤지 조각에 묶어 하늘 높이 던지며, "하느님, 오늘 궁상이는 이 배

▲그림168_궁상이를 구한 거북이.(박종수)

에서 떨어져 구천에 고기밥이 되오니 부디 이를 알아주소서!" 하였다. 그러고 는 얼른 그 물명주 베로 궁상이의 몸을 널빤지 조각에다 묶은 다음 바다 속으로 밀어 넣고 남편과 이별을 고하였다.

궁상이가 혼자 널빤지 조각에 의지하여 바다 위에 떠 있는데, 어디선가 커다란 거북이 한 마리가 나타나 궁상이를 등에 업고 어디론가 헤엄쳐 갔다 (그림168 참조).

궁상이는 학의 도움으로 부인이 있는 곳으로 오게 되다

궁상이 부인은 배선이의 집으로 끌려왔으나 여러 가지 핑계를 대며 밥을 먹지 않고 누워 앓는 척 배선이를 멀리하며 세월을 보냈다. 그러자 기다리다 못한 배선이는 날마다 밖으로 나돌며 다른 여자를 탐하고 다녔다.

한편, 바다거북이 등에 업혀 어디론가 실려 간 궁상이는 어느 바닷가 갈대밭에 가 닿게 되었다. 그러나 배가 몹시 고파 견딜 수가 없어 주머니를 이러저리 뒤져 보니, 아내가 미리 준비해 놓은 낚시와 낚싯줄이 들어 있었다. 그리고 입은 옷이 물에 불어나 불룩해진 것을 자세히 보니 옷 속에는 솜이 아닌 쇠고기를 말린 육포 솜이 들어 있었다. 그래서 궁상이는 이 육포 솜을 꺼내어 요기를 하고, 낚시가 매달린 낚싯줄에 육포 솜을 끼워 물고기를 잡아먹으며 연명하고 있었다.

그러던 어느 날, 하루는 학 한 마리가 궁상이 앞으로 날아와 머리를 조아리며 먹이를 달라는 시늉을 하며 이렇게 말하였다.

"제가 새끼를 다섯이나 낳아 먹일 게 없습니다. 어르신이 잡으신 그 물고기를 좀 주소서."

궁상이가 이를 허락하여, 궁상이가 잡은 물고기로 학은 새끼들을 잘 먹여 키울 수 있게 되었다. 어느 날, 학은 궁상이 은혜에 보답하려고 그의 소원을 글로 써 달라고 했다. 이에 궁상이는 "내 아내가 저 바다 건너에 살고 있는데, 바다가 멀고 깊어 갈 수가 없구나!" 하며 울먹였다. 이에 학 부부는 둘이서 궁상이를 등에다 태우고는, 바다 위를 훨훨 날아 건너, 바다 너머 궁상이의 아내가 사는 데로 데려다 주었다.

궁상이 부인이 궁상이를 만나기 위해 거지 잔치를 베풀게 하다

이때에, 궁상이 부인은 날마다 남편을 만날 궁리만을 하며 세월을 보냈다. 그러나 배선이의 감시로 집안에서 꼼짝을 할 수가 없었다. 배선이는 날이면 날마다 집안에 새 이부자리를 갖추어 놓고 졸랐다.

"이젠 나와 같이 살아야 하지 않겠소?"

그럴 때마다 궁상이 부인은 이렇게 말했다.

"정식으로 혼례를 치르지 않고 남의 처를 몰래 빼앗아 사는 것이 탄로나면 우린 행복하게 살 수가 없지 않겠습니까?"

"음, 그렇긴 하군."

"하오니, 우리 혼례는 성대하게 치르고 싶습니다. 그리고 기왕에 혼례를 성대하게 치르기 위해서는 불쌍한 거지들을 모두 다 불러다가 삼 년 석 달 간 거지 잔치를 해서 세상 사람들에게 우리의 결혼을 축하받고 싶습니다."

이 말을 들은 배선이는 그렇게 하는 것이 좋겠다 싶어 궁상이 아내의 말대로 하기로 하였다.

마침내 거지 잔치에서 궁상이 부인이 남편 궁상이와 상봉하다

이렇게 하여, 배선이는 궁상이 부인과 성대한 결혼식을 치르고자, 궁상이에게서 빼앗은 재산과 또 다른 사람들한테 빼앗은 재산들까지 합쳐, 소를 잡고 풍류를 잡히고 삼 년 석 달 동안 아주 성대한 **거지 잔치**를 베풀었다(그림 169 참조).

궁상이 부인은 궁상이가 나타나기를 간절히 기다리며, 이제나 저제나 하며 오랫동안 잔치를 벌였다. 그러나 그녀의 남편 궁상이는 좀처럼 나타나지를 않아, 결국 체념을 하게 되었다.

거지 잔치를 연 지 삼 년이 지난 어느 날, 마침내 궁상이는 행색이 말이 아닌 비참한 거지가 되어 이 잔칫집에 나타났다. 그러나 궁상이 부인은 이미

체념을 한 뒤라 궁상이가 나타났어도 거지 잔치를 거들떠보지도 않게 되었다. 그리고 이때부터 궁상이 부인은 상 차리는 순서를 위와 아래 양쪽에서부터 하여, 한 가운데 한 상은 차리지 말고 비워 놓으라고 하였다. 포기한 남편 궁상이의 자리가 이제 체념을 한 그녀의 마음속 빈곳에 아직 남아 있었기 때문이었다.

그런데, 궁상이가 온 첫날도, 둘째 날도, 그리고 셋째 날도 궁상이는 이 거지 잔치마당 한 가운데 빈 자리에 앉아 있었기 때문에, 결국 잔칫상을 한 번도 받지를 못하였다.

사흘째 되는 날도 상을 받지 못하게 된 궁상이는 그만 속이 상해 눈물을 흘리며 울었다. 거지 하나가 한 가운데 자리에 앉아 운다는 소식을 들은 궁상이 부인은 좀 이상한 생각이 들어 하인에게 이렇게 말했다.

"우리가 삼 년 석 달 동안을 거지 잔치를 해서 오는 거지들마다 후하게 대접해 보냈는데, 거지 하나라도 울려서 보내서야 되겠느냐? 내가 나가서 연유를 묻고 살펴보리라."

궁상이 부인이 밖으로 나가 사정을 살펴 물어보니, 행색이 초라하기 그지없는 거지 하나가 궁상이 부인이게 이렇게 말하였다.

"제가 하도 춥고 배가 고팠는데, 여기서 거지 잔치를 베푼다 하기에 무얼 좀 얻어먹어 볼까 하고 왔다가, 사흘째 한 상도 못 받고 가게 되어, 너무 억울해서 웁니다!"

사연을 듣고 난 궁상이 부인은 궁상이에게 잔칫상을 후하게 한 상 차려주고는 이렇게 말하였다.

"마음껏 드시옵고, 그래도 음식이 남거들랑 남은 음식은 다 가져가세요."

그러자 이를 본 나머지 거지들이 이러한 처사는 공평하지 않다고 불평들을 하며 수군거리기 시작했다. 그러다가 그들은 마침 잔칫상을 받고 모처럼 귀한 음식을 막 먹으려고 하던 궁상이에게 떼를 지어 달려들어, 궁상이가 받은 잔칫상의 음식을 죄다 빼앗고, 서로 더 많이 가지려고 한바탕 싸움을 벌여, 잔치판은 결국 난장판이 되고 말았다.

이렇게 되자, 집안에 있던 배선이와 하인들조차도 모두 이 난장판에 나오게 되었다. 그때, 궁상이 부인이 잔치마당에 모인 사람들 앞에 조용히 나서며 이렇게 말하였다.

"제가 예전에 지어 놓은 **구슬옷**이 하나 있습니다. 이 자리에 모인 분들 가운데서 이 구슬옷을 입어 몸에 맞는 분을 제 남편으로 모시고자 합니다."

그러자 그때까지 온 마음이 가장 초조하게 그녀와의 결혼을 고대하고 있던 배선이가 제일 먼저 달려들어, 그녀가 내놓은 그 구슬옷을 입으려고 했다. 그러나 마음만 바쁘고 어디를 들추어 보아도 옷섶은 나오지 않으며, 구슬이 모두 한 덩어리여서 도저히 입을 수가 없었다. 배선이는 애만 쓰다가 결국 포기하고 말았다.

다른 거지들 역시 애를 써 보았으나 배선이와 마찬가지였다. 이제 남은 사람은 잔칫상도 받지 못한 거지 궁상이 한 사람 뿐이었다. 마침내 궁상이가 초라한 모습으로 비틀거리며 궁상이 부인 앞으로 걸어 나와 그 구슬옷을 그녀에게서 받아 들었다. 그 옷은 그토록 오랫동안 간절히 찾아 헤매던 사랑하는 아내가 자기에게 맨 처음 만들어 주었던 옷이었다. 궁상이는 아무 말 없이 그 옷을 단숨에 입었다. 그 모습을 지켜보던 궁상이 부인이 다시 조용히 말하였다.

"이제 이 구슬옷의 주인을 찾았고 저의 의문을 다 풀었으니, 이 분을 제 남편으로 모시겠습니다."

평생 동안 **내기놀이**로 사람들을 괴롭혀 온 배선이는 이렇게 해서 마지막 내기놀이에서 결국 패배하여 어쩔 수 없이 물러나게 되었다.

장에서 사온 고양이와 개의 도움으로 궁상이 부부가 다시 부자가 되고, 죄가 사하여져 다시 하늘나라로 돌아가다

이렇게 하여, 궁상이는 다시 아내를 되찾아 배를 타고 바다를 건너 그가 전에 살던 고향집으로 돌아왔다. 그러나 옛집으로 돌아와 보니 모든 재산을 배선이에게 다 빼앗긴 뒤여서 살아갈 생계가 묘연했다. 하는 수 없이 부인이 삯바느질로 하루하루 생계를 유지해나갔다. 그러나 궁상이는 이제 바둑내기도 하지 못하고 날마다 하는 일 없이 방 안에만 들어앉아 세월을 보내고 있었다.

이런 궁상이 모습이 안타까운 그의 아내는, 그동안 삯바느질로 어렵게 조금씩 모아둔 돈을 남편 궁상이에게 주며 바람이라도 쏘이고 오라고 했다. 궁상이는 아내가 준 그 돈을 받아들고 장터로 나가서 이곳저곳을 기웃거리며 돌아다녔다. 그러다가 해가 넘어갈 무렵에 고양이 한 마리를 사 가지고 집으로 돌아왔다.

이를 본 부인은 아무 말도 하지 않고, 다음 장날이 되자 또 모아 놓은 돈을 그에게 주며 아무거나 마음에 드는 대로 물건을 사서 장사를 해 보라고 하였다. 궁상이는 아내가 준 돈을 들고 다시 장에 가서 이곳저곳을 기웃거리다가, 해질 무렵에 강아지 한 마리를 사가지고 돌아왔다.

어느덧, 이 고양이와 강아지는 의좋게 잘 자라, 3년 뒤에는 그 몸이 송아지만 하게 자랐다. 이 고양이와 개는 그동안 길러준 주인의 은공이 너무 고마워 그 은혜를 갚기로 하였다(그림170 참조).

"우리가 이렇게 자란 것이 다 주인님의 덕택이니, 우리도 이젠 신세를 갚아야 하지 않겠니?"

"그래. 마침 저 강 건너 김장자네 집에 **팔방야광주**가 있다는데, 우리 주인님이 저리 가난하니 그걸 가져다 드리면 어떻겠니?"

이렇게 하여, 둘은 의논 끝에 개가 고양이를 등에 업고 강을 건너가, 김장자네 집에 있는 팔방야광주를 물어다가 주인집 곳간에 놓았다. 그 날부터 자고 나면 곳간에 쌀이 그득 쌓이고, 또 자고 나면 금고에 돈이 그득 쌓여 궁상이 부부는 금방 부자가 되었다.

그 뒤, 궁상이와 그의 부인은 서로 의좋게 행복하게 살다가, 궁상이가 하늘나라에서 지은 죄가 모두 다 사하여져, 부부는 함께 하늘나라 선계仙界로 돌아가서 행복하게 살았다고 한다.290)

▲그림170_전통 한국화에 그려진 개와 고양이.
(이암, 조선중기)

---

290) 김태곤(1981), 《한국무가집》3(서울: 집문당), 79~92쪽. 함흥 출신의 무녀 이고분(조사 당시 66세)의 구연 자료를 1966년 5월에 김태곤이 채록한 것임.

6. 땅에 사는 다른 신들의 행방

　지금까지 살펴본 신들 외에도, 땅위에는 다른 많은 신들이 살고 있다. 그런 신들 가운데는 우리의 생사화복生死禍福을 주관하는 운명신, 산에 사는 산신, 들판의 농신農神과 축신畜神, 싸움을 주관하는 전생신, 사람들을 천연두의 공포에 몰아넣는 마마신 곧 손님신 등이 그들이다.

　이런 계통의 신들 가운데는, '지리산 산신 마고' · '농신 문도령'과 같이 천신이 지신으로 좌정하는 경우도 있고, 가야국 임금 '뇌질주일 · 뇌질청예' · '대관령 국사성황신' · '군웅신'과 같이 천신/햇빛과 지신/산신의 결합으로 탄생하는 반신반인의 영웅형 지상신도 있으며, '운명신 감은장아기' · '대관령 여국사성황신' · '농신 자청비' · '축신 정수남' · 신녀 '오늘이' 등과 같이 인간이 그 신적인 정체성을 회복하는 경우도 있다. 이처럼, 지상의 신들로 좌정하게 되는 신들은 그 계통도 다양하게 나타난다.

　또한, 이 시대에 들어오면 천신 계통의 신들도 그만큼 신적인 권위와 아우라가 약해지기도 하며, 성스러운 신성의 활기가 세속적인 방향으로 많이 기울어지게 된다. 이에 따라, 신들은 그만큼 성스러운 일보다는 우리 인간 세상의 일상생활 속에서 벌어지는 세속적인 일들에 많은 관심을 보이는 존재가 된다.

　이 장에서는 지상에 좌정한 이런 다양한 신들의 행방과 그들의 활동들을 살펴보기로 하자.

제주도 무가 '삼공본풀이'291) 이야기

이 신화의 줄거리는 다음과 같다. 가난한 거지 인간의 딸로 태어난 신녀神
女 '감은장아기'가 자기의 능력으로 부모 형제를 부자가 되게 해주었으나,
이런 은공을 모르는 부모가 '감은장아기'를 쫓아내고 두 언니들도 이에 동조
한다. 이에 쫓겨난 '감은장아기'의 주문으로 큰언니 '은장아기'는 청지네로
변신하고, 둘째 언니 '놋장아기'는 말똥버섯으로 변신하며, 부모는 마침내
장님 거지 신세가 된다.

'감은장아기'는 집에서 쫓겨난 뒤 마를 캐는 가난한 집 셋째 아들과 결혼하
여 금덩이를 얻어 부자가 되고, 장님 잔치를 열어 부모를 만나 부모의 먼
눈을 뜨게 한 다음, 청지네와 말똥버섯으로 변신한 두 언니들도 다시 본래의
인간 몸으로 되돌려준다. 그러고 나서, '감은장아기'는 인간의 팔자를 관장하
는 운명신이 된다.

이 신화의 주인공 '감은장아기'의 신적인 계보는 명시되어 있지 않으나,
가난한 부모 사이에서 태어난 신녀神女로 그려져 있다. 이런 이유는 그녀의
인간을 초월한 신적인 능력에서 확인된다. 그리고 그녀가 만나 결혼하는 상
대는 착한 인간으로 되어 있다.

이런 계통의 신화 계보를 보면, 지금까지 보아온 남성중심 신화들과는 다르
게, 남성 쪽이 인간이고 여성 쪽이 신으로 되어 있다. 이런 측면에서, 이
신화는 여신 계통의 신화 전통을 계승한 신화라고 할 수 있으며, 가장 멀리는
'마고신 신화'와도 연관이 있는 것으로 보이고, 우리가 환인 – 선천시대 신화로
살펴본 '홍수신화'에서 '나무도령 이야기'와 같은 계열의 신화로도 생각된다.

---

291) 제주도의 무당굿에서 구연되는 '전상' 곧 전생의 인연에 관한 내력을 이야기하는 신화.
'삼공三公'이란 이 신화에 나오는 인물인 '은장아기'·'놋장아기'·'감은장아기'를 가리키는
것으로 보인다. '본풀이'란 무당굿을 할 때 섬기는 무속신의 근본 내력을 구비서사시의
형태로 풀어내는 굿의 절차.

한 처녀와 총각이 결혼하여 가난하게 살아가다

아주 먼 옛날, 어느 시골에 처녀와 총각이 살았다. 총각은 윗마을에 살고 처녀는 아랫마을에 살았다. 그런데, 어느 해 이곳에 큰 흉년이 들었다. 두 사람은 끼니를 때울 수 없어 밥을 얻어먹으러 집을 나섰다가, 중도에서 우연히 서로 만나게 되었다. 이런저런 이야기를 나눈 끝에 두 사람은 서로 뜻이 맞아, 함께 밥을 얻어먹으러 다니기로 하였다.

둘이는 밥 한 술을 얻어도 똑같이 나누어 먹고, 콩 한 개를 얻어도 똑같이 나누어 먹었다. 그러다 보니, 두 사람은 어느 새 서로 깊은 정이 들어 결혼하게 되었다. 그들은 동네 한쪽 언덕 위에 움막을 짓고, 동냥, 품팔이, 논밭 갈이, 방아찧기, 베짜기 등을 하면서 근근이 목숨을 이어 갔다.

부부가 어느 날 은장아기 · 놋장아기 · 감은장아기 등 딸 셋을 낳다

결혼을 한 첫해에 딸을 낳았다. 첫딸이라 한없이 귀여운 나머지, 은그릇에 밥을 주고 은대야에 물을 받아 씻겨 줘도 모자란다고 생각하여 이름을 **은장아기**라 했다.

둘째 해에는 또 딸을 낳았다. 둘째 딸이라 첫딸보다는 덜 귀여워, 놋그릇에 밥을 주고 놋대야에 물을 받아 씻겨 주면 좋겠다고 생각하여 이름을 **놋장아기**라 했다.

셋째 해에도 역시 딸을 낳았다. 딸을 둘이나 낳았는데 또 딸을 낳자, 이번에는 전보다 훨씬 덜 귀여워, 검은 나무 그릇에 밥을 주고 검은 나무대야에 물을 받아 씻겨 줘도 되겠다고 생각하여, 이름을 **감은장아기**라 했다(그림171 참조).

▲그림171_동화로 재구성된 '감은장아기'.
(서정오 글, 한태희 그림, 봄봄출판사)

감은장아기 덕으로 부유하게 된 부모가 그녀를 쫓아내다

그런데, 셋째 딸 감은장아기가 태어난 뒤부터 어찌 된 일인지 이 집안 살림살이가 자꾸 불어나기 시작했다. 한 해가 지나니 논밭이 생기고, 두 해가 지나니 마소가 생기고, 서너 해가 지나니 움막도 헐고 번듯한 집을 지어 살게 되고, 십 년이 지나니 아주 큰 부자가 되었다.

어느덧 세월이 흘러, 막내 딸 감은장아기의 나이도 이제 열다섯 살이 되었다. 하루는, 부부가 큰방에 앉아서 세 딸을 차례로 불러 누구 덕에 호강하며 사는지 물었다. 먼저 큰딸을 불러 물었다.

"은장아기야, 너는 누구 덕에 잘 먹고 잘 입고 잘 사느냐?"

"그야 어머니 아버지 덕이지요."

"기특하다 은장아기야. 넌 부모 은혜를 아는구나."

부모는 크게 기뻐하며 비단옷 한 벌을 선물로 주었다. 다음에는 둘째 딸을 불러 물었다.

"놋장아기야, 너는 누구 덕에 잘 먹고 잘 입고 잘 사느냐?"

"그야 어머니 아버지 덕이지요."

"기특하다 놋장아기야. 너도 부모 은혜를 아는구나."

부모는 이번에도 크게 기뻐하며 비단신 한 켤레를 선물로 주었다. 다음에는 막내딸 감은장아기를 불러서 물었다.

"감은장아기야. 너는 누구 덕에 잘 먹고 잘 입고 잘 사느냐?"

이번에도 어머니 아버지 덕이라 할 줄 알았는데, 감은장아기는 뜻밖에도 다음과 같이 대답을 했다.

"그것은 먼저 하느님 덕이고, 둘째는 부모님 덕이고, 셋째는 저의 덕이기도 합니다."

대답을 들은 부부는 그만 크게 화가 나서 감은장아기에게 당장 집을 나가라고 호통을 쳤다. 감은장아기는 할 수 없이 남자 옷 한 벌, 여자 옷 한 벌, 쌀 서 되를 보따리에 싸 들고, 지향 없이 대문을 나섰다. 그러나 열다섯 해 동안 살던 집을 차마 떠나기가 너무 서러워, 바로 떠나지 못하고 대문간에

서서 얼마 동안 주춤거리고 있었다.

감은장아기를 속이려 한 은장아기가 청지네로 변하다

부모도 막내딸을 내쫓고 나니 마음이 편치 못해서 큰딸을 불러 말했다.

"만일 감은장아기가 밖에 있거든 들어와 밥이나 먹고 가라고 하거라."

큰딸이 대문 밖으로 나가보니, 막내 동생이 아직도 대문간에 서 있었다. 그러나 동생을 데리고 들어가면 제가 먹을 음식과 옷과 사랑을 동생과 나누는 게 싫어서, 노둣돌[292] 위에 올라서서 이렇게 말했다(그림172 참조).

"감은장아기야, 감은장아기야. 어머니 아버지가 너를 때리려고 몽둥이를 들고 나오시니 어서 빨리 도망쳐라!"

▲그림172_노둣돌과 제주 청지네

이 말을 들은 감은장아기는 그것이 거짓말인 줄 알고, 그 속셈이 하도 괘씸해서 하늘과 땅에 절을 올린 다음 이렇게 중얼거렸다.

"큰언니 심보가 고약하니 노둣돌 아래 내려오면 여든 여덟 개 다리 달린 **청지네**나 되거라!"(그림172 참조)

은장아기가 노둣돌 아래로 내려서자마자 갑자기 정말 여든 여덟 개의 다리가 달린 청지네로 변신하여, 노둣돌 밑 돌틈으로 꿈틀꿈틀 기어 들어갔다.

감은장아기를 속이려한 놋장아기가 말똥버섯으로 변하다

부부는 아무리 기다려도 큰딸이 들어오지 않자 둘째 딸을 불러서 말했다.

"네 언니는 왜 여지껏 안 들어온단 말이냐? 네가 나가서 만일 감은장아기가 밖에 있거든 들어와 밥이나 먹고 가라고 해라."

---

292) 말에 오르거나 내릴 때 발돋움하기 위하여 대문 앞에 놓은 큰 돌.

둘째 딸이 대문 밖으로 나가보니, 막내 동생이 아직도 대문간에 서 있었다. 그러나 동생을 데리고 들어가면 제가 먹을 음식과 옷과 사랑을 동생과 나누어 가져야 하는 게 싫어서, 차라리 빨리 쫓아버리는 것이 좋겠다고 생각하

▲그림173_말똥버섯.

면서 두엄더미 위에 올라서서 이렇게 말했다.

"감은장아기야, 감은장아기야. 어머니 아버지가 너를 때리려고 몽둥이를 들고 나오시니 어서 빨리 도망치거라!"

감은장아기가 이 말을 듣고 작은언니도 거짓말을 하는 줄 알고는, 그 속셈이 하도 고약해서 하늘과 땅에 절을 올린 다음 이렇게 중얼거렸다.

"작은언니 심보가 고약하니 두엄더미 아래로 내려서거든 검은 독 흰 독을 품은 **말똥버섯**이나 되거라!"(그림173 참조)

놋장아기가 두엄더미 아래로 내려서자마자 정말 그녀는 검은 독 흰 독을 품은 말똥버섯이 되어버렸다.

감은장아기를 내쫓은 부모가 장님 거지 신세가 되다

두 딸을 기다리던 부부는 아무리 기다려도 두 딸이 들어오지 않자, 몹시 화가 나 급히 문을 열고 밖으로 내닫다가 문지방에 걸려 넘어져, 그만 두 눈이 멀어 **장님**이 되고 말았다.

사정이 이렇게 되자, 두 부부는 장님 신세로 살아가느라 그 많던 살림이 얼마 안 가 모두 바닥이 났고, 다시 예전과 같은 거지가 되어, 이곳저곳을 떠돌아다니며 동냥을 하는 신세가 되고 말았다.

집에서 쫓겨난 감은장아기가 마를 캐는 총각 삼형제를 만나다

한편, 집을 나온 감은장아기는 몸 가는 대로 발 닿는 대로 지향 없이 집을 떠나 걸어갔다. 어디만큼 가다보니, 해가 서산마루로 기울었다. 인가를 찾아

보았으나 사람 사는 집은 보이지 않고, 산에서 **마**를 캐고 있는 한 총각을 만났다. 근처에 사람 사는 집이 있느냐고 물으니, 가르쳐 줄 수 없다고 퉁명스럽게 대답했다. 한참을 더 가다가 다시 산에서 마를 캐고 있는 다른 총각을 만났다. 근처에 집이 있느냐 물으니, 그도 역시 가르쳐 줄 수 없다고 퉁명스럽게 대답했다.

다시 한참을 더 가다가, 산에서 마를 캐는 또 다른 총각을 만났다. 그에게 다시 한 번 근처에 사람 사는 집이 있느냐고 물으니, 그는 친절하게 대답했다.

"이 산 아래로 내려가시면 초가집이 한 채 있습니다. 그 집에 늙은 할머니 한 분이 계실 것이니, 그 분에게 하룻밤 재워 달라고 부탁을 하십시오."

고맙다는 인사를 하고 산 아래로 내려가 보니, 과연 오막살이 초가집 한 채가 있고, 주인을 찾으니 머리가 하얀 할머니 한 분이 문을 열고 나왔다.

"지나가는 나그네인데, 날은 저물고 갈 곳 없어 찾아왔습니다. 부디, 하룻밤만 좀 묵고 가게 해주십시오."

그러자 할머니는 반색을 하며 말했다.

"집은 누추하고 방은 비좁은데 아들이 삼 형제나 있어 불편하겠지만 어서 들어오시게."

감은장아기가 고맙다는 인사를 하고 집안으로 들어가 앉으려는데, 밖에서 쿵쾅쿵쾅하는 큰 소리가 들려왔다.

"이게 무슨 소리인가요?"

"응, 우리 큰아들이 마를 캐 가지고 돌아오는 소리라네."

조금 뒤에 과연 한 총각이 마를 망태에 가득 담아 메고 들어오는데, 자세히 보니 조금 전에 처음으로 만났던 그 퉁명스러운 총각이었다. 집에 손님을 들인 것을 보고는, "집은 비좁고 먹을 것도 없는데 손님은 왜 불러들였소?" 하고 화를 냈다.

조금 뒤에 다시 밖에서 쿵쾅쿵쾅하는 소리가 들려왔다.

"이건 또 무슨 소리인가요?"

"응, 우리 둘째 아들이 마를 캐 가지고 돌아오는 소리라네."

조금 뒤에 과연 한 총각이 망태에 마를 가득 담아 메고 들어오는데, 자세히 보니 조금 전에 두 번째로 만났던 그 퉁명스런 총각이었다. 집에 손님을 들인 것을 보고는, 그도 "집은 비좁고 먹을 것도 없는데 손님은 왜 불러들였소?" 하고 고래고래 소리를 질렀다.

조금 뒤에, 다시 밖에서 무슨 소리가 났다. 그런데 이번에는 흥겹고 구성진 노랫소리였다.

"이건 무슨 소리입니까?"

"응, 이건 우리 막내아들이 마를 캐가지고 돌아오는 소리라네."

잠시 뒤에 과연 한 총각이 망태에 마를 가득 담아 어깨에 메고 노래를 부르며 들어오는데, 자세히 보니 조금 전에 세 번째로 만나 길을 물어본 그 친절한 총각이었다. 집에 감은장아기가 들어와 있는 걸 보고 그는 이렇게 말했다.

"어머니, 오늘은 우리 집에 귀한 손님이 드셨습니다 그려."

잠시 뒤에, 아들 셋이 제각각 캐 온 마를 쪄서 저녁밥으로 먹는데, 그 먹는 모습 또한 제각각이었다. 큰아들과 둘째 아들은 마를 삶아 "어머니는 종일 집에서 놀기만 했으니 마 모가지나 자시오." 하며, 어머니한테는 마의 머리 부분을 뚝 잘라 던져 주었다. 감은장아기에게는 "손님은 남의 집 식구니 꼬리나 먹게." 하며 제일 먹을 게 없는 꼬리 부분을 뚝 잘라 던져 주었다. 그리고 제일 좋은 몸통 부분은 저희들이 먹으며, "우리는 일을 많이 했으니 가운에 토막을 먹자." 하였다.

이번에는 셋째 아들이 마를 쪄서 어머니에게 가지고 와서 "어머님은 저를 낳아 키우시느라 고생하셨으니 가운데 토막을 드세요."하고 마의 제일 좋은 몸통을 접시에 담아 올렸다. 다음에는 감은장아기에게 마의 모가지 부분을 잘라 주며 말했다. "손님은 종일 걸어오시느라 시장하실 테니 모가지 부분을 드십시오."라고 하더니, 마지막으로 "나는 먹지 않아도 배가 부르니 꼬리나 먹지요." 했다.

감은장아기가 마를 캐는 셋째 아들과 혼인하여 큰 부자가 되다

이를 보고 있던 감은장아기는 자기가 가지고온 보따리를 열어, 그 속에 있던 쌀 서 되를 모두 내어다가 깨끗이 씻은 다음, 김이 무럭무럭 나는 쌀밥 한 솥을 지었다.

먼저, 밥 한 그릇을 수북이 담아 그 집의 할머니에게 드렸다. 그러자 할머니는 감개무량한 안색을 지으며 그 밥그릇을 받았다. 그 다음엔 또 한 그릇을 수북이 담아 큰아들에게 주니, 큰아들은 맛없는 버러지밥이라며 먹지 않았다. 또 한 그릇을 수북이 담아 둘째 아들에게 주니, 그도 역시 맛없는 버러지밥이라며 먹지를 않았다. 또 한 그릇을 수북이 담아 셋째 아들에게 주니, 그는 그것을 꿀밥이라며 아주 맛있게 먹었다.

이를 본 감은장아기는 다시 가지고 온 다른 보따리를 끌러 남자 옷 한 벌을 내어 그 집 할머니에게 주며 이렇게 부탁을 했다.

"세 아드님들 가운데 누가 이 옷을 입고 저한테 장가들려는 분이 있는지를 좀 물어봐 주십시오."

어머니가 먼저 큰아들을 불러, "애야, 너 이 옷을 입고 건넌방 손님 아기씨한테 장가들지 않겠느냐?" 하니, 큰아들은 버럭 화를 내며, "얻어먹고 돌아다니는 거지 처녀에게 장가를 들라니, 어머니가 도대체 제정신이오?" 했다.

다음에 둘째 아들을 불러, "애야, 너 이 옷을 입고 건넌방 손님 아기씨한테 장가들지 않겠느냐?" 하니, 그 또한 화를 버럭버럭 내며, "얻어먹고 돌아다니는 거지 처녀에게 장가를 들라니, 어머니가 도대체 제정신이란 말이오?" 했다.

마지막으로, 막내아들을 불러, "애야, 너 이 옷을 입고 건넌방 손님 아기씨한테 장가들지 않겠느냐?" 하니, 뜻밖에도 그는 빙그레 웃으며, "먼저 어머니가 허락하시고, 그 아기씨도 허락한다면, 그리하겠습니다." 하고 대답했다.

그래서 둘은 감은장아기가 집을 나올 때 가지고 온 새 옷으로 갈아입고 정화수 앞에 마주섰다. 이렇게 보니 훤훤장부와 절세가인이 따로 없었다. 둘은 어머니가 보는 앞에서 정화수 한 그릇을 떠 놓고 **백년가약**을 맺었다(그림 174 참조).

▲그림174_막내아들과 결혼한 감은장아기.(서정오 글, 한태희 그림, 봄봄출판사)

이튿날 아침, 감은장아기가 새신랑과 같이 문을 열고 나가니, 두 형들이 보고 동생 내외인 줄을 모르고 굽신굽신 절을 했다.

"뉘 댁 서방님과 아기씨 행차이시옵니까?"

"형님들. 왜 이러십니까? 저 막내아우입니다."

그제야 두 형들은 자기들이 잘못한 줄을 깨닫고 매우 부끄러워했다.

어느 날, 감은장아기는 남편에게 부탁해서 마를 캐는 곳으로 구경이나 한 번 가보고 싶다고 했다. 먼저 큰아들이 마를 캐는 곳으로 가 보니 구덩이마다 누런 똥이 가득했다. 다음에는 둘째 아들이 마를 캐는 곳으로 가 보니 구덩이마다 누런 구렁이들이 가득했다. 마지막으로, 막내아들 곧 감은장아기의 서방님이 마를 캐는 곳으로 가 보니 놀랍게도 구덩이마다 금덩이들이 가득했다. 그동안 이들은 그것이 금덩이인줄도 모르고 살고 있었던 것이다. 이에 감은장아기는 남편과 함께 그 금덩이들을 내다 팔아 큰 부자가 되어, 논밭을 사고 마소도 사고 고대광실高大廣室 좋은 집을 지어 어머님을 모시고 행복하게 잘 살게 되었다.[293]

---

293) 이상의 부분은 앞서 나온 '서동과 선화공주 이야기'에서 마동이가 마를 캐는 산에서

감은장아기가 맹인 잔치를 열어 소경이 된 부모의 눈을 뜨게 하다

이렇게 호강을 하며 잘 살다 보니, 감은장아기는 옛날 고향에 두고 온 부모 형제들 생각이 났다. 그래서 어느 날 예전에 살던 고향집을 찾아가 보았다. 그런데 놀랍게도 옛집은 다 쑥대밭이 되고, 부모님도 간 곳이 없었다.

이에, 감은장아기는 지난날을 되돌아보며 매우 슬퍼하고, 부모님을 만나기 위해 남편과 상의하여, 맹인 잔치를 열기로 하였다. 맹인 잔치를 오래 계속하다 보면, 세상의 모든 맹인들에게 소문이 퍼져, 정처 없이 떠돌던 부모님도 그 소문을 듣고 찾아오지 않을까 해서였다.[294]

그러나 석 달 열흘 동안 **맹인 잔치**를 열어 세상의 모든 맹인 거지란 거지들이 다 모였는데도, 감은장아기의 부모님은 나타나지를 않았다. 그런데 그 잔치가 다 끝나가는 마지막 날 저녁 때, 슬픔에 잠긴 감은장아기가 문틈으로 가만히 밖을 내어다보니, 어떤 눈 먼 장님 거지 내외가 지팡이를 짚고 들어오는데, 자세히 바라보니 바로 그녀가 그토록 그리며 찾던 부모님이었다.

감은장아기는 기쁨과 슬픔을 억누르며 종들을 불러, "저 장님 거지 내외가 윗자리에 앉거든 아랫자리의 거지들부터 먹이고, 아랫자리에 앉거든 윗자리의 거지들부터 먹이도록 하거라."하고 지시했다.

장님 거지가 된 감은장아기의 부모 내외가 윗자리에 앉으니 아랫자리부터 음식이 나와 먹지 못하고, 다시 아랫자리에 앉으니 이번엔 윗자리부터 음식이 나와 음식을 먹지 못하였다.

이렇게 하여 다른 거지들이 다 배불리 식사 대접을 받고 돌아간 다음, 감은장아기는 애연처절哀然悽絶한 마음으로 장님 거지가 된 부모님을 안으로 모셔 들여 따로 진수성찬을 차려 잘 대접한 뒤에, 이런저런 얘기를 꺼내기 시작했다.

금덩어리들을 발견하는 내용과 매우 비슷하여 흥미롭다. 원문에는 세 총각 이름도 '마퉁이'로 나온다.

294) 이하의 이야기 부분은 앞서 살펴본 '함경도 서사무가 궁상이 이야기'의 남편을 찾기 위한 '거지 잔치' 부분과 유사한 부분이며, 고전 소설 〈흥부전〉의 '맹인 잔치' 부분과도 매우 유사한 부분으로 되어 있다.

"앞 못 보는 거지님들, 옛날얘기나 좀 해보십시오."

"저희 같은 눈 먼 소경 거지들이 무슨 들은 이야기가 있겠습니까? 옛날얘기나 요즘 얘기나 들은 것이 없습니다."

"들은 것이 없으시면 살아 온 이야기라도 좀 해보십시오."

"우리 내외가 살아 온 이야기야 밤을 새운들 어떻게 다 하리까?"

▲그림175_최근에 그려진 감은장아기.
(박종수)

이렇게 해서, 장님이 된 감은장아기의 부모는 밤을 새워가며 그들이 살아 온 기구한 이야기들을 털어놓았다. 그들 부부가 거지가 되어 동냥을 다니다가 서로 만나 부부가 된 내력이 나오고, 세 딸을 낳고 부자 되어 호강하며 잘 살던 시절의 이야기가 나오고, 그 다음으로 막내딸을 내쫓는 이야기가 나왔다. 이 대목에서 감은장아기는 더 참지를 못하고 뜨거운 눈물을 한 없이 흘리며 방바닥에 엎드려 통곡하며 소리쳤다(그림175 참조).

"어머니. 아버지. 그때 쫓겨난 당신들의 막내딸 감은장아기가 바로 여기에 있습니다!"

이 뜻밖의 말을 들은 부모는 억장이 막히고 하늘이 무너지는 놀라움에, 쭈굴쭈굴 얼굴이 일그러지고 사방에 온통 눈곱이 가득 낀 아무것도 보이지 않는 두 눈을 꿈적꿈적 하며 떨리는 목소리로 말했다.

"뭐라고? 우리 딸 감은장이기가 우리 앞에 있다고? 그대가 진정 우리 딸 감은장아기라면 우리 눈으로 한 번 좀 보자!"

두 눈을 한 없이 애타게 꿈적거리던 감은장아기의 부모는, 갑자기 두 눈이 번쩍 뜨였다.

감은장아기가 팔자를 관리하는 운명신이 되다

이렇게 하여, 부모를 다시 만난 감은장아기는 눈 뜬 부모님을 모시고 전에

▲**그림176**_제주도 큰굿에서 연행되는 '전상놀이' 장면. 감은장아기를 청하여 가난이라는 집안의
나쁜 진상/전생 인연을 내쫓고, 부富라는 좋은 전상을 집안으로 끌어들인다는 의미를 갖고
있다.(문화콘텐츠닷컴)

살던 고향집으로 가보았다. 집은 다 무너져 쑥대밭이 되었으나, 집 앞 노둣돌
틈의 청지네와 두엄더미 아래의 말똥버섯은 그대로 있었다. 감은장아기가
하늘과 땅에 두루 공손히 절하고 마음속으로 이렇게 중얼거렸다.

"큰언니, 작은언니. 이제는 마음을 고쳐먹고 새 사람이 되어 살려거든,
청지네 탈과 말똥버섯 탈을 벗고 사람으로 변하시오."

그러자 감은장아기의 두 언니들도 도로 사람으로 변신하였고, 각각 다시
은장아기와 놋장아기로 돌아와, 온 식구들이 다시 만나 행복하게 살게 되었다.

훗날, 감은장아기는 사람들의 팔자를 관장하는 **운명신**, 곧 세상 사람들의
생사와 길흉과 화복을 주관하는 '**삼공**'이란 신이 되었다 고 한다. 그래서 이
이야기를 제주도 무가巫歌에서는 '**삼공본풀이**'라 한다(그림176 참조).[295]

---

295) 赤松智松 · 秋葉隆(1937), 《朝鮮巫俗の研究》上卷(京城: 朝鮮印刷株式會社), 429~436
쪽 및 현용준(1976), 《제주도 신화》(서울: 서문당), 77~89쪽 참조.

대관령 성황신 이야기

이 신화는 한 인간 처녀가 해를 보고 잉태하여 태어난 한 아이가 유명한 범일국사가 되고, 나중에는 대관령 국사성황신이 되어 마을 처녀를 데려다가 부인 성황신으로 삼는다는 이야기이다.

이 신화의 계통은, 수신 하백河伯의 딸 '유화柳花'가 하늘의 햇빛을 보고 '주몽朱蒙'을 낳는 고구려 시조 고주몽 신화, 가야산 산신 '정견正見'이 하늘의 신 '이비가夷毗訶'의 햇빛을 보고 아들을 잉태하여 아들 '뇌질주일惱窒朱日'과 '뇌질청예惱窒靑裔'를 낳는 가야산 산신 신화 등과 같은 천신계통 신화임을 알 수 있다.

그리고 궁극적으로는 하늘의 신과 지상의 여인이 결합하여 영웅을 낳는 '단군신화'의 변이형 신화임도 알게 된다. 왜냐하면, 이 신화에서 해는 천신 '환웅桓雄'에 해당하고, 해를 보고 잉태한 처녀는 '웅녀熊女'에 해당하며, 그 사이에서 태어난 영웅인 범일국사/대관령 국사성황신은 바로 단군檀君 '환검桓儉'에 해당하기 때문이다.

처녀가 해를 보고 잉태하여 아이를 낳다

옛날, 강원도 명주군 구정면 학산리 한 대갓집에 과년過年한 처녀가 있었다. 어느 날 아침, 이 처녀가 굴산사[296] 앞에 있는 돌샘으로 물을 길으러 갔다. 그녀는 늘 하던 대로 샘가에서 표주박으로 물을 뜨려 하는데, 이상하게 갑자기 목이 말라왔다.

물을 떠먹으려고 표주박을 돌샘에 넣으려는데, 샘물에 아침 **햇빛**이 눈부시게 비쳐들었다. 샘물에 비친 해를 바라보다가 표주박으로 샘물을 뜨니, 햇빛이 그 표주박에도 담겨 나왔다. 처녀는 목이 마른 김에 아무 생각 없이 표주박 물을 단숨에 다 마셔 버렸다. 이런 일이 있은 뒤에 처녀에게는 태기胎氣가

---

296) 강원도 강릉시 구정면 학산리 사굴산에 있었던 절.

있게 되었고, 그런 지 열 달 뒤에 뜻하지 않은 옥동자를 낳았다.[297]

뒷산에 버린 아이를 백학이 보살피다

이에 처녀는 몹시 부끄러워 어찌할 바를 몰랐으며, 집에서는 이 일이 집안을 망칠 수치스러운 변고라 여겼다. 처녀의 부모는 그 아이를 포대기에 싸서 뒷산 바위 밑에 갖다 버리게 했다. 아이를 잃은 어미는 그 날 밤을 뜬눈으로 지새우고는, 다음날 아침 아이를 갖다버린 뒷산으로 몰래 가 보았다. 그런데 놀랍게도 아이는 죽지 않고 포대기에 쌓인 채 새근새근 잠을 자고 있었다. 이를 본 어미는 몹시 놀라, 이건 아무래도 범상치 않은 일이라고 생각하고, 집으로 돌아가지 않고 근처 숲 속에서 아이를 몰래 지켜보기로 하였다.

때는 마침 가장 추운 동짓달이라, 차가운 눈발이 바람에 휘날렸다. 자정쯤이 되자 어디선가 **백학** 한 마리가 날아와 두 날개를 펼치더니 아이를 덮어 감싸주고는, 아침이 되자 빨간 **구슬** 세 알을 아이 입안에 넣어주고 다시 날아갔다.

이를 본 아이의 어미는 놀라움을 금할 수 없었다. 집으로 돌아와서도 하루 종일 아이 일만을 생각했다. 그녀는 밤이 되자 다시 아이가 있는 곳으로 가 보았다. 아이는 여전히 그대로 있었고, 지난밤과 다름없이 다시 어디선가 백학이 날아와 아이를 품어 보호해 주고, 아침이 되자 구슬 세 알을 입안에 넣어준 다음 사라졌다.

버렸던 아이를 다시 데려다 기르다

이는 범상치 않은 일이라 생각되어, 그녀는 이 사실을 더 이상 숨기지 못하고 집안 어른들에게 알렸다. 사실을 전해들은 어른들은 이 아이가 보통 사람이 아니라 여겨, 다시 집으로 데려다 기르기로 하였다.

---

297) '단군신화'에서의 천신 '환웅'과 인간 '웅녀'의 결합으로 인한 '단군'의 탄생, '주몽신화'에서의 하느님 아들 '해모수'의 햇빛으로 인한 유화의 임신과 '주몽'의 탄생, '가야국왕의 탄생 신화'에서 천신 '이비가'의 햇빛으로 인한 가야산 여신 정견의 임신과 가야국 왕 '뇌질주일'과 '뇌질청예'의 탄생 등은, 모두 같은 방식의 남녀 결합으로 인한 신 혹은 영웅의 탄생 방식이다. 즉, 이런 신/영웅의 탄생 방식은 천신계 신과 지신계 신/인간의 결합에 의한 탄생이라는 공통점을 보이고 있다.

▲그림177_대관령 국사성황당에 있는 국사성황신 모습.(허정주 촬영)

아이는 튼튼히 무럭무럭 자라, 날이 갈수록 모습이 훤해지며 누구보다도 총명하고 영특했다. 그러나 아이는 자라면서 마을 아이들로부터 아비 없는 후레자식이란 놀림을 받았다. 그래서 아이는 점점 아버지가 없는 것을 서러워하게 되었다. 어느 날, 아이는 마침내 어머니 앞에 무릎을 꿇고 아버지가 누구냐고 물었다. 어미는 더 이상 사실을 숨길 수 없어, 지금까지 있었던 일들을 사실대로 다 얘기해 주었다.

아이가 자라 범일국사가 되고 나중에 대관령 국사성황신이 되다

아버지에 관한 이야기를 다 들은 아이는 어머니를 위해 반드시 큰 인물이 되어 다시 돌아오겠다고 말한 다음, 하직 인사를 드리고 집을 떠났다.[298]

그는 명산대천을 두루 찾아다니며 수많은 고초를 겪고 수도를 한 뒤에, 마침내 불가佛家의 최고 영예인 국사國師가 되었다. 이 분이 바로 신라 말기의 유명한 승려 **범일국사**라 한다. 그는 훗날 대관령으로 들어가 **대관령 산신** 곧 대관령 **국사성황신**이 되어, 강릉 사람들의 생명과 재산을 보호해 주었다고 한다(그림177 참조).

---

298) 이 부분은 고구려 주몽신화에서 주몽의 아들 유리가 아버지를 찾아 집을 떠나는 대목과 그 떠나는 이유가 같다.

▲그림178_대관령 여국사성황당에 있는 여국사성
황신.(허정주 촬영)

대관령 국사성황신이 마을 처녀를 데려다 여성황신을 삼다

그 뒤, 강릉 땅에는 정씨라는 사람이 살았는데, 그에게 역시 과년過年한
딸이 하나 있었다. 어느 날 정씨가 꿈을 꾸니, 대관령 성황신이 나타나 이렇
게 말하는 것이었다.

"내가 아직 장가를 들지 않았는데, 너에게 마침 딸이 하나 있으니, 내가
네 집에 장가를 들면 어떻겠느냐?"

정씨는 생각 끝에, 사람이 아닌 성황신을 사위로 맞을 수는 없다고 말했다.
성황신은 하는 수 없이 그냥 돌아가는 것이었다. 그런 뒤 어느 날, 정씨의
딸이 노랑 치마 붉은 저고리를 곱게 입고 뒷마루에 앉아 있는데, 갑자기 호랑
이가 나타나 정씨의 딸을 물고 달아났다. 호랑이는 대관령 성황신이 보낸
사자였다. 대관령 성황신은 정씨의 딸을 이렇게 데려다가 아내로 삼았다.

딸을 잃은 정씨는 자기 딸이 호랑이에게 물려간 것을 알고, 가족들과 함께
대관령 성황당으로 찾아갔다. 그런데 놀랍게도 딸이 대관령 성황신과 같이

▲그림179_대관령 국사성황신당.

서 있었다. 그러나 이미 죽어서 혼은 없고 몸만 비석처럼 서 있는 것이었다. 이 사실을 알고 모여든 사람들의 말이, 이럴 때에는 죽은 사람의 화상을 그려 붙여야만 죽은 사람이 다시 살아난다고 했다. 그래서 정씨는 황급히 화공을 불러다가 죽은 딸의 **화상**을 그려 대관령 성황신 옆에 걸었다. 그러자 정씨의 딸이 과연 다시 살아났다.

이리하여, 정씨는 결국 대관령 국사성황신의 뜻을 따르기로 하였으며, 그의 딸은 정식으로 국사성황신과 결혼하여 그의 곁에 살면서 대관령 **여국사성황신**女國師城隍神이 되었다(그림178 참조).

대관령 국사성황신이 금부도사 이규에게 영험을 나타내다

훗날, 조선 영조 37년 초여름, 강릉부사 윤방이 삼척 고을 감옥에서 벌어진 살인 사건을 제대로 밝히지 않고 덮어두었다는 이유로 파직이 되었다. 그리하여 강릉부의 호장직戶長職[299]을 맡고 있던 최광진이라는 사람이 강릉부사의 일을 대행하여 처리하게 되었다. 또한 나라에서는 이 삼척 고을 옥중 살인 사건을 중시하여, 금부도사 **이규**를 보내 그 진상을 조사토록 하였다.

금부도사 이규는 강릉에 당도하자마자 곧 부청에 들러 최광진을 찾았다.

---

299) 지방 향리직의 우두머리.

그런데 이때는 마침 5월 단오절이었고, 이 날은 대관령 국사성황신을 배송하는 날이라, 최광진은 국사성황신 신당神堂인 성황사에 가 있었다.

금부도사 이규는 자기가 온 사실을 최광진이 뻔히 알면서도 자기를 맞이하지 않고 성황사에 가 있는 것을 괘씸히 여겨, 부하들을 시켜서 최광진을 당장에 잡아오라고 명했다. 부하들은 금부도사가 시키는 대로 최광진을 잡아 금부도사 앞으로 데리고 왔다. 잡아다 당하에 꿇어 앉힌 금부도사 이규는 마패를 손에 쥐고 최광진을 마구 때리며 호통쳤다.

"너희들은 성황신이 더 중하냐, 아니면 내가 더 중하냐? 너희들에게는 성황신이 중하다 할지라도 나와는 아무런 상관이 없지 않느냐?"

그런데 그런 욕설을 마치자마자 금부도사는 갑자기 사지가 오그라들고 뼈대가 뒤틀리며 쓰러지더니, 마침내 피를 토하고 그 자리에서 즉사하고 말았다.

대관령 국사성황신은 이처럼 영험하다 하여 지금까지도 강릉 사람들은 그를 몹시 두려워하고 정성껏 받들어 모신다(그림179, 그림180 참조). 해마다 오월 단오날에는 이 신에게 성대한 제사를 올리고, 이 신을 중심으로 하여 강릉 고을 사람들 전체가 참여하는 **강릉 단오제**를 거행하고 있다.[300]

▶그림180_백운사 산신도.

300) 1961년 7월 28일, 강원도 강릉시 홍제동 이태영(남 · 68세) 제보 [한상수(2003), 《한국인의 신화》(서울: 문음사), 261~266쪽 참조].

마고신, 지리산 산신이 되다

다음 이야기는 본서의 '환인 – 선천시대' 신화에서 이미 본 바 있는 지상 최초의 여신 '마고 신화麻姑神話'의 변이형으로, 파미르고원에 있었다는 지상에서 가장 높은 성城인 '마고성麻姑城'에 살던 여신 마고가 지리산 산신으로 변모해 있음을 보게 된다(그림181, 그림182 참조). 이 여신도 여전히 여신의 성격을 지니고는 있으나, 그 신성성은 훨씬 더 약화되고 더욱 인간화되어 있다.

마고 신화를 가장 오래된 원형으로 하는 이러한 거인 여신 신화의 대표적인 사례는 이 신화 외에도 앞에서 이미 살펴본 바 있는 제주도 '선문대할망 신화', 뒤에 나올 부안 수성당 '개양할미 신화' 등이 있다.

지상 최초의 여신 마고麻姑가 지리산 천왕봉 산신이 되어 살다

전라도와 경상도에 걸쳐 있는 지리산은 예로부터 삼남지방의 가장 신령한 산이다. 이 지리산 산신은 기골이 장대한 거인 여신으로, 지리산의 최고봉인 천왕봉 정상에 살았다. 그녀의 이름은 **마고** 또는 마야고 · 성모 등으로 불렸다.

키는 36척이고 다리 길이만 해도 15척이나 되었다. 그녀는 젊고 신선하고 매우 아름다웠으며, 손톱은 굉장히 길고 새의 부리처럼 날카로웠다. 그래서 그녀는 틈만 있으면 손톱을 단장하는 것이 취미였다. 그녀는 자기 자신의 얼굴이 어느 누구보다도 아름답다고 생각하여, 천왕봉 근처 장터목301)에 있는 산꼭대기 연못에 자기 얼굴을 비추어보면서, 스스로 자기 얼굴의 아름다움에 도취하곤 했다. 그러나 늘 혼자여서 몹시 외로웠다.

지리산 산신 반야를 사랑한 마고가 지리산 모양을 만들다

그녀는 산신 **반야**302)라는 남신을 사랑했다. 반야도 마고를 사랑했다. 그러

---

301) 지리산 천왕봉 근처에 있는 지명. 이곳에 '장터목 산장'이 있다.
302) 지리산 반야봉과 관련이 있음.

▲그림181_무신도에 나타난 산신.(신명기 선생 제공)　▲그림182_진안군 운장산 중턱 '남학' 성지에 있는 산신단.(허정주 촬영)

나 반야는 한 번 어디론가 떠나간 뒤로, 수 천 수 만 년이 되어도 돌아오지를 않았다. 마고는 반야를 애타게 그리며 기약 없이 기다리다가 마침내 육신이 앙상하게 마르게 되었고, 어느새 성격도 신경질적으로 변해버렸다.

기다림에 지치고 초조해진 그녀는 새의 부리같이 긴 그녀의 손톱으로 지리산의 나무들을 닥치는 대로 마구 긁어댔다. 그래서 지리산 높은 산마루에 있는 나무들은 이때부터 모두 껍질이 하얗게 벗겨지게 되었다 한다. 마고는 이렇게 벗겨진 나무껍질들에서 하얀 실을 뽑아 그리운 반야의 흰옷을 지었다.[303]

마고는 천왕봉 꼭대기에 앉아 반야가 하늘의 구름에 휘감겨 내려올 것이라고 믿고 언제나 서쪽 하늘을 바라보곤 하였다. 그곳[304]에는 이상하게도 늘 흰 구름이 머물러 있었다. 마고는 그 속에 반야가 있다고 생각했다. 마고는 반야가 구름 속에서 바람을 일으키며 자신에게 다가오고 있다고도 생각했다.

---

303) 지리산 산봉우리에 끼는 흰 구름과 안개를 묘사한 것.
304) 지리산 반야봉이 있는 쪽.

▲그림183_지리산 마고여신과 반야.(박종수)

어느 날, 그 구름이 서서히 마고가 있는 천왕봉 꼭대기 쪽으로 다가오고 있었다. 그러나 그 구름은 마고가 사는 천왕봉 쪽으로 다가왔다가는 다시 오던 곳으로 되돌아가곤 하였다. 마고는 그 구름이 반야의 옷자락이라고 생각했다. 그래서 마고는 구름을 잡으려고 쫓아갔다.

되돌아가는 반야는 천왕봉을 떠나 세석평전305)의 드넓은 쇠별꽃 꽃밭에서 흰 옷자락을 휘날리고 있었다(그림183 참조). 마고는 그곳을 향해 달려갔다. 세석평전까지 달려온 마고는 평전 한가운데 있는 쇠별꽃 꽃밭에 서서 반야의 흰옷자락을 붙잡으려고 발돋움을 해보았다. 그러나 그녀의 손에는 아무것도

▲그림184_지리산 세석평전의 봄.(지리산국립공원관리사무소 제공)

305) 지리산의 천왕봉과 반야봉 사이에 있는 높고 평평한 고원지대로 이곳에 하얗게 죽은 고사목들이 장관을 이루고 있음.

잡히지 않았다. 반야의 하얀 옷자락은 여전히 세석평전 쇠별꽃 꽃밭을 온통 하얗게 뒤덮은 채 바람에 이리저리 나부끼고 있었다.[306] 마고는 그만 세석평전 쇠별꽃 꽃밭에 털썩 주저앉아 반야를 그리워한 자신을 후회했다. 그러고 는 반야를 위해 베를 짜놓았던 흰옷을 갈기갈기 찢어발겨 세석평전에 마구 흩어 놓았다.

지금도 이곳에는 하얗게 마른 고사목들이 여기저기 널려 있는데, 이것은 그때 마고가 여기저기 찢어 놓은 그 흰 옷 조각들의 흔적이라고 한다. 그래도 마고는 화가 다 풀리지 않아 자기를 현혹시킨 쇠별꽃들을 지리산에서 더 이상 피지 못하게 해버렸다(그림184, 그림185 참조).[307]

▲그림185_마고의 변신인 '노고老姑'를 모시는 지리산 노고단.

306) 지리산 세석평전에 구름과 안개[雲霧]가 퍼지는 모양을 표현한 것.
307) 1968년 8월 5일, 전남 구례군 구례읍 봉서리 이선재(남·72세) 제보. 한상수(2003),
《한국인의 신화》(서울: 문음사), 256~260쪽 참조.

문도령과 자청비는 농신이, 정수남은 축신이 되다

제주도 서사무가 '세경본풀이'[308]

　다음은 제주도 서사무가敍事巫歌 **'세경본풀이'**에 나오는 우리나라 농신神
農·축신畜神의 기원에 관한 이야기이다.

　이 이야기에 따르면, 옥황상제 하느님의 아들 '문도령'과 인간의 딸 '자청
비'가 인연을 맺어, 인간 세상에 내려와 백성들에게 오곡五穀의 씨앗을 전해주
고 농신神農으로 인간 세상에 좌정하며, 자청비 집안의 남자 종 '정수남'은
축신畜神이 되는 내력을 밝혀주고 있다.

　이 신화도 궁극적으로는 '단군신화'의 변이형이다. 왜냐하면 이 신화에 나
오는 하느님의 아들 '문도령'은 우리 신화의 원형 단군신화의 '환웅桓雄'에 해
당하고, 인간의 딸 '자청비'는 곧 '웅녀熊女'에 해당한다고 볼 수 있기 때문이
다. 하지만, 이 신화에서는 그 이야기 전개가 '단군신화'보다 훨씬 더 세속적
인 방향으로 흘러 흥미진진하게 변이되어 있다.

　이처럼 우리 신화의 거의 대부분은 우리 신화의 원형인 '단군신화'에 그
근원을 두고 있으며, 이 원형 신화를 여러 경우에 맞게 변이하여 새로운 신화
들을 만들어내고 있다.

　이 신화에 등장하는 '오곡의 씨앗' 이야기는 우리가 앞서 살펴본 '주몽 신화'
에서도 나온 바 있다. 특히, 이 이야기에 나오는 '정수남'이란 인물은 서양
그리스 – 로마 신화에서 반은 사람, 반은 짐승[伴人半獸]의 모습을 하고 산과
들판에 살면서 미소년이나 요정 님페Nymph를 쫓아다니는 호색한 축신畜神/
목신牧神 '판Pan'의 성격과 닮은 점이 많아 더욱더 우리의 흥미를 끈다.

---

308) 제주도에서 행해지고 있는 무속의례 가운데 큰굿과 같은 곳에서 지금까지 입으로 전해
　　오고 있는 본풀이로, 상세경인 문도령과 중세경인 자청비 및 하세경인 정수남 등 세경신에
　　관한 근본 내력을 설명하고 있는 신화. '자청비'라는 여신을 중심으로 그녀의 일생을 설명
　　하고 있어 '자청비 신화'라고도 함.

대감 부부가 불공을 드려 딸 자청비를 얻다

옛날 어느 곳에, 한 대감과 그의 부인이 살았다. 이들은 남부러울 것이 없었으나, 한 가지 아쉬운 건 오십이 가까워도 슬하에 자식이 없는 것이었다.

하루는 스님 한 분이 이 집으로 동냥을 왔다. 대감이 스님에게 자식 없는 설움을 얘기하니, 스님은

▲그림186_최근 그려진 자청비.(문화콘텐츠닷컴)

공양미 일천 석으로 불공을 드리면 아들을 얻을 수 있을 것이라고 했다. 대감 부부는 그 길로 공양미 천 석을 마련하여, 그 스님이 기거하는 절로 올라가 석 달 열흘 동안 정성껏 불공을 드렸다. 그런데 자세히 살펴보니, 마련해 간 공양미에서 그만 한 말이 모자라 구백 구십 구석 아홉 말을 시주한 것이었다.

이를 확인한 스님이 말하기를, 부처님께 약속한 공양미가 한 말이 모자라니, 아들은 못 얻고 딸을 얻게 될 것이라 하였다. 대감은 좀 서운하긴 했지만, 어쨌든 **딸**이라도 하나 얻을 수 있다는 말에 그저 마음이 흐뭇하였다.

그로부터 얼마 뒤에, 과연 그 스님 말대로 대감의 부인이 보름달처럼 둥두렷한 아름다운 딸아이를 낳았다. 대감 부부가 자청하여 이 아이를 얻었다고 하여, 아이의 이름을 '**자청비**自請婢'라 지었다(그림186, 그림188 참조).

아이는 무럭무럭 자라 어느덧 열다섯 살이 되니, 비단 짜는 일과 밥 짓는 일과 물 긷는 일들을 스스로 도맡아 하는 효녀로 성장하였다.

자청비가 몰래 남장男裝을 하고 문도령과 함께 글공부를 하러 가다

어느 날, 자청비[309]가 늘 하던 대로 샘으로 물을 길으러 나갔다. 이때 하늘나라 옥황상제님 아들 **문도령**[310](그림187 참조)이 지상의 거무선생한테 글공부

---

309) 단군신화에서의 '웅녀'에 해당하는 위치의 인간.

▲그림187_하늘의 글을 가르쳐 주는 글문신장.
(신명기 선생 제공)

를 하러 내려오다가, 샘가에 있는 자청비를 보았다. 문도령은 자청비가 너무
도 아름다워 자기도 모르게 가까이 다가가 물을 달라고 청했다.

"아가씨. 물 한 모금만 좀 마십시다."

이에 자청비는 부끄러워하면서도 곁에 있던 표주박으로 물을 떠서, 물 위에
다 버들잎을 한 잎 띄워 문도령에게 건네주었다. 문도령은 버드나무 잎새를
입으로 불어가며 물을 마시다가 자청비를 그윽한 눈으로 바라보며 말했다.

"아가씨. 얼굴은 예쁜데 마음씨는 아닙니다 그려."

그러자 자청비는 이렇게 말했다.

"도령님이 물을 너무 급하게 마시면 체할까봐 좀 천천히 드시라고 그랬습
니다."

이에, 문도령은 자청비의 이런 자상하고 세심한 마음씨에 놀랐다. 문도령
이 부끄러운 생각이 들어 얼른 자리를 뜨려고 하는데, 자청비가 그에게 어디

---

310) 단군신화에서의 '환웅'에 해당하는 위치의 신.

가는 길이냐고 물었다. 문도령은 아랫녘 거무선생한테 글공부를 하러 가는 길인데, 함께 벗하여 같이 가는 게 어떠냐고 했다.

자청비는 잠시 머뭇거리다가 "조금 있다가 동생을 내보내겠으니, 그와 벗 삼아 글공부를 하러 가는게 좋겠습니다."고 했다. 그러고는 급히 물을 길어 집에 이르러서는 문도령을 집 앞에 잠깐 기다리도록 했다.

자청비는 집안으로 들어가 부모님께 지금 밖에서 기다리고 있는 선비와 같이 **글공부**를 하러 가고 싶다고 했다. 그러자 부모는 "계집애가 글공부는 해서 무엇에 쓰느냐?"며 걱정스런 얼굴을 했다. 그러자 자청비가 말했다.

"늘그막에 겨우 딸자식 하나를 얻으셨는데, 내일이라도 세상을 떠나시게 되면, 제사 때마다 축문祝文과 지방紙榜311)은 누가 쓰겠습니까?"

이 말을 들은 부모는 그것도 그렇겠다 싶어 자청비에게 글공부를 하러 가라고 허락했다.

부모님의 허락을 받은 자청비는 이내 **남장**男裝을 하고 집을 나와, 문밖에서 기다리고 있던 문도령에게 다가가 자기가 마치 자기의 남동생인 것처럼 인사를 나누고는, 문도령과 같이 거무선생한테로 글공부를 하러 갔다. 그 날부터 두 사람은 한솥밥을 먹고 한 방에서 자며 거무선생 밑에서 글공부를 했다.

그렇게 어느덧 몇 해를 한 방에서 같이 지내다보니, 문도령은 차츰 자청비를 의심하지 않을 수 없었다. 그러나 자청비는 이를 모른 체하며 공부에만 열중했다.

그러던 어느 날, 문도령은 마침내 자청비가 여자인가 남자인가를 확인하고자 **활쏘기 시합**을 하자고 했다. 문도령이 먼저 활을 쏘았다. 화살은 스물두 발 거리까지 날아갔다. 다음에는 자청비가 쏘았다. 자청비가 쏜 화살은 스물 네 발 거리까지 나갔다.

그러자 이번에는 **오줌누기 시합**을 하자고 했다. 문도령이 먼저 오줌을 내갈겼다. 문도령의 오줌은 여섯 발이나 나갔다. 자청비는 문도령 몰래 대막대기를 잘라다 바지 속에 넣고 힘을 주어 오줌을 내갈겼다. 그랬더니 자청비의

---

311) 종잇조각에 죽은 사람의 이름을 써서 만든 신주神主.

오줌발은 열두 발이나 나갔다. 그래서 결국 문도령은 자청비를 더 이상 의심하지 않게 되었다.

자청비가 여자임이 밝혀지고, 문도령과 사랑의 인연을 맺고 헤어지다

그 뒤 며칠이 지난 뒤, 아침에 일어나 세수를 하려는데 하늘에서 옥황상제의 **새**가 날아와 머리 위를 감돌더니, 날개에서 편지를 한 통 떨어뜨렸다. 편지를 펼쳐 보니 문도령의 아버지 옥황상제玉皇上帝312)가 보낸 편지였다. 편지 내용은, 이제 글공부는 그만 하고 하늘나라로 돌아와 서수왕의 딸과 **결혼**하라는 것이었다. 문도령이 이 사실을 자청비에게 말하니, 자청비도 글공부를 그만두고 고향으로 돌아가겠다고 했다. 둘은 거무선생을 하직하고 함께 집으로 향했다.

얼마만큼 걷다가 둘은 어느 시냇가에 이르렀다. 그러자 자청비가 이젠 집까지의 거리도 얼마 남지 않았으니, 둘이 **목욕**이나 한번 하고 가자고 했다. 문도령도 좋다고 하여, 자청비는 시냇가 상류에서 목욕을 하고 문도령은 하류에서 목욕을 했다.

그러나 자청비는 목욕은 할 생각도 못한 채 원망을 담은 한숨만 쉬다가, 버들잎을 하나 따서 거기에 다음과 같은 글귀를 적어 문도령이 목욕을 하고 있는 하류 쪽으로 흘려보냈다.

"눈치도 모르는 문도령! 멍청한 문도령! 한 방에서 3년이나 같이 살아도 남녀 구별을 못하는 바보 같은 문도령!"

그러고는 먼저 그곳을 떠나 자기 집으로 달려갔다. 목욕을 하다가 시냇물에 흘러 내려온 버들잎 편지를 본 문도령은 황급히 상류로 올라가 자청비를 찾았으나, 자청비는 이미 자리를 뜨고 없었다. 문도령은 부랴부랴 옷을 챙겨 입고 급히 자청비를 쫓아가 자청비의 집 문 앞에서 겨우 그녀를 만났다. 자청비가 문간에 서서 말했다.

"도령님, 여자의 몸으로 남자 행세를 해온 죄를 용서하세요. 제가 먼저

---

312) '단군신화'의 '환인'의 위치에 해당하는 천신.

들어가 부모님께 인사를 드리고 나올 터이니, 저희 집에서 다리나 좀 쉬었다 가세요."

문도령은 그러마고 고개를 끄덕였다. 자청비가 먼저 집 안으로 들어가 부모님께 인사를 드리고, 날이 저물었으니 함께 공부하던 문도령을 좀 쉬었다 가게 해달라고 부모님께 사정을 했다. 그러자 부모님은 그러라고 허락은 하였으나, 만일 그게 십오 세 이상의 남자거든 아버지 방으로 들여보내고, 그 아래면 자청비 방으로 들여보내라고 했다. 하지만 자청비는 그가 십오 세 미만의 남자라고 속이고, 문도령을 자기 방으로 끌어 들여, 문도령과 함께 하룻밤을 같이 지새며 영원한 사랑을 약속했다.

자청비가 문도령 보고 싶은 마음에 하인 정수남의 꾀에 넘어가다

이튿날, 문도령은 자청비와 헤어지며 **증표**로 '박씨 한 알과 얼레빗 반쪽'을 주며, 그 박씨를 심어 박을 따게 될 때쯤이면 자기가 다시 돌아올 것이며, 만약 그렇지 못하면 죽은 줄 알라고 말하고는, 총총히 하늘나라로 사라졌다.

자청비는 그 날 바로 제 방 앞에 그 박씨를 심었다. 박씨는 곧 새싹이 나오더니 무럭무럭 자라, 박넝쿨이 지붕을 다 덮고 달덩이 같은 박들이 지붕 위에 주렁주렁 열렸다. 그러나 박을 딸 때가 다 되어도 문도령은 돌아오지를 않았다. 자청비는 혼자 쓸쓸하고 안타까운 세월을 보냈다.

어느덧 겨울도 다 가고 새봄이 돌아왔다. 자청비는 우두커니 문밖을 내다보았다. 사내아이들이 산에 올라 땔나무를 해서 소 등에 싣고 소머리에 분홍빛 선연한 진달래꽃을 꽂고 돌아오는 모습이 보였다. 자청비는 그것을 보자 그것이라도 하나 가졌으면 시름을 좀 잊을 것 같아 밖으로 뛰어나갔다.

그때, 자청비네 집 남자 종인 **정수남**이 양지쪽에 앉아 이를 잡고 있었다. 그를 본 자청비는 그를 나무라며 이렇게 말했다.

"너는 날마다 밥만 먹고 이 사냥만 하느냐? 다른 집 종들은 저렇게 산에 가서 나무를 해 오는데, 너는 도대체 허구 헌 날 무엇을 하는 거냐? 저기를 좀 봐라. 소머리에 진달래꽃을 꽂고 어리렁떠리렁 돌아오는 모습이 얼마나

보기 좋으냐?"

그러자 정수남이 퉁명스럽게 대
답했다.

"소 아홉 마리와 말 아홉 마리만
준비해 주시면 저도 내일부터 나무
를 하러 가겠습니다."

이튿날, 자청비는 정수남에게 소

▲그림188_최근에 그려진 자청비.(박종수)

아홉 마리, 말 아홉 마리와 점심밥을 장만해 주었다. 그는 점심밥을 받아
소등에 실은 다음, 말을 타고 마소들을 몰고 집을 나섰다.

정수남은 깊은 산 속으로 들어가 한참 산 위로 올라가노라니 허리도 아프
고 다리도 아팠다. 갑자기 온 몸이 나른해져 하품을 하며 잠깐 쉰 뒤에 나무를
해야겠다고 주저앉았다. 그러나 그는 그만 깊은 잠에 빠지고 말았다. 얼마나
오래 잤는지 그가 잠에서 깨어나 보니, 마소들은 애가 타서 다 죽어버리고
말았다.

정수남은 일이 이 지경에 이르렀으니 별 수 있느냐며, 나무를 해다 불을
놓고 죽은 마소들을 통째로 다 구워, 잠깐 사이에 소 아홉 마리, 말 아홉
마리를 흔적도 없이 다 먹어치웠다. 남은 것이라고는 소가죽 말가죽밖에는
없었다.[313]

정수남은 먹고 남은 소가죽과 말가죽을 둘러메고 집으로 향했다. 한참 오
다보니 길가 연못 속에 오리 한 마리가 떠 있는데, 그 모습이 여간 예쁘지
않았다. 이를 본 정수남은 이런 생각이 들었다.

"우리 주인 집 딸도 고운 것만 보면 좋아하니, 저 오리나 한 마리 잡아다
주자."

그래서 오리를 겨냥하여 도끼를 던졌으나, 오리는 그냥 날아가고 도끼만
연못에 빠졌다. 정수남은 옷을 벗고 연못으로 들어가 물속을 온통 다 뒤져보

---

313) 이 이야기에 묘사되고 있는 정수남의 이러저러한 행동들은, 그의 목축신牧畜神으로서
짓궂은 성격을 잘 보여준다는 점에서 매우 흥미롭다.

앉으나 잃어버린 도끼는 찾을 수가 없었다. 할 수 없이 밖으로 나오니, 그 사이에 지나가던 도둑놈이 정수남의 옷과 소가죽 말가죽을 모두 가지고 달아나버렸다.

정수남은 하도 난감하여, 길옆에 있는 풀을 뜯어 몸뚱아리의 중요한 곳을 대강 가린 다음, 어둠을 밟고 몰래 집으로 돌아와, 뒷문을 통해 살금살금 집 안으로 숨어 들어간 다음, 장독대로 가서 큰 장독 뚜껑을 쓰고 빈 장독 안에 숨었다.

이때 이 집 여종 느진덕정하님³¹⁴⁾이 저녁 식사 준비에 쓸 간장을 뜨러 장독대로 갔다가, 이상하게도 불쑥불쑥 움직이는 장독 뚜껑 하나를 보고는 깜짝 놀라, 이 사실을 자청비에게 알렸다.

"아이고, 아기씨! 큰일 났습니다! 장독대의 장독 뚜껑 하나가 불쑥불쑥 움직입니다!"

이 말을 들은 자청비가 급히 뒷문을 열고 내다보니, 정말 장독 뚜껑 하나가 불쑥불쑥 움직이고 있었다. 자청비가 큰 소리로, "귀신이냐, 사람이냐?" 하니, 이상한 놈 하나가 장독 뚜껑을 빗겨 들고 일어섰다. 자세히 보니 발가벗은 알몸의 정수남이었다. 자청비가 몹시 놀라, "아이구, 이게 도대체 무슨 꼴이며, 어찌된 일이냐?" 하니, 정수남은 다음과 같이 둘러댔다.

"아기씨, 화내지 마옵소서. 제가 산으로 나무를 하러 가니, 거기에 옥황상제의 자제 **문도령**이 궁녀들과 시녀들을 데리고 놀러 내려와 있었습니다. 정신없이 그것을 구경하다가 그만 소 아홉 마리와 말 아홉 마리를 다 잃고 말았습니다. 또 산을 내려오다 보니 연못 위에 오리가 떠 있기에, 그거라도 잡아다 아기씨께 드리려고 연못 속으로 들어갔다가, 지나가던 도둑놈에게 옷까지 도둑맞아 그만 이렇게 되고 말았습니다."

정수남은 위기를 모면하기 위해 꾸며댄 것이었으나, 자청비는 '문도령'이란 말에 귀가 번쩍 뜨여, 자기도 모르게 말이 차츰 부드러워졌다.

"그게 정말이냐?" 하니, 정수남은, "그럼요. 여부가 있겠습니까?" 했다. "그

314) 이 인물은 다른 '뱀신 신화'에도 나오는 인물이다.

럼, 문도령이 언제 또 그곳에 내려오겠다고 하더냐?" 하니, 정수남은 "모레 사오시巳午時에 또 내려오겠다고 했습죠."라고 거짓말을 했다. "그럼 거기 가면 나도 문도령을 만나볼 수 있겠느냐?" 하니, "만날 수 있고 말고요." 했다.

문도령을 다시 만날 수 있다는 정수남의 말에, 자청비는 잃어버린 마소들은 안중에도 없어지고, 정수남에게 새 옷까지 만들어 입히면서 문도령 만날 준비를 했다. 온갖 정성을 다 들여 음식도 장만했다.

"수남아. 수남아. 정수남아! 오늘 점심은 무엇이 좋겠느냐?"

"아기씨. 아기씨! 점심은 찹쌀 닷 되에 소금 닷 되를 섞어 만든 찹쌀떡이 좋사옵고, 내일 점심은 멥쌀 닷 되에다가 소금은 넣는 둥 마는 둥 한 멥쌀떡이 좋겠사옵니다!"

"오냐. 알았다! 너는 그저 말에게 꼴이나 잘 먹여라!" 정수남은 한껏 신바람이 나서, 말에게 꼴을 먹이며 혼자 중얼거리는 소리로 말했다.

"이놈의 말아! 이 풀 자알 먹고, 내일 모레는 아기씨 태워 가지고 산에 가서, 촛대 같은 아기씨 허리나 한 번 담쑥 안아보자!"

자청비가 이 말을 듣고 나무라며 말했다.

"너 지금 뭐라고 했느냐?"

그러자 정수남은 얼른 말을 둘러댔다.

"예. '이놈의 말아, 이 풀 잘 먹고 내일 모레는 아기씨 태워 가지고 산으로 가서 문도령이 촛대 같은 아가씨 허리를 담쑥 안는 것을 보자'고 했습죠. 다른 말은 아무 말도 안 했습니다요."

이 말을 들은 자청비는 그저 웃을 수밖에 없었다.

문도령이 하늘에서 내려온다는 날 아침, 자청비는 몸단장을 곱게 하고 점심밥을 준비해 들고 정수남에게 말을 대령하라 했다. 정수남은 자청비의 말 안장 밑에다 차돌을 넣고 안장을 올려 말을 대령하였다.

자청비가 말안장 위에 올라앉으니 차돌에 등이 눌린 말이 마구 요동을 쳤다. "이게 웬일이냐?"하고 자청비가 묻자, 정수남은 "아 예. 아기씨야 오늘 문도령을 만나 온갖 영화를 다 누리실 테지만, 말이야 뭐 영화가 있겠습니까요? 아마 그래서 말이 화가 좀 난 듯합니다요."했다. 뒤이어 "어서 빨리 밥 아홉 동이에 국 아홉 동이에 술 아홉 동이를 차려 놓고 고사를 지내는 게 좋겠습니다."했다. 이 말을 듣고 자청비는 또 급히 음식을 마련하여 고사를 지냈다. 정수남은 고사가 끝난 뒤에 넙죽넙죽 웃어가며 고사 음식을 말짱 다 쓸어 먹었다.

오랜만에 배가 부른 정수남은 또 다시 꾀를 내어 이렇게 말했다. "아기씨, 이 점심은 아기씨가 잠깐 좀 들고 가십시오. 이 버릇 나쁜 말을 좀 혼내주어야 겠습니다." 정수남은 자청비의 대답을 들을 겨를도 없이, 버릇 나쁜 말을 혼내준다며 혼자서만 말을 타고 달려가 버렸다. 자청비는 하는 수 없이 그 무거운 점심 보따리를 들고 가물가물하게 보이는 정수남의 뒤를 쫓아 문도령이 내려온다는 산으로 허위허위 따라 올라갔다.

산에 올라가 보니, 정수남은 벌써 산에 올라가 말을 매어놓고 코를 골며 자고 있었다. 그리고 산에 올라오는 동안 자청비는 발이 부르트고 홑단치마가 찢겨져 행색이 말이 아니었다.

이래저래 자청비는 화가 치밀어 올라, "이 인정 없는 놈아! 이렇게 너만 말을 타고 와버리면 나는 어쩌란 말이냐 이놈아!" 하니, 정수남이 변명해 말하기를, "말을 돌리면 이놈의 말이 다시 화를 낼까 두려워, 할 수 없이 그만 저 혼자서만 말을 타고 오게 되었습니다요." 했다. 그러나 이미 지난 일을 다시 어쩔 도리가 없어 자청비는 그냥 참기로 했다.

그러나 온다던 문도령은 오지 않고, 어느 덧 해는 한낮이 기울었다. 시장기가 든 자청비가 점심이나 먹자고 앉았다. 그러자 정수남은, 저는 멥쌀떡을 먹겠으니 자청비는 찹쌀떡을 먹으라며, 멥쌀떡을 들고 일어섰다. "어디를 가려느냐?" 하니, "아기씨와 같이 앉아서 먹으면 남들이 남매나 부부로 볼 거 아닙니까요?" 했다. 자청비는 "하기는 그렇구나!" 생각했다.

자청비가 장만해온 찹쌀떡을 점심으로 꺼내 입에 넣으니, 짜서 도저히 먹을 수가 없었다. 쌀 닷 되에 소금 닷 되를 넣었으니 짤 수밖에 없었다. 그래서 자청비가, "수남아, 수남아, 이리 와 봐라. 네 떡 좀 먹어 보자." 하니, 정수남은, "아기씨, 그게 어인 말씀이십니까요? 상전이 먹던 것은 종이 먹어도, 종이 먹던 것은 개밖에 안 먹는 법입니다요." 하고 대답했다. 자청비는 더 이상 할 말이 없어, 하릴없이 그저 굶을 수밖에 없었다.

조금 있으려니 또 목이 말라 견딜 수가 없었다. 자청비가 정수남에게 마실 만한 샘물을 좀 찾아보라고 하자, 정수남은 산 위쪽을 손으로 가리키며 그곳에 샘물이 있다고 했다. 그곳에 가니 정말 샘물이 있었다. 자청비가 급히 샘물을 마시려 하니 정수남은, "이 샘물은 총각이 먹고 죽은 샘물입니다요. 그래서 아기씨가 드시려면 위아래 옷을 다 벗고 드셔야 탈이 없습니다요." 했다. "그럼 다른 샘물은 없느냐?" 하니, "없습니다." 했다.

자청비는 목이 말라 도저히 견딜 수가 없어 옷을 다 벗고 샘물을 마시려 했다. 그러자 정수남은 재빨리 자청비가 벗어놓은 옷을 머리 위로 높이 들어 빙빙 돌리며, "아기씨, 샘물을 마시지 말고 샘 아래를 보십시오! 그림자가 아리롱다리롱 곱지 않습니까요? 그게 바로 하늘나라 옥황상제의 자제 문도 령이 궁녀와 시녀를 거느리고 노는 그림자랍니다!" 하고 소리를 쳤다.

그제야 자청비는 정수남에게 속은 줄 알았다. 자청비는 그만 겁이 덜컥 났다. 잘못 하다간 정수남에게 죽게 될지도 모른다는 생각이 들었다. 자청비 는 정수남을 잘 달래는 수밖에 없다고 생각했다.

자청비가 "수남아, 수남아. 어째서 이러느냐?" 하니, "제 소원을 들어주십 시오." 했다. "네 소원이 뭐냐?" 하니, "아기씨 손이나 한 번 만져 보면 좋겠 습니다." 했다. "그것보다 우리 집에 가서 내 토시를 줄테니 그것을 만져보아 라. 그것이 더 따뜻할 게다." 하니, "그러면 입이나 한 번 맞추어 보면 좋겠습 니다." 했다.

"그것보다 내 방에 있는 꿀단지를 핥게 해주마. 그게 더 달콤할 게다." 하니, "그럼 그 촛대 같은 허리나 한 번 안아 보면 좋겠습니다." 했다. "그것 보다는 내 베개를 안아 보아라. 그게 더 좋을 게다." 했다. 말끝마다 자청비가 이렇게 재치 있게 대답을 하자, 정수남은 그만 화가 잔뜩 나서 성난 망아지처 럼 펄쩍펄쩍 뛰었다.

자청비가 정수남을 죽이고 목숨을 구하다

자청비는 아무래도 안 되겠다 싶어, "수남아, 수남아. 화만 내지 말고 이리 와서 내 무릎을 베고 누워라. 머리에 있는 이나 잡아 주마." 하니, 정수남은 이 말이 너무 좋아 넙죽넙죽 웃으며 다가와 자청비의 무릎을 베고 누웠다.

자청비가 정수남의 머리를 헤쳐 보니, 모래밭에 앉았던 개 꽁무니같이 머리카락마다 하얀 이가 다닥다닥 자욱이 달라붙어 있었다. 그것을 한 마리씩 잡아주고 있노라니, 정수남이 마침내 잠이 들었다.

정수남이 잠이 든 것을 확인한 자청비는, 이놈을 이대로 살려 두었다가는 자신이 죽게 될 것이라는 생각이 들어, 옆에 있는 싸리나무 가지를 꺾어, 정수남의 귀를 왼쪽에서 오른쪽으로 꿰뚫어 찌르자 정수남은 자는 듯이 죽고 말았다. 정수남이 죽은 것을 본 자청비는 곧 말을 타고 말이 가는 대로 정처 없이 한없이 달렸다.

얼마만큼 말을 달려 가다보니, 한 언덕 위에 늙은 신선 셋이 앉아 바둑을 두고 있다가, "저기 가는 저 소녀야, 부정하구나! 바람 아래로 지나가거라."고 말했다. 자청비가 "무슨 말씀이십니까?" 하니, "네 죄를 네가 모르느냐? 네 말고삐 앞을 보아라! 더벅머리 총각 놈이 싸리 막대기에 귀가 찔려 유혈이 낭자한 모습으로 서 있는 것이 보이지 않느냐?" 했다.

이에 자청비는 너무나 두렵고 당황스럽고 온몸이 후들후들 떨려 어찌해야 할 지 분간을 할 수가 없었다. 그래서 할 수 없이 이번에는 집으로 달려가 부모님께 일의 자초지종을 모두 다 털어놓았다.

그러자 늙은 부모님은 이야기도 다 듣기 전에, "뭐라고? 종을 죽였어? 너는 시집가면 그만이지만, 종은 한 평생 우리를 먹여 살릴 소중한 사람이다. 종을 죽이다니, 이 무슨 못된 짓이란 말이냐?" 하고 오히려 자청비를 꾸짖었다. 이에 자청비는 "아버지! 종이 하는 일을 제가 하면 되지 않겠어요?" 하며 부모에게 용서를 빌었다.

그러자 부모는, "그러면 어디 한 번 네 성의를 보자!" 하며, 넓은 밭에 좁쌀 닷 말 닷 되를 뿌려 놓고, 그것을 하나도 빠짐없이 다 주워 오라고 했다. 자청비는 하루 만에 그 닷 말 닷 되의 좁쌀을 거의 다 주웠는데, 마지막 한 알이 어디 갔는지 찾을 수가 없었다. 한참 동안 사방을 둘러 찾다가, 그것을 **개미** 한 마리가 물고 달아나는 것을 보았다. 자청비는 화가 나서 그 개미 허리를 발로 콱 밟았다. 그래서 그때부터 개미는 허리가 잘록하게 되었다고 한다.[315]

자청비가 서천꽃밭으로 가서 인도환생꽃을 구해오다[316]

자청비는 주은 좁쌀을 부모님께 갖다 바치고, 어차피 집에서는 못 살 것 같아, 다시 남장男裝을 하고 집을 떠났다. 집을 나온 자청비가 터덕터덕 아래 마을로 내려가니, 아이들 셋이 **부엉이** 한 마리를 잡아 가지고 서로 제가 먼저 잡았다고 우기며 다투고 있었다. 자청비는 아이들에게 돈 몇 푼씩을 쥐어 주고 그 부엉이를 샀다.

자청비는 그 부엉이를 들고 말을 타고 하늘나라 **서천꽃밭**[317]으로 갔다. 서천꽃밭에 이르자 그녀는 그 부엉이를 화살에 꿰어 집안으로 던져 놓고는, 대문 앞으로 가서 주인을 찾았다.

그러자 **꽃감관**[318]이 나와, "웬 도령이오?" 했다. "지나가는 나그네인데 마침 **부엉이**가 날아가는 것을 보고 활을 쏘았더니, 제 화살에 맞은 부엉이가 이 집 안에 떨어지길래, 화살이나 찾아가려고 왔습니다." 했다. 그러자 꽃감관은, "아, 그렇습니까? 사실은 우리 집에 부엉이란 놈이 와서 울어대는 바람에 꽃들이 다 죽게 되었습니다. 누구든지 그 부엉이만 좀 잡아 주면 그를 사위로 삼으려고 했는데, 마침 아주 잘 됐구려. 그 부엉이만 좀 잡아 주시겠소?" 하였다. 자청비는 그러겠다 하고, 이 서천꽃밭에 머무르게 되었다.

---

315) 이 대목은 앞에서 이미 살펴본 홍수 개벽신화인 '나무도령' 이야기에서 '나무도령'이 시험에 들어, 모래밭에 뿌린 좁쌀 한 가마를 다시 주워 담는 대목의 변이형으로 되어 있다.

316) 이 절에서 다음 절까지의 줄거리는 우리가 앞서 살펴본 '하늘나라 서천꽃밭을 지키는 꽃감관 이야기 – 사라도령 · 원강아미 · 할락궁이' 이야기, 그리고 우리가 뒷장에서 살펴보게 될 '저승을 다녀온 바리공주' 이야기의 '인도환생 줄거리' 부분과 거의 같은 것임이 매우 흥미롭다.

317) 불교적인 낙원. 불교의 전래 이후에 우리 신화 속에 생기게 된 상상의 낙원.

318) 낙원 '서천꽃밭'을 지키는 사람.

▲그림189_인도환생꽃을 든 자청비.(강요배姜堯培, 1999)

밤이 이슥해졌다. 자청비가 뜰 아래로 내려가, "수남아. 수남아. 정수남아! 너의 혼령이 있거든 부엉이 몸으로 환생해서 원한 맺힌 내 가슴 위에 올라앉아 보아라!" 하고 정수남의 혼령을 불렀다. 그러자 조금 있다가, 부엉이 한 마리가 부엉부엉 울면서 날아오더니, 자청비의 가슴 위에 올라앉았다.

이에 자청비가 부엉의 두 다리를 꽉 잡고 준비한 화살을 부엉이 몸뚱이에 꽉 찔러 뜰에 던져버린 다음, 방 안으로 들어가 아무 일도 없었다는 듯이 잠자리에 들었다. 날이 새자, 뜨락에 부엉이가 화살을 맞고 떨어져 죽어 있는 것을 보고는, 꽃감관은 한없이 기뻐하며 자청비를 **사위**로 맞아들였다.

그래서 자청비는 꽃감관의 딸인 아내와 함께 서천꽃밭을 구경할 수 있게 되었다. 아내는 자청비를 꽃밭으로 안내하여, 수많은 꽃들에 대해 하나하나씩 일일이 설명을 해주었다.

"이것은 살이 살아 오르는 **살살이꽃**이고, 저것은 피가 살아 오르는 **피살이꽃**이고, 저것은 숨이 살아 오르는 **숨살이꽃**이고, 저것은 죽은 사람이 다시 살아나는 **인도환생꽃**입니다."

그때마다 자청비는 꽃들을 하나씩 따서 주머니에 넣었다(그림189 참조).

서천꽃밭에서 구해온 인도환생꽃으로 자청비가 정수남을 살리다

이튿날, 자청비는 과거시험을 보고 오겠다며 하늘나라 서천꽃밭을 떠나, 곧바로 정수남의 죽은 시신이 있는 지상으로 달려갔다. 풀을 베어 정수남의 뼈를 모아 놓고, 살이 살아나는 살살이꽃과 피가 살아나는 피살이꽃과 뼈 살아나는 뼈살이꽃과 죽은 사람이 다시 살아나는 인도환생꽃을 차례로 정수남의 유골 위에 뿌렸다. 그랬더니 신기하게도 정수남이 맷방석 같이 생긴 머리를 벅벅 긁으며 잠에서 깨어나듯이 일어나며 말했다.

"아이고, 한잠 자알 잤다! 아기씨 기다리셨지요? 어서 말을 타십시오. 집으로 가십시다."

이렇게 해서, 자청비는 정수남을 다시 살려 데려다가 부모님께 바쳤다. 그러자 부모님은 몹시 놀라, "계집애가 사람을 죽이고 살리니 이게 무슨 변이냐!"고 야단을 치며, 자청비를 집에서 아주 내쫓아버리고 말았다.

자청비가 하늘나라 옷감을 짜는 할머니를 만나 문도령의 그림자를 보다

자청비는 자기의 신세가 너무나 슬프고도 암담하여, 무엇을 어떻게 해야할지 몰랐다. 그래서 그저 발 가는 대로 정처 없이 이리저리 걷다가 해가 저물었다.

아무도 맞이해 줄 사람이 없는 낯선 곳에서 혼자 울다보니, 어디선가 찰칵찰칵 베를 짜는 베틀소리가 들려왔다. 소리 나는 곳을 찾아가 보니, 그곳에 조그만 술집이 있었다. 집 앞에서 주인을 찾으니, 웬 할머니 한 분이 나와 자청비를 반가이 맞아주며, 밤이 늦었으니 집에 들어와 자고 가라고 했다.

자청비가 방으로 들어가자 할머니는 밥을 지으러 밖으로 나갔다. 자청비는 혼자 가만히 있기가 무료하여 베틀 위에 올라 앉아 할머니가 짜던 비단을 짰다. 자청비가 짠 비단이 할머니가 짠 비단보다 훨씬 더 예쁜 것을 본 할머니는 자청비를 자기의 **수양딸**로 삼았다.

자청비는 이렇게 해서 별다른 아쉬움이 없이 이 집에서 할머니와 편안한 나날을 보냈다. 자청비가 하는 일이라고는 할머니 대신 비단을 짜는 일뿐이

▲그림190_고구려 벽화에 보이는 베 짜는 여인 모습.(용강대안리고분 남벽 벽화, 5세기)

었다. 그런데 할머니는 비단을 짜라고만 하고, 그것을 내다 팔거나 옷을 해 입을 생각은 하지 않았다. 이상한 생각이 들어 할머니에게 그 이유를 물으니, 그 비단은 하늘나라 옥황상제의 자제 문도령이 서수왕의 따님과 결혼하는데 쓸 **비단**이라 했다(그림190 참조).

이 말을 들은 자청비는 괴로운 마음으로 눈물을 흘리며, 비단을 짠 뒤에 비단 끝에 다가 "가련하다, 가령비! 자청하다, 자청비!"라는 무늬를 짜 넣었다. 그리고 할머니에게는 "이 비단을 가지고 하늘나라로 가서 문도령님께 비단을 바칠 때, 만약 문도령이 이 비단을 누가 짰느냐고 묻거든, 주년국 땅 자청비가 짰다고만 꼭 말해 달라."고 부탁했다.

이튿날 할머니는 자청비가 짠 비단을 가지고 하늘나라로 올라가 문도령에게 바쳤다. 문도령은 그 비단을 누가 짰느냐고 물었다. 할머니는 자청비가 부탁한 대로 주년국 땅에 사는 자청비가 짰다고 말했다.

이튿날, 자청비가 베를 짜다 보니, 창가에 웬 그림자가 보였다. 자청비가, "거기 누구세요?" 하니, "하늘나라 옥황상제의 자제 문도령이다. 문을 열어라." 하였다.

자청비는 하도 기쁘고 너무 좋아 어쩔 줄을 모르다가, 잠시 장난을 치고 싶은 생각이 들어, "그러면 문구멍으로 손가락을 넣어 보이시오." 했다. 문구멍으로 손가락이 들어왔다. 자청비는 좀 더 장난을 치고 싶어, 바늘로 그 손가락을 꼭 찔렀다. 그러자 문도령은, "허허. 인간 세상은 다닐 곳이 못 되는구나!" 하고 화를 내고는 그만 다시 하늘나라로 올라가버리고 말았다.

자청비가 선녀들을 따라 하늘나라로 올라가 문도령과 해후하다

자청비는 아차 했지만 이미 때는 늦었다. 자청비는 제가 저지른 일이지만 그만 화가 나서, 점심상을 들고 방으로 들어오는 할머니에게 생트집을 잡아 다투다가, 이 집에서도 그만 쫓겨나고 말았다. 이제 어디로 간단 말인가. 자청비는 생각다 못해 **중**이 되어 송낙을 쓰고 가사를 입고 이리저리 동냥을 하러 다녔다.

어느 날 어느 마을에 동냥을 하러 들어가니, 남다른 여인들이 눈물을 흘리며 앉아 있었다. 이를 이상하게 여긴 자청비가, "그대들은 어째서 여기서 울고 있소?" 하니, 그 여인네 들은 다음과 같은 얘기를 했다.

"우리는 하늘나라 옥황상제의 **궁녀**들이오. 옥황상제님의 자제 문도령이 인간 세상에 내려와 주년국 땅 자청비와 글공부를 다녀오다 목욕을 할 때 먹어본 물을 떠오라고 하셔서, 그 물을 구하러 우리가 지상에 내려왔습니다. 그러나 그곳이 도대체 어디인지 찾을 길이 없어 이렇게 울고 있습니다."

이 말을 듣자 자청비는 갑자기 얼굴이 밝아지며, "내가 바로 그 자청비라는 사람이오. 내가 만일 그 물이 있는 곳을 가르쳐 주면, 그 대신 그대들이 나를 하늘나라로 좀 데리고 갈 수는 없겠습니까?" 하고 물었다. 궁녀들은 그렇게 하겠다고 약속했다.

이렇게 해서 자청비는 문도령과 목욕했던 물가로 가서 그 물을 궁녀들에게 떠 주고, 궁녀들과 함께 하늘나라로 올라갔다.

하늘나라로 올라간 자청비가 통과의례를 치르고 문도령과 행복하게 살다

하늘나라는 마침 날이 저물어, 동쪽에서 둥근 보름달이 떠오르고 있었다.

자청비는 문도령의 문간 밖에 서 있는 팽나무 위에 올라가 처량하게 노래를 불렀다.

이때 문도령이 뜰에 나와 혼자 이러저리 거닐다가 자청비의 노랫소리를 알아듣고 매우 놀라며, 얼른 나와 자청비를 안으로 맞아 들였다. 그러나 자청비는 아직 하늘나라 사람으로 인정을 받지 못하여, 낮에는 병풍 뒤에 숨어 지내고, 밤에는 병풍 뒤에서 나와 문도령과 사랑을 나누며 살았다.

어느 날, 자청비는 문도령에게 이런저런 말을 들려주며 문도령 부모님의 허락을 받아달라고 부탁했다. 문도령은 자청비가 시킨 대로 부모님께 가서, "어머님, 아버님, 제가 수수께끼를 하나 내어 볼까요?" 하니, 부모가 "그래라." 했다. "새 옷이 더 따뜻합니까, 묵은 옷이 더 따뜻합니까?" 하니, "새 옷은 보기에는 좋지만 따뜻하기로는 묵은 옷이 더 나으니라." 했다. 또 문도령이, "새 간장이 더 답니까, 묵은 간장이 더 답니까?" 하니, "달기는 묵은 간장이 더 다니라." 했다. "그러면 사람은 새 사람이 더 좋습니까, 묵은 사람이 더 좋습니까?" 하니, "새 사람이 처음에는 좋지만, 오래 지내다 보면 새 사람은 묵은 사람만 못하니라." 했다.

그러자 문도령은 이 말을 기다렸다는 듯이 "그렇지요? 그래서 저는 서수왕의 따님과 결혼 하지 않겠습니다." 하고 말했다. 문도령의 부모가 놀라, "무슨 말이냐?" 하고 물으니, 문도령은 그동안 자청비와 맺은 인연의 내막을 죄다 이야기했다. 문도령의 속마음을 짐작한 부모는 자청비를 불러 다음과 같이 하늘나라의 **시험**을 치르라고 했다.

"내 며느리가 될 사람은 쉰 자 구덩이를 파 놓고, 그 안에다가 숯 쉰 섬을 넣고 불을 피운 다음, 그 불 위에 작두를 걸어 놓고, 그 작두날을 타고 그 불구덩이를 건너가야 한다."

그런 다음 종들을 시켜, 하늘나라의 땅을 쉰 자 파고 거기에 숯 쉰 섬을 넣어 불을 피워 놓고, 그 위에 작두를 걸어 놓은 다음, 자청비로 하여금 그 작두날을 타고 건너가라고 했다. 자청비는 어쩔 도리가 없어 죽기를 각오하고 작두날 위로 올라갔다. 자청비는 정신을 바짝 차리고 발 아래로 새빨간

▲그림191_무신도에 나타난 작두 타기.(신명기 선생 제공)

불길이 이글이글 피어오르는 작두날 위를 한 발자국 한 발자국 아슬아슬하게 무사히 건넜다(그림191 참조).

자청비가 무사히 바닥에 내려서자, 문도령의 부모들은 자청비를 얼싸안으며 자청비야말로 진정 자기들 며느리감이라고 칭찬했다. 마침내, 자청비와 문도령은 결혼식을 올리고 하늘나라에서 행복하게 살았으며, 자청비의 고운 자태와 착한 마음씨는 하늘나라에도 두루 알려지게 되었다.

이렇게 해서, 그토록 오랫동안 수많은 고난과 고통들을 모두 다 겪이낸 하늘나라 문도령과 지상의 자청비는 마침내 아름다운 부부의 인연을 이루어, 하늘나라에서 행복한 나날을 보내게 되었다.

자청비가 문도령을 서천꽃밭으로 보내어 꽃감관 딸의 외로움을 달래다

그러던 어느 날, 자청비는 지난 날 자기를 도와준 서천꽃밭[319] 꽃감관의

---

319) 불교가 우리나라에 전래된 이후에 우리 문화 속에 생긴 불교적인 상상의 낙원.

딸 생각이 났다. 지금도 자기를 남자로 알고 돌아올 날만을 기다리고 있을 그녀를 생각하니, 몹시 미안한 생각이 들었다. 그래서 자청비는 문도령에게 그녀와 있었던 사실을 모두 털어놓고 이야기했다. 그러고는 자기 대신 문도령이 매달 그곳으로 가서, 거기서 보름 동안을 살고 다시 돌아와서 보름 동안을 살아달라고 부탁했다. 문도령이 그러겠다고 했다.[320]

이리하여, 문도령은 서천꽃밭으로 갔다. 그러나 한번 간 문도령은 그곳 생활이 너무도 즐거운 나머지 아무리 기다려도 다시 돌아올 줄 몰랐다. 자청비는 기다리다 지쳐 마지막으로 문도령에게 **편지**를 써 까마귀 편에 부쳤다. 문도령은 자청비의 편지를 보고 나서야 겨우 정신이 들어, 두루마기도 한쪽 어깨만 걸친 채 급히 서둘러 다시 자청비에게로 돌아왔다. 이때 자청비는 마침 머리를 손질하다가, 남편이 돌아온다는 기쁜 소식에 정신이 없어, 풀어헤친 머리를 짚으로 대강 묶고 마중을 나갔다.

이때부터 가장 정신이 없고 바쁜 때인 부모 초상 때는 상복을 입기 전에 남자는 두루마기의 한쪽 어깨만을 걸치고, 여자는 머리를 짚으로 묶게 되었다고 한다.

자청비가 죽은 문도령을 살리고 시기와 싸움에 빠진 하늘나라를 구하다

하늘나라에서 문도령이 행복하게 살자, 주위에는 점차 **시기**하는 자들이 생겼다. 그들은 어떻게 해서라도 문도령을 죽이고 자청비를 몰래 보쌈해 보려 하였다.

어느 날, 그들은 **외눈박이 할머니**를 시켜 문도령에게 독술을 권하게 했다. 문도령은 외눈박이 할머니가 가련한 생각이 들어, 그녀가 주는 술을 들어마신 것이 그만 저승으로 가게 되었다.[321]

---

320) 이 대목에서, 우리는 우리나라 신화에서 이상향의 명칭으로 본래의 '하늘나라/천상'과 불교의 전래 이후에 이루어진 이상향인 '서천꽃밭'이 이중적으로 나타나기 시작하는 것을 보게 된다.

321) 이런 좀 더 불교화 된 신화에 이르러서, 비로소 '저승'이란 개념이 우리 신화에 나타나기 시작한다.

자청비는 자기를 탐내는 자들의 보쌈 신세를 면하고자 **매미** 한 마리를 붙잡아다가 남편 방에 놓았다. 실로 어느 날 밤, 자청비를 보쌈 하러온 사람들이 방 안으로 들어왔다. 그 일행 가운데 하나가 문도령의 시체가 있는 방에 들어갔다가, 거기서 매미 우는 소리를 듣고는, 그것이 문도령의 코고는 소리인 줄로 알고 놀라 모두 정신없이 달아났다.

이렇게 해서 자청비는 일단 보쌈은 면했으나, 이제는 남편을 다시 살려야만 했다. 자청비는 다시 서천꽃밭으로 가서 전에 만나 인연을 맺었던 꽃감관의 딸을 만나 **인도환생꽃**과 **멸망꽃**을 얻어왔다. 구해 온 인도환생꽃을 남편의 시체 위에 뿌리니, 죽은 남편 문도령이 다시 살아났다.

이때 하늘나라에서는 큰 난리가 일어났다. 그러자 하늘의 주인 옥황상제는 이 난리를 평정하는 자에게 하늘나라 영토의 절반을 주겠다고 했다. 자청비는 서천꽃밭에서 얻어온 **멸망꽃**을 가지고 옥황상제 앞에 나아가 싸움을 평정하겠다고 했다. 옥황상제는 한시가 급한 때라 더 생각할 겨를도 없이 그렇게 하라고 했다. 자청비는 싸움터에 나아가 되는 대로 멸망꽃을 이리저리 흩뿌렸다. 싸움은 단번에 끝났다. 옥황상제는 크게 기뻐하며 자청비에게 하늘나라 영토의 절반을 떼어 주었다.

문도령과 자청비는 지상에 내려와 농신이 되고, 정수남은 축신이 되다

그러나 자청비는 옥황상제의 뜻을 사양하고, **오곡의 씨앗**322)을 달라고 했다. 옥황상제는 자청비의 소원대로 자청비에게 오곡의 씨앗을 주었다. 자청비는 그것을 받아가지고 문도령과 함께 칠월 보름 백중날 다시 인간 세상으로 내려왔다. 이때부터 인간 세상에서는 이 날을 백중날[百種日]이라 하고, 이날을 기념하는 백중제[百種祭]를 지내게 되었다고 한다(그림192 참조).

한편, 문도령과 자청비가 다시 인간 세상에 내려와 보니, 배를 움켜쥐고 걸어가는 사람 하나가 보였다. 그는 바로 그 옛날 자청비 집안의 종 **정수남**이

---

322) 이 '오곡의 씨앗' 대목은 앞서 살펴본 '고주몽 신화'에서도 이미 나온 바 있으며, 이는 농경문화의 시작을 신화적으로 암시하는 것이라고 한다.

▲그림192_경남 밀양의 백중놀이.(한국민속신앙사전)

있다. 자청비가, "너는 정수남이가 아니냐?" 하니, "아이고, 이게 어쩐 일이십니까요? 큰 상전님과 부인님은 다 돌아가시고, 저는 갈 데가 없어 이렇게 굶고 다니게 되었습니다요. 배가 고파 죽겠으니, 우선 먹을 것이나 좀 주십시오." 했다.

이에, 자청비는 "그러면 저기 머슴 아홉을 거느리고 밭을 가는 데 가서 점심을 얻어먹고 오너라." 하고 말했다. 정수남이 그곳으로 밥을 얻어먹으러 갔다. 그러나 그곳 사람들은 정수남에게 밥을 주지 않았다. 그래서 문도령과 자청비는 그곳에 **흉년**이 들게 했다.

그리고 다시 다른 밭을 가리키며, "그러면 저기 두 늙은이가 쟁기도 없이 호미로 농사를 짓고 있는 곳에 가서 밥을 좀 얻어먹고 오너라." 했다. 정수남이 그 밭으로 가서 밥을 좀 달라고 하니, 그 노인네들은 그에게 밥을 먹여주었다. 문도령과 자청비는 그곳에 **풍년**이 들게 해주었다.[323]

이후, 자청비는 하늘나라에서 가져온 오곡의 씨앗들을 땅에 뿌렸다. 씨를 뿌리다 보니 씨앗 한 가지를 안 가지고 온 것이 있었다. 자청비가 다시 하늘나라로 올라가 옥황상제에게서 그 씨앗을 받아가지고 와 뿌리다 보니, 파종

---

323) 이와 비슷한 대목은 앞에서 살펴본 '우리나라가 생긴 내력'의 '장길손 신화'에서도 이미 나온 바 있다.

▲**그림193**_고구려 고분벽화에 나타난 농신農神과 화신火神.(집안 오회분 4호 묘 천정화, 6세기)

철이 좀 늦어지게 되었다.324) 그러나 그것도 다른 곡식들과 같이 가을에는 다 여물어 거두어들일 수가 있었다. 이것이 바로 오늘날의 **메밀**이었다. 그래서 오늘날에도 메밀은 다른 곡식들보다 좀 늦게 뿌려도 가을에는 거두어들일 수 있게 되었다고 한다.

이렇게 하여, 문도령과 자청비는 **농신**農神이 되어 세상의 모든 농사를 주관하게 되었으며(그림193 참조), 정수남은 이리저리 떠도는 그의 성격에 맞게 **축신**畜神이 되어 많은 목자들을 거느리고 마소를 먹이며 칠월에는 마불림제325) 제사를 받아먹게 되었다고 한다.

이후부터, 제주도 사람들은 문도령을 '상세경', 자청비를 '중세경', 정수남이를 '하세경'이라 부르며, 이들을 중요한 땅의 신들로 모시고 제사를 올리게 되었다.326)

---

324) 이 대목과 비슷한 대목이 앞의 '고주몽 신화'에도 나온 바 있다.

325) 제주도에서 칠월에 행하는 축산신에 대한 제사.

326) 赤松智城·秋葉隆(1937), 《朝鮮巫俗の研究》上卷(京城: 朝鮮印刷株式會社), 436~460쪽. 현용준(1976), 《제주도 신화》(서울: 서문당), 149~192쪽. 장주근(1964), 《한국의 신화》(서울: 성문각), 146~155쪽. 한상수(2003), 《한국인의 신화》(서울: 문음사), 124~145쪽 참조. 제주도 신화에서 이처럼 농신 못지않게 축신이 중시되는 것은, 제주도가 일찍부터 목축을 주 생업으로 하여왔음을 신화에서 암시하고 있는 것이다.

하느님의 아들 군웅이 용궁으로 가 용왕을 돕다

다음은 전쟁신 군웅軍雄에 관한 이야기인데, 이 신화도 역시 '단군신화'의 변이형이다. 즉, 군웅은 하늘의 신 '천황제석天皇帝釋'과 지상의 '지황제석地皇帝釋' 사이에 태어난 아들로, 천황제석은 단군신화의 '환웅桓雄'에 해당하고, 지황제석은 단군신화의 '웅녀熊女'에 해당하며, 군웅은 바로 '단군檀君'에 해당된다.

여기서 달라지는 것은 나중에 군웅이 결혼하게 되는 상대가 수신 용왕의 딸 희숙의랑이라는 점이다. 이 부분은 앞의 북부여 건국신화에서 하늘의 신 '해모수解慕漱'가 물의 신 '하백河伯'의 딸 '유화柳花'와 결혼하는 변이형 유형과 닮았다. 이처럼, 이 신화는 단군신화를 그 원형으로 하면서도, 그것이 해모수 신화 쪽으로 변이된 신화임을 알게 된다.

하느님의 아들 군웅이 용궁으로 가 용왕을 돕다

군웅의 아버지는 천황제석天皇帝釋327)이고, 군웅의 어머니는 지황제석地皇帝釋328)이며, **군웅**軍雄329) 자신은 왕장군이라 하고, 그의 아내는 용왕의 딸 **희숙의랑**이라 한다. 처음에, 왕장군 군웅은 날마다 산에 가서 나무를 해다가 먹고 사는 홀아비 신세였다. 어느 날, **용왕**의 아들이 찾아와 이렇게 말했다.

"나는 동해 용왕의 아들입니다. 지금 동해 용왕하고 다른 나라 용왕이 싸우는데, 우리가 그 싸움에서 늘 지기만 하여 장군님을 좀 모시러 왔습니다."

용왕의 아들이 이렇게 말하자 왕장군이 주저하며 말했다.

"나는 세상에서 무서운 게 없지만 바닷물은 무서우니 어쩌면 좋겠습니까?"

동해 용왕의 아들이 말했다.

---

327) 천황天皇은 하느님의 한자어이고, 제석帝釋은 하느님의 불교적인 이름이다.
328) 지황地皇은 땅의 신 곧 단군신화의 '웅녀'에 해당하는 신. 민속신앙의 '오제五帝' · '천하대장군'과도 상통하는 신.
329) 단군신화에 나오는 '단군'과 비슷한 위상의 반신반인 영웅.

▲**그림194**_바람 · 구름 · 비 및 사해를 다스리는 용신/수신
용태부인.(신명기 선생 제공)

"저하고 같이 가시면 그것은 문제가 없습니다."

그래서 왕장군은 그와 함께 동해 용궁으로 가기로 했다(그림194 참조).

용왕의 아들이 왕장군을 업고 물속으로 들어가니, 바닷물이 양쪽으로 갈라지며 길이 나타났다. 왕장군이 용왕의 아들과 함께 **용궁**에 이르니, 동해 용왕이 크게 기뻐하며 말했다.

"내일은 내가 다른 나라 용왕하고 싸움을 할 것이오. 그때 내가 진 것처럼 하고 물속으로 들어가면, 다른 나라 용왕이 이긴 줄로 알고 물 위로 올라와 기뻐할 것이니, 그때 화살로 다른 나라 용왕을 쏘아 죽여주오."

왕장군은 동해 용왕의 말을 듣고 그렇게 하기로 약속했다. 다음날, 드디어 싸움이 벌어졌다. 어제 동해 용왕의 말대로 동해 용왕이 진 것처럼 물속으로 들어가니, 다른 나라 용왕은 이긴 줄로 알고 물 위로 올라와 기뻐했다. 이때 왕장군이 활을 쏘아 맞추니 다른 나라 용왕이 죽었다.

도움의 댓가로 연갑을 선물 받다

그러자 동해 용왕이 물 위로 나와 크게 기뻐하며, "그대에게 무엇을 상으로 드리면 좋겠소이까?" 했다. 이때 옆에 있던 용왕의 아들이 군웅에게 다가와 회심의 미소를 지으며 이렇게 속삭여 말했다.

"어떤 것도 다 싫으니 벼루를 넣어 두는 **연갑**硯匣330)이나 달라고 하시오. 그 연갑 속에는 나의 누이가 들어 있는데, 그것을 가지고 가면 모든 일이 다 뜻대로 될 것이오."

왕장군이 이 말을 듣고 용왕에게 연갑을 달라고 하니, 용왕은 할 수 없이 그 연갑을 왕장군에게 주었다.

군웅이 연갑 속에서 나온 아름다운 여인과 살다 전쟁신이 되다

왕장군이 용왕이 주는 연갑을 가지고 다시 세상으로 나와 그것을 열어보니, 그 속에서 월궁 선녀 같이 아리따운 미인이 걸어 나왔다. 그녀는 낮이 되면 나와 왕장군에게 옷과 음식을 마음껏 갖추어 주고, 밤이 되면 왕장군과 한 이불 속에서 잤다. 훗날, 사람들은 그녀를 **희숙의랑**이라 했다.

이렇게 삼 년이 지나갔다. 희숙의랑은 왕장군의 아들 셋을 낳았다. 첫째 아들을 왕건, 둘째 아들을 왕빈, 셋째 아들을 왕사랑이라 했다.

그러던 어느 날, 용왕의 딸 희숙의랑은 왕장군에게 말했다.

"저는 인간이 아니니 아쉽지만 더 이상은 이 지상에서 살 수가 없겠습니다. 저는 이제 다시 용궁으로 돌아가야 하오니, 저를 기꺼이 보내주십시오. 그리고 당신은 이제부터 이 세상의 전쟁을 주관하는 신인 **군웅**軍雄의 지위를 차지하여 풍족하게 잘 살게 될 것이니, 아무 걱정 마십시오."

330) 벼루를 넣어두는 집.

▲그림195_무신도에 나타난 전쟁신 군웅/왕장군의 모습.
(신명기선생 제공)

　말을 마치자, 희숙의랑은 다시 용궁으로 돌아갔다. 이로부터 왕장군은 이
세상의 전쟁을 주관하여 다스리는 신인 **군웅**軍雄이 되었다고 한다(그림195 참
조).[331]

---

331) 赤松智城·秋葉隆(1939), 《朝鮮巫俗の硏究》上卷(京城: 朝鮮印刷株式會社), 525~529
　　쪽. 장주근(1961), 《한국의 신화》(서울: 성문각), 157~161쪽. 한상수(2003), 《한국인의
　　신화》(서울: 문음사), 187~190쪽 참조.

제주도 서사무가 '원천강袁天綱본풀이'[332]

이 신화는 '땅에서 솟아난' '오늘이'라는 인간 여성이 자기의 본래 고향인 하늘나라 '원천강' 곧 서천꽃밭을 찾아가, 그곳에서 원천강(서천꽃밭)을 지키는 일을 하고 있는 자신의 부모를 만나, 자기 자신의 정체가 원래 하늘나라 신인神人임을 확인하고 다시 신녀가 되어 지상으로 돌아와, 인간의 천상적인 정체성을 일깨워주는 신인神人이 되는 이야기이다.

이 신화는 속화된 인간이 자신의 신적인 정체성을 찾아 하늘나라로 떠나는 기나긴 모험 여행을 다룬 한국식 '신국신화神國神話'로, 우리는 이 신화에서 지상에서 속화된 인간이 자기의 천상적인 정체성을 찾아 확인하는 감동적인 이야기를 만나보게 된다.

이런 면에서, 이 신화를 우리 신화의 원형인 '단군신화'와 관련시켜 보면, 환인 – 환웅 – 환검의 신시시대 이후 희미해진 지상 인간들의 천상적인 정체성을 다시금 찾아 확인하는 내용을 다룬 신화라고 할 수 있다. 이 신화는 이런 면에서 매우 중요한 우리나라 후기 신화이다.

'원천강袁天綱'이란 원래 옛날 중국의 점술서를 말하는데, 여기서는 인간의 본원지로서 하늘나라를 의미하고 있다. 이 이야기는 이 점술서의 기원을 서술하는 식의 이야기를 통해서, 인간이 자신의 신화적인 근원인 하늘나라에까지 도달해가는, 수많은 모험 과정을 흥미진진하게 펼쳐 보이고 있다.

이 이야기에서는 한국인의 '시간관념'을 엿볼 수 있다는 점도 흥미로운 점이다. 즉, 이 신화에 나오는 주인공 '오늘이'는 현재의 시간이며, 이 이야기의 전개과정은 현재에서 과거로의 '시간여행' 과정을 서술하고 있다.

이 신화는 보편적인 면에서 보자면 인간의 신적인 자기 정체성을 확인하는

---

332) 제주도 무당 곧 심방들이 전하던 서사무가의 하나로, '원천강袁天綱'이라는 점술서의 기원을 서술한 무속신화.

이야기라는 점에서 세계적인 보편성을 가지고 있지만, 그것이 또한 우리 신화가 가지고 있는 '단군신화적 원형성'을 지니고 있다는 점에서 민족신화적 특수성도 함께 담지하고 있다.

즉, 이 신화는 인간에 내재한 신성 혹은 신적인 아우라의 신화적인 확인을 다룬 신화이다. 자기의 정체를 모르는 '오늘이'가 수많은 지난한 여러 모험들을 거쳐 천상에 이르러, 마침내 신인神人으로서 자기 자신의 정체성을 찾아 확인하는 장대한 역경의 극복 과정을 그리고 있다.

이 '오늘이'의 신적인 정체성은 환인/옥황상제가 계시는 '하늘나라'의 '부모궁'에서 확인된다. 이것은 이 이야기가 궁극적으로는 우리 민족신화의 근원인 '단군신화'와 깊이 관련된 신화임을 알려주고 있다.

'오늘이'가 빈 들판에서 솟아나다

어느 날, 어느 적막한 빈 들판에 옥 같은 여자 아이 하나가 나타났다. 그를 발견한 세상 사람들은 아이에게 물었다.

"어디에 사는 누구의 딸이냐?"

"나는 강님들에서 솟아났습니다."

"성은 무엇이고 이름은 무엇이냐?"

"나는 성도 모르고 이름도 모릅니다."

"그런데 어떻게 하여 지금까지 살아왔느냐?"

"내가 강림들에 솟아났을 때, 어디선가 **학** 한 마리가 날아와, 한 날개로는 깔아주고 또 한 날개로는 덮어 주고 입에 **야광주**를 물려주어, 오늘까지 그럭저럭 무사히 살아왔습니다."[333]

"나이는 몇 살이냐?"

▲그림196_최근에 그려진 오늘이.
(문화콘텐츠닷컴)

333) 이러한 사건 서술은 이 인물이 천상적인 존재임을 암시한다.

"나이도 모릅니다."

그래서 사람들은 아이에게 말했다.

"너는 나이도 모르고 이름도 모르니 오늘을 생일로 하고, 이름도 **오늘이**라고 하여라(그림196 참조)."

오늘이가 부모의 나라 원천강을 찾아 길을 떠나다

그녀는 자신이 누구인지를 알아보기 위해 여러 사람들을 이리저리 찾아다니기 시작했다.[334] 그러다가 그녀는 먼저 박이왕의 어머니 **백씨부인**을 만나게 되었다.

"너는 오늘이가 아니냐?"

"네, 그렇습니다."

"네 부모의 나라를 아느냐?"

"모릅니다."

"네 부모의 나라는 **원천강**袁天綱[335]이니라."

"원천강은 어디로 갑니까?"

"네가 원천강으로 가려거든, 강가 백사장 별층당 위에 높이 앉아 글을 읽는 선비 **도령**이 있을 것이니, 그 도령을 찾아가 물어보면 알 수 있을 것이다."

오늘이가 총각 장상을 만나 길을 묻다

그녀는 백씨부인의 말을 따라 서천 강가 백사장에 있는 별층당을 찾아갔다. 오늘이는 별층당 문밖에 하루 종일 서 있다가, 날이 저물자 울안으로 들어가 말했다.

"지나가는 나그네가 왔습니다."

---

334) '오늘이'가 원천강/부모궁을 찾아가는 순서는 다음과 같다. 박이왕의 어머니 백씨부인→글만 읽는 선비 장상 도령→꽃을 제대로 못 피우는 연화못 연꽃→야광주가 3개나 되는 큰 뱀→죄를 지은 하늘나라 궁녀들→원천강/부모궁.

335) '원천강袁天綱'은 인간사 길흉화복의 비밀을 예언한 중국 당나라 때의 예언가 이름이기도 한데, 여기서의 문맥상의 의미는 신들의 나라, 타락 이전의 낙원·천상세계·이상향 등을 가리키고 있으며, '마고신 신화'에서 보자면 '마고성麻姑城'이기도 하다.

그러자 푸른 옷을 입은 아이가 하나 나와 누구냐고 물었다.

"나는 오늘이라는 사람입니다. 그런데 도령은 누구십니까?"

"나는 **장상**이라고 하는 사람이오. 옥황상제님이 나에게 분부하시기를, 여기 앉아서 글만 읽으라고 하셔서 여기에 앉아 글을 읽고 있습니다. 그런데 당신은 무슨 일로 이곳에 왔습니까?"

"내 부모의 나라가 '원천강'이라 해서 그곳을 찾아 가는 길입니다."

오늘이가 이렇게 말하니, 푸른 옷을 입은 그 아이는 친절하게 말했다.

"오늘은 날이 다 저물었으니, 이곳에 올라와 자고 날이 새거든 떠나시오."

오늘이는 고맙다고 인사를 한 다음 별층당으로 올라가, 백씨부인과 만난 이야기를 하며 길을 가르쳐 달라고 간청을 했다. 그러자 푸른 옷을 입은 그 아이는 이렇게 말했다.

"여기서 가다가 보면 연화못이 있는데, 그 못가에 연꽃이 피어 있습니다. 그 연꽃에게 물어보면 길을 가르쳐 줄 것입니다. 그런데 원천강에 가거든 왜 내가 밤낮 글만 읽어야 하고 이곳 밖으로는 나가지 말아야 하는지 그 이유를 좀 알아다 주세요."

오늘이가 연꽃을 만나 길을 묻다

이튿날, 오늘이는 그곳을 떠나 원천강을 찾아 다시 길을 떠났다. 가다 보니 과연 연화못이 있고 그 못가에 연꽃이 피어 있었다. 그는 **연꽃**을 보고 원천강으로 가려면 어디로 가야 하느냐고 물었다. 그러자 연꽃이 말했다.

"무슨 일로 원천강에 가십니까?"

"나는 오늘이라는 사람인데, 부모의 나라가 '원천강'이라고 해서 부모를 찾아 그 나라로 가는 길입니다."

"반가운 말이로군요. 원천강에 가거든 나의 팔자나 좀 알아다 주시오."

"무슨 팔자 말이요?"

"나는 겨울에는 뿌리에 싹이 돋고, 정월이 지나면 몸 가운데서 싹이 났다가, 이월이 되면 가지에 싹이 나고, 삼월이면 꽃이 피는데, 윗가지에만 꽃이 피고 다른 가지에는 꽃이 피지 아니하니, 이 팔자를 좀 알아다 주시오. 그리고 원청강 가는 길은, 이 길을 가다가 보면 맑은 물이 넘실거리는 바닷가에 이 세상에서 가장 큰 **뱀**이 누워 뒹굴고 있을 테니, 그 뱀에게 물으면 좋은 수가 있을 것이오."

오늘이가 큰 뱀을 만나 길을 묻다

그는 연꽃과 헤어져 맑은 물이 넘실거리는 그 바닷가에 이르렀다. 그리고 거기서 그는 연꽃의 말대로 과연 이리저리 뒹굴고 있는 큰 **뱀**을 발견하고는 뱀에게로 다가가 인사를 했다. 그리고 지금까지 있었던 일들을 그 뱀에게 모두 이야기하고는, 원천강으로 가는 길을 물었다(그림197 참조).

"길을 가르쳐 주는 것은 어렵지 아니하나, 나의 부탁도 하나 좀 들어 주오."

"무슨 부탁입니까?"

"그것은 다름이 아니라, 다른 뱀들은 야광주를 하나만 물어도 용이 되어 하늘로 올라가는데, 나는 야광주를 셋이나 물어도 용이 못되고 있으니, 어떻게 하면 좋을지를 좀 알아다 주시오."

오늘이는 그러마고 약속을 했다. 그러자 그 뱀은 오늘이에게 자기 등에 올라타라고 했다. 오늘이가 그 뱀의 등에 올라타니, 뱀은 오늘이를 등에 태운

▲그림197_민속화에 그려진 푸른 뱀.('상상 과 현실. 여러 얼굴을 가진 뱀' 기획전)

채 헤엄을 쳐서 그 드넓은 바다를 건네주고는 이렇게 말했다.

"여기서 더 가다 보면 **매일이**라는 사람을 만날 터이니, 그 사람에게 원천강 가는 길을 물어보시오."

오늘이가 처녀 매일이를 만나 길을 묻다

오늘이는 그 큰 뱀과도 헤어져 계속해서 혼자 길을 갔다. 어디만큼 가니 과연 매일이라는 처녀가 있었다. 그는 지난번에 만났던 푸른 옷을 입은 장상 이란 아이처럼 별층당 위에 높이 앉아 글을 읽고 있었다.

오늘이는 매일이와 인사를 나눈 뒤에, 부모의 나라 '원천강'으로 가는 길을 가르쳐 달라고 했다. 그러자 매일이가 그러겠다고 하며 이렇게 말했다.

"그 대신 원천강에 가거든 왜 나는 항상 글만 읽고 있어야 할 팔자인가를 좀 알아다 주시오."

오늘이는 그날 밤을 그곳에서 매일이와 같이 자고, 이튿날 다시 그곳을 떠나 원천강을 찾아 길을 떠났다. 이때 매일이는 오늘이에게 이렇게 말했다.

"여기서 가다 보면, 시녀와 **궁녀**들이 눈물을 흘리고 있을 것이니, 그들에게 물어 보면 소원을 성취할 것이오."

오늘이가 시녀와 궁녀를 만나다

그리하여 오늘이는 그곳을 떠나 계속 길을 갔다. 가다 보니 아닌 게 아니라 시녀와 궁녀들이 우물가에서 흐느껴 울고 있었다.

오늘이가 그들에게 왜 우느냐고 물으니 그녀들이 말하기를, 어제까지 그들 은 하늘나라 옥황상제님의 시녀들이었는데, 우연히 죄를 짓게 되어 이곳에 내려와 여기 있는 물을 푸게 되었으며, 이 물을 다 퍼내야만 다시 하늘나라로 올라갈 수 있는데, 아무리 물을 푸려고 해도 물 푸는 바가지에 큰 구멍이 뚫려 있어 물을 제대로 퍼낼 수가 없다고 했다.

그리하여 그녀들도 오늘이에게 좀 도와 달라고 했다. 오늘이가 말했다.

"하늘의 **신인**神人이 못 푸는 물을 나같이 어리석은 인간이 어찌 풀 수 있겠습니까?"

오늘이는 이렇게 거절을 하다가 어렴풋이 한 생각이 떠올랐다. **정당풀**을 베어다가 그것으로 바가지에 뚫린 구멍을 막고 거기에 송진을 녹여 발라 튼튼 하게 한 다음, 정성을 다해 옥황상제께 축도를 드린 뒤 다시 물을 푸게 하니, 잠깐 동안에 그 물이 다 말라붙었다.

그러자 시녀와 궁녀들은 죽었다가 다시 살아난 것처럼 기뻐하며, 오늘이에 게 백배 사례를 하였다. 그런 뒤에 그녀들은 오늘이에게 원천강으로 가는 길을 안내해 주겠다고 하였다. 그녀들은 오늘이를 어느 **별당**이 보이는 곳까 지 안내해 준 다음, 오늘이가 가는 길에 행운이 있게 해 달라는 축도를 하고는 제 갈 길로 사라져갔다.

오늘이가 부모궁에 이르러 탄식하다

그 별당은 바로 **부모궁**이었다. 주위가 만리장성으로 둘러싸여 있고 문에는 문지기가 망을 보고 있었다. 오늘이가 문 앞으로 다가갔다.

"문을 좀 열어 주시오."

"누구냐?"

"나는 인간 세상에서 온 오늘이라는 처녀요."

"무슨 일로 이곳에 왔느냐?"

"이곳이 내 부모의 나라라고 하여 찾아 왔습니다."

"그렇지만 문을 열어 줄 수는 없다."

문지기는 아주 쌀쌀하게 거절했다. 가련한 오늘이는 하늘이 무너지는 것만 같았다. 오늘이는 부모 나라의 문 앞에 엎드려 깊은 탄식을 하였다.

"몇 백만 리 몇 천만 리 인간 세상 그 먼먼 곳에서, 처녀 혼자 외로이 험준 한 산을 넘고 거센 물을 건너 온갖 고난을 다 겪으며, 부모 나라를 찾아 이곳 까지 왔는데, 이다지도 박정하게 대할 줄은 몰랐구나! 이 문 안에는 내 부모 가 있으련만, 이곳에 내가 와 있건만, 원천강 신인들은 너무도 무정하구나! 빈들에서 홀로이 울던 이 처녀, 천산만하天山萬河를 넘고 건널 적에 이 외로운 처녀, 부모의 나라 문 앞에서도 외로운 이 처녀, 부모는 다 보았나? 내 할 일은 이제 다 하였다! 이제 다시 돌아가서 무엇 하리! 차라리 여기서 죽자. 팔자 부탁 어찌 하리, 모든 은혜 어찌 하리. 이 박정한 문지기야! 저 무정한 신인들아! 그리웁던 어머님아! 그리웁던 아버님아!"

오늘이가 드디어 부모궁으로 들어가다

오늘이가 하늘나라 **부모궁** 앞에서 이렇게 탄식하고 통곡하자, 부모궁 문을 지키는 석장승 같은 문지기도 눈물을 흘리며, 부모궁에 올라가 조금 전에 있었던 일을 고했다.

한편, 오늘이의 슬픈 흐느낌이 부모궁 안에까지 들려, 부모궁에서도 오늘이가 온 사실을 이미 다 알고 있었다. 문지기가 부모궁에 올라가 오늘이가 온 사실을 고하자, 부모궁에서는 오늘이를 궁 안으로 들어오도록 허락했다.

문지기가 부모의 분부를 듣고 문을 열어 주자, 오늘이는 마침내 부모궁으로 들어갔다. 절망에 빠져 있던 오늘이는 이 천만 뜻밖의 일에 꿈인가 하고 몸을 꼬집어보기도 하였다. 드디어 오늘이가 부모 앞으로 다가가니, 그 아버지가 물었다.

"웬 처녀가 어떻게 이곳까지 왔느냐?"

오늘이는 학의 깃 속에 살 때부터 지금까지 있었던 일들을 두루 다 이야기했다. 이야기를 듣고 난 부모들은 오늘이가 자기들의 **자식**이 분명하다며 오늘이의 언행을 감탄해 마지않았다. 그러고는 이렇게 말했다.

"네가 태어날 무렵에 옥황상제께서 우리를 불러 '원천강'336)을 지키라고 히시니, 어느 영이라 거역할 수 있었겠느냐? 우리는 몸은 비록 여기에 와 있었으나 항상 네가 하는 일을 지켜보고 있었으며, 너를 보호하고 있었다."337)

---

336) 여기에 이르게 되면, '원천강'은 우리가 앞선 신화들에서 몇 차례 보았던 하늘나라 신궁 곧 '서천꽃밭'과 같은 곳임을 알게 된다. 이런 면에서, 이 신화는 앞서 살펴본 '서천꽃밭을 지키는 꽃감관 이야기'에서 서천꽃밭을 지키는 옥황상제의 아들 '사라도령'과 '원강아미' 사이의 아들인 '할락궁이'가 서천꽃밭을 찾아가 부모를 만나고 자신의 천상적인 정체성을 확인하는 것과 같은 스토리 라인을 가지고 있다.

337) 여기서, 마침내 '오늘이' 출생의 비밀이 밝혀지며, 그것은 그녀의 출생 계보가 신녀

그러고는 오늘이에게 **원천강** 구경이나 한 번 해보라고 하였다.

오늘이가 마침내 원천강을 구경하고 삶의 수수께끼를 풀다

그리하여 오늘이는 만리장성으로 둘러싸인 원천강을 모두 둘러보았다. 그곳은 춘하추동이 모두 동시에 있는 곳이었다. 오늘이가 원천강을 모두 구경한 뒤, 다시 세상으로 돌아오려 할 때, 이곳에 올 때 자기를 도와준 이들이 부탁한 소원들을 부모님께 다 말씀드렸다. 그러자 부모는 이렇게 말했다.

"장상이와 매일이는 부부가 되면 만년 영화를 누릴 것이고, 연꽃은 윗가지의 꽃을 따서 처음 만나는 사람에게 주면 다른 가지에도 꽃이 만발한 것이며, 큰 뱀은 야광주를 한 개만 물었으면 될 텐데 너무 욕심을 많이 내어 세 개를 물었기 때문에 용이 못 된 것이니 처음 만나는 자에게 두 개를 뱉어 주면 곧 용이 될 것이다. 너도 그 연꽃과 야광주를 가지면 신녀神女가 될 것이다."

오늘이가 신녀가 되어 다시 인간 세상으로 돌아오다

오늘이는 집으로 돌아오는 길에 먼저 매일이 처녀를 만나 부모 나라에서 들은 대로 장상이 총각과 결혼하라고 말했다. 그러자 매일이는 장상이 있는 곳을 모른다고 했다.

오늘이가 매일이를 데리고 가다가 큰 뱀을 만났다. 오늘이는 큰 뱀에게도 하늘나라 원천강의 부모님께서 해주신 말씀을 전했다. 그러자 뱀은 야광주 두 개를 뱉어내어 오늘이에게 주고, 즉시 용이 되어 뇌성벽력을 치며 하늘로 승천하였다(그림198 참조).

다음에는 연꽃을 만나 원천강의 부모 나라에서 들은 이야기를 전하니, 연꽃은 자기의 윗가지 꽃을 꺾어서 바로 오늘이에게 주었다. 그러자 가지마다 예쁜 연꽃이 피어나 아름다운 향기를 풍기게 되었다.

곧 '단군신화'의 '단군'에 해당하는 신적 계보를 가지고 있음의 확인이다. 왜냐하면, 그녀의 부친이 지상에 내려와 살던 천신 곧 '환웅'에 해당하는 신으로서, 나중에 다시 하늘나라 옥황상제/환인의 부름을 받아 하늘나라 '원천강/서천서역국'을 지키는 '꽃감관'과 같은 역할을 하는 신임이 여기서 밝혀지기 때문이다.

다음에는 장상을 만나 장상과 매일이가 부부가 되어 만년 영화를 누리도록 해주었다. 그런 다음 오늘이는 다시 백씨부인을 만나 야광주를 하나 선사하며 감사의 뜻을 표하였다.

그 뒤에, 그녀는 야광주 하나와 연꽃 한 송이를 가지고 옥황상제의 **신녀**가 되었다가, 다시 인간 세상으로 내려와 절마다 찾아다니며 '원천강' 곧 인간의 하늘나라 근원을 그려 세상 사람들에게 전해주었다. 이렇게 해서, 그녀는 인간의 천상적인 정체성을 사람들에게 일깨워 주는 지상의 신인神人이 되었다고 한다.338)

◀**그림198_**용을 탄 오늘이.
（박종수）

338) 1937년 경, 제주도 서귀포 박수무당 박봉춘 구연 제보 [赤松智城 · 秋葉 隆(1937),
《朝鮮巫俗の硏究》上卷(京城: 朝鮮印刷株式會社), 467~479쪽 참조].

7. 물에 사는 신들의 이야기

물에 사는 신들의 이야기는, 신들의 권위가 많이 약화된 왕권국가 시대 이후에도 계속해서 이어지는데, 이런 신화들은 주로 수신水神 용왕과 관련된 흥미로운 이야기들로 나타나고 있다.

이 수신과 관련된 신화의 가장 오래된 유형은 우리가 이미 앞에서 살펴본 바 있는 '해모수신화'이다. 해모수신화에서 천신 해모수解慕漱는 수신 하백河伯의 딸 유화柳花와 인연을 맺어 그 사이에서 고구려를 세운 주몽朱蒙을 태어나게 한다. 이 외에, 천신 박혁거세와 결혼한 수신 알영閼英, 백제 여인과 결혼하여 (나중에 백제 무왕이 되는) 아들 서동薯童을 낳게 한 연못의 용신 등도 이런 수신 계통의 오래된 신들로 볼 수 있다.

이런 수신에 관한 신화들로는, 동해 용왕이 준 피리로 세상을 평화롭게 한 신문왕의 '만파식적萬波息笛 이야기', 용왕의 아들이 육지에 나와 역귀疫鬼 곧 전염병을 옮기는 귀신을 쫓는 축귀신逐鬼神이 된 '처용處容 이야기', 활 잘 쏘는 명궁수名弓手 거타지居陀知가 여우의 화신化身을 물리치고 아름다운 용왕의 딸을 얻는 '거타지 이야기', 그리고 산신과 수신 용왕과 인간이 두루 탐낸 미녀 '수로부인 이야기' 등으로 나타나고 있다. 이 장에서는 이런 수신들에 관한 흥미로운 신화들을 찾아 떠나보기로 하자.

신문왕이 용왕의 대나무 피리로 세상을 평화롭게 하다

만파식적萬波息笛

이 이야기 줄거리는 다음과 같다. 신라 신문왕神文王이 부왕 문무왕文武王의 유언에 따라, 부왕을 동해 바다 대왕암大王岩에 수장하고, 근처에 감은사感恩寺라는 절을 지었다.

어느 날 작은 섬이 바닷가로 떠와 살펴보니, 그 섬 위에 대나무가 하나 서 있는데, 밤에는 하나가 되고 낮에는 둘이 되었다. 왕이 그 섬으로 들어가니 용이 왕에게 검은 옥대玉帶를 바치며 말하기를, 그 섬의 그 대나무로 피리를 만들어 '소리'로써 천하를 다스릴 징조라고 하였다.

이에, 마침 날이 캄캄히 흐린 날 대나무가 하나로 되어 있을 때, 그 대나무를 베어 그것으로 피리를 만드니, 피리를 불면 적병이 물러가고 질병이 낫고, 가물 때 비가 오고, 비가 많이 올 때는 개이고, 심한 바람이 가라앉고, 거센 물결은 평온해졌다.

그래서 이 피리를 온갖 세파世波를 모두 스러지게 하는 피리라는 뜻에서 '만파식적萬波息笛'이라 하였다.

이 신화에 등장하는 신은 용신龍神 곧 수신이다. 특히 우리의 주의를 끄는 것은 '소리로써 천하를 다스린다.'는 말이다. 우리가 이미 이 책 처음 부분에서 마고신麻姑神이 천지를 창조할 때 '소리'로써 세상을 창조하는 이야기를 보았다. 따라서, 이 신화는 그동안 우리가 까마득히 잊고 있던 아득한 옛날 마고신의 천지창조 신화와 이 신화가 '소리의 정치'로써 연결되고 있음을 보게 된다.

신문왕神文王이 부왕 문무왕文武王을 위해 감은사를 짓다

신라 31대 신문왕神文王의 이름은 정명政明이요, 성은 김씨이다. 중국 당나라 고종高宗 개요開耀 원년 신사년, 곧 기원후 681년 7월 7일에 왕위에 올랐다. 그는 왕위에 오르자 아버지 문무대왕을 위해 동해 바닷가에 감은사感恩寺

▲그림199_문무왕 수중무덤 대왕암.(경주시 양북면 봉길리)

란 절을 세웠다.

이 절은 원래 문무왕이 왜병倭兵을 진압하려고 처음 지었으나, 절을 다 짓지 못하고 죽었고, 그는 동해 바다의 용이 되었다. 그 아들 신문왕이 왕위에 올라 당나라 고종 개요 2년(682)에 이 절의 건축 일을 마쳤다.

이 절의 금당 섬돌 아래에는 동쪽을 향해 구멍 하나를 뚫어두었다. 이것은 용이 된 문무왕이 절에 들어와 돌아다닐 수 있도록 한 것이었다. 문무왕의 유언에 따라 그의 유골을 감은사 앞바다에 수장水葬했는데, 그곳을 대왕암大王岩이라 했다(그림199 참조).

신문왕이 동해바다 용에게서 옥대와 피리를 만들 대나무를 얻다

이듬해 임오년 5월 초하룻날, 해관海官 파진찬波珍湌339) 박숙청朴夙淸이 왕에게 와서 다음과 같은 놀라운 사건을 아뢰었다.

"동해 바다 안에 있는 작은 산이 물 위에 떠서 물결을 따라 왔다 갔다 하면서 감은사로 오고 있습니다."

---

339) 바다와 관련이 있는 직책으로 추정됨. 수군사령관으로 보기도 함.

▲그림200_이견대 위치에 복원된 이견정.(경북 경주시 감포읍 대본리)

왕은 이를 이상히 여겨 일관日官³⁴⁰⁾ 김춘질에게 이것을 점치게 하니, 그가
왕에게 다음과 같이 아뢰었다.

"대왕의 부친께서 지금 바다의 용이 되시어 삼한을 보살피시고, 김유신金庾
信공도 삼십삼천三十三天³⁴¹⁾의 한 아들로서 지금 인간으로 내려와 대신이 되
셨습니다. 두 성인이 덕을 같이하여 나라를 지키는 큰 보물을 내려주시려
하십니다. 폐하께서 바닷가에 행차하시면 반드시 값을 헤아릴 수 없는 큰
보물을 얻으실 것입니다."

왕은 크게 기뻐하며 그 달 7일에 감은사感恩寺 앞의 이견대利見臺(그림200
참조)로 나아가, 바다에서 육지로 다가오는 그 작은 산을 확인하고는, 사자使者
를 보내어 이를 살펴보게 했다.

그 산의 모양은 거북이 머리와 같은데, 그 위에는 한 그루 대나무가 서

---

340) 고대에 왕의 측근에서 천체의 변이로써 길흉을 가리는 일을 맡은 관직.

341) 도리천忉利天. 불교의 우주관에서 분류되는 하늘天 가운데 하나. 불교의 27천天 가운데
육계欲界 6천의 제2천에 해당. 불교의 우주관에서 볼 때 세계의 중심에 있는 수미산須彌山
의 꼭대기에 있다. 모양은 사각형을 이루고 네 모서리에는 각각 봉우리가 있으며, 중앙에
는 선견천善見天이라는 궁전이 있다. 선견천 안에는 제석천帝釋天이 머무르면서 사방 32성
의 신들을 지배한다.

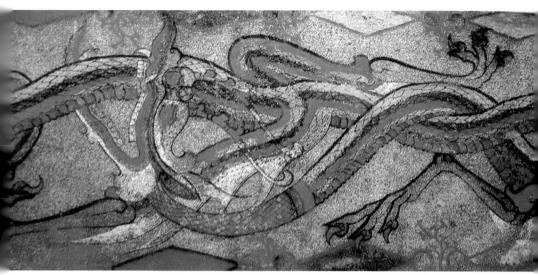

▲그림201_벽화에 그려진 뒤얽힌 용무늬 모양.(고구려오회분 4호분 천정화. 6세기)

있어, 낮에는 둘이 되고 밤에는 합하여 하나가 되는 것이었다. 사자가 돌아와
서 사실대로 아뢰니, 왕은 깊은 생각에 잠기며 감은사에 머물러 하룻밤을
지내게 되었다.

　이튿날은, 한낮인데도 그 대나무가 합해져 하나가 되었다. 천둥이 울고
번개가 치며 천지가 진동하고 비바람이 일어나 사위가 어두컴컴해지더니,
이런 상태가 7일 동안이나 계속되었다. 그 달 16일에 이르러서야 비로소
바람이 자고 물결이 평온해졌다. 이에 왕이 배를 타고 바다로 나아가 그 산에
들어가니, 용이 왕에게 검은 옥대玉帶를 바쳤다. 왕은 그 용을 맞이하여 같이
자리에 앉으면서 물었다(그림201 참조).

　"이 산과 대나무가 혹은 갈라지기도 하고 혹은 합해지기도 하니 무슨 까닭
이냐?"

　그러자 용은 이렇게 대답했다.

　"비유해 말씀드리자면, 한 손으로 허공을 치면 소리가 나지 않고, 두 손을
마주치면 소리가 나는 것과 같습니다. 대나무란 물건은 합쳐야만 소리가 나
게 되므로, 대왕께서 '소리'로써 천하를 다스리게 될 상서로운 징조입니다.

▲그림202_발굴된 감은사지 터와 지금도 남아 있는 두 개의 탑.(경주시 양북면 용당리)

대왕께서 이 대나무로 피리를 만들어 부시면 온 천하가 화평해질 것입니다. 지금 대왕의 부친께서는 바다의 큰 용이 되시었고, 김유신 장군은 천신天神이 되셨습니다. 두 성인이 마음을 같이하여, 이 큰 보물을 저로 하여금 대왕께 바치도록 한 것이오니, 그 큰 뜻을 깊이 헤아리소서."

이에, 왕은 몹시 놀라고 기뻐 오색 비단과 금과 옥을 용에게 주고, 사람을 시켜 그 대나무를 베게 한 다음 그 섬에서 나왔다. 그러자 그 섬과 용은 온 데 간 데가 없이 사라져 버렸다.

왕이 동해바다에서 얻은 대나무로 만파식적萬波息笛이란 피리를 만들다

왕은 감은사感恩寺에서 유숙하고(그림202 참조), 17일에 기림사祇林寺342) 서쪽에 있는 시냇가에 가서 수레를 멈추고 점심을 들었다. 태자 이홍理洪 곧 나중의 효소대왕孝昭大王이 대궐을 지키고 있다가, 이 소식을 듣고 말을 달려와 경하敬賀하며 용왕이 준 옥대를 천천히 살펴보고 아뢰었다.

"이 옥대의 눈금이 모두 진짜 용입니다."

---

342) 경상북도 봉화군 문수산에 있던 절.

왕이 말했다.

"네가 그것을 어찌 아느냐?"

태자가 말했다.

"눈금 하나를 떼어 물에 넣어 그것을 확인해 보이겠습니다."

이에, 왼편 둘째 눈금을 떼어 시냇물에 넣으니, 놀랍게도 그것이 곧 용이 되어 하늘로 올라가고 그 땅은 연못이 되었다. 이로 말미암아 그 연못을 **용연** 龍淵이라 했다.

왕은 돌아와 그 대나무로 피리를 만들어 월성月城343)의 천존고天尊庫에 간직해 두었다. 이 피리를 불면, 적병이 물러가고 질병이 낫고, 가물 때 비가 오고, 비가 많이 올 때는 개고, 심한 바람도 불다가 가라앉고, 거센 물결도 평온해졌다. 그래서 이 피리를 **만파식적**萬波息笛 곧 온갖 파도를 다 잠재우는 피리라고 하였다(그림203 참조).344)

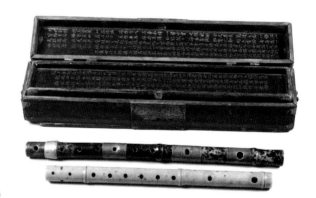

▶그림203_옥피리.
(국립경주박물관 소장)

---

343) 경주시 인왕동에 있는 도성.

344) 일연 지음 · 이재호 옮김(1978), 《삼국유사》(서울: 솔출판사), 219~224쪽 참조.

용왕의 아들 처용이 역귀를 쫓는 신이 되다

처용신處容神 이야기

신라 헌강왕憲康王이 어느 날 바닷가로 놀이를 나갔다가 돌아오는 길에 용왕이 조화를 부려 갑자기 날이 어두워지자, 왕이 근처에 절을 하나 지어주겠다고 했다. 용왕이 이에 감사하고 용왕의 아들 가운데 용모와 지혜가 뛰어난 아들 처용處容은 왕을 따라 서라벌로 들어와 왕의 일을 도왔고, 아름다운 여인과 결혼도 하였다. 그는 자신의 아름다운 아내를 역신疫神 곧 전염병신이 범해도, 너그러운 마음으로 역신을 꾸짖어 복종시켰다. 이후, 처용의 이런 능력이 민간에 까지 널리 퍼져, 그는 잡귀잡신을 쫓는 처용신處容神으로 추앙받게 되었다.

이 신화는 수신 계통의 신이 민간에 들어와 전염병을 물리치는 신으로 변이된 내력을 설명해주는 신화이다. 이런 점에서, 이 신화는 뒤에 가서 우리가 살펴보게 될 '마마신'/천연두신/손님신 신화와 상응하는 신화라고 할 수 있다. 이 신화의 주인공 '처용'은 전염병신인 '마마신'과 같은 잡귀를 물리치는 신이기 때문이다.

'처용'이란 말은 오늘날 우리 민속으로 전해지는 잡귀를 물리치는 신 '제웅'을 한자로 음차音借한 말이라고 한다.

동해 용왕의 아들 처용이 신라 서울로 들어와 아름다운 아내를 얻어 살다

신라 49대 헌강왕憲康王 때였다. 나라에는 해마다 풍년이 들어 태평성대를 누리고 있었다. 서울로부터 지방에 이르기까지 집과 담이 연이어 늘어서 있었으며, 수도인 서라벌徐羅伐에는 기와집이 즐비櫛比하고, 초가집은 한 채도 볼 수가 없었다. 방방곡곡에는 흥겨운 노랫소리가 드높았다.

어느 청명한 날, 왕은 신하들과 함께 개운포開雲浦345)라는 곳으로 놀이를

▲그림204_무신도에 그려진 용왕.(고 김태
곤 선생 제공)

나갔다. 하늘은 맑고 바다는 잔잔했다. 왕은 신하들과 함께 그곳에서 즐겁게
하루를 보낸 다음, 다시 궁성으로 돌아가고자 하였다.

왕이 궁궐로 돌아가는 길에 물가에서 잠시 쉬는데, 이때 바다에서 갑자기
먹구름과 안개가 피어오르더니 주위가 캄캄해졌다. 왕이 일관日官을 불러 연
유를 물었다.

"청명하던 날씨가 갑자기 앞을 볼 수 없을 정도로 캄캄해지니 무슨 까닭이
냐?"

일관이 천문을 보고 대답했다.

"이는 동해의 용왕이 조화를 부린 것 같습니다(그림204 참조). 대왕께서 용왕
에게 무언가 좋은 일을 베푸시는 것이 좋을 듯하옵니다."

이 말을 듣고 왕은 해당 사무를 맡은 해관海官을 불러 지시했다.

"용왕을 위해서 이 근처에 절을 하나 짓도록 하라."

---

345) 현 경남 울산광역시 남구 황성동 외황룡강 하구에 있는 포구.

그러자 캄캄했던 날씨가 다시 전처럼 청명하게 갰다. 그래서 이후부터 이곳을 구름이 갠 곳이라 하여 **개운포**開雲浦라 부르게 되었다.

동해 용왕은 크게 기뻐하여 아들 일곱을 거느리고 왕 앞에 나타나, 왕의 은덕을 찬양하며 음악을 연주하고 춤을 추었다. 그 아들들 가운데 한 아들이 헌강왕을 따라 서라벌로 들어와 나라 일을 도왔는데, 그의 이름을 **처용**處容이라 했다(그림205 참조).

▲그림205_《악학궤범樂學軌範》에 전해지는 처용상.

처용은 용모가 빼어나고 마음이 슬기로워, 사람들의 사랑을 받았다. 왕은 처용의 마음을 붙잡아 두기 위해, 그에게 급간級干[346]이라는 벼슬을 내리고, 아름다운 여자로 처용의 아내를 삼게 했다.

아름다운 처용의 아내를 역신이 범하다

처용의 아내가 너무도 아름다웠으므로, 역신疫神이 그녀를 흠모하게 되었다. 어느 날 밤, 그는 처용이 집을 비운 사이를 틈타 사람의 모습으로 변신하여, 몰래 처용의 집에 숨어들어가 처용의 아내와 동침했다.

처용이 밖에서 밤이 깊도록 놀다가 집으로 돌아와 보니, 아내가 잠자리에서 다른 남자와 누워서 자고 있었다. 이에 처용이 노래를 부르고 춤을 추며 그 자리에서 물러나왔다. 그 노래의 내용은 다음과 같으며, 이 노래를 처용이 지어 불렀다 하여, 노래 이름을 '**처용가**處容歌'라 한다.

서울 달 밝은 밤에
밤 깊도록 노닐다가,
돌아와 잠자리 보니
다리가 넷이로구나.
둘은 내 것이다마는

---

346) 신라시대 17관등 가운데 제9관등.

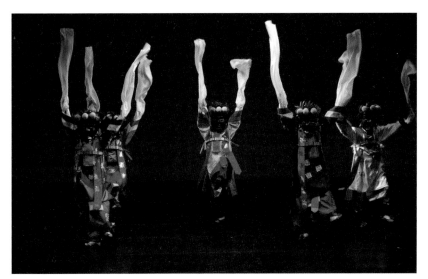

▲그림206_오늘날 전해지는 오방신장 처용무.

나머지 둘 뉘 것인고.
본디 그 내 것이거늘,
어찌 감히 앗으리요.

　이를 본 역신疫神은 자기의 본래 형체를 나타내며 처용 앞에 무릎을 꿇고 다음과 같이 말했다.
　"제가 공의 아내를 사모하여 지금 그녀와 관계를 하였으나, 공은 노여움을 나타내지 않으시니, 공에게 깊이 감동하여 공을 칭송하는 바입니다. 맹세코, 이후로는 공의 형용을 그려놓은 것만 보아도 그 문 안으로 들어가지 않겠습니다."
　이 일로 말미암아 이후로 나라 사람들이 처용의 형상을 문에 그려 붙여 사귀邪鬼를 물리치고 경사스러운 일을 집안으로 불러들이고자 하는 풍습이 생겨, 이 풍습이 후대에까지 전해지게 되었다 한다. 또한, 그가 부른 처용가와 그가 춘 **처용무**處容舞는 오늘날까지도 세상에 전해져 오고 있다(그림206 참조).

▲그림207_망해사 법당 후면에 그려진 헌강왕과 용왕이 만나는 장면.(울산광역시 울주군 망해사)

헌강왕이 용왕과의 약속대로 영취산靈鷲山에 망해사望海寺를 짓다

한편, 헌강왕은 개운포에서 서라벌로 돌아온 다음, 개운포에서 동해 용왕에게 약속한 바대로, 곧바로 영취산靈鷲山347) 동쪽 산기슭의 경치 좋은 곳을 골라, 그곳에 절을 짓고 절 이름을 **망해사望海寺**라 했다(그림207 참조). 이 절은 헌강왕이 동해 용왕을 위해 세운 절이었다.348)

---

347) 지금의 울산광역시 울주군 청량읍에 있는 산 이름.
348) 일연 지음·이재호 옮김(1997), 《삼국유사》(서울: 솔출판사), 265~270쪽 참조.

거타지가 서해 용왕의 딸을 얻다

거타지居陀知 이야기

이 신화는 신라 말기에 활을 잘 쏘는 명궁수 거타지居陀知가 뱃길로 서해바다를 거쳐 당나라로 가는 사신을 수행하고 가다가, 자신의 가족들을 거의 다 잡아먹고 있는 늙은 여우를 죽여 달라는 서해 용왕의 간절한 부탁을 받고, 하늘에서 중으로 둔갑하고 바다로 내려와 마지막 남은 용왕 부부와 딸을 잡아먹으려는 늙은 여우를 쏘아 맞혀 죽여, 그 보답으로 용왕의 딸을 얻게 되는 이야기이다.

거타지가 늙은 여우를 죽이자, 용왕은 자기의 딸을 한 송이 꽃으로 변신시켜 거타지의 품에 넣어 준다. 거타지는 당나라 사신 수행 일을 무사히 마치고 고향으로 돌아와, 품에 넣었던 꽃을 꺼내어 다시 아름다운 여자로 변신케 한 다음, 그녀와 오래도록 행복하게 산다.

신의 계보로 보아, 거타지는 인간이긴 하지만 활을 잘 쏘는, 하느님 해모수와 수신의 딸 유화 사이에서 태어난 고구려 시조 주몽朱蒙과 같은 우리 민족의 신적인 기상을 이어받은 인물이며, 그가 보은報恩의 대가로 얻은 서해 용왕의 딸은 앞에서 살펴본 수신 하백河伯의 딸 유화柳花나 천신의 아들 박혁거세의 부인이 된 수신계 인물 알영關英과 같은 수신 계통의 여인이다.

이렇게 보면, 결국 이 신화도 천신계 남성 인물과 수신계 여성 인물의 결합 형태를 취하고 있기 때문에, 우리는 이 신화도 기존의 해모수신화 및 박혁거세신화와 같은 신화임을 깨닫게 되고, 궁극적으로는 우리 신화의 원형인 '단군신화'와도 연결되고 있음을 알게 된다.

거타지居陀知가 홀로 섬에 남겨지다

신라 말기인 51대 진성여왕眞聖女王 시대의 일이다. 왕의 막내아들 아찬阿飡 양패공良貝公이 사신으로 당나라에 가게 되었다. 해적들이 진도에서 길을 막는다는 말을 듣고, 궁수弓手 쉰 명을 뽑아 그를 따르게 했다.

배가 곡도鵠島 곧 고니섬에 정박하고 있었는데, 풍랑이 크게 일어나 잦아들지 않아, 열흘 이상이나 그곳에 묵게 되었다. 공이 이를 근심하여 사람을 시켜 점을 치게 하니, 점치는 이가 다음과 같이 말했다.

"이 섬에 신령스러운 연못[神池]이 있으니, 그곳에 제사를 드리는 것이 좋겠습니다."

이에 그 연못가에 제물을 차려 놓으니, 연못의 물이 한 길 남짓이나 높이 치솟았다. 그 날 밤 양패공의 꿈에 한 노인이 나타나 이렇게 말했다.

"활 잘 쏘는 사람 하나를 이 섬 안에 남겨두시면 순풍을 얻을 것입니다."

공이 꿈을 깨어 그 일을 좌우에게 말하고 물었다.

"누구를 이 섬에 남겨두면 좋겠는가?"

여러 사람들이 대답했다.

"나뭇조각 50쪽에 각각 저희들의 이름을 써서 물에 띄운 다음, 물속으로 가라앉는 자를 뽑는 것이 좋을 듯합니다."

공은 그 말에 따랐다. 궁사弓師들 가운데 **거타지**居陀知란 사람이 있었는데, 그의 이름이 물속에 가라앉았다(그림208 참조). 그 사람을 섬에 남겨두고 배를 띄우니, 문득 순풍이 불어 배는 지체 없이 앞으로 나아갔다.

▲그림208_최근에 그려진 거타지.
(문화콘텐츠닷컴)

거타지가 활을 쏘아 늙은 여우를 죽이고 용왕의 딸을 아내로 얻다

섬에 홀로 남겨진 거타지居陀知가 근심에 잠겨 있는데, 갑자기 한 노인이 연못 속에서 나와 이렇게 말했다.

"나는 서해 바다 **용왕**입니다. 매일 해가 뜰 때가 되면 하늘에서 요망한 중 하나가 이곳으로 내려옵니다. 그가 다라니경陀羅尼經을 외우고 이 연못을 세 바퀴 돌면, 우리 부부와 자손들이 모두 물위로 떠오르게 됩니다. 이때 그 중은 내 자손들의 간을 빼어 먹곤 합니다. 우리 가족은 그에게 거의 다 잡혀 먹히고, 이제 우리 부부와 딸 하나만이 남았습니다. 내일 아침에 또 반드시 그가 내려올 것이니, 그대는 그 중을 활로 쏘아 죽여주십시오."

"활 쏘는 일은 저의 장기이니, 명령을 받들겠습니다."

그러자 노인은 그에게 고맙다는 인사를 하고 연못 속으로 들어갔다.

거타지는 숲속에 숨어서 그 중을 기다렸다. 이튿날, 동쪽에서 해가 떠오르자, 과연 하늘에서 중이 하나 내려와 **주문**을 외우며 늙은 용왕의 간을 빼려 했다. 이때 거타지가 활을 쏘아 중을 명중시키니, 중이 그 자리에서 늙은 **여우**로 바뀌며 죽었다.

용이 다시 물속에서 나와 거타지에게 감사하며 말했다.

"공의 덕택으로 생명을 보전하였으니, 내 딸을 공의 아내로 드리겠소."

거타지가 기뻐하며 말했다.

"저를 저버리지 않으시고 따님을 주시니, 바로 제가 원하던 바입니다."

용왕은 그 딸을 한 송이 **꽃**으로 변하게 하여 거타지의 품속에 넣어주고는, 이내 다른 두 용을 시켜 거타지를 받들고 사신의 배를 따라가, 그 배를 호위하여 당나라 지경에까지 무사히 들어가게 했다.

당나라 사람들은 신라의 배를 두 용이 호위하며 오고 있음을 보고, 이 사실을 황제에게 아뢰었다. 그러자 황제는 이렇게 말했다.

"이 신라 사신은 정녕코 범상한 사람이 아니다."

그러고는 잔치를 베풀어 이들을 여러 신하들의 윗자리에 앉히고 금과 비단을 후하게 하사했다.

이윽고, 고국에 돌아오자, 거타지는 품속에 넣고 온 꽃가지를 품속에서 꺼내어 다시 아름다운 여자로 변하게 한 다음, 그녀와 함께 오래도록 행복하게 살았다(그림209 참조).[349]

▲그림209_연꽃 속에서 나오는 미녀.
(학연화대합설무용. 우리문화신문)

수로부인, 신과 인간이 두루 탐내다

남북국시대의 미녀 수로부인水路夫人

이 신화의 줄거리는 다음과 같다. 신라 성덕왕聖德王(702~737) 때 순정공純貞公의 아내 수로부인水路夫人은 신과 인간이 두루 탐낸 미녀였다. 순정공이 강릉태수로 부임해 갈 때, 수로부인이 바닷가 높은 절벽 위에 핀 꽃을 보고 가지고 싶다고 하니, 한 노인이 나타나 까마득한 절벽 위로 사뿐히 뛰어 올라가 꽃을 꺾어다 바치고는, 꽃을 바치는 노래인 헌화가獻花歌를 불러 바쳤다.

그리고 그곳을 지나 바닷가에 있는 임해정이란 정자에 도착하여 점심을 먹는데, 갑자기 바다에서 용왕이 나타나 수로부인을 납치해 갔다. 그러자 이때에 또 지나가던 한 노인이 있어 수로부인을 구하는 방법을 일러주어, 인근 마을 주민들을 모아다가 몽둥이로 바닷가 언덕을 두드리며 바다노래 곧 해가海歌를 부르니, 용왕이 다시 수로부인을 뭍으로 내놓았다.

이 신화에 나오는 노인은 그 행동으로 보아 산신山神으로 보이며, 용왕은 수신水神이니, 수로부인은 인간뿐만 아니라 산신이나 수신도 탐을 내어 꽃과 노래를 바치게 하고, 심지어 강제로 납치해가기까지 하는 당대 최고의 미인이었음을 알 수 있다.

이런 점에서, 수로부인은 앞에서 살펴본 바 있는 처용의 아내 곧 역신疫神도 탐을 낸 처용신의 아내와 함께, 우리 신화 속에 등장하는 최고의 미녀라고 할 수 있겠다.

이상한 노인이 수로부인에게 절벽 위의 꽃을 꺾어 바치다

신라 33대 성덕왕聖德王 때 순정공純貞公이 강릉태수로 부임할 때 어느 바닷가에서 점심을 먹게 되었다. 그 옆에는 천 길이나 되는 높은 바위 봉우리가 병풍처럼 둘러쳐서 바다를 굽어보고 있었다. 그 병풍바위 위에 진달래꽃이

---

349) 일연 지음·이재호 옮김(1997), 《삼국유사》(서울: 솔출판사), 272~276쪽.

아름답게 활짝 피어 있었다. 순정공의 부인인 수로부인水路夫人이 이것을 발견하고는, 곁에 가까이 그녀를 모시고 있던 사람들에게 이렇게 청했다.

"누가 저 꽃을 좀 꺾어다 주지 않겠소?"

옆에서 있던 종자들이 대답했다.

"저곳은 너무 높고 험해서 사람의 발자취가 이를 수 없는 곳입니다."

그런데, 이때 한 **늙은이**가 암소를 끌고 지나가다가, 수로부인의 이 말을 들었다. 그는 곧바로 그 층암절벽 병풍바위 꼭대기로 올라가, 그곳에 피어 있는 진달래꽃을 꺾어다 수로부인에게 바치며, 다음과 같은 노래를 불렀다.

> 저 붉은 바윗가 피어난 꽃이여.
> 암소 붙잡은 이 손을 놓게 하시고
> 저를 부끄러워하지 않으신다면,
> 저런 꽃이야 늘, 꺾어 바치겠나이다.

이 노래의 이름을 〈**헌화가**獻花歌〉라 한다. 그 늙은이가 누구인지는 아무도 알 수가 없었다. 이 늙은이는 아마도 근처에 사는 산신山神으로 보인다.

동해 용왕이 수로부인을 납치해 가다

이런 일이 있은 다음 또 이틀을 더 가노라니, 한 바닷가에 임해정臨海亭이란 정자가 나타났다. 그곳에서 수로부인 일행이 잠시 쉬고 있는데, 갑자기 동해 바다 **용왕**이 나타나, **수로부인**을 끌고 바다 속으로 들어가 버렸다.

이를 본 남편 순정공은 몹시 놀라 이를 막고자 하였으나, 순식간에 일어난 일이라 수로부인을 구해낼 방법이 없었다. 이때 지나가던 한 늙은이가 순정공에게 이렇게 말했다.

"옛사람의 말에, 뭇사람들의 말은 무쇠도 녹인다 했으니, 바다 속 짐승이 어찌 뭇사람들의 입을 두려워하지 않겠습니까? 당연히 경내境內의 백성들을 불러 모아 노래를 짓게 하고, 뭉둥이로 언덕을 두드리며 그 노래를 부르게

하면, 부인을 다시 찾을 수 있을 것입니다."

공이 그 말대로 따라 하였더니, 과연 용왕이 바다 속에서 수로부인을 받들고 나와 다시 순정공에게 바쳤다. 이때에 사람들이 부른 노래는 다음과 같으며, 이 노래의 이름을 〈**해가**海歌〉라 한다.

> 거북아, 거북아, 수로水路를 내놓아라.
> 남의 부녀 빼앗아간 죄 얼마나 크냐.
> 네가 만약 수로부인을 내놓지 않으면
> 너를 그물로 붙잡아 구워서 먹으리라.

순정공이 수로부인에게 바다 속에서 있었던 일을 물으니, 부인은 이렇게 대답했다.

"궁전은 일곱 가지 보물로 장식되어 있고, 음식은 달고 향기로와, 인간의 음식이 아니었습니다."

또 부인의 옷에서는 이상한 향기가 풍겨 나왔는데, 세상에서는 맡아보지 못한 것이었다. 수로부인의 용모가 몹시 아름다워, 세상에 견줄 만한 이가 없었으므로, 매양 깊은 산이나 물가를 지날 때면 이처럼 가끔 신물神物들에게 붙들리기도 하였다(그림210 참조).[350]

---

350) 일연 지음·이재호 옮김(1997), 《삼국유사》1(서울: 솔출판사), 231~234쪽 참조.

8. 마을에 사는 신들의 이야기

환검 - 후천시대 후기에 내려오면서, 신권神權보다는 왕권王權이 더욱 강화되자, 이 세상을 지배하던 신령스러운 신들과 거룩한 영웅들은 점차 세상의 중심에서 변두리로 밀려나게 되었다. 이후에 이 세상에 남게 된 것은 신 중심의 이야기 곧 신화神話보다는 인간 중심의 이야기들 곧 전설傳說과 민담民譚들이 그 주류를 이루게 된다.

그래서 이 시대에 들어서면 신들은 더 이상 우주와 인간 세상의 중심에 살면서 세상만사를 마음대로 좌우하지는 못하게 되며, 이런 신들을 대신하여 인간들이 우주와 세상의 중심을 차지하게 된다. 신들은 국가의 중심에서 주변으로 밀려나고, 거만한 인간계의 임금들이 지배 권력의 중심을 차지하게 되는 것이다.

그러나 이 시기에 들어와서도, 과거 신들의 시대에서보다는 그 힘이 훨씬 미약해지긴 했지만 신들은 여전히 존재하며, 그들은 슬프게도 온 세상의 거대했던 활동 영역을 훨씬 좁혀서, 주로 이 지상과 인간 사회 근처에서 인간들의 욕망 충족을 위해 살아가게 된다. 그러면서 이들에 관한 이야기들도 좀 더 다양해지고 복잡해지기도 하며, 좀 더 흥미롭고 세속화된 이야기로 발전하기도 한다.

이런 이야기들 가운데 대표적인 것 가운데 하나가 바로 마을에 사는 신들 곧 동신洞神들에 관한 이야기이다. 이 절에서는 이런 신들에 관한 이야기들을 찾아 떠나보기로 하자.

개양할미가 부안 수성당 당신이 되다

거인 여신 '개양할미' 이야기

이 신화는 우리나라 거인신 신화 전통에 속하는 신화로, 그 가운데서도 우리나라 여신계 신화인 '마고신麻姑神' 신화의 전통을 잇는 신화이다. 우리나라 거인신 신화의 전통은 앞서 환인 – 선천시대의 '우리나라가 생긴 내력', '제주도가 생긴 내력'과 같은 신화에서 찾아볼 수 있었는데, 이 가운데 여신계 마고신 신화의 전통을 잇는 신화로는 앞서 살펴본 '제주도 선문대할망 신화', '지리산 마고 신화' 등이 있었다.

이 신화는 현 전라북도 부안군 변산면 격포리 죽막동 산 35 – 17 수성당水城堂에 오래 전부터 전해오는 이야기이다. 이 여신이 죽막동 바닷가에 나타날 때, 그녀는 구름을 타고 머리에는 '태양빛 광배光背'가 둘러 있었다는 것으로 보아, 이 여신은 천신 계통의 여신 곧 '마고신' 계통의 신임을 암시하고 있다. 이 거인 여신은, 제주도 '선문대할망신'과 비슷하게 부안 변산 바닷가의 지형을 만들고, 바다를 잘 다스려 어민들을 보호해주고, 풍어豐漁를 보장해주는 신으로 그려져 있다. 그 이야기는 다음과 같다.

거인 여신 개양할미가 구름 속에서 태양빛을 두르고 나타나다

수성당水城堂은 전라북도 부안군 변산면 격포리 죽막동 바닷가 깎아지른 벼랑 위에 자리하고 있다(그림214 참조). 수성당 안에는 개양할미와 그녀의 여덟 명 딸의 당신도堂神圖가 산신도와 함께 걸려 있는데, 이 개양할미는 부안 앞바다인 칠산바다를 관장하는 해신海神이다(그림 211 참조).

▲그림211_개양할머니와 8명의 딸들.(전북 부안군 변산면 죽막동 수성당)

▲**그림212**_전북 부안군 변산면 격포리 죽막동 여울굴과 수성당 원경.

아주 먼 옛날, 며칠 동안 부안 격포 앞 적벽강[351]에 큰 파도가 쳤다. 바닷가 격포 죽막동 포구에 묶어 둔 배들이 모두 다 파도에 휩쓸려 가버리고 오직 배 한 척만이 남았다. 마을 사람들은 그 한척이나마 지키려고 포구에 나와 갖은 애를 썼다.

그런데 갑자기 더 큰 거대한 파도가 일어나 밀려오면서, 죽막동 '여울굴' 바위가 크게 흔들리며 천둥 같은 소리를 냈다(그림212 참조). 그러자 이 적벽강 죽막동 여울굴 근처에 하늘로부터 햇빛이 환하게 비치면서 상서로운 서기瑞氣가 가득 어리었다.

이에 놀란 마을 사람들이 일제히 그 곳을 바라보니, 그곳에는 놀랍게도 그 크기를 짐작할 수 없는 한 거인 여신이 하늘에서 구름을 타고 내려오고 있었다. 머리는 쪽진 머리였으며, 머리 둘레로는 찬란한 태양빛 광배光背[352]가 둘려 있었다.

여인은 그 구름 위로부터 여울굴 근처 해변에 내려, 적벽강 죽막동 앞바다로 뚜벅뚜벅 걸어 들어갔다. 잠시 뒤 그녀는 하늘을 향해 두 손을 크게 벌렸

---

351) 전라북도 부안군 변산면 격포리의 해안 절벽 일대를 총칭하는 지명.
352) 부처님처럼 신성한 존재 뒤에 둥글게 어리는 상서로운 빛.

▲그림213_전북 부안군 변산면 격포리 채석강 모습.(허정주 촬영)

다. 그러자 온 세상을 집어삼킬 듯이 출렁거리던 바다의 거센 파도는 언제 그랬던가 싶게 갑자기 잔잔해졌다. 하늘도 맑게 갰다.

마을 사람들이 바다 위에 서 있는 그 거인 여신을 보니, 그녀가 신은 굽 높은 나막신이 바다 위로 훤히 드러나 있었다. 사람들은 일제히 이 거인 여신에게 큰절을 올렸다.

개양할미가 부안 바닷가 지형을 만들다

어느 날, 개양할미는 그 큰 굽의 나막신을 신고 부안 격포 적벽강 근처를 이리저리 걸어 다니면서, 깊은 곳은 메우고 위험한 곳은 표시를 하면서, 지금의 격포 바닷가 지형을 만들었다(그림 212, 그림213 참조).

개양할미가 곰소 앞바다의 '계란여'에 이르렀을 때, 이곳이 어찌나 깊은지 그녀의 치맛자락이 물에 젖게 되었다. 그러자 이에 화가 난 개양할미는 육지에서 흙과 돌을 치마에 담아다가 '계란여'를 메워 사람들을 안전하게 해주었다. 이곳은 지금도 수심이 매우 깊어서, 이곳 사람들이 속담으로 깊은 곳을 비유하여 말할 때는, "곰소 '계란여' 둠벙 속 같이 깊다."고 말한다.

부안 주민들이 개양할미의 거처를 죽막동 수성당에 마련하다

이 거인 여신이 주민들을 돌보아주는 은혜로운 신임을 알게 되자, 죽막동 마을 사람들은 입을 모아 이렇게 말하였다.

"바다 여신이 우리 고을에 출현하셨다. 우리를 보살펴 주실 해신海神이 오시었다!"

"저 분을 누구라고 부르는 것이 좋을까요?"

"저 분은 아주 큰 거인이싱개, '개양할미'라 부릅시다요."

"그려. 그렇게 부르는 것이 좋겠어요!"

이렇게 해서, 사람들은 그녀를 큰 거인 여신이란 뜻의 '개양할미'[353]라 부르게 되었다.

이 거인 여신은 바다가 잔잔한 날이면 어디든 쉴 곳을 찾곤 하였다. 그러나 아직 그곳에는 그녀가 쉴 곳이 없었다. 그래서 바다가 잠잠한 날이면 그녀는 보이지 않았다.

이를 안타깝게 여긴 마을 사람들은 이 문제를 서로 의논하게 되었다.

"우리가 개양할미의 거처를 마련해 드립시다."

"개양할미가 들어가 쉬시게 할려면 얼마나 큰 집을 지어야 허까요? 그건 불가능혀요!"

이에 한 지혜로운 사람이 말했다.

"그러지 말고 우리가 개양할미의 당신도堂神圖를 그려 그것이나마 모시는 것은 어떻겠소?"

"그려요. 우선 그렇게 히서라도 개양할미를 모셔봅시다."

이렇게 하여, 사람들은 개양할미가 처음 출현했던 바로 그 죽막동 '여울굴' 벼랑 위에 **수성당**水城堂이란 당집을 짓고, 그 안에 개양할미를 그린 당신도堂神圖를 그려 모시게 되었다.

---

353) '개양할미'란 전라도 말로 '그냥/걍 할미'란 뜻이고, '할미'란 큰 어머니란 뜻의 '한어미'가 줄어든 말이다.

개양할미가 여덟 명의 딸을 낳아 칠산바다를 지켜주다

이후에 개양할미는 부안 사람들이 지어준 이 적벽강 죽막동 여울굴 근처의 당집에 기거하면서 여덟 명의 딸을 낳았다. 이때부터 마을 사람들은 이 당집에 모시는 당신도를 다시 그려, 개양할미와 그녀의 8명의 딸들을 모두 그린 당신도로 바꾸어 걸었다(그림211 참조). 그녀는 이 딸들을 인근의 제일 큰 섬인 위도蝟島를 비롯해서, 영광·고창·띠목 등 칠산바다의 여러 요소要所에 보내어 사람들을 돌보게 하고, 자기는 막내딸만 데리고 수성당에 머물러 살았다.

그러면서, 개양할미는 틈틈이 부안 앞바다를 이리저리 걸어 다니며 수심을 재어보고, 너무 깊은 곳은 메우고 위험한 곳은 표시를 해 두어, 서해 칠산바다의 고단한 어부들을 안전하게 지켜주었다.

이후부터 어부들은 개양할미가 표시 해둔 위험한 곳들을 피해가며 안전하게 먼 바다로까지 왕래할 수가 있게 되었으며, 어부들은 바다에서 돌아올 때마다 칠산바다 황금조기들을 배 안 그득히 싣고 만선滿船의 기쁨을 노래하며 돌아오곤 하였다. 다음은 부안 앞바다 곧 '칠산바다' 어부들이 고기잡이를 마치고 돌아올 때 부르는 노래인 〈배치기소리〉이다.

칠산바다에 들오는 조구[354] 우리 배 마장에 다 잡아 실었다.
에 – 에헤야, 에 – 에헤야, 에 – 에헤야아

앞산은 가차지구 뒷산은 멀어를 지누나.
에 – 에헤야, 에 – 에헤야, 에 – 에헤야아

우리 배 사공 신수 좋아 일만 칠천 냥 벌어다 놓구
색조기[355] 밭이서[356] 농창그린단다.
에 – 에헤야, 에 – 에헤야, 에 – 에헤야아

---

354) 조기.
355) 색조개. 술집여자.
356) 밭에서.

▲그림214_전북 부안군 변산면 격포리 죽막동 수성당 당집. 개양할미와 그녀의
여덟 딸이 모셔져 있다.

부안 사람들이 개양할미를 모시고 제사하다

이렇게 해서, 개양할미가 바다를 다스린 이후부터는 부안 앞바다에 더 이
상 큰 풍랑이 일지 않았다. 고기 또한 그 이전보다 훨씬 더 많이 잡히게 되었
고, 칠산바다에는 황금빛 참조기떼가 넘쳐나게 되었다. 수성당 근처 마을
사람들은 평안하게 바다 항해를 하고, 배를 타고 고기잡이를 나갈 때마다
만선滿船이 되어 돌아오게 되었다.

이에, 마을 사람들은 마을의 수호신이자 항해와 풍어豐漁의 바다 여신인
이 개양할미에게 매년 감사의 제사를 올리게 되었다. 이후부터, 죽막동 마을
사람들은 해마다 음력 정월 초사흗날이면 마을 사람들 가운데서 생기복덕生
氣福德이 맞고 가장 깨끗한 사람을 제관祭官과 제주祭主로 뽑아, 정성을 다해
감사의 제사를 올린다(그림214 참조).

이때가 되면, 이 수성당水城堂 근처의 여러 마을 사람들은 이 마을 저 마을
할 것 없이 모두 나와, 이 수성당에서 개양할미께 정성껏 제사를 지내고 장만
한 음식들을 함께 나누어 먹고, 서로 어울려 풍물을 울리고 춤을 추며 신바람
나는 잔치마당을 이루곤 한다.357)

---

357) 한국콘텐츠진흥원 '개양할미' 관련 자료 참조.

바람신 · 구름신 · 산신이 마을로 내려와 당신이 되다

제주도 서사무가 서귀포 본향당本鄉堂 본풀이358)

한국신화에서 바람신[風神] · 구름신[雲師] 등이 처음 나오는 것은 단군신화에서이다. 즉, 환웅 – 중천시대에 하느님 환인桓因의 아들 환웅桓雄이 처음 지상으로 내려올 때, 바람신[風伯] · 비신[雨師] · 구름신[雲師]을 거느리고 천부인天符印 3가지 곧 거울 · 칼 · 방울을 가지고 지상으로 내려오는 것으로 되어 있다. 이 신들이 환웅 – 중천시대 후기에는 '탁록대전'에서 치우씨의 군대를 돕고 보호하는 신들로서 전쟁을 승리로 이끄는 중요한 몫을 하기도 한다.

그런데, 이 환검 – 후천시대 후기의 신화들에 오면, 이런 신들은 이제 옛날 신화시대의 천신에서 마을신으로 그 신분이 바뀌고 속화되어, 마을 주민들의 신앙 대상으로도 변이되고 있음을 이 신화에서 확인할 수 있다.

바람신 바람운과 산신 고산국이 사랑의 인연을 맺다

어느 날, 바람신인 **바람운**이 제주도 섬에서 솟아났다.359) 그는 봉의 눈을 부릅뜨고 삼각 수염을 나부끼며, 활을 한 번 쏘면 삼천 군마가 솟아나고, 활을 또 한 번 쏘면 삼천 군마가 다 사라졌다. 그는 하늘의 이치와 땅의 이치를 두루 통달한 남신이었다.

어느 날, 그는 산 넘고 바다 건너 먼 곳에 아름다운 산신山神 **고산국**高山國이라는 미인이 살고 있다는 말을 듣게 되었다. 바람운은 푸른 구름을 둘러 타고 순식간에 그곳으로 날아가 보았다. 그곳엔 과연 소문대로 아름다운 미녀 산

---

358) 제주특별자치도 서귀포시 서귀西歸 · 동홍東烘 두 마을 수호신의 본풀이. 서사무가의 하나로, '서귀본향당신화'라고도 한다. 이 신을 모신 본향당은 서귀포시 서귀동에 있다. 해마다 정월 초하룻날 과세문안제, 2월 13일 영등손맞이, 7월 13일 마불림대제, 11월 14일 본향당신 생신제를 지내는데, 이때 본향당 전담 심방/무당이 굿을 하면서 이 본풀이 노래를 부른다.

359) 제주도 신화의 신들은 이처럼 '땅에서 솟아난' 경우가 많은데, 그 신적인 근원과 계보를 보면 궁극적으로는 천신 계통과 연결되고 있다. 이러한 사실은 앞에서 살펴본 '오늘이 신화'에서 이미 살펴본 바 있다.

신 고산국이 있었다. 둘은 만나자마자 첫눈에 반해 서로 인사를 주고받았다.

"그대는 누구십니까?"

"저는 제주 땅 설매국에서 솟아난 바람운입니다."

"저는 제주 땅 한라산에 사는 고산국이라고 합니다."

"저는 당신이 그리워 먼 길 멀다 하지 않고 이렇게 단숨에 달려왔습니다."

"간밤에 꿈이 하도 이상하더니, 이렇게 훌륭하신 분을 맞이하는 기쁨이 생기려고 그랬나봅니다."

이렇게 두 신은 함께 사랑의 인연을 맺고 부부가 되었다.

바람신 바람운이 산신 고산국을 버리고 구름신 지산국과 몰래 도망하다

그러던 어느 날, 또 하나의 아름다운 여신이 그들 앞에 나타났다. 그녀는 고산국보다 몇 갑절 더 아름다운 천하절색天下絶色의 미녀였다. 그녀는 한라산 산신 고산국의 여동생인 구름신 **지산국**池山國이었다. 산신 고산국이 중간에 나서서 바람신 바람운과 안개신 지산국을 서로 인사시켰다. 이렇게 해서 세 신들은 서로 한 가족처럼 사이좋게 지냈다(그림215 참조).

그러나 이때부터 이미 바람신 바람운은 산신 고산국보다 구름신 지산국을 더 사랑하기 시작했다. 지산국도 사실은 마음속으로 바람운을 깊이 사랑하게 되었다. 하지만 바람운도 지산국의 그런 마음을 몰랐고 지산국도 바람운의 그런 마음을 몰랐다.

그러던 어느 날 밤, 바람운은 자기 마음을 지산국에게 고백했다. 며칠 뒤 둘은 함께 멀리 도망 가기로 약속하고, 캄캄한 밤을 이용해 바람신 바람운이 구름신 지산국을 둘러 타고 한라산 산자락으로 날아갔다(그림216 참조).

▲그림215_바람신 바람운, 산신 고산국, 구름신 지산국.(박종수)

▲그림216_경북 장육사 대웅전 벽화 가운데 바람을 타고 하늘을 날며 악기를 연주하는 주악비천도.

산신 고산국이 바람신 바람운과 안개신 지산국의 사랑을 질투하다

이튿날 고산국이 잠을 깨어 보니, 남편 바람운과 동생 지산국이 보이지 않았다. 그녀는 둘이서 함께 달아난 것을 알아차렸다. 고산국은 화가 머리끝까지 치밀어 올랐다. 고산국의 능력은 비록 바람운만은 못했지만 그래도 천문과 지리에 매우 능통했기 때문에 그들이 어디로 달아났는지를 짐작할 수 있었다.

그녀는 곧바로 자기 방으로 들어가 남장男裝을 하고 무쇠 활에 붕게 화살을 둘러메고, "역적 연놈이 도망친 곳을 좀 일러 주십시오." 하고 하늘에 빈 다음, 영기令旗를 내어 힘차게 휘두르니, 역풍이 부는데도 그 깃발은 한라산 산자락을 향해 힘차게 나부꼈다. 고산국은 **축지법**縮地法을 써서 깃발이 나부끼는 쪽을 향해 백 리 길을 오리로 천 리 길을 십 리로 줄여 달려가, 단숨에 그들이 숨어 있는 한라산 산자락에 이르렀다.

그곳에는 남편 바람운과 동생 지산국이 부부가 되어 숨어 함께 첫사랑에 취해 있었다. 이를 본 고산국은 화가 머리끝까지 치밀어 올라, "이 역적 연놈들을 단숨에 쏘아 죽이겠다!"고 소리소리 지르며, 천근들이 활을 막 잡아당기려 했다. 이때 고산국의 동생 지산국은 이를 이미 먼저 알고 조화를 부려 사방에다가 안개구름을 피워 안개가 온 세상을 뒤덮게 했다. 이에 고산국도 도술로 조화를 부리며 하느님께 축수를 하였으나, 자기의 도술이 동생의 도술보다 못했기 때문에, 짙은 안개는 걷힐 길이 없었고, 그렇다고 동생을 이길

▲그림217_구름 걷히는 한라산 여름 풍경.

별다른 묘책도 없었다(그림217 참조).

　고산국은 할 수 없이 활을 거두고는, 이렇게 소리쳤다. "이 간악하고 몰인정한 년아! 내가 아무리 천근들이 활을 들었던들 너를 어찌 죽일 수 있으며, 설혹 내가 너를 죽이려 했던들 죽을 죄를 진 네년이 이 언니를 이런 험한 지경에 몰아넣는단 말이냐? 하지만 이년아! 그렇다고 내가 어찌 차마 너를 죽일 수 있겠느냐? 그러니 우리 서로 해치지나 않기로 하자. 어서 이 안개나 좀 거두어라, 이년아!"

　바람신 바람운은 이 말을 듣고 한라산 절벽에 걸려 있는 죽은 구상나무 가지를 꺾어 다듬어 닭 모양을 만들어, 그것을 한라산 층암절벽 위에 꽂아 놓았다. 그러자 그것이 닭이 되어 목을 길게 빼고 날개를 툭툭 치며 "꼬끼오." 하고 울었다. 이 소리를 들은 세상의 모든 닭들이 한꺼번에 "꼬끼오." 하고 울어댔다. 그러자 한라산을 뒤덮었던 모든 안개가 흔적도 없이 걷히고, 휘영청 밝은 달이 하늘에 솟아올랐다.

　고산국은 그래도 노여움을 풀지 못해서 다시 다음과 같이 크게 소리 질러 꾸짖었다.

"이 죽일 년아! 잡을 년아! 도마 위에 찍을 놈아! 금수 같은 바람운 놈아! 내가 너희 연놈들을 모조리 죽여도 분이 다 풀리지 않을 것 같았다마는, 차마 그럴 수가 없구나! 그러나 이 못된 년아! 너는 내 동생이 아니다. 그러니 이제는 네 성을 지가池哥로 고쳐라. 나는 얼굴이 부끄러워 한라산 봉우리로는 다시 못 돌아가겠다. 그저 발 가는 대로 아무데로나 가련다. 너도 너 갈 데로 어디든지 가라."

그래서 한라산 산신 고산국의 동생은 이때부터 성을 지씨池氏로 고쳐 이름을 **지산국**池山國이라 부르게 되었다.

바람운과 고산국과 지산국이 마을로 내려가 마을신이 되다

말을 마치자 한라산 산신 고산국은 이리저리 떠돌아다니다가 제주도 서귀포 서홍리 마을로 들어가 자리를 잡고 이 마을의 **마을신**이 되어 서홍리의 마을 사람들과 짐승들과 나무들을 차지하게 되었다. 한편, 바람신 바람운과 구름신 지산국은 제주도 서귀포 동홍리 마을의 신령스런 나무의 윗가지에 자리를 잡고, 이 마을의 **마을신**이 되어 동홍리의 마을 사람들과 짐승들과 나무들을 차지하게 되었다(그림218 참조).

이후부터, 고산국은 바람운과 지산국이 차지한 지역 안에 있는 모든 것들을 다 적대시하게 되었으며, 그래서 서홍리와 동홍리 마을 사람들도 서로 혼인도 하지 않게 되었다고 한다. 뿐만 아니라, 서홍리 마을 사람들은 동홍리 마을에 가서 나무를 베어가지 못하고, 동홍리 마을 사람들도 서홍리 마을에 가서 나무를 베어가지 못하게 되

▲그림218_서귀포 동홍리 본향당 당제에서 모시는 바람운·지산국의 신위.(허정주 촬영)

▲그림219_익산시 웅포 마을 산신각의 산신도.

었다. 이렇게 해서 두 마을 사람들은 무엇이든 상대편의 것들을 범하면 큰
화를 입는 것으로 믿게 되었다고 전해온다.

　지금도 제주도 서귀포 서홍리 마을 **본향당**360)에는 산신 고산국이라는 여
신이 이 마을 수호신으로 좌정해 있으며, 그 이웃 마을 동홍리 본향당에는
바람신 바람운과 구름신 지산국 부부가 마을 수호신으로 좌정해 있고, 마을
사람들은 해마다 이곳에 경건한 제사를 드린다.361)

360) 마을 수호신을 모셔둔 당집.
361) 赤松智城 · 秋葉隆(1937), 《朝鮮巫俗の 硏究》上卷(京城: 朝鮮印刷株式會社), 341~357
　　쪽 및 한상수(2003), 《한국인의 신화》(서울: 문음사), 55~62쪽 참조.

소천국의 아들 궤네깃도가 제주도 마을신이 되다

제주도 서사무가 '궤네깃당 본풀이'362)

이 신화는 제주도 마을신 '소천국'과 그의 아내 '백주마누라' 사이에서 태어난 아들 '궤네깃도'가 용왕국으로 가서 용왕의 사위가 되고, 강남 천자국의 외적들을 물리친 다음, 다시 육지로 돌아와 제주도의 또 다른 마을신이 된다는 이야기이다. 이런 점에서 이 신화는 지신 계통의 신과 수신 계통의 신이 결합하여 이루어지는 이야기임을 알 수가 있다.

이 신화에서 또 한 가지 흥미로운 것은 '궤네깃도'의 아버지 '소천국'이 사냥신/축신畜神의 성격을 강하게 띠고 있다는 점이다. 즉 '궤네깃도'는 우리가 앞서 이미 살펴본 본 '우리나라 농신·축신의 연원과 내력 – 자청비 신화'에서 축신 '정수남'과 그 신적인 계보가 같은 존재이기도 하며, 이 신화집의 뒤쪽 저승신화에 나오게 될 '사만이 신화'에서 사만이의 사냥을 도와주는 사냥신인 '해골신'과도 연결된다.

우리나라 신화들 가운데서, 마을을 지켜주는 신 곧 마을신/동신洞神의 내력을 정리한 신화들 가운데는, 뒤에서 살펴볼 '나주 금성산 뱀신 이야기'와 같이 다른 지역으로부터 신이 유입되어 마을신으로 좌정하는 외래적인 신화도 있지만, 여기서 살펴보게 될 이야기처럼 그 형성의 근원이 그 마을 안에 있는 신화들도 있다. 이 이야기는 제주도 구좌읍 김령리 마을신의 유래담이다.

소천국과 백주마누라가 여섯째 아들 궤네깃도를 낳아 바다에 버리다

제주도 북제주군 구좌읍 하송당리 마을 땅에서 **소천국**이란 남신이 솟아났다. 강남 천자국 백사장에서는 **백주마누라**란 여신이 솟아났다.363) 어느 날,

---

362) 제주도 제주시 구좌읍 김녕리 일대에 전승되는 '당신본풀이' 곧 마을신의 내력을 무당이 굿에서 노래하는 것.

363) 제주도 신화는 이처럼 그 신의 출생 근원이 땅인 경우가 많다. 하지만, 앞서 살펴본 '오늘이 신화'에서처럼, 이런 신들의 궁극적인 근원은 땅이 아니라 하늘임이 밝혀지기도 한다.

강남 천자국의 백주마누라는 하늘의 천기天氣를 보고, 자기의 천생배필天生配匹이 제주도에 있음을 알고는, 이 섬으로 찾아와 소천국과 백년가약百年佳約을 맺었다.

이들 부부는 아들 오형제를 연이어 낳은 다음, 다시 여섯째 아이를 잉태하게 되었다. 사정이 이렇게 되자, 백주마누라는 자식들을 먹여 살릴 일이 걱정이 되어, 남편을 보고 **농사**를 짓자고 했다.

어느 날, 마누라 뜻을 따라 소천국은 소를 몰아 밭을 갈고, 백주마누라는 점심밥을 준비하여 밭으로 내어갔다. 소천국은 하던 일을 마저 마친 다음에 점심을 먹을 요량으로, 마누라가 내어온 밥 광주리를 밭둑가에 두고 계속해서 밭을 갈았다.

그때 마침 중 한 사람이 그곳을 지나다가 배가 고파 남아 있는 밥이 있으면 좀 달라고 했다. 소천국은 중이 밥을 먹으면 얼마나 먹으랴 싶어 마누라가 내어온 밥을 먹으라고 했다. 그러나 그 중은 아홉 광주리 밥과 아홉 동이 국을 모두 다 가지고 달아나 버렸다. 소천국은 배가 고팠으나 밥이 하나도 없어, 밭 갈던 소를 때려잡아 불을 피워 구워 먹고 말았다. 그러나 그것으로도 요기가 채워지지 않아 근처 풀밭에서 풀을 뜯어먹고 있던 암소마저 잡아먹었다.

백주마누라가 다시 밭으로 나와, 남편 소천국이 소도 없이 자기 배로 쟁기를 밀어 밭을 가는 것을 보았다. 이상히 생각하여 그 이유를 따져 물어 자초지종을 다 알게 되자, 백주마누라는 소천국에게 이렇게 말했다.

"당신은 소도둑놈이니, 같이 살 수 없소. 오늘부터 살림을 나누어 따로 살기로 합시다."

그리하여 소천국은 제주도 구좌읍 아랫송당리에 살고, 백주마누라는 윗송당리에 살게 되었다.

소천국은 평생 배운 것이 **사냥**뿐이라서, 다시 온갖 짐승들을 잡아 먹으며 살았다. 그리고 백주마누라와 떨어져 사는 동안 새로 첩도 하나

▲그림220_최근에 그려진 궤네깃도.(문화콘텐츠닷컴)

얻었다. 이때 백주마누라는 여섯 째 아들 **궤네깃도**를 낳았다(그림220 참조).

아이가 세 살이 되자, 백주마누라는 아이를 업고 첩을 얻어서 따로 사는 남편 소천국을 찾아갔다. 자식을 본 소천국이 반갑고 기뻐 아이를 들고 어르니, 아이는 아버지의 삼각 수염을 잡아 뽑고 가슴팍을 두들겨 쳤다. 이 꼴을 당한 소천국은 화가 치밀어 올라, 이 아이를 무쇠석갑(石匣364))에 담아 바다에 띄워버렸다.

궤네깃도가 용왕국으로 들어가 용왕의 사위가 되다

궤네깃도 아이를 담은 무쇠석갑은 용왕국으로 흘러들어가 **용궁**의 산호수 나무 가지에 걸렸다. 그날부터 용왕국에는 이상한 바람과 구름이 조화를 부렸다. 용왕이 그 이유를 알아보라고 딸들에게 명령했으나, 첫째 딸과 둘째 딸은 아무 일도 없다고 보고하고, 셋째 딸만이 용궁의 산호수 나무 가지에 무쇠석갑이 하나 걸려 있다고 아뢰었다.

이 사실을 알게 된 용왕이 그 무쇠석갑을 내려오라고 하니, 첫째 딸과 둘째 딸은 그것을 내리지 못하고, 셋째 딸이 번쩍 들어다 내려 놓았다. 용왕이 그 무쇠석갑을 열라 했으나, 첫째 딸과 둘째 딸은 열지 못했는데, 셋째 딸은 쉽게 열었다.

무쇠석갑을 열고 보니, 그 안에 도령 하나가 책을 가득히 쌓아 놓고 앉아 글을 읽고 있었다. 용왕이 도령에게 어디서 온 누구냐고 물으니, "저는 조선국 제주도에 사는 **궤네깃도**라 합니다. 강남 천자국에 난리가 났다기에 그 변란을 막으러 가다가, 풍파를 만나 이곳에 잠시 들렀습니다."고 대답했다.

이에 용왕은 이 도령이 천하의 명장이라 생각하고, 그로 하여금 자기의 세 딸 가운데 원하는 딸의 방에 들기를 권하였다. 궤네깃도는 셋째 딸 방으로 들어갔다. 셋째 딸은 궤네깃도를 위해 칠첩반상으로 정성껏 밥상을 잘 차렸으나, 궤네깃도는 그것을 거들떠보지도 않고 돼지와 소를 통째로 잡아 달라고 하였다.365) 이에 용왕은 사위 하나 대접 못하겠느냐며 날마다 돼지를 잡

---

364) 무쇠와 돌로 만든 작은 상자.

고 소를 잡아 가며 그에게 석 달 열흘 동안을 대접해 먹였다. 그러는 사이에 용왕국의 동쪽 창고와 서쪽 창고가 거의 바닥이 나게 되었다.

용왕은 이 사위를 그대로 두었다가는 나라가 망할 것이라 생각하여, 무쇠석갑에 사위 내외를 집어넣은 뒤, 이들을 다시 물 밖으로 내어보냈다(그림221 참조).

▲그림221_응룡應龍.《산해경》

궤네깃도가 강남 천자국의 도적들을 물리치고 제주도로 돌아오다

이 무쇠석갑은 다시 파도에 이리저리 떠밀려 마침내 **강남 천자국**天子國366)의 흰 모래밭에 닿았다. 그날부터, 이 천자국에도 바람과 구름의 조화가 크게 일었다. 천자가 신하들을 시켜 바닷가를 살피게 하고, 황봉사에게 점을 치게 하니, 백사장 모래밭에 무쇠석갑 하나가 닿아 있음을 알았다. 이에 천자는 손수 그 백사장으로 나가 정성껏 제사를 올렸다.

그러자 그 무쇠석갑의 문이 열리며 한 도령과 여자가 나왔다. 이를 본 천자가, "그대는 어느 나라에 사시는 뉘시옵니까?" 하니, "조선국 제주도에 사는 궤네깃도입니다." 하고 대답했다. "어찌하여 이곳까지 오셨습니까?" 하니, "소장小將은 당신 나라의 남북 도적을 격파하고 변란을 막으러 왔습니다." 하고 대답했다. 이 말을 듣고 천자는 크게 기뻐하며 이들을 궁 안으로 모셔 들여 극진히 대접했다.

---

365) 이런 그의 식성은 그가 농신계 신이 아니고, 그의 아버지 소천국과 같이 축신계畜神系 신임을 암시한다. 이런 축신계 신으로는 우리가 앞에서 이미 살펴본 '자청비 이야기'에 나오는 축신 '정수남'도 있다.

366) 이 강남 '천자국天子國'이란 명칭, 궤네깃도가 이 천자국에 도착한 날부터 "이 천자국에도 바람과 구름의 조화가 크게 일었다."는 대목, 그리고 그가 '풍운의 조화'를 부린다는 언급 등으로 볼 때, 이 신의 연원은 땅이 아니라 하늘임을 알게 하며, 이런 점에서 이 신도 앞서 살펴본 '오늘이 신화'에서의 '오늘이'와 같이, 그가 땅에서 솟아난 신의 아들이지만 그의 신적 계보는 천신계이다. 여기서 '강남 천자국'은 앞의 신화들에서 나온 '하늘나라'의 변이형으로 보인다.

이때 마침 남북 **도적들**이 강성하여 강남 천자국을 치려 하니, 천자는 궤네깃도에게 무쇠 투구·갑옷·언월도·활 등을 주며 적들을 막아달라고 부탁했다. 이에 궤네깃도는 억만 대병을 거느리고 적들과 싸우러 나갔다. 처음 싸워 머리에 뿔 하나 달린 장수를 죽이고, 두 번째 싸워 뿔 둘 달린 장수를 죽이고, 세 번째 싸워 뿔 셋 달린 장수를 죽였다. 그러자 적들이 다시는 궤네깃도에게 대항하지 못했다.

이에 천자가 크게 기뻐하며 싸움에서 승리한 궤네깃도 도령에게 큰 상을 내리려 하였다. 그러나 도령은 천자가 나라 땅을 떼어 주겠다고 해도 거절하고, 높은 벼슬을 주겠다 해도 거절했다.

"그러면 그대의 소원이 무엇이요?"

"소장의 소원은 본국으로 돌아가는 게 소원입니다."

그래서 천자는 배 한 척을 지어 내어 강남 천자국의 온갖 보화와 산호수와 양식들을 가득 실어 주고, 또 군사들을 내어 이들 부부를 본국으로 호송하도록 했다.

궤네깃도가 다시 고향으로 돌아와 마을신으로 좌정하다

그리하여 궤네깃도 부부는 제주도로 돌아왔다. 궤네깃도 도령이 제주 땅에 내려 큰 소리가 땅을 한 번 울리니, 북제주군 구좌읍 송당리에 살고 있던 소천국과 백주마누라가 이 소리를 듣고 깜짝 놀랐다. 두 신은 하녀에게 그 연유를 알아보게 하니, 세 살 때 무쇠석갑에 넣어 바다에 띄워버렸던 아들이 아버지를 치러 왔다고 아뢰었다.

이에 **소천국**은 여섯째 아들 궤네깃도가 쳐들어온다는 말에 겁이 나 도망하다가 그만 아랫송당리 고개에서 죽어 그곳의 **마을신**이 되었고, 그의 어머니 **백주마누라** 역시 놀라 도망치다가 윗송당리 산에서 죽어 그곳 마을신이 되었다 한다. 그 뒤로, 그들은 매년 음력 1월 13일이 되면 그곳 마을 사람들로부터 제각기 제사를 받아먹는 마을신 곧 동신洞神이 되었다.

부모가 죽은 것을 안 궤네깃도는, 아버지가 생전에 **사냥**을 잘 하고 짐승

고기를 좋아한 것을 알고, 각 마을의 일등 사냥꾼들을 모아 노루·사슴·산 돼지 등을 많이 잡아 오게 한 다음, 그것을 제물로 삼아 부모님께 정성껏 제사를 드렸다. 그리고 강남 천자국에서 데려온 군사들을 모두 돌려보냈다.

그런 뒤에 그는 한가로이 한라산 일대를 두루 돌아다니며 좌정할 곳을 찾다가, 북제주군 구좌읍 **김녕리**가 가장 좋을 것 같아, 그곳 김령리 망태목이란 곳에 좌정하였다.

그러나 궤네깃도가 이곳에 좌정하여 칠일 동안을 기다려도 어느 누구 한 사람 와서 그를 대접하는 사람이 없었다. 이에 화가 난 궤네깃도는 이 마을 사람들에게 풍운의 조화를 부렸다. 그러자 이때부터 김녕리에는 수많은 재앙이 일어났다.

마을 사람들은 그 원인을 몰라 **심방**367)을 불러다가 점을 쳐보니, 소천국의 여섯째 아들 궤네깃도가 김녕리 신당으로 내려와 제사상을 받으려고 내린 조화임을 알게 되었다. 이에 사람들은 궤네깃도가 좌정한 곳으로 올라가 음식을 바치려 하였으나, 궤네깃도는 소와 돼지를 통째로 바치라고 했다. 그러나 마을 사람들은 자신들이 가난해서 소를 바칠 수는 없다고 하소연했다.

이렇게 하여 마을 사람들은 이 신으로부터 소 대신 돼지만 바쳐도 된다는 허락을 받았다. 이후로 제주도 구좌읍 김녕리 마을 사람들은 1년에 한 번씩 이 마을 수호신인 궤네깃도 신에게 **통돼지**를 드려 제사를 드리게 되었다 한다(그림222 참조). 368)

▲**그림222**_북제주군 구좌읍 궤네깃도 신당.(문무병 제공)

367) 제주도의 무당.
368) 제주시 건입동 이춘달 구연 제보 [현용준(1976), 《제주도 신화》(서울: 서문당), 239~250쪽 참조].

나주 금성산 뱀신이 제주도 서귀포 마을신이 되다

제주도 서사무가 '토산당본풀이'[369)]

이 신화의 줄거리는 다음과 같다. 나주 금성산에 큰 뱀신 '아기씨'가 토지신/지신地神으로 좌정해 있었다. 그런데 나주에 부임해 오는 고을 목사들이 이 신에 대한 경배를 하지 않으면 백일을 채우지 못하고 파직되어 돌아갔다.

이에 '양목사'라는 사람이 이 고을에 부임해 와서는, 포수를 시켜 이 뱀신 아기씨를 쏘아 죽였다. 죽임을 당한 나주 토지신 뱀신 '아기씨'는 죽어서 바둑돌로 변하여 제주도 진상품 관리들인 '강씨 형방·오씨 형방·한씨 형방' 등을 따라 제주도로 건너가, 제주도 당신堂神으로 좌정한 다음, 용궁을 방문하여 용왕의 뜻에 따라 제주도 남성 당신堂神 '개로육서또'와 부부의 연을 맺는다.

그러다가 그녀는 다시 왜놈 도적들에게 비참하게 죽임을 당한다. 이에 이 뱀신 '아기씨'는 자기를 제주도로 이끌고 온 '강씨 형방'의 외동딸 등에게 혼령을 의탁하여 다시 되살아나 제주도의 영험한 신이 된다.

이렇게 해서, 이 뱀신 '아기씨'는 그녀를 제주도로 이끌고 온 세 형방에 의탁하여, 상단골 강씨 아기씨, 중단골 오씨 아기씨, 하단골 한씨 아기씨 등 세 신으로 추앙을 받고 있다.

이상의 줄거리를 살펴보면, 이 뱀신 '아기씨'가 용궁의 용왕에게 가서 자기의 신적인 정체성을 확인받는 대목에서, 그녀가 그런 수신계통의 신인 것으로 생각할 수 있지만, 여기서 '용궁'이 단군신회에서 하늘나라의 변이형으로 보게 되면, 이 여신의 계보는 천신계통의 여신이 되어, 앞의 '오늘이' 신화와

---

369) 제주특별자치도 서귀포시 표선면 토산리에 있었던 여드렛당신의 내력 이야기. 토산리에는 이렛당과 여드렛당이 있는데, 그 제일祭日이 각각 7일과 8일인 데서 붙여진 이름이다. 전자는 마을의 위쪽에 있다 하여 '웃당', 후자는 아래쪽에 있다 하여 '알당'이라고 부르기도 한다. 여드렛당신앙은 제주 전역에서 숭앙되고 있다. 현재 이 당은 없어졌으며 자취만 남아 있다. 집안에서 하는 무당굿인 병굿에서는 이 '본풀이'를 노래하고 이 신의 한을 풀어 위로하는 의미에서, 긴 무명으로 여러 개의 고를 맺어 이를 풀어내는 '방울풂'이라는 제사 절차를 행한다.

같이 천신계통의 신이 될 수도 있다.

이 뱀신 '아기씨'의 남편이 되는 '개로육서또'는, 앞에서 살펴본 '소천국과 그의 아들 궤네깃도' 신화에서 본 바와 같이, 제주도 지신, 그 가운데서도 마을신이다.

따라서, 이 신화는 일차적으로는 수신 뱀신 '아기씨'와 지신 '개로육서또' 부부에 관한 신화라는 것을 알게 된다. 뱀은 이처럼 용과 같이 수신계 신으로 추앙받기도 한다.

이런 면에서, 이 신화는 앞에서 살펴본 제주도 마을신 '궤네깃도'와 그의 아내 곧 용왕의 셋째딸 신화와 같은 유형의 신화라는 점도 이해할 필요가 있다. 제주도 신화는 이처럼 그 지역적인 조건이 섬이라서, 지신과 수신의 결합을 보여주는 신화들이 많은 것 같다.

그러나 이러한 신들의 근원적인 정체성은, 앞서 살펴본 '오늘이' 신화에서와 같이, 천신계 신의 계보에서 확인되는 경우도 있다.

나주목사가 금성산의 토지신 큰뱀을 죽이다

제주도 서귀포시 표선면 토산리 토산 여드렛당의 당신堂神은 원래 전라도 나주의 금성산에서 살던 신인데, 나주목사의 핍박을 당해 제주도로 건너오게 되었다. 그 유래는 다음과 같다.

옛날, 나주 고을에서는 목사가 부임해 오면, 오는 족족 백일을 채 채우지 못하고 파직되어 돌아갔다. 그래서 이곳으로는 목사로 부임해 오고자 하는 사람이 거의 없었다.

이때 양목사라는 사람이 말하기를, "나를 이곳 목사로 보내준다면 석 달 열흘에 윤달까지 채우리라." 하고 장담을 하고 나섰다. 나라에서는 나주 목사를 할 사람이 없었기 때문에 그를 곧바로 나주 목사로 임명하여 그곳으로 내려 보냈다. 양목사는 많은 관속과 육방 하인들을 거느리고 기세등등하게 나주로 내려갔다.

그들이 나주로 들어와 막 금성산 앞을 지날 때인데, 통인이 급히 길을 막으며, 이 산에는 신령스런 기운이 있고 **토지관**370)이 있으니, 반드시 말에서 내려야 한다고 했다. 그러나 양목사는 "이 고을에 토지관이 나 말고 또 누가 있단 말이냐?" 하며, 통인의 말을 듣지 않고 말을 탄 채 그대로 이곳을 지나가려 했다.

그런데 얼마 가지 않아 이상하게도 말이 발을 절어서 더 이상 말을 타고 갈 수가 없었다. 이에 양목사가, "이게 영험靈驗이냐?" 하니, 통인이 "예. 그렇습니다." 했다. 양목사는 홀로 말에서 내려 통인 한 사람만을 거느리고 금성산으로 올라가 보았다. 거기에는 청기와집 한 채가 있고, 그 안에서 달나라 선녀 같은 아름다운 아기씨가 반달 같은 용 모양의 얼레빗으로 긴 머리를 슬슬 빗어 넘기고 있었다.

양목사가, "어느 것이 귀신이냐?" 물으니, 통인이 말하기를, "저 아기씨가 귀신입니다." 했다. 양목사가 큰 소리로 그 아기씨를 꾸짖어 말하기를, "귀신이 어찌 사람 형상을 한단 말이냐? 네 본래의 몸으로 달아나 보아라!" 하니, 순간 이 처녀는 윗주둥이는 하늘에 붙고 아랫주둥이는 땅에 붙는 큰 **뱀**으로 변했다(그림223 참조).

이를 본 양목사가 통인에게, "징그러워서 차마 볼 수가 없구나. 이 마을에 총질을 잘하는 포수가 없느냐?" 하고 물으니, 통인이 "있습니다!" 하였다.

양목사가 그 포수를 불러오게 하여 이 큰 뱀을 죽이라고 명령했다. 포수가 와서 뱀에게 총을 세 방 쏘니, 뱀은 앞을 데도 설 데도 없어져 금바둑돌·은바둑돌·쇠바둑돌의 세 **바둑돌**로 변신하여 하늘 높이 뛰쳐 오르더니, 서울 종로 네거리에 가 떨어졌다.

▲**그림223**_큰 뱀.(《산해경》)

---

370) 여기서는 토지를 주관하는 토지신土地神 혹은 지신으로서의 뱀신을 뜻하며, 제주도에서는 마을공동체의 수호신, 곧 마을신인 본향당신을 가리킨다.

바둑돌로 변신한 뱀의 혼령이 진상품 관리들을 따라 제주도로 건너가다

이때 제주도에 사는 강씨 형방[371], 오씨 형방, 한씨 형방 세 사람이 임금님에게 진상할 해산물을 가지고 서울로 올라갔다. 이들이 마침 서울 종로 네거리를 지나다가 우연히 그 **바둑돌**을 줍게 되었다. 그런데 웬일인지 이들의 해산물 진상 일이 전에 없이 수월스럽게 잘 풀려 넘어갔다.

세 사람은 물품 진상 일을 무사히 마치고 제주도로 돌아가는 배를 띄우게 되었다. 이에 마음이 편안해진 이들은 그간에 꽤 소중히 간직했던 그 바둑돌도 모두 바닷가에 던져버리고 배에 올랐다. 그런데 이상하게도 잔잔하던 바다에 갑자기 거센 풍랑이 일어나 배를 띄울 수가 없었다. 배를 띄우려고 할 때마다 매번 다시 거센 바람이 일어나곤 하였다.

이를 이상하게 여긴 세 사람은 인근 마을로 점을 치러 갔다. 점쟁이가 점괘를 내어 말하되, "강씨 형방의 보자기를 좀 풀어보시오. 그 안에 난 데 없는 보물이 있을 듯하오." 하여, 서둘러 강씨 형방의 보자기를 풀어보니, 이상하게도 바닷가에 내버린 그 바둑돌이 그 보자기 속에 들어 있었다. 점쟁이가 다시 말하되, "그 바둑돌을 선왕[372]에 올려 굿을 하면 바다가 명주 비단결 같이 잔잔해지고 실바람이 시르르 불어올 듯하오." 했다.

세 형방은 점쟁이가 시키는 대로 세 바둑돌을 선왕에 올려놓고 굿을 했더니, 아닌 게 아니라 바다가 명주 비단결 같이 잔잔해지며 실바람이 시르르 불어와, 배를 띄워 무사히 제주도의 성산면 열눈이 포구[373]로 돌아왔다.

바둑돌이 다시 아름다운 아기씨로 변신하여 제주도 당신으로 좌정하다

이들을 태운 배가 제주도 성산면 열눈이 포구에 닿자, 그 세 바둑돌은 하나로 합해지며 놀랍게도 꽃 같은 **아기씨**로 변하더니, 이 열눈이 포구 마을의 당신堂神 매호부인에게 가서 인사를 올렸다.

---

371) '형방'이란 지방 관아의 하급 관리.
372) 뱃머리.
373) 제주시 성산면 온평리에 있는 포구.

그러자 매호부인은 "이 마을 토지관은 하나이지 둘일 수 없다. 이 마을의 땅도 내 땅이고 물도 내 물이고 자손도 내 자손이니, 어서 이곳에서 나가거라!" 하고 호통을 치며, 아기씨가 이곳에 머무르지 못하게 했다.

아기씨가 매호부인에게, "그럼, 어디로 가면 임자 없는 마을이 있겠습니까?" 하니, "해 돋는 쪽에 있는 **토산**374)으로 가 보아라." 했다. 그래서 아기씨는 그곳을 떠나 우선 해 돋는 쪽 곧 서귀포시 표선면 하천리로 갔다.

이 당시, 하천리 마을의 당신은 **개로육서또**라는 신이었다. 그는 이때 달산봉375) 위에 앉아서 바둑을 두고 있다가, 달나라 선녀 같은 아기씨가 옆으로 지나가는 것을 보았다. 남자로서 그냥 둘 수 없다고 생각한 그는 곧 아가씨를 쫓아가 은결 같은 팔목을 덥석 잡았다.

그러자 아가씨는, "얼굴은 양반인데 행실은 괘씸하구나! 더러운 놈에게 팔목을 잡혔으니, 저 더러운 팔목을 그냥 둘 수 있겠느냐?" 하고, 장도칼을 꺼내어 자기의 손을 잡았던 개로육서또의 팔목을 살살살 깎아서 남수376)와 주전대377)로 휘휘 칭칭 감아 놓고 그곳을 떠났다.

그곳을 지난 아기씨는 이번에는 서귀포시 표선면 토산리 메뚜기마루378)라는 곳으로 올라가 보았다. 그곳에 올라가 주위를 살펴보니 그만하면 앉을 만도 하고 설만도 하였다. 그래서 아기씨는 그곳의 당신堂神으로 좌정하기로 하였다.

아기씨로 변신한 뱀신이 제주도 당신 개로육서또와 인연을 맺다

제주도 서귀포시 표선면 토산리 메뚜기마루에 좌정한 아기씨는 용궁으로 인사를 드리러 들어갔다. 용궁에 들어가니 용왕이 아기씨에게 물었다.

"어찌하여 네 몸에서는 날피 냄새가 나느냐?"

---

374) 제주도 서귀포시 표선면 토산리 마을.
375) 제주도 서귀포시 표선면 하천리 1043-1에 위치한 산.
376) 남색 인끈. 남수藍綬.
377) 걸립패의 통솔자인 화주化主가 허리에 차는 자루 모양의 긴 띠.
378) 제주도 서귀포시 표선면 토산리에 있는 지명.

▲그림224_제주도 바닷가 해신당.(제주해녀박물관 제공)

이에 아기씨가 대답했다.

"네. 제주도 서귀포 하천리 당신 개로육서또가 언약 없이 제 팔목을 잡길래 장도칼로 그의 팔을 깎아 놓고 왔습니다."

그러자 용왕은 화를 내며 꾸짖었다.

"괘씸하도다! 개로육서또 말을 들었으면 앉아서도 먹고 서서도 먹을 만큼 풍족한 자식을 얻을 텐데 왜 그의 말을 듣지 않았느냐?"

용왕의 말에 아기씨는 몹시 서운했으나, 다시 토산 메뚜기마루로 돌아와 개로육서또를 불렀다. 그러나 그는 한 번, 두 번, 세 번을 불러도 오지를 않았다.

그러나 아기씨가 좌정해 있는 토산리 메뚜기마루 신당에서 아기씨가 연기 불을 올리면 개로육서또가 좌정해 있는 하천리 고첫당379)에서도 신불[神火] 이 올랐다. 이렇게 해서 이들은 서로 연기불과 신불로 언약을 하고 지냈다.

이렇게 이 나주의 뱀신 아기씨는 제주도 서귀포 표선면 토산리 메뚜기마루 의 당신堂神으로 좌정하여 얼마 동안 그곳에서 세월을 보냈다(그림224 참조).

---

379) 옛날, 개로육서또 신의 신당.

제주도 당신이 된 뱀신 아기씨가 왜놈 도적들에게 죽어 다시 혼령이 되다

그러던 어느 날, 그녀가 하녀 **느진덕하님**과 함께 올리소380)라는 연못으로 빨래를 하러 갔다. 아기씨가 한참 빨래를 하고 있을 때, 돌풍을 만나 파선한 왜선 한 척이 제주도 바닷가에 닿아, 배 안에 탔던 왜놈들이 뭍으로 올라오기 시작했다.

잠시 뒤에 왜놈들은 아기씨가 빨래를 하고 있던 올리소 근처에까지 이르렀다. 그제야 아기씨와 느진덕하님은 물이 줄줄 흐르는 빨래를 거두어 들고 경황없이 황급히 달아나기 시작했다.

한참을 이렇게 달아나다 아기씨는 숨이 차서 다시 천천히 걷고 있는데, 도둑들이 또 가까이 쫓아와 어느새 뒤로 달려들어, 아기씨의 은결 같은 팔목을 후리쳐 덥석 잡고, 연적硯滴 같은 가슴을 마구 주물렀다.

그리하여, 아가씨와 그녀의 하녀 느진덕하님은 구름 속 한라산 꼭대기의 눈처럼 싸늘하게 식어 그만 이 세상을 하직하고 말았다. 사람들은 서귀포 예물동산이란 곳에 쌍묘를 만들어 그들을 장사지냈다.

두 번 죽은 뱀신 아기씨 혼령이 강씨 집안 외동딸에게 의탁하다

이렇게 해서 다시 한 번 죽게 된 전라도 나주 금성산 뱀신 아기씨의 혼령은 얼마 뒤에 이번에는 제주도 표선면 가시리에 사는 강씨 형방 집안 외동딸에게 자신을 의탁하기로 했다.

어느 날, 이 강씨 형방 집안 아기씨가 보리방아를 찧다가 갑자기 머리를 풀어헤치고 정신을 잃었다. 집안사람들이 이를 걱정스럽게 여겨 점쟁이 집으로 점을 치러 갔다.

점쟁이는 신이 의탁한 것이니 큰굿을 해야 한다고 했다. 그래서 강씨 아기씨의 부모는 급히 좋은 날을 잡아 큰굿을 시작했다. 그러자 정신을 잃었던 딸 아기씨가 벌떡 일어나며, "아버님. 어머님! 지금 이 굿이 누구를 위한 굿입니까?" 하고 물었다. "너를 살리려는 굿이다." 하니, "나를 살리려는 굿

---

380) 제주도 서귀포시 남원읍 선례리에 있는 지명.

이라면 먼저 저 연적통을 열어 보시오. 거기에 아버님이 서울 갔다 오실 때 사 오신 명주베가 있으니, 그 베 마흔 다섯 자를 끊어내어 내 맺힌 **한**을 좀 풀어 주오." 했다.

그들은 아기씨의 말대로 연적통을 열어 명주베를 풀어 보니, 그 안에는 **뱀** 한 마리가 뻣뻣하게 말라죽어 있었다. 이를 본 무당은 백지에다 그 뱀의 모습을 그려놓고 다시 굿을 했다.

그런 뒤에 무당이 강씨 아기씨에게, "이만하면 되겠습니까?" 하니, 아가씨 의 말이, "뒤에 군졸들이 있으니 그들도 대접해야 되오." 했다. 그래서 강씨 아기씨의 부모는 다시 닭을 잡고 소를 잡아 바치고 굿을 했다.

굿을 하고 있는데 무당은 배를 만들어 **뒤맞이**381)를 해야 병이 쉽게 낫겠다 고 했다. 그래서 강씨 아기씨의 부모는 깊은 산 속으로 들어가 나무를 베어다 배를 만들어, 그 안에 제주 명산품 버섯 · 유자 · 고사리 · 전복 등을 가득 실 어 바다에 띄웠다.

그러자 갑자기 바다가 명주 비단결 같이 잔잔해지며 실바람이 시르르 일더 니, 강씨 아기씨의 병이 씻은 듯이 나았다. 그래서 이때부터 이 뱀신으로 말미암아 걸린 병은 이렇게 해야 낫는다고 한다.

이 뱀신 아기씨 혼령이 제주도의 영험한 신이 되다

이 뱀신은 음력 3월 청명晴明382)이 되면 땅 속 뚫린 구멍들에서 살아 나왔 다가, 9월 상강霜降383)이 되면 다시 땅 속 뚫린 구멍들 속으로 찾아 들어간다 고 한다.

이 신이 세상에 나와 사방으로 돌아다닐 때면, 무지한 인간들이 이 신을 때려죽이기도 하는데, 이런 사람들 가운데 그 혼이 여린 사람은 도리어 이

---

381) 제주도 무당굿의 일종. 모든 재액災厄을 배에 실어 바다 멀리 띄워 보내는 굿 의식 절차. 전라북도 부안군 위도 섬에서 행해지는 '위도 띠배굿'에도 이와 비슷한 굿 절차가 있음.
382) 24절기 중 하나로, 양력 4월 6일 경.
383) 24절기 중 하나로, 양력 10월 24일 경.

신이 들리기도 한다고 한다. 이 신이 들린 사람을 위한 굿을 할 때에는, 큰굿에서는 열두 석을 풀고, 작은굿에서는 여섯 석을 풀고, 앉은굿에서는 세 석을 풀어 이 신을 받는다.[384]

처음 이 뱀신을 제주도로 모시고 온 강씨 형방, 오씨 형방, 한씨 형방을 배려하여, 제주도 사람들은 상단골 강씨 아기씨, 중단골 오씨 아기씨, 하단골 한씨 아기씨 등 세 신을 모셔왔다(그림225 참조). 이 신은 11월 7~8일, 17~18일, 27~28일이나 6월 7~8일, 17~18일, 27~28일에 제주 사람들의 제사를 받아왔으며, 그 영험함이 매우 좋은 신으로 알려져 있다.[385]

▶그림225_석제 십이지신상 가운데 뱀상.(국립중앙박물관 소장)

384) 신병에 걸린 사람을 위해 굿을 한다는 뜻.
385) 제주도 표선면 성읍리 박수 무당 한원평 제보. 현용준(1976), 《제주도 신화》(서울: 서문당), 280~288쪽 참조.

9. 집안에 사는 신들의 이야기

사람들이 집을 짓고 살면서부터, 집안에는 집안을 지켜주는 신들이 살게 되었다. 이런 신들 가운데는 집안 전체를 주관하는 신인 성주신城主神/성조신成造神, 집터를 주관하는 터주신/지신地神, 인간의 출생을 주관하는 삼신/산신産神, 재산을 주관하는 업신業神/재산칠성신, 부엌을 주관하는 조왕신竈王神, 화장실을 주관하는 측신廁神 등이 있다. 여기서는, 이런 신들의 행방을 찾아보자.

하늘나라 성주신이 집안 성주신으로 좌정하다

이 이야기는 하늘나라 '천궁대왕'과 '옥진부인'이 낳은 아들 '성주신城主神'이 지상에 내려와 인간에게 집 짓는 법을 일러주고, 집안의 중심에 성주신으로 좌정하게 되는 내력을 알려주는 이야기이다.

이 신화도 궁극적으로는 우리 신화의 원형인 '단군신화'의 변이형으로 볼 수 있다. 왜냐하면, 이야기의 기본틀이 단군신화의 틀과 같아, '천궁대왕'은 단군신화의 환인桓因에 해당하고, 그의 아들 '성주신'은 환인의 아들 환웅桓雄에

▲그림226_무신도에 그려진 학을 타고 나는 천궁대
왕 곧 옥황상제.(신명기 선생 제공)

해당하며, '성주신'의 다섯 아들 및 다섯 딸들은 환검桓儉에 해당하기 때문이다.

그리고 하늘나라 '성주신'이 지상에 내려와 세상의 인간들에게 집 짓는 법
을 알려주어 인간을 이롭게 한다는 '성주신'의 비전도 인간 세상에 내려와
홍익인간弘益人間이라는 비전을 펴는 환웅의 비전과 상통하고 있다. 다른 점
이 있다면, 이 신화에서 '천궁대왕'의 부인인 '옥진부인'에 해당하는 신적인
인물 곧 환인의 부인이 단군신화에서는 명시되지 않은 점이다. 그러나 이러
한 변이들은 신화에서는 얼마든지 가능한 현상이다.

이 신화에는 성주신의 내력뿐만 아니라, 토지신 및 동서남북과 중앙의 다
섯 방위를 관장하는 오제신五帝神의 내력도 담겨 있다. 즉, 이 이야기에 따르
면, '성주신'은 인간에게 처음으로 집을 짓는 법을 가르쳐 주었기 때문에,
언제나 집안의 한가운데에 좌정하는 성주신城主神이 되고, 그의 부인인 '계화
부인'도 남편 성주신과 함께 몸주 성주신이 되며, 그의 다섯 아들들은 동서남
북과 중앙의 오토五土를 지키는 오토지신五土之神, 그의 다섯 딸은 다섯 방위를
지키는 오방부인五方夫人이 되는 것으로 서술되고 있다.

▲그림227_무신도에 그려진 학을 타고 나는 옥황상
제의 부인, 곧 옥진부인.(신명기 선생 제공)

이 신화에 나오는 오방위 신들, '오토지신五土之神'과 '오방부인五方夫人'은, 앞서
환인 – 선선시대의 '삼신三神 · 오제五帝 · 오령五靈' 이야기에서 본 바와 같이, 우리
민족신화에 나오는 신들의 중심계보인 오제 · 오령에 해당하는 중심 신들이며,
천하대장군天下大將軍 · 지하여장군地下女將軍 등의 장승으로 나타나기도 한다.

하늘의 천궁대왕 아내 옥진부인이 아들 성주신을 낳다

이 세상이 처음 개벽한 뒤, 하늘에는 해와 달과 별이 빛나고, 땅에는 풀과
나무가 돋아났다. 그리고 세상에는 **인황씨**386)가 태어나 그의 아홉 형제387)
가 이 세상을 아홉 지역388)으로 나누어 다스리게 되었다.

일찍이, 하늘나라 **천궁대왕**389)은 **옥진부인**과 함께 행복하게 살았다(그림
226, 그림227 참조). 그러나 한 가지 아쉬운 것은 나이가 마흔 살이 되도록 슬하

386) '단군'에 해당하는 영웅.
387) 우리 민족의 아홉 부족 혹은 인류의 아홉 부족인 구환족을 가리키는 것으로 볼 수 있다.
388) 우리 신화에 나오는 구환족 곧 인류의 아홉 부족들이 나뉘어 산 지역들.
389) 옥황상제의 아들, 혹은 환인桓因의 아들 환웅桓雄에 해당하는 신.

에 자식이 없는 것이었다. 그래서 그들은 명산대천을 찾아다니며 자식 낳기를 빌었다. 그러던 어느 날 밤, 꿈에 한 선인(仙人390))이 나타나 이렇게 말했다.

"부인은 놀라지 마소서. 나는 도솔천궁(兜率天宮391))의 왕인데 부인의 공덕과 정성이 지극하여 아들 하나를 주러 왔나이다."

말을 마치고 선인은 일월성신日月星辰의 정기로 아이를 마련하여 부인에게 주면서, 아이의 이름을 **안심국**이라 하고 그 별호를 **성주**成主라 하라고 했다. 옥진부인은 아름다운 노랫소리를 들으며 기쁨을 감추지 못하다가 꿈에서 깨어났다.

이후에 옥진부인은 태기가 있어 열 달 만에 이목이 수려한 아들 하나를 낳았다. 부인은 꿈속에서 선인이 시킨 대로 아이의 이름을 안심국이라 짓고, 그의 별호를 **성주**成主라 했다.

성주신이 하늘의 솔씨를 얻어다가 지상에 뿌리다

성주신城主神은 아무 탈 없이 잘 자랐다. 그리고 남달리 영특하여 열다섯 살이 되자 모르는 것이 없게 되었다. 하루는 성주城主가 하늘에서 인간 세상을 내려다보니, 지상에는 **집**이 없어 인간들이 수풀을 의지하고 살았다. 지상에 사는 사람들이 무더운 여름철과 추운 겨울철을 집 없이 견디는 것이 염려되었다. 그래서 그는 지상에 내려가 인간들에게 나무를 베어 집 짓는 방법을 가르쳐 주기로 했다. 그는 곧 부모인 천궁대왕과 옥진부인의 허락을 받고 인간 세상으로 내려왔다.

그러나 모든 나무들에는 산신山神과 당신堂神들이 좌정하여 있고, 까치와 까마귀들이 집을 짓고 있어, 벨 나무라고는 한 그루도 없었다. 그래서 성주신은 다시 하늘로 올라가 옥황상제 천궁대왕께 이러한 사정을 얘기했다. 그러자 옥황상제392)는 성주의 뜻을 기특하게 여겨 제석궁(帝釋宮393))에게 명하여 솔씨 서말 닷되 칠홉 오작勺394)을 성주신에게 주게 했다. 성주신은 옥황상제

---

390) 도교의 이상적인 인물. 신선.
391) 불교적인 이상향인 도솔천의 궁전.
392) 단군신화에서의 '환인'에 해당하는 천신.
393) 불교적인 천신인 제석이 산다는 곳.
394) 부피의 단위로 액체나 씨앗 따위의 양을 잴 때 쓰는데, 한 작勺은 한 홉의 10분의 1로 18㎖.

천궁대왕이 주신 이 **솔씨**를 받아 가지고 지상으로 내려와, 주인이 없는 민둥산에 두루 뿌려놓고 다시 하늘로 올라갔다.

결혼한 성주신이 간신들의 모함으로 귀양을 가다

그 뒤 3년이 지나 성주신은 열여덟 살이 되었다. 옥황상제 천궁대왕과 옥진부인은 성주가 장성함을 기쁘게 생각하여, 신하들과 상의한 끝에 황휘궁395) 공주인 **계화부인**桂花夫人396)과 결혼을 시켰다. 결혼 생활은 행복했다.

그러나 얼마 뒤, 성주신은 주색酒色에 방탕하고 화류花柳에 탐닉하여 지내게 되었다. 그러자 조정 간신들이 성주신을 모함하여 3년 동안 무인도로 **귀양**을 가게 되었다. 그는 눈물로 부모와 하직하고 먼 황토섬에 들어가 귀양살이를 했으나, 3년이 지나 4년이 되어도 돌아오라는 기별이 없었다. 그동안 옷도 해지고 양식도 모두 떨어져 성주신은 산나물과 소나무 껍질을 먹으며 살았다. 몸에는 어느새 온통 털이 나서 사람인지 짐승인지 구별할 수도 없었다.

이렇게 기다림의 나날을 보내다가, 그는 고국의 소식을 전해주던 **파랑새**를 발견했다. 그래서 성주신은 반가운 마음으로 무명지 손가락을 깨물어 피를 내어 자기의 심정을 표현한 편지를 써서 파랑새에게 주었다.

옥진부인은 한편 마흔 살에 겨우 얻은 자식을 귀양 보내고, 깊은 슬픔에 잠겨 마침내 병이 들어 누워 있었다. 이때 파랑새가 물어다 준 성주신의 편지를 읽고 왕과 신하들을 원망하며 큰 소리로 울었다. 이를 본 3천 궁녀들도 모두 따라 울었다.

그러자 국사를 의논하던 천궁대왕이 크게 놀라 달려와 성주신의 편지를 보고는, 그제야 자기의 잘못을 뉘우치고 아들 성주신에게 배를 보냈다. 마침내 성주신은 그 배를 타고 고국으로 돌아와 사랑하는 아내와 다시 만나 행복한 나날을 보내게 되었다. 슬하에는 5남 5녀의 자식들도 두게 되었다.

---

395) 월궁月宮 곧 달나라.
396) 달의 신.

성주가 지상으로 내려와 인간에게 집 짓는 법을 가르쳐주다

어느덧, 성주신은 나이가 일흔이 되었다. 어느 날 지난날들을 돌이켜 생각하다가 문득 옛날 지상에 내려가 심어 놓은 **솔씨** 생각이 났다. 감회에 젖은 성주신은 가족들을 모두 데리고 다시 지상으로 내려오기로 하였다.

그동안에 지상에서는, 왜철쭉과 진달래, 늘어진 장목, 휘어진 고목, 푸른 버드나무, 단단한 박달나무, 군자 절개 소나무, 해 뜨는 곳의 뽕나무, 달 가운데 계수나무, 노간주 향나무, 질 좋은 오동나무, 음양을 돋구어주는 은행나무, 보석 같은 석류나무 등이 모두 아름드리가 되어 있었다.

그런데 세상에는 아직 이 나무들을 베어 다듬을 **연장**이 없었다. 이에 성주신은 자식들을 거느리고 냇가에 나가 함박과 쪽박으로 쇠를 일었다. 처음 것은 사철砂鐵이여서 못 쓸 것이라 버리고, 다시 쇠를 일어 상철上鐵 다섯 말, 중철中鐵 다섯 말, 하철下鐵 다섯 말을 얻었다. 이것을 풀무로 녹여, 도끼 · 끌 · 송곳 · 대패 · 괭이 · 호미 · 낫 등 온갖 연장들을 만들었다.[397]

성주신은 그 연장들을 가지고 나무를 베고 다듬어 **집**을 지어, 사람들이 그 안에서 먹고 자고 살 수 있도록 해 주었다. 성주신은 이처럼 인간에게 처음으로 집을 짓는 법을 가르쳐 주었기 때문에 사람들의 추앙을 받아, 하늘나라로 다시 올라가지 않고 지상에 남아 사람들과 함께 살게 되었다. 그래서 이후부터 그는 언제나 집안의 한가운데에 좌정하는 **성주신**이 되었다(그림228 참조). 그리고 그의 부인 계화부인은 **몸주 성주신**, 그의 다섯 아들들은 **오토지신**五土之神[398], 그의 다섯 딸은 **오방부인**五方夫人[399]이 되었다 한다.[400]

▲**그림228**_성주단지.(서울역사박물관 소장)

---

397) 각종 도구를 만드는 신은 제2부 '치우씨가 도구와 병기를 만들다' 이야기 참조.

398) 동서남북 및 중앙의 토지를 관장하는 다섯 신들.

399) 동서남북 및 중앙의 다섯 방위를 관장하는 신들.

400) 장주근(1961), 《한국의 신화》(서울: 성문각), 192~216쪽 및 한상수(2003), 《한국인의 신화》(서울: 문음사), 182~186쪽 참조.

황우양 부부가 성주신과 터주신이 되다

무가巫歌 '성주본가/성주풀이' 이야기

이 신화의 줄거리는 천하궁天下宮 곧 하늘의 신 '천대목신'과 지하궁地下宮[401] 곧 지상의 인간 '지탈부인'이 결혼하여 낳은 아들 '황우양'과 그의 아내가 각각 성주신과 터주신이 되는 내력에 관한 이야기이다.

이 신화도 우리 신화의 원형인 '단군신화檀君神話'를 그 원형原型으로 하고 있음을 알 수 있다. 즉, 이 신화에 나오는 '천대목신'은 단군신화의 환웅桓雄에 해당하며, '지탈부인'은 웅녀熊女에 해당하고, '황우양'은 환웅과 웅녀 사이에서 태어난 단군檀君 환검桓儉에 해당하며, '막막부인'은 단군의 부인에 해당한다고 볼 수 있기 때문이다.

이처럼 한국신화의 원형인 '단군신화'는 끊임없이 반복·변이·재창조되면서, 이후의 우리 신화의 여러 다양한 세계를 흥미롭게 펼치고 있다.

천대목신과 지탈부인 사이에서 천하의 대목수 황우양이 태어나다

아주 먼먼 옛날, 하늘나라 천하궁天下宮에는 **천대목신**[402]이 살았고, 인간 세상 지하궁地下宮에는 **지탈부인**이 살았다. 이 둘이 지상의 황산들이란 곳에서 만나 결혼하게 되었다. 그들은 아들 하나를 낳았는데, 황산들에서 낳았다 하여 이름을 **황우양**이라 지었다(그림229 참조).

황우양은 얼굴이 사자 같고 몸뚱이는 호랑이 같고 울음소리는 용 같아, 첫돌이 되자 마음대로 걸어 다니고, 세 살이 되자 온갖 말을 다 하고, 다섯 살이 되자 온갖 글을 다 배워 알고, 일곱 살이 되자 나무와 흙을 가지고 집을 지었는데, 어려서부터 그 솜씨가 천하의 모든 상대 목수들을 뺨칠 정도였다. 나이가 들수록 집을 짓는 **목수** 솜씨가 점점 더 뻬어나, 스무 살이 되자 그

---

401) 여기서 '지하궁地下宮'이란 지상세계를 말함.
402) 하늘나라의 큰 목수신木手神. '천사랑씨'라고도 한다.

▲**그림229**_최근에 그려진 성주신 황우양(좌)과 터주신 막막부인(우).

솜씨를 따라올 자가 이 세상에는 아무도 없게 되었다. 성년이 되자, 한 동네에 사는 어여쁜 처녀와 혼인을 하여 행복한 나날을 보내게 되었다. 사람들은 황우양의 부인을 **막막부인**이라 하였다(그림229 참조).

옥황상제가 황우양을 불러 무너진 하늘나라 천하궁을 짓게 하다

그러던 어느 날, 하늘나라 천하궁 동쪽에서 난데없는 큰 회오리바람이 몰아쳐, 천하궁의 누각과 난간들이 모조리 무너지고 부서져, 그 훌륭하던 천하궁이 하루아침에 쑥대밭 폐허가 되어버렸다.

이에 하늘나라 옥황상제玉皇上帝403)가 모든 대신들을 불러 이 일을 처리할 방도를 물으니, 그 가운데 광천대신廣天大臣이 나서서 이렇게 아뢰었다.

"제가 들으니 지하궁 황산들에 천목대신과 지탈부인의 아들 황우양이란 이가 살고 있는데, 집을 짓는 솜씨가 천하제일이라 하오니, 그를 불러올려 이 일을 맡도록 하는 것이 좋을 듯하옵니다."

옥황상제는 천하궁 사자 **옥황차사**玉皇差使를 불러 명령을 내려, 지체 없이 세상으로 내려가 황산들의 황우양을 붙잡아 오라고 하였다.

---

403) 단군신화의 '환인'에 해당하는 신.

이에 옥황차사는 옥황상제가 준 옥황패玉皇牌를 받아 가슴에 품고, 수달피 벙거지를 쓰고, 석새404) 쾌자를 떨쳐입고, 허리에 남색 전대를 질끈 매고, 황우양을 잡으러 인간 세상으로 내려왔다.

그러나 황우양을 붙잡아가려고 황산들 황우양의 집으로 들어가려니, 그 집을 지키는 온갖 **집안신**들이 모두 나와 문을 막아섰다. 먼저 대문을 지키는 **문전신**이 험악한 눈을 부릅뜨고 서서 대문을 막고, 마굿간·외양간을 지키는 **마부왕**이 행랑채를 막고, 곳간을 지키는 **업왕신**이 두 팔을 걷어붙이고 나와 문을 가로막았다. 이때 부엌을 지키는 **조왕신** 할머니가 나와 옥황차사에게 슬그머니 수작을 걸어 물었다.

"저 차사는 어느 궁에서 오신 차사시오?"

"예, 하늘나라 천하궁에서 옥황상제의 명을 받들고 온 옥황차사요."

"무슨 일로 오셨소?"

"하늘나라 천하궁이 다 부서져 그걸 다시 짓기 위해 황우양의 솜씨를 좀 빌리러 왔소."

"그러면 얼른 들어가 데려가지 않고 왜 밖에서 우두커니 서 계시오?"

"대문을 지키는 문왕신, 곳간을 지키는 업왕신, 마구간·외양간을 지키는 마부왕이 문을 막고 서서 들여보내 주지를 않아 그러오."

"그러면 좋은 수를 가르쳐 드리겠소. 내일 아침 날이 밝으면 황우양이 갑옷과 투구를 벗어 놓고 앞 시냇가로 어머니 지탈부인을 마중하러 나갈 것이니, 그때를 틈타서 그를 붙잡아가시오."

그런데, 다른 집안신들은 다 황우양을 못 잡아가게 막는데, 조왕신만큼은 그를 잡아가라고 하는 것이 이상하여 그 연유를 물었다.

"고맙기는 하오만, 그대는 이 집 부엌을 지키는 조왕신이니, 마땅히 주인을 지켜야 할 텐데 왜 그를 잡아가라 하오?"

조왕신 할머니는 그 연유를 말했다.

"그는 평소에 밖에 나갔다 들어올 때마다 흙 묻은 신을 벗어 부뚜막에 던져

---

404) 베를 짤 때 쓰이는 굵은 올의 날실. 굵은 올로 짠 옷감.

놓고, 먼지 묻은 버선도 벗어 부뚜막에 던져
놓고, 아무 때나 부뚜막을 밟고 다니니 도무
지 더러워서 견딜 수가 없소."

이에 옥황차사는 조왕신이 시키는 대로 돌
담 밑에 숨어 아침이 되기를 기다렸다. 날이
밝자, 과연 황우양은 갑옷과 투구를 집안에
벗어 놓고 시냇가로 어머니 마중을 나갔다.

이때 옥황차사가 별안간 달려들어 그를 붙
잡아 옴짝달싹 못하게 묶어놓고는, 품안에서
옥황패玉皇牌를 꺼내어 보이니, 황우양도 감
히 거역을 하지 못하고 그 연유를 물었다(그림
230 참조).

▲그림230_손에 천도복숭아를 든 신
인/옥황차사.(상주 석조천인상, 통
일신라시대)

"옥황패가 있으니 시키는 대로는 하겠소만, 대체 무슨 일로 나를 붙잡아가는
것이오?"

"하늘나라 천하궁이 심하게 파손되어 이를 다시 짓기 위함이요."

이에 황우양은 옥황차사에게 사흘 뒤에 하늘나라로 올라가기로 약속하고,
차사를 먼저 올려보냈다.

황우양이 부인의 도움으로 천하궁을 지으러 하늘나라로 올라가다

옥황차사를 돌려보낸 뒤에, 황우양은 하늘나라 천하궁을 지을 연장을 장만
할 방도가 떠오르지 않아, 그날부터 이불을 뒤집어쓰고 방안에 드러눕고
말았다. 그러자 그의 부인이 넌지시 물었다.

"서방님께서는 무슨 걱정이 그리 크시기에 식음과 수면을 전폐하시고 그리
누워만 계십니까?"

"하늘나라 천하궁이 무너져 다시 지어야 하는데, 그 일을 나더러 맡으라
하는구려. 석 달 말미를 달라 해도 어려울 텐데, 고작 사흘 뒤에 하늘나라로
올라와 **천하궁**을 지으라 하니, 그 짧은 동안에 무슨 수로 천하궁을 지을 연장

을 마련한단 말이오?"

"서방님은 그만한 일을 가지고 그리 걱정을 하신단 말씀이십니까? 제가 한 번 방도를 찾아볼 터이니, 아무 걱정 마시고 우선 식사나 좀 하시고 편히 좀 주무십시오."

우선 이렇게 남편을 안심시킨 뒤에, 부인은 곧바로 편지 한 장을 써서 하루에 수만 리를 나는 **솔개**에게 주어 하늘나라 천하궁으로 보내어, 남편이 필요한 쇠를 보내달라고 간청했다.

솔개가 눈 깜짝할 사이에 그 편지를 천하궁에 전하자, 그 편지를 받아 본 옥황상제는 일이 하도 시급한 지라, 즉시 가루쇠 닷 말과 시우쇠405) 닷 말을 천마天馬 등에 실어 지하궁의 황우양 집으로 내려보냈다.406)

황우양부인은 이 쇠를 받아 곧 천하궁을 짓는데 필요한 연장들을 만들기 시작했다. 대산 대풀무와 소산 소풀무로 밤낮 없이 쇠를 불어, 큰 도끼, 작은 도끼, 큰 자귀, 작은 자귀, 큰 톱, 작은 톱, 큰 집게, 작은 집게, 대패, 끌, 먹통, 먹줄, 물푸레나무 먹자 등등, 온갖 연장들을 하루 만에 뚝딱 다 만들어 놓았다.

그러고는 좋은 천마天馬 세 마리를 구해다가, 한 마리에는 황우양이 철따라 입을 옷들을 모두 갖추어 싣고, 한 마리에는 쇠로 만든 온갖 연장들을 골고루 싣고, 또 한 마리에는 황우양이 타고 가도록 비워 놓고는, 남편을 깨워 느긋이 말했다.

"서방님, 갈 길이 바쁘시니 어서 떠나시지요."

황우양이 부인과 약속을 어겨 소진랑의 꾀임에 빠지다

황우양이 말을 타고 막 떠나려할 즈음, 부인은 남편의 말고삐를 부여잡고 눈물을 흘리며 다음과 같이 **신신당부**하였다.

---

405) 무쇠를 불려 만든 쇠붙이.
406) 황우양 부인의 이러한 능력은 그녀도 천상계 신인으로서 성격을 가지고 있음을 암시한다.

"서방님, 부디 내 말을 잘 들으시오. 하늘나라로 가시는 도중에 어떤 이가 무슨 말을 하더라도 절대 대꾸를 하지 마십시오. 만일 대꾸를 하는 날이면 우리는 다시 못 만날지도 모릅니다."

"알았소. 내 꼭 부인의 말대로 하리다."

▲그림231_최근에 그려진 소진랑.(문화콘텐츠닷컴)

약속을 마친 황우양이 말들을 몰고 길을 떠나 하루 낮 하루 밤을 달려가니, 황산들을 다 지나고 **소진들**에 이르렀다. 이때 마침 소진들에 사는 **소진랑**이란 자가 지하궁에서 삼 년 동안 석성石城을 쌓는 일을 하고 돌아오는 길에, 소진들에서 황우양을 만나게 되었다(그림 231 참조). 소진랑이 황우양의 뒤를 따라가며 물었다.

"저기 가는 저 장부는 뉘시오?"

그러나 황우양은 누가 어떤 말을 하더라도 절대로 대꾸하지 말라고 당부하던 아내의 말이 생각나, 입을 꾹 다물고 묵묵부답으로 갈 길만을 재촉했다. 그러자 소진랑은 또 재차 물었다.

"저기 가는 저 장부는 뉘시오?"

두 번 물어도 대답이 없자 다시 물었다.

"저기 가는 저 장부는 뉘시오?"

그래도 황우양은 대답을 하지 않았다. 세 번을 물어도 대답이 없자, 소진랑은 그만 화가 치밀어 올라 이렇게 소리를 질렀다.

"사람이 정중히 묻는데 대답을 아니 하는 건 후레자식이 아니오?"

황우양은 아내의 당부 때문에 끝까지 참으려 했으나, 후레자식이란 소리를 들으니 더 이상 참을 수가 없어, 그만 아내가 당부하던 말을 깜박 잊고 가던 길을 멈추고 뒤를 돌아다보며 결국 대꾸를 하게 되었다.

"길 가는 사람을 공연히 뒤따라오며 모욕을 주는 것이야말로 후레자식이 아니겠소?"

이렇게 한 번 대꾸를 하고 나니, 그 다음부터는 말문이 터져서 자꾸 지껄이게 되었다.

"나는 황산들에 사는 황우양이라 하오. 그러는 당신은 뉘시오?"

"나는 소진들에 사는 소진랑이라 하오. 그런데 어디를 그리 바삐 가시오?"

"천하궁에 궁궐 짓는 일을 하러 가오."

"그러면 돌과 흙과 나무를 가려 쓸 줄은 아시오?"

"그런 건 할 줄 모르오."

"만일 그런 것들을 가려 쓸 줄 모르면, 가는 자취는 있어도 오는 자취는 없을 것이오."

"그럼, 내가 죽는단 말이오?"

"그렇소. 천하궁 궁궐을 짓는 돌과 흙과 나무는 모두 지하궁 석성石城을 쌓다 남은 것들을 갖다 쓸 터인데, 만일 내가 쓰던 돌이나 흙이나 나무를 쓰면 살을 맞아 죽을 것이오."

"그러면 그것들을 가려 쓰는 법을 좀 가르쳐 주시오."

"만일 나와 옷을 바꿔 입고 말을 바꿔 타면 가르쳐 주겠소."

이렇게 하여, 결국 황우양은 소진랑과 옷을 바꿔 입고 말을 바꾸어 타게 되었다. 아내가 지어준 좋은 옷을 소진랑에게 주고, 다 해지고 떨어진 소진랑의 옷을 받아 입고, 아내가 마련해 준 좋은 천마天馬를 소진랑에게 주고, 비루먹은407) 말을 받아 타자, 소진랑이 다음과 같이 그 방도를 일러주었다.

"내가 쌓던 돌에는 붉은 이끼가 끼어 있고, 내가 만지던 흙에는 붉은 물이 들어 있고, 내가 쓰던 나무에는 붉은 버섯이 피어 있을 것이니, 그것만 조심하면 될 것이오."

이리하여 두 사람은 서로 헤어져 황우양은 하늘나라의 천하궁으로 가고, 소진랑은 황우양의 부인과 재산을 빼앗으러 황우양이 살던 황산들로 갔다.

---

407) 개 · 말 · 나귀 따위의 피부가 헐어서 털이 빠지고, 이런 현상이 차차 온몸에 번지는 병에 걸린 상태를 말함.

소진랑이 황우양의 부인과 재산을 차지하려 하고, 황우양 부인은 온갖 지혜로 이에 맞서다

이때 **황우양 부인**은 하님[408] 옥단춘과 단단춘을 데리고 뒷동산에 올라가 꽃놀이를 하고 있다가, 멀리서 먼지가 자욱하게 피어오르고 말발굽 소리가 점점 가까워지자, 종들을 불러 이르기를, "얘들아, 저기 오는 저자는 도적놈이 분명하니 어서 급히 집으로 들어가 문을 닫고 단단히 쇠를 채워라." 하였다.

황우양부인 일행이 급히 집으로 들어가 문을 걸어 잠그고 가만히 있노라니, 과연 밖에서 대문을 두드리는 소리가 나며 커다란 호통 소리가 들려왔다. "여봐라. 집주인이 나갔다 들어오면 닫힌 문도 여는 법이거늘, 열린 문을 되레 닫는 법이 어디 있느냐? 어서 문을 열어라."

"우리 서방님은 하늘나라 천하궁으로 궁궐을 지으러 떠나신 지가 엊그제이시니, 벌써 돌아오실 리가 없소. 거짓말 말고 어서 돌아가시오."

부인이 쉽사리 속지 않자 소진랑은 입고 있던 적삼을 벗어 담 안으로 던져 넣으며 말했다.

"그러면 이걸 보아라. 이것이 그대가 지어준 내 옷일진대 이래도 믿지를 못하겠느냐?"

부인이 적삼을 받아 이리저리 살피더니 도로 담 밖으로 내던지며 말했다.

"내 손으로 만들어 내 낭군이 입고 가신 적삼은 분명하나, 거기 배인 땀 냄새는 우리 낭군의 것이 아니니 어서 돌아가시오."

부인의 **지혜**가 몹시 뛰어나 속임수로는 도저히 그녀를 당해낼 수 없자, 이번에는 우격다짐으로 달려들어 자물쇠를 칼로 내리쳐 부수고 문을 열려 했다. 그러나 집을 지키는 온갖 **집안신**들, 곧 문을 지키는 문왕신, 곳간을 지키는 업왕신, 마구간·외양간을 지키는 마부왕 등등이 모두 몰려나와 막으니, 아무리 힘이 세고 담이 큰 소진랑도 함부로 집안으로 들어갈 수가 없었다.

---

408) 여자 종을 대접하여 부르거나 여자 종들이 서로 높여 부르던 말.

소진랑이 오방신장을 동원하여 황우양 부인과 재산을 빼앗아 가다

소진랑은 우격다짐으로도 안 되자, 이 번에는 부적을 한 장 써 던져 **오방신장**들을 불렀다(그림232 참조). 오장신장들을 크게 세 번 부르자, 집안 동쪽에서는 청제장군靑帝將軍, 서쪽에서는 백제장군白帝將軍, 남쪽에서는 적제장군赤帝將軍, 북쪽에서는 흑제장군黑帝將軍, 가운데서는 황제장군黃帝將軍이 나타나, 문왕신·업왕신·마부왕 등을 모두 쫓아낸 다음, 천근 자물쇠를 한 칼에 부수고 모든 문들을 다 열어 제치고 집안으로 뛰어 들어갔다.409)

▲그림232_오방신장도.(경희대학교 중앙박물관 제공)

이렇게 해서, 집안으로 들어간 소진랑이 두 눈을 부릅뜨고 칼을 휘두르며 벽력같이 소리를 쳤다.

"네가 아무리 난다 긴다 해도 이제는 독안에 든 쥐다! 새가 되어 하늘로 날겠느냐, 두더지가 되어 땅속으로 들겠느냐? 나랑 같이 소진들로 가자!"

황우양 부인이 가만히 생각해 보니, 꼼짝없이 그물에 걸린 물고기 신세요 덫에 걸린 산짐승 신세라, 그녀는 일부러 낯빛을 부드럽게 바꾸어 이렇게 말했다.

"안 그래도 시집살이가 너무 힘들던 차에 참 잘 되었소. 내 흔쾌히 그대를 따라가겠소. 그러나 오늘이 마침 돌아가신 시아버지 제삿날이니, 그 제사나 좀 치르고 내일 밝거든 떠납시다."

"그럼, 그리 하시오."

하룻밤 말미를 얻은 황우양 부인은 몰래 명주 속적삼 소매 한 자락을 뜯어

---

409) 이런 대목에서, 우리는 우리가 이 책의 맨 처음에서 우리나라 지상계 신들의 주요 계보로 오제五帝와 오령五靈을 살펴본 기억을 상기할 필요가 있다. 즉, 우리나라의 지상계 신들 중에서는 이 오제·오령이 가장 중요한 계보를 형성하고 있기 때문에, 집안신들은 그 앞에서 무력할 수밖에 없다.

내어, 가운데 손가락을 깨물어 붉은 피를 내어, "서방님. 만약 죽어서 돌아오시거든 황천길에서 만나 뵙고, 살아서 돌아오시거든 소진들에서 만나십시다."라는 **편지**를 쓴 다음, 그것을 은밀히 **주춧돌** 밑에 묻어 두었다.

다음 날, 날이 밝자 소진랑은 황우양 집의 온갖 세간 재물들을 다 **빼앗아** 말에 싣고 소진들을 향해 떠났다. 방안의 장롱 · 문갑 · 이불 · 옷가지, 부엌의 은그릇 · 놋그릇 · 솥단지 · 밥상, 마당의 간장독 · 된장독 · 고추장독 · 절구 · 맷돌, 곳간의 볏섬 · 보릿섬, 헛간의 쟁기 · 써레, 외양간의 소와 마구간의 말까지, 하나도 안 남기고 몽땅 다 실어 가 버렸다.

소진들로 붙잡혀 온 황우양 부인이 눈물의 세월을 보내다

소진들로 돌아온 소진랑이 황우양 부인을 아내로 맞으려 하자, 부인은 또 다시 꾀를 내어 이렇게 말했다.

"그대는 내 말을 좀 들으시오. 이곳으로 와 잠깐 점괘占卦를 뽑아 보니, 내 몸에 지금 일곱 귀신이 붙어 있소. 만약 지금 그대와 혼인을 하게 되면, 그 일곱 귀신들이 우리 사이를 시샘하여 둘 다 몸뚱이가 일곱 조각으로 찢겨져 죽게 될 것이오."

그러자 소진랑이 걱정을 하며 말했다.

"그러면 어떻게 하면 좋겠는가?"

"귀신이 물러가게 액땜을 해야겠소."

"그러면, 액땜은 어떻게 해야 하는가?"

"개똥밭에 땅굴을 파고, 삼년 동안 그 안에 살면서 **구메밥**410)을 먹고 나면 자연 그 귀신들도 다 물러갈 것이오. 그러니, 이렇게 액땜을 다 마친 뒤에 우리 둘이 백년해로百年偕老를 하기로 합시다."

이에 소진랑은 별 수 없이 황우양부인에게 그렇게 하도록 허락을 하고는, 개똥밭에 땅굴을 파 주었다. 황우양부인은 그 날부터 그 땅굴 안으로 들어가 날마다 작은 구멍으로 넣어 주는 구메밥을 얻어먹으며 세월을 보냈다.

---

410) 죄수에게 옥문 구멍으로 들여보내주는 밥.

황우양이 불길한 징조를 느끼고, 천하궁 공사를 서둘러 마치다

이럴 즈음, 황우양은 하늘나라로 올라가, 석 달 열흘 동안 하늘나라의 명산들을 두루 찾아다니며 좋은 나무들을 베어다 다듬어 상기둥·중기둥·대들보·서까래를 만들고, 또 석 달 열흘 동안 쇠처럼 단단히 터를 다진 뒤에, 금주추·은주추를 놓아 기둥을 세우고 대들보를 올려, 천하궁 궁궐을 한 채씩 한 채씩 지어 나갔다.

그러던 어느 날, 고된 하루 일을 마쳐 놓고 잠깐 잠이 들어 있는데, 머리에 쓴 갓이 다 닳아 거죽만 남아 뵈고, 몸에 입은 등거리411)가 다 닳아 깃만 남아 뵈고, 발에 신은 나막신이 다 닳아 굽만 남아 뵈어, 깜짝 놀라 깨어 보니 **꿈**이었다.

마음이 하도 뒤숭숭하여 점쟁이를 찾아가 **점**을 쳐 보았다. 점쟁이가 개다리소반을 내어 놓고 산통算筒412)을 흔들며 경經을 외우다가 산가지를 쏟아내니, 산가지가 안반 위에 콩 튀듯이 뿔뿔이 흩어졌다. 다시 한 번 산가지를 쏟아내니, 웅덩이에 물이 고이듯 소복이 한 곳에 모여들었다. 이를 본 점쟁이는 산통을 내던지며 길게 탄식을 하였다.

"어허, 도저히 이 점은 못 보겠소."

"알자고 보는 점이니, 흉괘凶卦든 길괘吉卦든 보이는 대로 일러 주고 아는 대로 말해주오."

"살던 집은 허물어져 쑥대밭이 되고, 부인은 남의 집으로 붙잡혀 가 살고, 세간 재물들은 남김없이 다 도둑을 맞을 괘요."

이 말을 듣자 황우양은 한 시 바삐 집으로 가고 싶었으나, 천하궁을 짓는 일을 하다 말고 갈 수는 없었다. 그래서 그날부터 밤낮 없이 일에 몰두하여, 일 년에 할 일을 한 달에 하고, 한 달에 할 일을 하루에 하여, 석 달 뒤에 천하궁 궁궐 공사를 다 마쳤다.

---

411) 등만 덮을 만하게 걸쳐 입는 홑옷. 베나 무명으로 깃이 없고 소매가 짧거나 없게 만든다.
412) 맹인이 점을 칠 때 쓰는, 산가지를 넣은 통.

황우양이 고향으로 돌아와 까마귀들의 도움으로 부인의 행방을 찾다

이렇게 하여 황우양이 천하궁 짓는 일을 다 마치고 부랴부랴 지상나라 지하궁의 황산들로 내려와 집에 이르니, 집터는 쑥대밭이 되어 **주춧돌** 기둥만 남아 있고, 꽃이 피던 뜰에는 잡풀만 무성하고, 마당가 우물에는 푸른 이끼만 푸르렀다. 이를 본 황우양이 하도 기가 막혀 하늘을 보고 탄식을 하다가 지쳐 주춧돌을 베고 누워 잠깐 잠이 들었다.

잠결에 **까마귀** 우는 소리가 들려와 급히 잠을 깨어 보니, 난데없는 까마귀 떼가 몰려와 **주춧돌** 밑을 부리로 쪼며 울고 있었다.

"주춧돌 밑을 쪼며 우는 것은 곧 저곳을 파 보란 뜻이로구나!"

황우양이 기운을 차리고 주춧돌 밑을 파 보니, 거기에 명주 속적삼 소매 한 자락이 묻혀 있었다. 조심조심 그것을 펼쳐 보니 붉은 피로 쓰여진 부인의 글씨가 선연했다.

"서방님, 만약 죽어서 돌아오시거든 황천길에서 만나 뵙고, 살아서 돌아오시거든 소진들에서 만나십시다."

황우양이 소진들로 가 소진랑을 처단하고 빼앗긴 부인과 재산을 되찾다

그동안 부인에게 벌어진 일을 대강 짐작한 황우양은 그 길로 곧장 **소진들**로 달려갔다. 소진랑의 집에 도착해 보니, 다락같이 높은 집에 세간살이가 가득한데, 그게 다 옛날 황산들에 있던 자기의 물건들이었다. 이리저리 둘러보니, 대문 밖 우물가에 늙은 소나무가 한 그루가 서 있었다. 그 위로 올라가 가만히 몸을 숨기고 주위의 동정을 살펴보았다.

그러자 조금 뒤에 자기의 부인이 개똥밭 땅굴 속에서 나와 주위를 은밀히 살핀 뒤에 물동이를 이고 **우물**로 나오는 것이었다. 부인이 물을 길으려 할 때 황우양이 목을 길게 빼어 내려다보니, 우물에 황우양의 그림자가 어리었다. 이를 본 부인이 깜짝 놀라 위를 올려다본 다음, 홀연히 놀라는 표정과 떨리는 음성으로 이렇게 말했다.

"서방님. 서방님. 죽어서 돌아오셨거든 울면서 내려오시고, 살아서 돌아오셨거든 웃으면서 내려오십시오."

황우양이 웃으면서 나무에서 내려오니, 부인이 반가운 마음에 낭군의 두 손을 부여잡으며 말했다.

"소진랑이 지금 집안에 있으나, 서방님이 오신 것을 알면 문을 굳게 닫아걸고 **오방신장**을 불러내어 단단히 지킬 것이니, 조심해서 몰래 들어가십시다."

황우양이 **도술**을 부려 **파랑새**로 둔갑을 한 다음, 부인의 치마폭 속에 숨어 집안으로 들어가 보니, 소진랑이 집안 대청에 누워 잠을 자고 있었다. 황우양이 얼른 달려들어, 가지고 온 연장들을 꺼내어 소진랑을 삽시간에 결박했다. 큰 집게로 다리를 집고, 작은 집게로 팔을 집고, 큰 도끼, 작은 도끼, 큰 톱, 작은 톱을 양쪽에 벌여 놓고, 옴짝달싹 못하게 결박을 한 다음, 물푸레나무 먹자를 짚고 큰 소리로 호통을 쳤다.

"네 이놈, 나를 속여 옷과 말을 바꾼 것은 용서해 줄 수 있겠으나, 허락도 없이 남의 집에 들어가 함부로 세간 재물들을 훔친 죄와 남의 아내를 윽박질러 데려간 죄는 용서하지 못하리라."

소진랑이 정신을 차리고 보니 팔다리 온 몸이 결박되어 꼼짝을 못 하게 된 것을 알고, 넋이 다 나간 채 머리를 조아리며 끊임없이 빌었다.

"가져 온 세간과 재물들은 모두 다시 돌려드리겠소이다. 부인께서는 그동안 개똥밭 땅굴 속에 기거하시며 구메밥을 드시고 정절을 지키셨으니, 다른 탈은 아무 것도 없소이다. 부디 목숨이나 살려 주시오."

"네 목숨만은 살려 주겠으나, 앞으로 삼 년 동안 너는 **서낭당 돌항아리** 안에 갇혀, 지나가는 사람들이 던져 주는 밥찌꺼기나 받아먹고 지내거라."

황우양 부부가 다시 고향땅 황산들로 돌아오다

이렇게 하여, 황우양 부부는 소진랑을 서낭당 돌항아리 안에 가두어 삼 년 동안 나오지 못하게 해놓은 다음, 다시 고향인 황산들로 돌아왔다. 그러나 황산들에 돌아와 보니 집안이 온통 쑥대밭이 되어 마땅히 잘만한 곳도 없게 되었다. 그는 산에 가서 억새풀을 베어다 울을 치고, 부인은 아홉 폭 치마를 둘러내어 담을 치고, 그 안에서 밤을 새우며 우선 그 동안 쌓인 **회포**를 풀었다.

"부인은 그 사이에 어떤 재주를 배웠소이까?"

"저는 개똥밭에 땅굴을 파고 그 안에서 구메밥을 먹고 지내면서, 밤낮으로 누에를 키워 명주실을 뽑아 **베짜기**를 하였습니다. 그래서 이제는 한나절에 속명주·겉명주를 마흔 자씩 짜서 옷 한 벌을 지을 수 있습니다."

"참 대단한 재주를 배웠구려."

"서방님은 그 동안 어떤 재주를 배우셨습니까?"

"하늘나라 천하궁을 짓다가 점을 치니 흉괘가 나와, 한시 바삐 집에 돌아가기 위해, 일 년 할 일을 한 달에 하고 한 달 할 일을 하루에 하여, 석 삼 년이 걸려야 지을 집을 석 달 만에 다 지었으니, 이 **집짓기** 재주가 배운 재주라면 재주이겠소이다."

"그것 참 대단한 재주시로군요."

황우양 부부가 황산들에 새로 집을 짓고, 성주신과 터주신이 되다

그 뒤, 이들 부부는 황산들에다가 다시 천하제일의 훌륭한 집을 짓고, 그 안에서 오래오래 금슬 좋게 잘 살다가, 황우양은 **성주신**이 되고 부인은 **터주신**이 되었다 한다.

성주신은 집을 지키는 주신으로서 조왕신·문왕신·업왕신·마부왕·철륭신[413]·삼신·측신 등등, 온갖 집안신들을 통솔하는 우두머리 신이며, 터주신은 집터를 지키는 신으로서 한 집안 사람들의 액운을 막아 주는 신이기도 하다.

이 두 신은 금슬 좋은 부부답게 남편 성주신이 어려우면 부인인 터주신이 돕고, 부인 터주신이 어려울 땐 남편 성주신이 도와, 집안에 탈이 나지 않도록 재액災厄을 막아주는 고마운 신들이다.[414]

---

413) 지역에 따라 철륭신·천룡신·철령할마이·뒤꼍각시·철륭지신·지신 등으로 불린다. 철륭을 모시는 곳은 집 뒤란 또는 장독대이다.

414) 경기도 고양군 용인면 아현리 이성녀 무녀 제보 [赤松智城·秋葉隆(1937),《朝鮮巫俗の研究》上卷(京城: 朝鮮印刷株式會社), 205~222쪽. 서대석(1997),《한국의 신화》(서울: 집문당), 125~146쪽 참조].

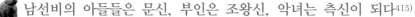

남선비의 아들들은 문신, 부인은 조왕신, 악녀는 측신이 되다[415]

제주도 서사무가 '문전본풀이'[416] 이야기

집안 신들 가운데는 앞에서 살펴본 성주신·터주신 외에도, 조왕신·문신·측신 등이 있다. 조왕신竈王神은 부엌을 지키는 신이고, 문신門神은 문을 지키는 신, 그리고 측신廁神은 측간廁間 곧 오늘날의 화장실을 지키는 신이다.

이 신화의 줄거리를 보면, 오랜 옛날 하늘나라의 남신인 해만국[417]과 여신인 달만국[418] 사이에서 태어난 '남선비'가 지상의 '여산부인'과 결혼하여 일곱 아들을 낳아, 이들이 지상에 내려와 모두 집안을 지켜주는 신들이 되는 이야기이다.

즉, 남선비와 그의 일곱 아들들은 문을 지키는 문신이 되고, 남선비의 부인 여산부인은 부엌을 지키는 조왕신이 되고, 남선비를 유혹한 노일제대귀일의 딸이라고 하는 팜므파탈형 악녀는 측신 곧 화장실을 지키는 신이 된다.

이 신화도 결국은 단군신화檀君神話를 그 원형으로 하여 변이시킨 신화라 할 수 있다. 왜냐하면, 이 신화의 이야기 틀이 단군신화의 틀과 같기 때문이다. 즉, 이 신화의 '해만국'은 단군신화의 환인桓因에 해당하며, '남선비'는 단군신화의 '환웅桓雄'에 해당하고, '여산부인'은 단군신화의 웅녀熊女의 변이형에 해당하고, 이들이 낳은 아들들은 단군檀君 환검桓儉에 해당하기 때문이다. 이런 천신계통의 신들이 집안신들이 되는 과정은 신화의 역사적 전개 과정에서 천신의 인간화 곧 속화俗化를 의미한다.

---

415) 화장실을 지키는 신.
416) 제주도의 무당굿에서 구연되는 문신門神의 신화, 또는 그 신화를 노래하고 문신에게 기원하는 제사 절차. 문신·조왕·측간신·오방토신 등 집안 곳곳을 지켜 주는 신들의 형성 유래담이다.
417) 천신/하느님 중 환인/옥황상제·환웅·해모수 등의 남성 천신 계통의 신.
418) 달의 신. 다른 신화에 나오는 '계화부인桂花夫人'과 같은 계통의 신.

하늘나라 남신 해만국과 여신 달만국 사이에서 남선비가 태어나다

오랜 옛날, 하늘나라의 남신인 **해만국**과 여신인 **달만국** 사이에서 **남선비**가 태어났다. 남선비는 **여산부인**과 결혼하여 일곱 아들을 낳았다. 이들은 지상에 내려와 모두 집안을 지켜주는 신들이 되었다.

즉, 남선비와 그의 일곱 아들들은 문을 지켜주는 **문신**이 되고, 남선비의 부인 여산부인은 부엌을 지키는 **조왕신**이 되고, 남선비를 유혹한 노일제대귀일의 딸이라고 하는 악녀는 **측신** 곧 화장실을 지키는 신이 되었다. 이들이 이처럼 사람들이 사는 집안에 좌정하여 집안을 지켜주게 된 내력에 관해서는 다음과 같은 흥미로운 이야기가 전해진다.

남선비가 악녀 노일제대귀일의 딸 유혹에 넘어가 곤경에 빠지다

옛날 옛적, 남선 고을에는 **남선비**라는 남신이 살고 여산 고을에는 **여산부인**이란 여신이 살고 있었다. 이들은 서로 부부의 인연을 맺어 함께 살게 되었으나, 집안이 몹시 가난하여 하루하루 먹고살기도 힘들었다. 그런데도 슬하에는 아들이 일곱이나 되었다.

어느 해, 그들이 사는 곳에 큰 흉년까지 들어, 도저히 먹고 살 계책이 없게 되었다. 이에 남선비의 부인 여산부인이 남편에게 말했다.

"이래서는 도저히 먹고 살 수가 없겠으니, 쌀장사나 해 보는 것이 어떻겠습니까?"

남선비도 그렇게 하는 것이 좋겠다고 생각되었다. 그래서 그는 곧 배 한 척과 금 백 냥, 은 백 냥을 마련하여, 배를 타고 쌀을 사러 오동나라 오동고을로 갔다.

그곳에는 얼굴은 매우 아름다우나 마음씨는 간악하기 이를 데 없는 **노일제대귀일**의 딸이라는 악녀419)가 살고 있었다(그림233 참조).

▲그림233_최근에 그려진 노일제대귀일의 딸.(박종수)

---

419) 이 여인은 요즈음 식으로 말하자면 '팜므파탈형' 인물이라고 할 수 있다.

그녀는 남선비가 돈을 많이 가지고 쌀을 사러 왔다는 소문을 듣고, 남선비의 돈을 긁어내고자 부리나케 부둣가로 달려갔다. 그녀는 남선비를 보자 쌩긋쌩긋 웃으며 온갖 아양으로 남선비를 꼬여 장기를 한 판 두자고 했다.

남선비는 아름다운 여자가 아양을 떠는 모습이 예뻐 그녀의 말대로 장기를 두기로 했다. 그녀는 장기를 두며 온갖 감언이설로 남선비를 유혹하여 자기와 결혼하자고 했다. 남선비는 그녀의 아름다움에 반하여 장사도 고향집도 다 잊고 그러자고 했다.

그러나 남선비는 얼마 가지 않아 가지고 온 금 백 냥, 은 백 냥을 모두 그녀에게 빼앗기고, 마지막으로 남선비가 타고 가야 할 배까지 팔아버리게 되었다. 이제는 고향으로 돌아갈 수도 없게 된 남선비는 할 수 없이 노일제대귀일의 딸과 같이 그곳에서 살기로 했다.

그러나 간악한 이 여자가 남편을 잘 모실 리가 없었다. 집이라고 하는 것은 수수깡 기둥에 갈대 돌쩌귀로 거적문을 달아놓은 움막집이었다. 이런 집에서 남선비는 이 악첩이 끓여주는 겨죽을 먹어가며 오동나라 오동고을에서 3년을 지냈다. 결국 몸은 말할 것도 없이 쇠약해지고 눈까지 멀었다.

노일제대귀일의 딸이 남편을 구하러 온 여산부인을 죽이다

한편 여산부인은 쌀을 사러 오동나라 오동고을로 떠난 남편을 기다리다가 끝내 소식이 없자, 마침내 남편을 찾아 오동나라로 길을 떠났다.

배가 오동나라에 닿자마자 여산부인은 남편을 찾아 육지로 올라갔다. 남편을 찾아 한참 길을 가다가 들으니, 한 아이가 새를 쫓는데, 다음과 같이 새 쫓는 소리를 냈다.

"훠이 훠이! 이 새야, 저 새야, 너무 약은 체 마라. 남선비는 약은데도 간악한 노일제대귀일의 딸에게 속아, 수수깡 기둥에 갈대 돌쩌귀로 거적문을 단 움막집에 앉아 있단다. 훠이, 훠이!"

아이의 이 새 쫓는 소리에 여산부인은 정신이 번쩍 들어 그 아이를 달래며 말했다.

"얘야, 내가 너에게 댕기 하나를 줄 테니, 네가 방금 한 소리를 다시 한 번만 해주려느냐?"

아이가 다시 새 쫓는 소리를 했다.

"훠이, 훠이! 이 새야, 저 새야 너무 약은 체 마라. 남선비는 약은데도 간악한 노일제대귀일의 딸에게 속아, 수수깡 기둥에 갈대 돌쩌귀로 거적문을 단 움막집에 앉아 있단다. 훠이, 훠이!"

이에 여산부인은 그 아이에게 "그럼 그 남선비가 지금 어디에 있느냐?" 하니, "여기서 두 고개를 넘어 수수깡 기둥에 갈대 돌쩌귀로 거적문을 단 움막집에 있어요." 했다.

여산부인은 아이에게 댕기 하나를 건네주고 아이가 가리키는 두 고개를 넘어가니, 과연 그곳에 수수깡 기둥에 갈대 돌쩌귀로 거적문을 단 움막집이 있었다. 여산부인이 문 앞에 이르러 "주인양반 계십니까?" 하고 나지막한 목소리로 주인을 찾으니, 안에서 어떤 낯익은 남자 목소리가 대답했다.

"거, 누구시오?"

"지나가는 나그네인데 하룻밤만 재워 주십시오."

"아이고 부인! 우리 집은 방도 비좁고 먹을 것도 없으니 재워드릴 수가 없습니다."

틀림없는 남편의 목소리였다. 여산부인이 반가운 마음에 방문을 열고 들여다보니, 남편은 겨죽단지를 끼고 멀거니 앉아 있는데, 눈 먼 **장님**이 되어 아내를 알아보지 못하는 것이었다. 여산부인은 목이 메는 소리로 간청했다.

"그게 무슨 말씀이십니까? 나그네가 집을 지고 다니는 것도 아니니, 부엌에서라도 좀 하룻밤 재워 주십시오."

그러자 남선비는 마지못해 그러라고 했다. 여산부인이 부엌으로 들어가 솥단지를 열어 보니, 겨죽이 솥바닥에 바짝 눌어붙어 있었다. 이를 본 여산부인은 눈물이 저절로 나왔다. 우선 밥부터 지어 드려야겠다 생각하고 가지고 온 쌀로 밥을 짓고 말끔히 상을 차려 남선비에게 들어가니, 남선비는 첫 숟가락에 눈물을 주루룩 흘리며 이렇게 말했다.

"부인, 이게 웬 밥이요? 나도 옛날에는 이런 밥을 먹어 보았으나, 지금은 이 모양 이 꼴이 되었소. 나는 남선 고을 남선비라는 사람입니다. 장사할 쌀을 사러 이 고을에 왔다가 그만 간악한 악녀 노일제대귀일의 딸에게 홀리어, 이 지경이 되어 살지도 죽지도 못하는 신세가 되고 말았습니다."

여산부인이 흐느끼며 말했다.

"여보, 나를 모르겠습니까? 여산 고을에 살던 당신의 아내 여산부인입니다."

그러자 남선비는 깜짝 놀라 여산부인의 손을 잡고 하염없이 그저 눈물만 흘렸다. 여산부인이 다시 "이게 어찌된 영문입니까? 왜 이 모양이 되셨나요?" 하니, "노일제대귀일의 딸의 꼬임에 빠져 그녀를 첩으로 삼고 살다가, 쌀을 사기 위해 가지고 왔던 금 백 냥, 은 백 냥을 모두 다 빼앗기고 배도 빼앗겨 이 지경이 되었소." 하고 눈물로 대답했다.

이때 노일제대귀일의 딸이 어디 가서 겨 한 되를 얻어가지고 방으로 들어왔다. 노일제대귀일의 딸은 여산부인을 보자 눈을 새파랗게 뜨고 나무라듯 말했다.

"누구길래 남의 남편 혼자 있는 방에 들어와 있소?"

"나는 남선비의 큰각시인데 남편이 삼 년이나 돌아오지를 않아 찾아왔소."

"아이고, 그래요 형님. 이 무더위에 어떻게 오셨습니까? 형님. 더운데 우물에 가서 미역이나 감고 옵시다."

여산부인은 노일제대귀일의 딸이 하도 친절하게 말을 하는 바람에 그냥 그녀를 따라나서고 말았다.

샘에 이르자, 노일제대귀일의 딸은, "형님, 어서 옷을 벗으세요. 제가 먼저 등을 밀어 드리지요." 했다. 여산부인은 먼저 적삼을 벗고 우물가에 엎드렸다. 그러자 노일제대귀일의 딸은 여산부인의 등을 밀어주는 척하다가, 여산부인을 깊은 우물 속으로 밀어 떨어뜨리고 말았다.

여산부인으로 가장한 노일제대귀일의 딸을 부인의 일곱 형제가 의심하다

노일제대귀일의 딸은 여산부인의 옷을 주워 입고, 집으로 돌아와 자기가 마치 여산부인인 체하며 남선비에게 말했다.

"여보, 노일제대귀일 딸의 행실이 하도 불손 오만하여 제가 죽이고 왔소."

이에 내막을 모르는 남선비는 이렇게 대답했다.

"하하, 그것 잘 했소. 드디어 내 원수를 갚았으니, 우리 이제 고향으로 돌아갑시다."

이렇게 해서, 남선비와 노일제대귀일의 딸은 배를 타고 남선 고을로 향하게 되었다.

배가 물마루를 수 없이 넘어 고향 바다에 이르니, 남선비의 아들 일곱 형제가 어떻게 알고 마중을 나와 있었다. 남선비의 실명된 눈에서 눈물이 찌걱찌걱 흘러 나왔다. 그러나 간악한 노일제대귀일의 딸은 살풋살풋 웃기만 했다.

그녀를 본 남선비의 아들 일곱 형제는 비록 그녀의 옷은 어머니의 옷과 같으나 사람은 어머니가 아닌 딴 여자 같다고 생각했다. 그러나 일곱 형제는 내색하지 않고 뒤로 물러서며, "아버님 어머님, 어서 집으로 가시지요." 하고 부모를 앞세우니, 아버지는 눈이 어두워서 길은 알아보지 못했고, 노일제대귀일의 딸은 아름아름하며 다른 길로 들어서기가 일쑤였다. 일곱 형제가, "어머니, 그새 길을 다 잊으셨어요?" 하고 물으니, 그녀는 "얘들아, 너희 아버지를 찾느라고 하도 고생을 많이 해서 그렇구나!"하고 둘러댔다. 그러나 일곱 형제는 아무래도 무언가 석연치 않다고 생각했다.

어찌어찌 하여 간신히 집을 찾아 들어간 노일제대귀일의 딸은 저녁밥을 지어 밥상을 차리면서도 아름아름했다. 어느 것이 누구의 밥그릇인지 몰라, 아버지 밥그릇에다 아들의 밥을 푸고, 아들의 밥그릇에다 아버지의 밥을 푼 것이다.

이를 보고 일곱 형제들이 말하기를, "어머니, 그새 밥그릇 임자도 다 잊었습니까?" 하니, 노일제대귀일의 딸이 변명하기를, "얘들아, 너희 아버지를 찾느라고 하도 고생을 했더니 헷갈려서 그렇단다!"라고 말했다. 일곱 형제의심은 더욱 커져만 갔다. 또 그럴수록 어머니가 그리워져, "대체 우리 어머니는 어디에 계신단 말인가?" 하며 한숨을 내쉬었다.

남선비가 일곱 형제를 죽이려 하는 노일제대귀일 딸의 꾀에 넘어가다[420)

노일제대귀일의 딸은 이들의 의심을 눈치채고는 겉으로는 태연한 척했지만 속으로는 몹시 걱정이 되었다. 일곱 형제가 한꺼번에 달려든다면 무슨 변을 당할지 모르기 때문에, 어떻게 해서라도 이 아들들을 없애버리는 게 제일 상책이라 생각하고는, 곧 다음과 같은 음흉한 계략을 꾸몄다.

그녀는 어느 날 갑자기 배가 아프다며 방바닥에서 데굴데굴 굴렀다. 가뜩이나 아내를 사랑하게 된 남선비는 혹시 아내가 죽지나 않을까 겁이 덜컥 났다.

노일제대귀일의 딸은 죽어가는 체하며 남선비에게 말하기를, "아무래도 내가 죽을 것 같으니 빨리 동쪽 길로 가서 그쪽에 있는 점쟁이에게 방책方策을 좀 물어보오!" 했다.

남선비가 이 말을 듣고 허겁지겁 그 점쟁이를 찾아 대문을 나가는 것을 보더니, 노일제대귀일의 딸은 재빨리 지름길을 통해 그쪽으로 달려가 자기가 점쟁이인 체하고 앉아 있었다.

조금 뒤에 남선비가 허둥지둥 달려와, "우리 마누라가 갑자기 배가 아파 죽게 되었으니 어떻게 하면 좋겠소?" 하고 묻자, 노일제대귀일의 딸은 혼자 중얼중얼하며 점쟁이인 체하다가 지껄이기를, "아들이 일곱 형제나 있구먼! 그 병은 아들 일곱 형제의 **간**을 꺼내 먹어야만 나을 병이오."

노일제대귀일의 딸이 태연하게 이렇게 말하니, 남선비는 이 말을 듣고 허겁지겁 집으로 달려왔다. 그러자 노일제대귀일의 딸은 얼른 다시 지름길로 달려와 아까보다 더 큰 소리로 금방 죽어나가는 소리를 하며, "아이고 배야!

---

420) 이하의 부분은 앞에서 우리가 이미 살펴보았던, 전라도 지역 '칠성풀이 신화'에서 보았던 악녀 '옥녀부인'이 '칠성님'의 일곱 아들을 죽이려 하는 부분의 이야기와 거의 똑같아 흥미롭다.

아이고 배야!" 소리를 연발했다.

이 소리를 들은 남선비는 이러다가는 정말이지 아내를 잃겠다는 생각이 들어 어쩔 줄을 몰랐다. 그러자 노일제대귀일의 딸은 더욱 죽어가는 소리로 꾀병을 부렸다.

"뭐라고 합디까?"

"일곱 아들의 간을 내어 먹어야 낫는다고 하오."

"아니, 뭐라고요? 그게 말이나 됩니까? 어떻게 그렇게 한단 말이예요? 그러면 이번에는 서쪽 길로 좀 가보세요! 아이고 배야!"

남선비가 이번에는 또 허겁지겁 서쪽 길로 가니, 이번에도 노일제대귀일의 딸은 먼저 서쪽으로 달려가 서쪽 길가에 삿갓을 둘러쓰고 앉아 점쟁이 행세를 시작했다.

남선비가 헐떡거리며 달려와, "우리 마누라가 갑자기 배가 아파 죽을 지경이니, 빨리 점 좀 쳐 주시오." 하니, 노일제대귀일의 딸은 이번에도 중얼중얼 하다가, "아들이 일곱이나 있구면! 그 병은 아들 일곱 형제의 간을 꺼내 먹어야만 나을 병이요" 했다.

남선비가 다시 급히 집으로 돌아오니, 노일제대귀일의 딸은 역시 아까처럼 지름길로 달려와 아까보다 더 큰소리를 지르며 방바닥을 뒹굴고 기어 다녔다. 남선비는 이러다가 정말 아내가 죽으면 어쩌나싶어 걱정을 하고 있는데, 노일제대귀일의 딸이 이때를 맞추어 숨이 넘어갈듯 한 소리로 하소연 했다.

"여보, 아무래도 이대로 있다가는 죽을 것 같아요. 아들이야 한꺼번에 네 쌍둥이씩 두 번만 낳으면 될 테니, 점쟁이 말대로 해줘요. 아이고 배야! 아이고 배야!"

궁지에 몰린 남선비는 판단력을 잃고 노일제대귀일의 딸의 말이 맞다 생각하여, 결국 자리에서 일어나 아들들의 간을 꺼내기 위해 은장도를 숫돌에 갈기 시작했다.

이때, 이웃 할미 한 사람이 불을 빌리러 왔다가 이를 보고, "그 칼은 무엇 때문에 가는가?" 하니, "우리 마누라가 갑자기 배가 아파 점쟁이한테 점을 쳐 보았더니 일곱 아들의 간을 먹어야 낫는다고 합니다." 했다.

이 말을 들은 할미는 몹시 놀라 급히 밖으로 나와 일곱 아들이 놀고 있는 곳으로 가서 조금 전에 있었던 일을 죄다 이야기했다.

막내 동생의 꾀로 일곱 형제가 살아나다

이 말을 들은 일곱 형제는 모두 눈이 왕방울만 해졌다. 너무 황급하여 어찌해야 좋을지 모두 망설이고 있자니, 막내 동생이 앞으로 나서며, "형님들, 내가 집에 들어가 사세事勢를 보고 올 테니, 형님들은 이곳에 잠깐 계십시오." 하고 집으로 달려갔다.

▲그림234_은장도.(국립중앙박물관 소장, 조선시대)

집안으로 들어가 보니, 과연 이웃 할머니의 말대로 아버지는 정말 은장도를 꺼내어 숫돌에 갈고 있었다(그림234 참조). 막내아들이, "아버지, 그 칼은 무엇에 쓰려고 가십니까?" 하니, 아비는 조금 전에 있었던 일을 또 차례로 얘기했다. 사실을 확인한 막내아들은 조용한 말로 다음과 같이 말했다.

"아버지, 그거 참 좋은 일이시네요. 어머니 병을 고치기 위해서는 그보다 더한 일이라도 하셔야지요. 하지만 아버님이 우리들의 간을 꺼내시려면 시체가 일곱이나 생길 텐데 그걸 다 어떻게 하시려고 그래요? 그럴 것 없이 그 칼을 이리 주세요. 제가 형님들을 뒷산 골짜기로 데리고 가서, 여섯 형님의 간을 꺼내 오겠어요. 어머님이 이것을 드시고서 효험이 있으면 제 간은 그때 아버지가 꺼내세요."

아비가 이 말을 듣고 보니 그도 그럴 것 같아, 막내아들의 제안을 따르기로 했다.

아버지한테 은장도를 받아든 막내아들은 형들을 데리고 뒷산으로 한없이 기어 올라갔다. 얼마나 올라갔는지 다리도 아프고 배도 고파서 더 갈 수가 없게 되었는데, 이때 마침 산 위에서 **노루** 한 마리가 뛰어 내려왔다.

이를 본 일곱 형제가 우르르 달려들어 그 노루를 잡아 막 죽이려고 하니,

노루가 이들에게 말하기를, "애들아, 나를 죽이려고 하지 말고 조금 있으면 산돼지 일곱 마리가 내려올 테니 그것을 잡아라. 어미는 살려두고 새끼 여섯 마리만 잡으면 단번에 일이 해결될 텐데, 뭘 그렇게 여러 번 고생을 하려드느냐?" 했다.

이 말이 옳다 싶어 일곱 형제는 노루를 놓아주긴 하였으나, 나중에라도 그 노루를 쉽게 구별하기 위해 꼬리를 짧게 끊고 엉덩이에 흰 종이를 한 장 붙여 놓았다. 그래서 이때부터 노루는 몸뚱어리가 알록달록하고 꼬리가 짧아졌다고 한다.

조금 뒤에 정말 그 노루의 말대로 **산돼지** 일곱 마리가 내려오는데, 한 마리는 어미요 여섯 마리는 새끼였다. 이에 일곱 형제는 어미는 살려 주고 그 새끼 여섯 마리만 붙잡아 간을 내어 가지고 마을로 내려왔다.

일곱 형제가 악녀 노일제대귀일의 딸을 처단하다

막내 동생은 이번에도 형들을 집 둘레에 숨어 있게 하고 제가 간을 들고 집안으로 들어갔다. 막내가 들어오는 기색이 나자 노일제대귀일의 딸은 더 한층 큰 소리로 숨넘어가는 시늉을 했다.

"아이고, 아이고, 아이고 배야! 아이고 배야!"

이에 막내가 돼지 간을 앞에 내놓고 말하기를, "어머님, 여기 형님들의 간 여섯 개를 꺼내어 왔으니 어서 잡수시오." 했다. 말이 떨어지기가 무섭게 노일제대귀일의 딸이 음흉한 표정을 지으며, "아이고, 우리 막내가 참 효자로구나! 그럼 이제 이것을 먹을 테니, 너는 밖에 좀 나가 있거라." 하였다.

막내아들이 밖으로 나와 손가락에 침을 묻혀 창구멍을 뚫고 가만히 방안을 들여다보니, 노일제대귀일의 딸은 그 간을 먹는 척하다가 입술에 피만 묻히고 얼른 자리 밑에 감추었다.

막내아들이 다시 방문을 열고 들어가, "어머니, 약은 다 잡수셨습니까? 그 약을 드시니 좀 나은 것 같은가요?" 하니, "그래, 조금 나아진 것 같구나. 하나만 더 먹으면 아주 다 낫겠구나" 했다.

막내아들이 넌지시 다가가며, "그러면 마지막으로 제가 머리에 있는 이나 좀 잡아드리겠습니다." 하니, "그 효도도 고맙지만 아픈 사람에게서는 이를 잡는 법이 아니란다." 했다. 막내아들이 조금 더 다가들며, "그럼 방이나 좀 치워 드릴까요?" 하니, "그게 도대체 무슨 말이냐? 아픈 사람이 있는데 방을 치우다니!" 하며 화를 냈다.

이에 막내아들이 큰 소리를 질러 호통을 치면서, 자리 밑에 감춘 여섯 개의 간을 꺼내어 들고 나와 하늘 높이 치켜들며, "동네 사람들! 이리들 오셔서 이것 좀 보시오! **의붓어미**는 이렇게 모질고도 악독한 것입니까? 형님들. 빨리 집안으로 들어오십시오." 하고 외치니, 밖에서 사정을 보며 기다리고 있던 여섯 형들이 우르르 집안으로 달려 들어왔다.

남선비는 죽어 문전신이 되고 노일제대귀일의 딸은 죽어 뒷간신이 되다

일이 이 지경에 이르자, 남선비는 겁이 나서 경황없이 달아나다 가 대문 문턱에 걸려 넘어져, 그 자리에서 죽었다. 그래서 그곳 대문의 **문신**門神이 되었다(그림235 참조).

악녀 노일제대귀일의 딸은 간신히 뒷간으로 달아나 뒷간 서까래에다 쉰다 섯 자 머리털을 걸어 목을 매어 죽었다. 그래서 그녀는 그곳 **측신**廁神이 되었다(그림236 참조). 이 신을 세상에서는 **측도부인**廁道婦人이라고도 부른다.

분에 바친 일곱 형제들이 이 악녀에게로 우르르 달려들어, 이 악녀의 두

▲**그림235**_대문에 붙여져 있는 문신의 신위. (《한국민속신앙사전》)

▲**그림236**_최근에 그려진 측 신.(문화콘텐츠닷컴)

다리를 찢어 내던지니 디딜방아가 되었다. 그녀의 머리를 떼어 놓으니 항아리가 되었다. 머리털을 잡아떼어 사방으로 내던지니 풀밭이 되었다. 손발톱들을 빼어 내던지니 딱지조개가 되었다. 배꼽을 파서 내던지니 굼벵이가 되었다. 또 항문을 도려내어 내던지니 대전복과 소전복이 되었다. 몸뚱아리를 가루로 만들어 바람에 날리니 모기와 벼룩과 빈대가 되었다.

일곱 형제가 서천꽃밭에 가 생명꽃을 얻어다가 죽은 어머니를 살리다

이렇게 마음껏 분풀이를 한 다음, 일곱 형제는 배를 타고 오동국으로 가, 악녀의 아비인 노일제대귀일을 사로잡아, "네 딸이 우리의 어머니를 어디에다 죽여 두었느냐?" 하고 협박하니, 그가 놀라 손으로 멀리 우물을 가리켰다. 이에 일곱 형제가 그 샘가로 달려가 이레 밤 이레 낮을 슬피 우니, 갑자기 그 깊은 우물이 다 마르고 그 속에서 시체가 나타났다.

이때 마침 이곳을 날아가던 곽새421)가, "내 등에 타면 **서천꽃밭**에 갔다 올 수 있으니, 가려면 빨리 타라." 했다. 이 꽃밭은 뼈를 환생시키는 뼈살이꽃, 살을 환생시키는 살살이꽃, 목숨을 환생시키는 인도환생꽃 등 갖가지 생명꽃들이 피어 있는 곳이었다.

일곱 형제는 얼른 곽새 등에 올라타고 서천꽃밭에 이르러 뼈살이꽃, 살살이꽃, 인도환생꽃을 얻어가지고 다시 오동나라 오동고을 샘가로 돌아왔다.

구해 온 뼈살이꽃을 어머니 뼈에 대자 어머니 뼈가 살아나고, 살살이꽃을 뼈에 대자 어머니 살이 되살아나고, 인도환생꽃을 몸에 대자 여산부인은, "아이고 한 숨 잘 잤다! 봄잠이라 이렇게 늦게까지 잤구나!" 하며 일어났다.

이에 일곱 형제가 어머니가 누워 있던 자리의 흙을 긁어모아 시루를 만들어 여섯 형제가 한 번씩 주먹으로 찍으니 구멍 여섯 개가 터지고, 막내동생이 화가 나서 발뒤꿈치로 한 번 탁 찍으니 가운데에 구멍이 크게 터졌다. 이때부터 **시루구멍**은 일곱 개가 뚫리게 되었다 한다.

---

421) 뻐꾸기의 제주도 방언.

여산부인은 조왕신이 되고 일곱 형제들도 문전신이 되다

일곱 형제가 어머니를 모시고 집으로 돌아와 어머님께 청하여 말하기를, "어머님, 춘하추동 사시절을 깊은 물속에서만 사셨으니 몸인들 춥지 않으셨겠습니까? 그러시니 어머님은 하루 세 번 더운 불을 쬘 수 있는 부엌의 조왕할머니로 앉아 제사를 받으십시오." 하였다.

일곱 형제들은 모두 **문신**이 되어 집안의 여러 문들에 좌정했다. 큰형은 동방 청대장군, 둘째는 서방 백대장군, 셋째는 남방 적대장군, 넷째는 북방 흑대장군, 다섯째는 중앙 황대장군, 여섯째는 뒷문 문신, 그리고 막내는 앞문 문신이 되어 좌정했다. 이리하여 여산부인은 **조왕신**이 되어 부엌에 좌정하게 되었다(그림237, 그림238 참조).

이리하여, 사람들은 명절 제사를 지낼 때면 문전제門前祭를 지내고, 그 제물을 조금씩 떼어 지붕 위에 던져 올린 다음, 다시 조왕제竈王祭를 지내게 되었다고 한다.

그리고 측신廁神 곧 뒷간신인 측도부인과 부엌신인 조왕할머니와는 처첩妻妾 사이라서, 지금도 뒷간과 부엌은 마주서면 좋지 않다 하여 서로 멀리 떨어진 곳에 짓게 되었다고 한다.[422]

▲그림237_경남 밀양 표충사 주방에 모셔진 조왕신.(허정주 촬영)

▲그림238_부뚜막 모서리에 정화수 물그릇 형태로 모셔져 있는 조왕신.(《한국민속신앙사전》)

---

422) 제주시 용담동 안사인 구연 제보 [현용준(1976), 《제주도 신화》(서울: 서문당), 193~210쪽 참조].

명진국 따님아기는 이승 삼신, 용왕의 딸아기는 저승삼신이 되다

제주도 서사무가 '삼승할망본풀이'[423] 이야기

아이의 출산을 담당하는 신의 이름인 '삼신'이란 말은, 원래 우리 민족의 중심 신인 환인·환웅·환검의 세 신을 가리키는 말이었으나, 훗날 이것이 변이되어 출산을 담당하는 집안신인 '삼신'으로도 되었다.

그러나 이렇게 변이된 뒤에도 이 신을 모시는 제물祭物로는 국 세 그릇과 밥 세 그릇을 차려놓는 것으로 보아, 옛날의 삼신 전통이 오늘날까지도 어느 정도 이어지고 있음을 알 수 있다.

이 출산신으로서 '삼신'은 옥황상제의 명을 받아 인간 세상에 내려와 사람들의 출산을 돕고 산모와 갓난아기를 보호하며, 자식 갖기를 원하는 부인에게 아기를 점지해주는 천신 계통의 신이다. 그리고 이 신을 '삼신할매'·'제왕할매'·'제왕님네'라 부르는 것으로 보아, 이 신은 여성신격이다. 삼신의 어원은 '삼줄'·'삼가르다' 등의 사례로 미루어 보면, 본디 '삼'이 포태胞胎의 뜻이 있어 포태신을 일컫는다고 볼 수도 있다. 또한 이 '삼신'은 어원적으로 '삶신' 곧 삶을 부여해주는 신이란 뜻의 말로 풀이할 수도 있겠다(그림239 참조).

그리고 이야기 전개로 보면, 지상에 사는 천신 계통의 인물 '명진국 따님아기'가 수신 계통의 동해 '용왕의 딸아기'를 물리치고 이승 삼신이 되고, 동해 '용왕의 딸아기'는 저승 삼신이 되며, 이런 전반적인 사건 전개의 주요 결정을 옥황상제 곧 하느님 환인이 한다.

이런 이야기 전개를 따라 가노라면, 우리는 이 신화에서도 한국신화의 근원 곧 천신계 신화의 원형인 '단군신화'의 정체성과 정통성이 희미하게나마 유지되고 있음을 보게 된다.

---

423) 제주도 무속巫俗에서, 아기를 점지하는 일과 출산 및 육아를 관장하는 신인 '삼승할망'의 내력을 설명하는 신화. 불도맞이·할망비념 때 불려짐. '본풀이'란 근본根本을 푼다는 뜻으로, 신의 일대기나 근본에 대한 풀이를 이르는 말. 무당굿에서 제사祭祀를 받는 신에 대한 해설인 동시에 신이 내리기를 비는 노래이기도 함.

▲그림239_민화에 그려진 삼신의 모습.

동해 용왕이 뒤늦게 얻은 딸이 백성들의 원성을 사다

아주 먼 옛날, 동해바다 용왕이 서해바다 용녀와 결혼을 했다. 그러나 결혼한 지 삼십 년이 넘도록 자식이 없어, 옥황상제님께 석 달 열흘 동안 지극정성을 드려 기도를 드리니, 그 뒤 열 달 만에 어여쁜 딸 하나를 얻었다.

늦게 얻은 귀여운 외동딸인지라 불면 꺼질세라 놓으면 깨질세라 애지중지 금지옥엽으로 키우다보니, 크면 클수록 점점 버릇이 고약해져 갔다. 한 살 때에는 제 어미를 때리고, 두 살 때에는 제 아비의 수염을 잡아 뽑고, 세 살 때에는 물건을 닥치는 대로 집어던지고, 네 살 때에는 남의 집 곡식과 채소를 제멋대로 짓밟고, 다섯 살 때에는 남의 집에 마구 돌을 던지고, 여섯 살 때에는 남의 집 아이들을 꼬집어 울리고, 일곱 살 때에는 어른들한테 함부로 욕설을 내뱉고, 여덟 살 때에는 남의 험담을 동네방네 돌아다니며 옮기고, 아홉 살 때에는 거짓말을 일삼아 사람들 사이에 싸움을 붙였다.

용왕이 딸을 밖으로 내쳐 세상의 삼신이 되게 하다

이 용녀의 방자한 행동거지를 도저히 견딜 수가 없어, 참다못한 용궁 백성들이 용왕 앞에 나아가 공주를 멀리 내치기를 간청했다. 이에 용왕도 하는 수 없어, **무쇠함**을 만들어 그 속에 그녀를 넣어 멀리 띄워 보내기로 했다. 그녀가 떠날 즈음에 딸이 그 어미와 이렇게 묻고 대답했다.

"어머니, 저는 이제 어디로 갑니까?"

"무쇠함이 바다 위에 떠서 물결을 따라 흘러가 인간 세상에 닿을 것이다."

"인간 세상에 나가면 저는 무엇을 하고 살아야 합니까?"

"거기엔 아직 **삼신**이 없다 하니, 삼신이나 되어 집집마다 아기를 점지해 주며 살아라."

이렇게 말하며 그 어미는 딸이 삼신 일을 맡아 할 때 필요할 남색 저고리, 흰 바지, 자주색 치마, 분홍색 장옷, 은가위, 참실 등을 무쇠함 속에 함께 넣어 주었다. 딸은 다시 어미에게 물었다.

"어머니, 아기를 낳게 하려면 어떻게 해야 합니까?"

어미가 말했다.

"아기가 태어나려면 어머니 몸속에서 피를 살려 석 달 열흘, 살을 살려 석 달 열흘 ……."

이때 이를 본 동해용왕이 벽력같은 소리로 부인에게 호통을 쳤다.

"부인은 도대체 죄를 지어 쫓겨 가는 아이에게 무엇을 그렇게 가르치려 하시오?"

어미가 말을 다 마치기도 전에, 딸을 태운 무쇠함 뚜껑이 덜컹 닫히고, 삼백 근이나 되는 무쇠 자물쇠를 굳게 잠근 무쇠함은 동해바다 위에 둥실 떠서 정처 없이 어디론가 흘러가기 시작했다. 용왕의 딸을 넣은 이 무쇠함은 그 뒤로 물속에서 삼 년, 물위에서 삼 년, 물가에서 삼 년, 이렇게 9년 동안을 정처 없이 이리저리 떠돌아다녔다.

그러다가, 그녀가 열여덟 살이 되던 어느 날, 이 무쇠함은 드디어 동해 바닷가 어느 마을 모래톱에 닿게 되었다.

용왕의 딸이 세상에 나와 삼신 행세를 하다

이 무쇠함을 발견한 마을 사람들이 이를 이상히 여겨 열어 보았다. 그러자 놀랍게도 그 안에서 남색 저고리, 자주색 치마, 분홍색 장옷을 입고, 은가위와 참실을 든 어여쁜 처녀가 나왔다. 마을 사람들이 모두 크게 놀라 그 처녀에게 물었다.

"아가씨는 대체 누구시오?"

"나는 동해용왕의 외동딸입니다."

"용궁의 귀한 분이 왜 여기까지 오셨소?"

"사람들에게 아기를 낳게 해주는 삼신 노릇을 하려고 왔습니다."

그때까지 인간 세상에는 삼신이 없어, 아기가 어머니 뱃속에서 태어나지 못하고 큰 산 바위 밑이나 우물가에서 생겨나곤 했다. 그래서 사람들이 아기를 얻고 싶으면 옥황상제께 빌어, 옥황상제가 보내 준 아기를 바위 밑이나 우물가에서 주어다가 기르곤 했다.

그러다 보니, 아기가 너무 귀하여 평생 아기를 못 얻고 사는 사람이 열에 아홉은 되었다. 그러던 차에 이렇게 삼신이 나타나 아기를 낳게 해준다고 하자, 마을 사람들은 몹시 기뻐하며 이 동해 용왕의 딸아기를 마을 안으로 맞아들여 정성껏 대접하고, 복을 가져다주는 신으로 따르며 극진히 섬겼다. 이후부터 이 용왕의 딸아기는 이리저리 세상을 돌아다니며 삼신 행세를 하여, 아낙네들에게 아기를 낳게 해주었다.

용왕 딸의 그릇된 삼신 행세로 세상이 큰 혼란에 빠지다

그러나 그녀는 아기를 낳게 하는 방법을 제대로 모른 채 세상에 나왔기 때문에, 만나는 여인네들마다 마음 내키는 대로 아기를 낳게 하였다. 그러다 보니, 처녀도 아기를 배고, 호호백발皞皞白髮 할머니도 아기를 낳고, 이 동해 삼신의 눈에만 띄면 그 자리에서 바로 아기를 갖게 되니, 세상의 아기 낳는 풍속이 엉망진창이 되고 말았다.

뿐만 아니라, 그녀는 아기를 제대로 키우는 방법도 전혀 몰라, 태어나면

그냥 제멋대로 자라도록 내버려두었다. 또한, 아이들은 태어난 지 한 달 만에
도 죽고 일 년 만에도 죽으니, 집집마다 아이 잃은 울음소리가 그칠 날이
없었다.

또 용케 죽음을 면하고 자라는 아이들도 제대로 가르치는 사람이 없어 버
릇없이 망나니짓이나 하면서 컸다. 제 부모를 때리고, 남의 물건을 훔치고,
남의 집에 돌을 던지고, 어린아이를 보면 울리고, 어른을 보면 욕하고, 나쁜
말을 퍼뜨려 싸움을 붙이니, 인심이 흉흉해지고 풍속이 사나워져 세상이 날
로 어지러워지게 되었다.

옥황상제가 명진국 따님아기씨를 불러 세상의 새 삼신으로 명하다

견디다 못한 백성들이 높은 산에 큰 제단을 마련하고 **옥황상제**님께 세상을
바로잡아 달라고 간절히 빌었다. 사람들의 간절한 기원을 들은 옥황상제는
급히 옥황차사玉皇差使를 세상으로 내려 보내어, 무슨 일이 생겼는지를 알아
오도록 했다.

상제의 명을 받은 **옥황차사**가 세상에 내려와, 탁발승托鉢僧으로 가장하고
집집이 돌아다니며 동냥을 구했다. 그러나 그 어느 집도 문을 열어 주는 집이
없었다.

사정을 알아보니, 어떤 집에서는 처녀가 아기를 낳아 부끄러워 문을 닫고
탄식을 하고, 어떤 집에서는 또 태어난 지 석 달도 안 된 아기가 죽어서 통곡
을 하고, 어떤 집에서는 크는 아이들끼리 싸우느라 야단이었다.

동해 용왕의 딸이 세상에 나와 삼신 행세를 하며 함부로 아기를 낳게 하는
바람에 이런 일이 벌어지게 된 것을 알게 된 옥황차사는, 곧바로 하늘나라로
올라가 옥황상제께 이러한 사정을 낱낱이 아뢰었다. 이에, 옥황상제는 천하
궁424)의 신하들을 모두 불러 모아, 이 사태를 해결할 방도를 물었다. 그러자
사천왕四天王이 앞으로 나와 머리를 조아리며 말했다.

"지하궁425) 인간 세상 **명진국**에 천신 천왕보살과 지신 지왕보살426)의 따

---

424) 하늘나라.

님이 한 분 있사온데, 나이는 아직 일곱 살이나 부
모에게 효도하고 형제간에 우애하고 어른들을 공경
하고 아기들을 사랑하며, 아름답기는 꽃과 같고 슬
기롭기는 별과 같아, 가히 삼신이 될 만합니다."

이 말을 들은 옥황상제는 다시 옥황차사를 급히
명진국에 보내어 천왕보살과 지왕보살의 따님 아기
씨를 하늘나라로 올라오도록 했다. 옥황차사의 전
갈을 받은 명진국의 천왕보살과 지왕보살의 따님
아기씨는, 걸어가면 아홉 달이 걸릴 하늘나라 길을
선녀머리 동아줄을 타고 사흘 만에 날아 올라갔다.

▲그림240_최근에 그려진 삼
신할머니.(문화콘텐츠닷컴)

아기씨가 **천하궁** 큰 마루에 들어가 옥황상제께 인사를 드리니, 옥황상제는
이 명진국 따님 아기씨의 **지혜**를 떠보느라고 다짜고짜 이렇게 물었다.

"네가 타고 올라온 선녀머리 동아줄의 길이가 몇 자이더냐?"

아기씨는 조금도 놀라거나 머뭇거리는 기색이 없이 이렇게 대답했다.

"그 동아줄의 길이는 한 자로 재면 한 자이고, 그 길이 반만 한 자로 재면
두 자가 됩니다."

이 말을 들은 옥황상제는 가히 그 지혜가 인간 세상의 삼신이 될 만하다고
판단하여 이렇게 명했다.

"너는 이제부터 인간 세상에 내려가 **삼신**이 되어, 자식 낳기를 바라는 여인
들을 도와서, 사람들이 아이들을 제대로 잘 낳아 기를 수 있도록 하거라."
(그림240 참조)

그러고는 선녀들을 불러 명진국 따님 아기씨에게 삼신의 법도를 자세히
일러주도록 하였다.

---

425) 지상. 인간 세상.
426) 여기서 '천신 천왕보살'은 단군신화의 '환웅'에 해당하는 신의 불교적인 명칭이고, '지신
지왕보살'은 단군신화의 '웅녀'에 해당하는 지상 존재의 불교적인 명칭이다.

선녀들이 새 삼신 아기씨에게 삼신의 법도를 일러주다

옥황상제의 명을 받은 선녀들이 명진국 따님 아기씨에게 삼신의 법도를 다음과 같이 자세히 일러 주었다.

"먼저 아기를 낳을 어머니 몸의 피를 살려 석 달 열흘, 살을 살려 석 달 열흘, 뼈를 살려 석 달 열흘, 이렇게 하여 열 달이 지나거든, 어머니 몸의 늘어진 뼈는 당겨 주고 오그라든 뼈는 늦추어주어 아이를 순산順産하게 하시오. 다음으로는, 아기가 나오면 머리를 동쪽으로 두게 하고 가위로 탯줄을 세 치만 남기고 잘라 명주실로 꼭꼭 매어 준 뒤에, 더운 물에 씻겨 주시오. 그 다음에는, 어머니에게는 미역국을 먹이고 아기에게는 젖을 먹이며, 잡귀가 범접하지 못하도록 주위에 금줄을 쳐 주시오.

또한, 아기를 키울 때는 어머니 품에서 삼 년, 아버지 손길로 삼 년, 젖을 먹여 삼 년, 밥 먹여 삼 년을 키우게 하시오. 아기를 가르침에는, 옳은 것은 좋게 하고 그른 것은 멀리하도록 하고, 부모에게 효도하고 형제간에 우애하고 친척 간에 화목하고 남에게 어질도록 가르치시오."

새 삼신 아기씨가 세상으로 내려와 삼신 일을 맡아 보다

명진국 따님 아기씨가 선녀들의 말들을 깊이 새겨듣고는, 남색 저고리에 흰 바지를 입고, 자주색 치마에 분홍 장옷 걸치고, 한 손에 은가위를 들고, 또 한 손에 참실을 들어 삼신의 행색을 갖춘 다음, 정월 초하룻날 다시 선녀머리 동아줄을 타고 세상으로 내려왔다.

세상에 내려와 보니, 과연 듣던 대로 세상 출산 풍속이 너무 어지러워져, 아기를 낳는 때도 제각각이고 낳은 아기를 키우는 법도 제각각이었으며, 아기를 낳다가 죽은 어머니와 태어나다가 죽은 아기들의 시신이 세상에 널려 있고, 다 큰 아이들은 또한 버릇이 없어, 온 세상이 슬픈 울부짖음과 아우성으로 편할 날이 없었다.

한 곳을 당도하니, 집 안에서 애끓는 울음소리가 터져 나왔다. 가만히 문을 열고 들여다보니, 아이를 배어 배가 남산만한 어머니가 문고리를 붙잡고 살려 달라고 애원하며 울부짖고 있었다. 내막을 물어 보니 아기를 밴 지가 일 년이 넘도록 낳지를 못해 그런다고 했다. 이에 명진국 따님 아기씨는 우선 하늘에서 배운 대로 산모를 도와 아기를 잘 순산하도록 해주었다.

우선, 어머니 몸의 늘어진 뼈는 당겨주고 오그라든 뼈는 늦춰주어 **순산**을 돕고, 아기가 나온 다음에는 아기 머리를 동쪽으로 두게 한 다음, 가위로 탯줄을 세 치만 남기고 잘라 명주실로 꼭꼭 매어 준 뒤에, 더운 물에 몸을 깨끗이 씻겨 주었다. 그런 다음 산모에게는 미역국을 먹이고 아기에게는 젖을 먹이고 잡귀가 범접하지 못하도록 그 주위에 금줄을 쳐 주었다.

옛 삼신이 새 삼신과 주권을 다투다

그런데 이때 느닷없이 옷차림도 같고 손에 가위와 참실을 든 웬 처녀가 눈을 부릅뜨고 집안에 들어와서 호통을 쳤다.

"너는 누구이기에 내가 뿌린 씨를 내 허락도 없이 거두어들이느냐?"

가만히 보니 바로 세상에 먼저 나와 삼신 노릇을 하여 세상을 그토록 어지 럽혀 놓은 그 동해 용왕의 딸이었다. 사정이 어렵게 되자, 명진국 따님 아기 씨는 높은 산 위로 올라가 단을 쌓고 옥황상제께 기도를 드렸다.

"옥황상제님. 인간 세상에 삼신은 하나만 있으면 족한 것을, 어찌하여 이미 삼신이 있는 곳에 저를 또 삼신으로 내려 보내시어 이런 어려움을 겪게 하시 나이까? 옛 삼신을 버리시든지 새 삼신을 버리시든지, 하나는 버리시고 하나 만 쓰이게 하여주십시오."

그러자 동해 용왕의 딸 삼신도 높은 산에 올라가 단을 쌓고 옥황상제께 빌었다.

"상제님. 저는 동해 용왕의 딸로서 어머니 분부를 받고 오래 전부터 인간 세상에 나와 삼신 노릇을 해 왔는데, 무슨 일로 새 삼신을 또 내려 보내시어 남의 일을 가로채게 하십니까? 새 삼신을 버리시든지 옛 삼신을 버리시든지 하나는 버리시고 하나만 쓰이게 하여주십시오."

옥황상제가 두 삼신을 불러 삼신 능력을 시험해 보다

옥황상제가 두 삼신의 기원祈願을 듣고, 두 삼신을 모두 하늘나라 천하궁으로 불러 올려 다음과 같이 말했다.

"옛 삼신이 일을 잘 못 처리하여 새 삼신을 내려 보냈으나, 한 세상에 삼신이 둘이 있어서는 안 된다는 너희들 말이 옳도다. 내 너희 둘을 시험하여 더 슬기롭고 현명한 자를 인간 세상의 삼신으로 정할 터이니 그리 알라."

그러고는 두 삼신에게 각각 은대야 하나와 꽃나무 한 포기를 주며 이렇게 말했다.

"이 꽃나무를 은대야에 심어 석 달 열흘 뒤에 누구의 꽃이 더 잘 피었는지를 보아 삼신을 결정하리라."

그날부터 두 삼신이 온갖 정성을 다해 꽃을 가꾸었는데, 석 달 열흘이 지나서 보니 옛 삼신의 꽃은 다 시들어 남은 것이 없는데, 새 삼신의 꽃은 사만 오천 육백 가지 꽃이 눈부시게 피어났다. 이렇게 하여, 시험에 지게 된 옛 삼신은 다시 옥황상제께 따져 물었다.

"옥황상제님. 삼신이 꽃만 잘 가꾸어서 무엇 하겠습니까? 모름지기 아기 낳는 일을 잘 알아야 좋은 삼신이 될 것 아니겠습니까?"

옥황상제가 가만히 듣고 말했다.

"그 말도 옳도다! 그러면 너희들 가운데 누가 삼신의 일을 잘 아는지 물어 보리라."

먼저, 옛 삼신에게 물었다.

"아기는 몇 달 만에 낳게 하느냐?"

"바쁘면 석 달, 안 바쁘면 삼 년 만에 낳게 합니다."

"아기를 낳을 때는 어떻게 하느냐?"

"배꼽을 부욱 찢어서 낳게 합니다."

"아기가 나오면 어떻게 하느냐?"

"도끼로 탯줄을 끊고 아기를 얼음물에 씻습니다."

"아기는 어떻게 키우고 가르치느냐?"

▲그림241_무신도에 그려진 또 다른 모습
의 삼신.(신명기 선생 제공)

"가만히 내버려 두면 저절로 잘 큽니다."

다음에는 새 삼신에게 물었다.

"아기는 몇 달 만에 낳게 하느냐?"

"아기 낳을 어머니 몸에 피를 살려 석 달 열흘, 살을 살려 석 달 열흘, 뼈를 살려 석 달 열흘, 이렇게 한 지 열 달 만에 아이를 낳게 합니다."

"아기를 낳을 때는 어떻게 하느냐?"

"어머니 몸의 늘어진 뼈는 당겨 주고 오그라든 뼈는 늦춰주어 아기가 순산 順産되도록 합니다."

"아기가 나오면 어떻게 하느냐?"

"아기가 나오면 머리를 동쪽으로 가도록 하고 가위로 탯줄을 세 치만 남기고 잘라, 명주실로 꼭꼭 매어 준 뒤 더운 물에 씻겨 줍니다. 그런 뒤에, 산모에게는 미역국을 먹이고 아기에게는 젖을 먹이며, 잡귀雜鬼가 범접하지 못하도록 주위에 금줄을 쳐 줍니다."

"아기는 어떻게 키우고 가르치느냐?"

"아기를 키울 때에는 어머니 품에서 삼 년, 아버지 손길로 삼 년, 젖을 먹여 삼 년, 밥을 먹여 삼 년을 키웁니다. 그리고 아기를 가르칠 때에는 옳은 것은 좋게 하며 그른 것은 멀리하게 하고, 부모에 효도하고 형제간에 우애하고 친척 간에 화목하고 남에게 어질도록 가르칩니다."

옥황상제가 새 삼신 아기씨를 이승 삼신으로 결정하다

두 삼신의 대답을 다 듣고 난 옥황상제는 드디어 두 삼신에게 이렇게 명을 내렸다.

"새 삼신은 열두 선녀를 거느리고 인간 세상에 다시 내려가 사람들의 아기를 낳는 일을 맡아보도록 하여라. 그리고 옛 삼신은 혼자 저승에 가서 죽은 아기의 영혼을 맞아 살피도록 하거라."

그러고는 새 삼신에게 서천西天의 넓은 밭을 주어 갖가지 꽃을 심어, 그 꽃이 가리키는 대로 아기를 점지하게 했다. 이에 새 삼신은 열두 선녀들을 거느리고 서천의 넓은 밭으로 가 꽃밭을 만들고, 옥황상제님께 다섯 가지 꽃씨를 얻어 **서천꽃밭**427)에 뿌렸다.

동쪽에는 푸른 꽃, 서쪽에는 하얀 꽃, 남쪽에는 붉은 꽃, 북쪽에는 검은 꽃, 가운데에는 노란 꽃의 꽃씨를 뿌려, 서천꽃밭에 오색 꽃이 만발하게 되자, 새 삼신 아기씨는 그 꽃이 가리키는 대로 세상 사람들에게 아기를 점지해 주었다.

아이 갖기를 바라는 사람이 있으면 먼저 이 서천꽃밭의 꽃들에게 물어서 그 아이를 점지했다. 즉, 서천꽃밭의 꽃들에게 어떤 아이를 점지할 것인가를 물어, 동쪽의 푸른 꽃이 일어서면 용감한 아기가 태어나도록 점지해 주고, 서쪽의 하얀 꽃이 일어서면 슬기로운 아기가 태어나도록 점지해 주고, 남쪽의 붉은 꽃이 일어서면 어여쁜 아기가 태어나도록 점지해 주고, 북쪽의 검은 꽃이 일어서면 수명이 긴 아기가 태어나도록 점지해 주고, 가운데 노란 꽃이

---

427) 하늘나라/이상향의 불교적인 명칭.

일어서면 세상을 잘 다스리는 아기가 태어나도록 점지해 주었다.

옥황상제가 아이를 점지하는 서천꽃밭을 지키는 꽃감관을 임명하다

그 뒤, 이 서천꽃밭에 들어가 함부로 꽃을 꺾어 가는 이들이 많아지자, 새 삼신[産神]은 옥황상제께 부탁하여 이 꽃밭을 지키는 **꽃감관**을 보내 달라고 했다.

이에 옥황상제가 **소별왕**428)을 불러 꽃감관을 시킬 만한 사람으로 어떤 사람이 있는가를 물었다. 이에 소별왕은 주년국 땅에 사는 **사라도령**이란 사람이 쓸 만하다고 했다. 그래서 옥황상제는 사라도령을 불러다가 꽃감관을 시켰다. 나중에는 사라도령의 아들 **할락궁이**가 꽃감관 자리를 물려받게 되었다.429)

이후에, 새 삼신[産神]은 줄곧 사람들에게 아기를 제대로 올바르게 점지해 주고 아기 낳는 일을 제대로 반듯하게 할 수 있도록 도와주었다. 이분은 처음에는 나이가 어려서 사람들이 이분을 삼신아기씨라 불렀지만, 나중에는 호호백발 할머니가 되었기 때문에 사람들이 **삼신할머니**라고 부르게 되었다.

살았을 때 산파産婆 노릇을 잘 한 할머니가 죽으면 이 삼신할머니의 시녀가 되었는데, 나중에는 이들의 수가 매우 많아지자, 삼신할머니는 이들을 모든 가정으로 하나씩 보내어 아기 낳는 일을 도와주게 하였다. 그래서 이후에는 집집마다 삼신[産神]을 모시게 되었다고 한다.430)

▶**그림242_**카자흐스탄 알마티의 카자흐스탄 국립중앙박물관 고고학전시관의 어린이를 지켜주는 삼신할머니 텡그리 우마이신 모습.(6~8세기, 상생방송 제공)

---

428) 다른 신화에 따르면, 이승을 맡아 다스리는 신이다.
429) '사라도령'과 '할락궁이'에 관해서는 앞에서 살펴본 '하늘나라 서천꽃밭을 지키는 꽃감관' 이란 신화를 참조.
430) 현용준(1976), 《제주도 신화》(서울: 서문당), 25~36쪽 및 한상수(2003), 《한국의 신화》(서울: 문음사), 115~123쪽 참조.

이승 삼신이 마마신 대별상을 제압하다

제주도 서사무가 '마누라본풀이' 이야기431)

우리는 앞절에서 이승 삼신인 '명진국 따님아기'가 천신 계통의 신인 옥황
상제의 아들 '명진국 임금'의 딸이라는 것을 이미 알고 있다. 그리고 이 천신
계통의 신인 '명진국 따님아기'가 수신 계통의 신 동해 용왕의 딸인 저승 삼신
을 제압하는 것으로 되어 있음을 보았다.

여기서는, 이 이승 삼신이 저승 삼신뿐만 아니라, 남방 계통의 역병신疫病神
곧 전염병신인 마마신까지 제압하는 이야기가 전개된다.

이러한 이야기가 결국은 한국신화의 원형인 '단군신화' 계통의 신들이 다른
계통의 신들을 제압하는 내용이라는 점에서, 이 신화에서도 궁극적으로는
'단군신화'의 정체성과 정통성이 보장되고 있음을 보게 된다.

마마신 대별상이 출산신인 삼신을 모욕하다

옛날, **삼신할머니**가 급히 해산시켜야 할 사람이 있어 바쁘게 길을 가다가,
길가에서 마마신432)인 **대별상**의 행차와 마주쳤다. 그런데, 이 행차가 자못
대단해서, 앞으로는 오색 깃발을 펄럭이고, 좌우로는 육방관속六房官屬을 거
느리고, 인물도감人物都監을 손에 들고 수레를 타고 오고 있었다. 모든 사람의
자손들에게 마마 곧 천연두를 전염시키러 오는 것이었다(그림243 참조).433)

삼신할머니는 길을 비켜 공손히 합장을 하고 인사를 드렸다.

"대별상님, 제가 잉태시키고 환생시켜준 사람의 자손들에게 마마를 좀 이
쁘게 치르게 해주소서!"

---

431) 제주도 큰 굿에서 구연되는 천연두 신인 '마누라신'의 근본 내력을 설명하는 무속신화로,
현재 제주도 무속에서 전승되고 있는 서사무가형 무속 신화이다.

432) 천연두신.

433) 여기서는 마마신/천연두신이 남성신으로 되어 있는데, 뒤에 가서 살펴볼 저승신화 '역병
을 주관하는 별성마마 손님신'에서는 이 신이 여성으로 되어 있다. 이처럼 이 마마신은
남성신이기도 하고, 여성신이기도 하다.

▲그림243_남성신으로 표현된 마마신/별상신/천
연두신.(고 김태곤 선생 제공)

대별상은 눈을 무섭게 부릅뜨고 수염을 거만하게 쓰다듬으며, "이게 무슨
망측한 행동이냐? 여자란 꿈만 꾸어도 좋지 않는데, 여자가 감히 대장부 가는
길을 가로막다니, 괘씸하도다!"하고 노발대발했다. 삼신할머니는 속으로는
분한 마음이 북받쳐 올랐으나, 마음을 가라앉히고 대꾸를 하지 않고 조심스
럽게 그냥 읍揖[434]을 하고 지나갔다.

교만한 대별상은 삼신할머니가 풀이 죽어 아무 말도 못하고 그냥 지나가는
것을 보자, 마음이 더욱 오만 방자해졌다.

"흠. 마마를 시키되 더욱 혹독하게 시켜서 저 삼신할머니에게 본때를 보여
주리라!"

그래서 대별상은 삼신할머니가 이 세상에 내어준 자손들의 예쁜 얼굴을
엉망진창으로 만들어 놓았다.

---

434) 인사하는 예법의 하나. 두 손을 맞잡아 얼굴 앞으로 들어 올리고 허리를 앞으로 공손히
구부렸다가 몸을 펴면서 손을 내린다.

▲그림244_무신도에 그려진 또 다른 삼신의 모습.
(신명기 선생 제공)

삼신 할머니가 임신한 마마신의 부인을 혼내주다

삼신할머니는 더 이상 분함을 참을 수가 없어, 그 길로 **생불꽃**435) 하나를 가지고 대별상 집으로 가, 대별상의 부인인 **서신국마누라**를 잉태시켜버렸다. 한 달 두 달 지나면서 서신국마누라의 배는 표가 나게 커갔다.

드디어 열 달이 지났다. 그러나 서신국마누라는 해산을 못했다. 삼신할머니가 해산을 시켜 주지 않으니 해산을 할 도리가 없었기 때문이었다(그림244 참조). 서신국마누라는 배가 하도 불러올라 숨도 제대로 쉬지 못할 지경에 이르게 되었다. 그녀는 몇 번이나 까무러치며 남편 대별상에게 하소연했다.

"여보, 마지막 소원이니 제발 삼신할머니를 한 번만 좀 청해다 주시오."

마음은 내키지 않았으나, 대별상은 마누라가 곧 죽을 지경에 이르니, 어쩔 도리가 없이 흰 망건에 흰 도포를 입고 마부를 거느리고 그 당당하던 위풍도 다 수그러진 채로 삼신할머니네 집으로 찾아가게 되었다.

---

435) 여자를 잉태시키는 남자의 정수.

마마신 대별상이 삼신에게 무릎을 꿇다

그래도 대별상은 체면에 삼신할머니가 대문 밖에까지 마중을 나와 기다릴 것이라고 생각했으나, 삼신할머니는 문 앞에 얼씬도 하지 않고 대별상의 행차를 거들떠보지도 않았다. 대별상은 속으로 부아가 치밀어 올랐으나, 그래도 참지 않고는 어쩔 도리가 없었다. 대별상은 삼신할머니 집 대문 밖에서 무릎을 꿇고 엎드려 잘못했다고 빌었다. 그러자 산신할머니는 시치미를 뚝 떼며 이렇게 말했다.

"나를 네 집에 청하고 싶으면 어서 돌아가 머리를 빡빡 깎고 고깔을 쓰고 장삼을 입고 버선발로 와서 엎드려라."

대별상은 그래도 어쩔 수가 없어 완전히 풀이 죽어 곧장 집으로 돌아가, 머리를 깎고 고깔을 쓰고 장삼을 입고 버선발로 다시 삼신할머니 집으로 달려와 엎드렸다. 삼신할머니는 잔잔한 목소리로 나직하게 꾸짖었다.

"이제는 하늘이 높고 땅이 낮은 줄을 너도 알겠느냐? 언제나 뛰는 놈 위에는 나는 놈이 있느니라!"

대별상은 고개도 들지 못하고 그저 무조건 잘못했다고 빌었다. 그러자 삼신할머니는 다시 딴전을 부렸다.

"나를 꼭 모셔가고 싶으면 너희 집으로 가는 서천강 위에다가 명주로 다리를 놓아라."

할 수 없이 대별상은 서천강 위에 **명주다리**를 놓았다. 그제야 삼신할머니는 서천강 명주다리를 건너 대별상의 집으로 갔다.

서신국마누라는 죽을 지경에 놓여 있었다. 삼신할머니는 서신국마누라가 누워 배를 움켜쥐고 사경을 헤매고 있는 방안으로 들어가, 터질 듯이 부풀어 오른 서신국마누라 아랫배를 손으로 두어 번 쓸어내렸다. 그러자 신통하게도 서신국 마누라는 옥 같은 아들을 밑으로 쑥 낳았다.[436]

이승삼신이 저승삼신을 이렇게 제압하는 신화를 보면, 역시 인간은 죽음의

---

436) 제주시 용담동 박수무당 안사인 구연 제보 [현용준(1976), 《제주도 신화》(서울: 서문당), 25~36쪽 및 한상수(2003), 《한국인의 신화》(서울: 문음사), 115~123쪽 참조].

세계인 저승보다는 삶의 세계인 이승을 긍정하고, 이승의 삶에 좀 더 긍정적인 가치를 부여하고자 한다는 것을 알 수가 있다.

대별상은 저승계 신으로서, 인간을 위협하는 위험한 질병인 천연두 신인데, 그런 무시무시한 신조차 결국은 이 인간의 생명 탄생을 좌우하는 삼신/산신 앞에서는 무릎을 꿇고 있음을 보게 된다.

이 '삼신'은 우리가 이 책의 처음 부분에서 본 삼신 곧 환인·환웅·환검을 가리키는 용어와 같이 사용된다는 점도 다시 한 번 눈여겨 볼 필요가 있다. 이러한 '삼신'의 용례는 결국 이 신화도 우리 신화의 근원적 원형인 '단군신화'와 깊은 관련성을 가지고 있는 신화라는 것을 보여주고 있기 때문이다.

당금애기는 삼신이 되고, 아들 삼형제는 제석신이 되다

서사무가 '제석본풀이'[437]

이 신화의 줄거리는 다음과 같다. 즉, 하늘나라 천신 '천하문장'과 지상의 인간 '지하문장'이 부부가 되어 낳은 '당금애기'가 스님으로 변신한 석가세존의 아들 삼형제를 낳았는데, 이들 삼형제가 입신출세를 하고자 하나, 유교 선비들의 방해로 출세 길이 막히게 된다. 그러자 이를 안타깝게 여긴 하늘나라 천신 '천하문장'이 자기 딸 '당금애기'를 인간의 출산과 육아를 맡아 주관하는 삼신[産神]으로 봉해주고, 손자인 당금애기 아들 삼형제는 인간의 길흉화복을 맡아 주관하는 제석신帝釋神으로 봉해준다.

이 신화는 흥미롭게도 우리 신화의 원형인 단군신화의 원형적 정체성은 그대로 유지하면서, 불교적인 요소와 유교적인 요소들을 개입·대립시키고, 그러면서도 전체 사건의 결정 방향은 우리 본래의 하늘나라 천신 '천하문장'이 주관하도록 기술되어 있다. 이러한 우리 신화 원형의 시대 – 사회적 변이는 우리 신화 도처에서 거듭하여 다양하게 되풀이로 나타나고 있다.

이 신화에서 '천하문장'은 단군신화의 환웅桓雄에 해당하며, '지하문장'은 웅녀熊女에 해당하고, '당금애기'는 환검桓儉 곧 단군檀君이 변이된 여성 영웅이며, 당금애기 아들 '삼형제'는 환검 단군의 아들에 해당하는 변이형 인물들이라고 할 수 있다.

하늘나라 천하문장과 지상의 지하문장 부부가 당금애기를 낳다

옛날, 하늘의 **천하문장**[438]과 인간 세상의 **지하문장**[439] 부부가 임정국이란 나라에 살았다. 이 부부는 금슬이 매우 좋았으나, 슬하에 자식이 없어 날로

---

437) 무당굿에서 모셔지는 제석신帝釋神의 유래를 읊은 서사무가. 큰굿의 제석거리나 안택굿 등에서 구연되는 서사무가 신화.
438) '단군신화'의 '환웅' 정도에 해당하는 인물.
439) '단군신화'의 '웅녀' 정도에 해당하는 인물.

▲그림245_무신도에 그려진 당금애기.
(홍태한 제공)

근심하였다.

　어느 날, 절의 한 스님이 이 집에 찾아와 시주施主를 청했다. 이에 부부는 시주를 풍족하게 해주고 사주四柱를 좀 보아달라고 했다. 그러자 스님이 말하기를 자식이 없을 팔자이나, 절에 가서 지극한 불공을 드리면 자식을 볼 수가 있을 것이라 했다. 이에 천하문장이 황금 백 근을 시주하니, 스님이 그것을 받아 절로 돌아가, 천하문장 부부를 위해 부처님께 이 부부의 지극한 시주를 드렸다.

　얼마 뒤에, 천하문장 부부가 꿈을 꾸니, 두 사람이 다 똑같이 술과 호박 안주를 먹는 꿈이었다. 점쟁이가 해몽解夢하기를, 여자의 음식을 먹었으니 딸을 낳을 꿈이라 하였다. 이에, 좋은 날을 골라 부부가 잠자리를 같이 하니, 과연 부인이 아이를 잉태했다. 달이 차서 아이를 낳았는데, 선녀처럼 예쁜 여자 아이였다. 둘은 딸의 이름을 **당금애기**440)라 지었다(그림245 참조).

---

440) 판본에 따라 '당금애기' 혹은 '서장애기' 또는 '자지맹애기' 등으로 되어 있다. 여기서

천하문장이 하늘나라에서 딸 당금애기의 미모를 자랑하다

딸이 점점 자라 열다섯 살이 된 해 어느 날, 천하문장 부부는 옥황상제玉皇上帝로부터 하늘나라에 올라와 벼슬을 하라는 분부를 받았다. 분부를 따를 수밖에 없었으나 홀로 될 딸이 걱정이었다. 딸을 지키고자 천하문장 부부는, 78칸 방에다 지게살 창문을 달고 그 안에다 딸을 가두고는, 하녀 정하님을 불러 다음과 같이 당부했다.

"우리가 벼슬을 다 살고 돌아올 때까지 지게살 창문 구멍으로 밥과 옷을 넣어 잘 길러 주면, 너를 속량贖良441)해 주겠다."

천하문장 부부는 그래도 안심할 수가 없어 방마다 자물통을 채운 다음, 하늘나라로 벼슬하러 올라갔다.

하늘나라에서 벼슬을 살던 천하문장은 어느 잔치 자리에서 우연히 딸이 달보다 더 예쁘다고 자랑을 했다. 이 말을 들은 사람들이 그 딸을 만나보고 싶어 했으나 좀처럼 만날 길이 없었다. 이에, 천하문장이 하늘나라 사람들에게 말하기를, 만일 누구라도 자기의 딸을 만나보는 사람이 있으면 그에게 천금을 상으로 내리고 큰 벼슬을 주겠다고 하였다.

석가세존이 스님으로 변신하여 당금애기를 잉태시키다

이때 마침 **석가세존**釋迦世尊이 지나가다 그 말을 듣고는, 자기가 한 번 그 딸을 만나보겠으며, 만일에 만나지 못하면 목숨을 내놓겠다고 했다.442) 그리하여 석가세존은 대사大師 스님으로 변신하여 장삼을 걸치고 염주를 목에 걸고 목탁을 들고 바랑을 둘러메고 육환장을 짚고서, 천하문장의 집으로 갔다.

대사가 집 안으로 들어가 염불을 외우며 시주를 청하니, 당금애기가 방안에서 이 소리를 듣고는, 하녀 정하님을 불러 나가보라고 했다. 정하님이 밖으로

'당금애기'는 혹 '단군애기'의 이칭異稱인지 모르겠다. 왜냐하면, 이 인물의 출생이 단군의 출생과 같이 천신과 지모의 결합으로 이루어지기 때문이다.

441) 종의 신분을 풀어주어 양인이 되게 하던 제도.

442) 이처럼 불교적인 인물이 우리 신화에 개입하게 되는 것은 불교가 우리나라에 들어온 뒤의 일이다.

나가 보니, 웬 중이 찾아와 이 집 아기씨가 단명할 듯하니 부처님께 시주를 드려 무병장수를 기원해야 한다고 했다. 이에, 하녀가 시주 쌀을 놋동이에 담아 내어주니, 시주는 직접 이 집 애기씨 손으로 해야만 한다며 받지 않았다.

▲그림246_최근에 그려진 당금 애기.(문화콘텐츠닷컴)

하녀가 이르기를, "애기씨는 지금 일흔 여덟 개의 자물통을 채운 깊은 규중 안에 계시니 나오실 수가 없습니다." 하니, 대사는 자기가 그 자물통을 다 열어 주겠다고 했다.

당금애기가 안에서 그 말을 듣고 어디 한번 열어보라고 하니, 대사가 **꽃** 한 송이를 손에 들고 자물통이 잠긴 문 옆으로 다가가 문을 세 번 흔들자, 하늘과 땅이 크게 흔들리며 문들이 저절로 다 열렸다. 이윽고 대사가 당금애기의 얼굴을 바라보니, 과연 얼굴이 선녀처럼 아름다웠다(그림246 참조).

당금애기가 수건으로 얼굴을 가린 뒤 시주 **쌀**을 스님에게 건네주자, 스님의 바랑 밑에 난 구멍으로 시주 쌀이 흘러내려 마당에 흩어졌다. 당금애기가 이를 딱하게 여겨 시주 쌀을 다시 내어주려 하자, 대사는 이를 만류하며 이렇게 말했다.

"그러시면 아니 되옵니다. 이 쌀은 손수 낱낱이 주워서 부처님께 공양해야 정성이 깃들어 수명장수하실 것입니다."

대사는 스스로 몸을 굽혀 마당에 흩어진 쌀을 하나씩 주웠다. 이를 보던 당금애기와 하녀도 보기가 민망하여 중과 함께 흩어진 쌀을 줍게 되었다. 당금애기가 쌀을 주워 바랑에 넣으려 하는데, 대사가 한 손을 들어 아기씨의 머리를 세 번 쓰다듬고는, 장삼 안에서 **금봉채**金鳳釵443) 하나를 꺼내어 반을 쪼개어 **황금옷**과 함께 건네준 다음, "언젠가 나를 찾을 때가 있을 것입니다." 하며 홀연히 대문 밖으로 사라졌다.

---

443) 봉황무늬를 새긴 금비녀.

잉태한 당금애기가 집에서 쫓겨나 절에 의탁하여 아들 삼형제를 낳다

그 뒤, 당금애기는 다시 방으로 들어가 자물쇠를 잠근 뒤 그 속에서 여러 달을 보냈다. 그런데 이상하게도 그 뒤부터 당금애기는 점점 음식 맛이 없어지고 얼굴빛이 변하면서 배가 불러오기 시작했다. 이에 놀란 하녀 정하님이 천하문장 내외에게 **편지**를 써서, 애기씨 몸이 좋지 않다는 소식을 전했다.

이에 놀란 천하문장 부부는 급히 지상의 집으로 내려와 딸을 만나보니, 당금애기는 간신히 몸을 일으켜 부모에게 문안을 드렸다. 어머니가 딸의 모습을 이상히 여겨 가까이 오게 하여 딸의 몸을 살펴보니, 딸이 임신했음이 분명했다.

이 사실을 안 천하문장은 크게 노하여 하인들에게 작두를 가져오라 하여 작두로 딸의 목을 잘라 죽이려 하였다. 그러자 하녀 정하님이 당금애기 앞에 꿇어 엎드리며 '제가 잘못한 탓이니 저를 죽여주십사' 하고, 당금애기는 자기가 잘못한 일이니 자기가 벌을 받아 죽겠다고 하였다. 두 사람이 서로 벌을 받겠다고 나서자, 천하문장은 딸을 차마 죽이지 못하고 문밖으로 내쫓았다.

집에서 쫓겨난 당금애기는 정처 없이 떠돌아다니다가 대사가 주고 간 금봉채와 황금옷을 생각하고, **황금산**으로 대사를 찾아갔다. 험난한 산을 수 없이 넘고 거친 물을 수 없이 건너 황금산에 도착하니, 한 동자승이 나와 황금사로 가는 길을 안내하였다.

얼마 뒤에 당금애기는 절에 도착하여 대사를 만나게 되었다. 대사의 도움으로 절 밖에 마련된 초당에 기거하며, 몇 달이 지나자 당금애기는 세 아들을 낳았다. 그들의 이름을 **초공이** · **이공이** · **삼공이**라 하였다.

당금애기의 세 아들이 양반 선비들의 방해로 입신출세 길이 막히다

당금애기 세 아들이 점점 자라 칠팔 세가 되어 글공부를 시작하였는데, 재주가 워낙 뛰어나 모르는 것이 없었다. 십오 세가 되어 과거시험을 보러 갔는데, 이들의 재주를 시기한 선비들이 과거시험을 방해하였다. 선비들은 어느 승상댁 배나무에 열려 있는 배를 따오라며 이들을 배나무에 오르게 한 다음 나무에서 내려오지 못하게 하기도 하고, 상점은 이들에게 지필묵紙筆墨을 팔지 못하게 하기도 했다. 심지어, 과거시험장 문지기들에게 시켜 삼형제를 과거시험장에 들어오지 못하게 하기도 했다.

이에 삼형제가 묵고 있던 주인집 **백주할머니**가 이를 딱하게 여겨, 집에 있던 지필묵을 내어 주었다. 셋은 이에 감사하고 즉시 과거시험장 밖에서 시를 지어 종이에 돌을 달아 시험감독관 앞으로 던졌다.

얼마 뒤 셋은 차례로 장원급제를 하였으나, 이를 본 선비들은 이들이 스님의 자식임을 상소하여, 과거급제가 취소되고 말았다. 이 일이 있은 뒤, 삼형제는 자기들이 스님의 아들로 태어났음을 매우 원망하고 슬퍼했다.

하늘나라 천하문장의 도움으로 딸 당금애기는 삼신이 되고,
손자 삼형제는 인간의 길흉화복을 관장하는 제석신이 되다

이에, 대사는 삼형제의 마음을 알아차리고 당금애기와 그녀의 삼형제 아들을 하늘나라 천하문장에게로 가게 하였다. 천하문장의 집에 도착하자, 당금애기는 깊은 감회에 젖으며 아들들에게 이렇게 말했다.

"나는 부모님께 불효를 저질렀으니, 감히 집안에 들어갈 수가 없구나. 그러니 너희들만 들어가서 할아버지 할머니께 인사를 드려라."

삼형제가 집안으로 들어가 조부모님께 인사를 드리니, 천하문장 부부는 크게 놀라며, 그들의 살아온 내력과 어미의 안부를 물었다. 그들의 말이, 어머니는 불효를 저질렀다 하여 들어오지 못하고 문밖에 계신다 하니, 천하문장 부부가 딸을 안으로 들어오게 하였다. 오랜만에 천하문장 부부는 딸을 부둥켜안고 눈물을 흘렸다. 천하문장이 외손자들 얼굴을 보니 근심이 가득했다. 이를 이상히 여긴 천하문장이 그 연유를 물으니 이렇게 대답했다.

"저희들은 과거에 급제했으나 스님의 자식이라는 이유로 과거급제가 취소되었습니다. 이제 인간 세상에서는 공명功名을 이룰 수 없으니 이런 슬픔이 어디 있겠습니까?"

이야기를 들은 천하문장은 몹시 화가 났으나, 그보다 더 좋은 일이 얼마든

▲그림247_당금애기의 아들들.(신명기 선생 제공)

지 있으니 섭섭하게 생각하지 말라고 손자들을 위로하였다. 생각 끝에, 천하

문장은 딸 당금애기를 인간의 출산과 육아를 맡아 주관하는 **삼신**[출산신]으

로 봉해 주고, 당금애기의 아들 삼형제 곧 천하문장의 손자들은 인간의 길흉

화복吉凶禍福을 맡아 주관하는 **제석신**帝釋神으로 봉한 다음(그림247 참조), 그들

에게 잘못을 저지른 못된 선비들을 징계토록 했다.444)

---

444) 1937년 제주도 박봉춘 구연 제보 참조. 우리는 이 신화의 이 종반부에서, 이 신화
내용 전체를 주관하는 인물이 불교신 계통의 '제석신'이 아니라, 우리 고유의 천신 계통의
'천하문장'이라는 점에 주목할 필요가 있겠다. 이 점은 이 신화의 근원에도 우리 신화의
궁극적 원형인 '단군신화'가 자리 잡고 있다는 것을 암시하는 것이다.

칠성신이 제주도 업신이 되다

제주도 서사무가 '칠성본풀이'

업신業神은 집안의 재복財福을 담당하는 집안신으로서 지붕 위 용마름 밑이나 곳간의 볏섬, 노적가리 속 등에 존재한다고 한다. 업신은 다른 집안신들과는 다르게 집안의 어느 일정한 공간을 엄격하게 관장하지는 않지만, 주로 곡물을 저장하는 곳간이나 그 주변에서 그 집의 재복財福이 불어나게 하는 역할을 한다.

업신은 또한 집안신들 가운데서 유일하게 뱀/구렁이 · 두꺼비 · 개 등의 동물 형상으로 나타나기도 하고, '업동이', '업며느리'와 같이 사람 형태로 나타나기도 한다. 여기서는, 구렁이 형태로 표현된 업신/재산칠성신의 내력을 살펴보기로 하자.

이 신화의 줄거리는 다음과 같다. 하늘나라 천신 계통의 신인神人인 남신 '장나라 장설룡'과 여신 '송나라 송설룡' 부부가 큰 절에 시주를 올려 딸 하나를 얻었는데, 그녀의 부모가 스님의 은공을 무시하여, 스님이 그녀를 뱀으로 변신시킨다. 이에 화가 난 부모는 그녀를 무쇠석갑에 넣어 바다에 띄워 보내니, 이 뱀이 제주도로 건너가 제주 성안의 뱀신 곧 업신業神이 되었다는 이야기이다.

이 신화는 우리나라 신화의 원형인 단군신화 계통의 신화와 이후에 우리나라에 들어온 불교 계통의 신화가 융합된 형태의 신화라고 하겠다. 즉, 이 신화의 주인공 뱀신/업신의 신적인 계보는 천신계 신, 그 가운데서도 우리 신화의 원형인 '단군신화'와 같은 계보의 신이지만, 그녀를 태어나게 도와준 것은 불교계 신이다. 그래서 이 두 계통의 신적인 권위가 충돌하면서 이 뱀신/업신은 유배의 길을 떠나게 되고, 그 결과 제주도 성안의 전통 토착 신인 업신 곧 재산을 지켜주는 재산칠성신이 되어 좌정하게 된다.

이러한 일련의 사건 전개 과정은 우리 신화 내부에서 발견되는 전통 토착 신들의 세력과 나중에 유입되어 들어온 불교적인 신들의 세력 사이의 갈등, 그리고 이 과정에서 전통 토착 신들의 유랑과 새로운 정착 과정을 드러내는 것으로 보여진다.

이처럼, 우리 신화를 세심히 뜯어보면, 그 속에 축적되어 있는 다양한 신화 – 역사적 적층의 켜들을 들여다 볼 수 있는 것도 매우 흥미롭고 의미심장한 것이다.

신인 장설룡·송설룡 부부가 불공을 드려 딸 하나를 얻다

옛날, 어느 곳에 하늘나라 신 장나라 **장설룡**과 송나라 **송설룡**이 대감 부부가 되어 행복하게 살고 있었다. 그들은 천하에 제일가는 부자였으나, 나이가 쉰이 되도록 슬하에 자식이 없었다. 어느 날, 영험하다는 한 절에 큰 시주施主를 올리고, 석 달 열흘 동안 온갖 정성을 다하여 불공을 드려 딸 하나를 얻었다.

딸이 하늘나라로 천지공사를 간 부모를 찾아 길을 떠나다

그러다가 이 딸아기씨가 일곱 살이 되던 해에, 그녀의 부모인 장설룡·송설룡 부부가 옥황상제의 부름을 받아, 천지공사天地公事[445]와 지하공사地下公事[446]를 하러 먼 길을 떠나게 되었다.[447]

부부는 딸을 데리고 갈 수가 없어, 딸아기씨를 집안에 가두어 두고 단단히 문을 걸어 잠그고 가기로 했다. 그리고 부부는 여종인 느진덕 정하님[448]을 불러 이렇게 당부했다.

"우리가 천지공사天地公事와 지하공사地下公事를 다 하고 돌아올 때까지 딸아기씨에게 저 문구멍으로 밥을 주고 옷을 주어 딸아기씨를 잘 키우면, 돌아와서 종문서를 돌려주고 속량贖良하여 주겠으니 잘 보살피도록 해라."

---

445) 하늘의 신들이 벌이는 천상의 여러 가지 공적인 일들.
446) 신들이 벌이는 지상의 공적인 일들.
447) 이상의 내용으로 보아, 이 '딸아기씨'의 부모인 장설룡·송설룡 부부의 신적인 계보는 우리나라 전통 토착 천신계 신의 계보임이 드러나고 있다.
448) 이 인물은 앞의 '당금애기 신화'에도 나온 바 있다.

그런데, 장설룡·송설룡 부부가 집을 떠난 지 이레째가 되는 날, 딸아기씨가 온 데 간 데 없었다. 여종 느진덕 정하님은 이날부터 사흘 동안이나 온 동네를 돌아다니며 딸아기씨를 찾아보았으나 찾을 수가 없었다. 그녀는 하는 수 없이 급히 상전인 장설룡·송설룡 부부에게 딸 아기씨가 없어졌으니 빨리 돌아오시라는 편지를 보냈다.

그때, 딸아기씨는 부모님이 그리워 몰래 집을 나와 부모님을 찾아 한없이 길을 걸어가고 있었다. 가도 가도 길은 끝이 없고, 다리는 아파와, 마침내 한 발짝도 더 걸을 수가 없었다.

무례한 부모의 행동으로 딸 아기씨가 뱀으로 변신되다

이때 한 스님이 곁은 지나갔다. 이를 본 딸아기씨는 스님에게 살려달라고 애원을 하였다. 스님이 물었다.

"너는 어디 사는 누구냐?"

"장나라 땅에 사는 장설룡의 딸입니다."

"그러면 네가 우리 법당에 와서 불공을 드려 낳은 아이로구나!"

스님은 아기씨를 도포로 싸서 절로 데려갔다.

한편, 종의 편지를 받은 장설룡·송설룡 대감 부부는 벼슬을 그만두고 급히 집으로 돌아와 딸아기씨를 백방으로 찾게 되었다. 이때 옛날 딸을 얻게 해준 절의 스님이 찾아와 문안을 드리자, 대감 부부는 그에게 몹시 무례한 행동을 하였다.

"문안이 다 무엇이냐? 너희 법당에 가 불공을 드려 얻은 아이가 없어졌다. 오행·팔괘·육갑이라도 짚어, 우리 딸아이를 당장 찾아 오거라."

이런 대감 부부의 무례한 행세를 본 스님은 몹시 화가 나 이렇게 말했다.

"이 집 아기씨는 부르면 들릴 듯 외치면 알 듯한 곳에 있는 듯합니다."

"그게 어디냐?"

"대문 밖 노둣돌449) 밑인가 합니다."

---

449) 말에 오르거나 내릴 때 발돋움하기 위해 대문 앞에 놓은 큰 돌. 승맛돌, 하마석.

"뭐라고?"

장설룡 대감은 화가 발칵 치밀어 올라 소리쳤다.

"모든 것이 저 중놈의 짓이로구나! 저 놈을 잡아라!"

대감의 종들이 우르르 달려들어 그 중을 잡으려 하자, 중은 이미 도술道術을 써서 멀리 천리 밖으로 달아난 뒤였다.

장설룡·송설룡 부부가 황급히 집 앞의 노둣돌을 제치고 보니, 과연 그 밑에 딸아기씨가 있는데, 놀랍게도 얼굴엔 기미가 꺼멓게 끼고, 몸은 길고 아롱다롱 하고, 배는 몹시 볼록했다. 딸은 뱀이 되고만 것이었다(그림248 참조).

▲그림248_최근에 그려진 업신 구렁이. (문화콘텐츠닷컴)

뱀으로 변신된 아기씨가 무쇠석갑에 갇혀 바다에 띄워지다

뿐만 아니라, 딸 아기씨는 아이를 밴 것이 틀림없었다.

"아하, 양반 집안에 이런 일이 생기다니!"

부부는 낙심천만落心千萬이 되어 그 자리에 주저앉았다. 분을 이기지 못한 부부는 뱀으로 변신된 딸 아기씨를 죽이려 했다. 그러나 차마 그럴 수가 없어, 딸을 큰 무쇠 석갑石匣에 담아 서해 바다에 띄워 버렸다. 바다에 띄운 무쇠 석갑은 물결을 따라 정처 없이 이리저리 넓은 바다를 떠돌며 어디론가 흘러갔다.450)

뱀으로 변신된 딸 아기씨가 먼저 제주섬 함덕리에 칠성신으로 좌정하다

이렇게 해서, 뱀으로 변한 장설룡·송설룡 부부의 딸 아기씨를 담은 무쇠 석갑은, 밀물과 썰물에 이리저리 밀리며 물마루를 수없이 넘고 넘어 이윽고 제주도 섬에 가 닿았다. 무쇠석갑은 섬의 어느 곳에 자리 잡고 좌정하고자 했다. 그러나 제주도 섬 안에는 곳곳마다 이미 여러 신들이 자리를 잡고 있어

---

450) 이 '무쇠석갑'은 우리 신화에서 신들의 세계에서 문제가 생기거나 새로운 변화를 위한 시련을 겪어야만 할 자주 등장하는 신화적 변이 장치 가운데 하나이다.

서, 딸 아기씨가 좌정할 곳이 마땅치가 않았다.

여러 곳들을 두루 돌아다니다가, 무쇠석갑은 마침내 제주도 함덕리 썩은개 포구451)에 이르러 함덕리 **서무오름** 마을로 올라갔다. 그곳에는 열네 채의 집에 일곱 해녀가 살고 있었다. 그때 마침 일곱 해녀가 테왁452)과 망시리453)를 어깨에 메고 바다 일을 하려고 나왔다가 바닷가에서 이상한 무쇠석갑을 발견했다.

이를 이상히 여긴 일곱 해녀들이 마을의 송첨지를 불러 무쇠석갑을 열어보니, 그 안에서 커다란 뱀 8마리가 나왔다. 뱀으로 환생한, 장설룡·송설룡 부부의 딸 아기씨가 뱀 일곱 마리를 낳은 것이었다. 이를 징그럽게 여긴 송첨지와 일곱 해녀들은 이 뱀들을 사방으로 이리저리 내던져버렸다.

그런데, 그 날부터 송첨지와 일곱 해녀가 모두 시름시름 아프기 시작하더니, 병명도 모른 채로 마침내 사경에 이르게 되었다. 점쟁이한테 가서 점을 쳐보니, 남의 나라에서 들어온 신을 박대한 죄로 그러니 그 신을 청하여 굿을 해야 한다고 했다.

그래서 송첨지와 일곱 해녀는 점쟁이가 시키는 대로, 무당을 불러 큰굿을 했다. 그러자 이들의 병은 그날로 씻은 듯이 나았을 뿐만 아니라, 갑자기 재물이 물밀 듯이 밀려 들어와 일시에 큰 부자가 되었다.

이렇게 되자 함덕리 서무오름 마을 송첨지와 일곱 해녀들은 칠성당을 만들어 그곳에 이 여덟 뱀신들을 정성껏 모시고, 이를 칠성신으로 받들었다. 이것을 본 마을 사람들도 너나없이 이 칠성을 위하니, 이 마을은 얼마 되지 않아 큰 부촌富村을 이루었다.

---

451) 제주도 조천읍 함덕리 인근의 포구.
452) 제주도 서귀포 지역 해녀들이 바다 작업을 할 때 쓰는 어로 용구로서, 그 위에 가슴을 얹고 헤엄치는 데 쓰이던 것으로 '두렁박'이라고도 불렸다. 옛날에는 박으로 만들었으나, 지금은 스티로폼으로 만든 테왁이 주로 쓰인다. 이 테왁과 망시리/망사리는 연결되어 하나의 세트를 이룬다.
453) 제주도에서 해녀가 채취한 해물 따위를 담아 두는, 그물로 된 그릇.

칠성신들이 제주성 안으로 들어가 성안 칠성신/업신으로 좌정하다

이 마을에서 칠성신으로 좌정하였던 장설룡 · 송설룡 부부의 딸 아기씨와 일곱 아들 일행은, 이곳 함덕리 서무오름 마을보다는 아무래도 제주성 성안으로 들어가는 게 훨씬 낫겠다는 생각이 들어, 어느 날 그곳을 떠나 제주성 안으로 향했다.

그들은 함덕리 금성동산에서 조천리 만세동산을 거쳐, 신촌리 열녀문거리를 지나, 드디어 제주시 화북 마을 베릿내에 이르렀다. 칠성들은 이곳에서 입었던 옷을 벗어 가시나무에 걸어놓고 목욕을 한 다음, 새옷을 갈아입고 제주성 동문 밖 가으리 마을로 올라가 잠시 숨을 돌리었다.

그 다음, 다시 가락쿳물머리454)에 이르니, 그곳에는 물이 흐르는 구멍이 있었다. 이에, 칠성들은 그 구멍을 통해 제주성 성안으로 들어가, 산지 **금산물** 물가에 와서 쉬게 되었다. 이때, 칠성골[七星洞] 송대정 현감의 부인이 물을 길으러 금산물에 왔다가, 물가에 누워 쉬고 있는 뱀들을 보았다.

"이게 무슨 일인가!"

송대정 현감 부인은 퍼뜩 이상하다는 생각이 들어 자기의 치마를 벗어 그곳에 던져두고 샘으로 물을 길으러 들어갔다가 나와 보니, 뱀들이 모두 벗어둔 치마폭에 들어가 누워 있었다. 이를 본 송대정 현감 부인은 놀라운 나머지, "저한테 내리신 **조상님**455)이시거든 어서 우리 집으로 가십시다."고 말한 다음, 이 뱀들을 치맛자락에 싸 가지고 집으로 돌아와 광 속에 모셔놓았다. 이후에, 송대정 현감네 집은 삽시간에 큰 부자가 되었다. 이래서 이곳을 **칠성동이**라 부르게 되었다.

어느 날, 이 칠성신들이 배부른동산456) 언덕에 가서 누워 있는데, 이때 마침 한 관원이 이곳을 지나다가 이 칠성신들을 보고 징그럽다고 침을 뱉으니, 이날부터 이 관원은 입안이 헐어 터지고 온몸이 아파 죽을 지경이 되었

---

454) 제주시 이도동에 있는 지명. 50여 년 전까지만 해도 큰 우물터였다.

455) 뱀신.

456) 제주시 건입동의 고개 이름.

다. 세상에 좋다는 약을 모두 다 써 보았지만 병은 갈수록 더해만 갔다. 할 수 없이 용하다는 무당을 찾아가 **점**을 쳐보았더니, 다른 나라에서 들어온 신을 보고 입을 함부로 놀려 병이 들었으니 굿을 해야 낫는다고 했다.

관원은 그날로 바로 제물을 차려 놓고 칠성신에게 큰굿을 올렸다. 그러자 그의 병은 씻은 듯이 다 나았고, 칠성신들은 이 큰굿에서 잘 얻어먹어 배가 불러 다시 이곳에서 즐겁게 놀았다. 그래서 사람들은 이곳을 '**배부른동산**'이 라 부르게 되었다 한다.

칠성신들은 이렇게 여기저기를 돌아다니며 잘 얻어먹고 살았지만, 그렇다 고 언제까지나 이렇게 지낼 수는 없었다. 그래서 칠성 어머니 곧 장설룡·송 설룡 부부의 딸 아기씨는 자식들을 불러 놓고 각자 자기가 좌정하여 살 곳을 정하라고 했다.

큰딸은 추수못 할머니 칠성신으로 좌정하고, 둘째 딸은 이방·형방 칠성신 으로 좌정하고, 셋째 딸은 옥지기 칠성신으로 좌정했다. 넷째 딸은 과원할머니 칠성신으로, 다섯째 딸은 창고지기 칠성신으로, 여섯째 딸은 관청할머니 칠성 신으로, 일곱째 딸은 귤나무 밑 뒤칠성신으로 각각 좌정하였다. 그리고 칠성 어머니는 광으로 들어가 곡식과 재산을 지켜주는 안칠성으로 좌정하였다.

이렇게 이들 여덟 뱀신들은 각각 자기가 살 곳으로 찾아들어가, 그곳을 지키 는 재산칠성신 곧 재산을 지켜주는 **업신**들이 되었다 한다(그림249 참조).[457]

◀**그림249**_곳간 앞문 위에 모 셔진 업신.(한국학중앙연구 원 제공)

---

457) 제주시 용담동 박수무당 안사인 구연 제보 [현용준(1976), 《제주도 신화》(서울: 서문 당), 211~222쪽 및 한상수(2003), 《한국인의 신화》(서울: 문음사), 146~154쪽 참조].

10. 멀고도 깊은 지하 저승의 세계

아주 오랜 옛날의 우리나라 신화에는, 지하·저승의 이야기는 안 보이는 것 같다. 초기 신화들에서는 사람이 죽으면 그 영혼이 지하·저승으로 가는 것이 아니라, 새의 깃을 타고 하늘나라로 올라간다고 생각했기 때문이다.

우리나라 신화에 이 지하·저승의 세계가 나타나는 것은 훨씬 후대에 와서, 아마도 불교의 영향이 강하게 미친 이후가 아닐까 한다. 하지만 이 지하·저승의 세계 그 너머에는 서천서역국 곧 하늘나라가 있는 것으로 보아, 이런 지하·저승의 세계가 우리 신화 속에 이루어진 이후에도 우리 신화의 전체상은 크게 달라지지 않고, 기존의 신화세계 안에 지하·저승의 세계가 더 추가된 것으로 보인다.

우리 신화에 따르면, 이렇게 불교의 영향 등으로 말미암아 우리 신화 속에 저승세계가 넓게 확장되기 이전에는, 지상의 인간세계는 하늘나라 신들이 세운 하느님의 나라 곧 신국神國으로 세워졌으며, 인간들은 이 신국에서 아무런 고통도 없이 행복하게 살아갔었다.

그러다가, 대체로 환웅-중천시대 말기 경부터 지상 신들의 나라 곧 부도符都인 마고성麻姑城에 인간들이 너무 많아져서 반드시 지켜야만할 생명나무인 포도나무 열매를 따먹는 '오미五味의 죄'를 저지르게 된 뒤부터, 마고성 신국의 영원한 생명수인 젖샘이 고갈되고, 인간들이 이 마고성을 나와 지상 곳곳으로 뿔뿔이 흩어져 살게 되었다.

이후부터 인간들은 선악의 분별지에 따라 서로 다투고 빼앗고 죽이는 불행의 시대가 시작되었으며, 이후부터는 인간의 수명도 유한해지고 하늘나라 신국으로 돌아가는 길도 막히게 되었다. 이런 변화와 더불어, 우리 신화 속에 나타나는 것이 바로 이 지하 저승의 세계이며, 이 세계는 인간이 지상에서 저지른 죄들에 따라 말로 다 형언할 수 없는 고통을 감내해야만 하는 세계로 우리 앞에 나타나게 된다.

그러나 이 지하 저승의 세계는 우리 인간이 도저히 극복할 수 없는 세계로 나타나지는 않는다. 이러한 사실은 우리가 이 장에서 살펴보게 될 이야기 곧 고통과 절망의 세계인 지하 저승을 지나 그 너머에 있는 서천서역국西天西域國 하늘나라에 가서 생명꽃 곧 '인도환생꽃'을 가져다가 부모를 살리는 무조신巫祖神 바리데기 신화를 통해서 확인할 수가 있다.

이 신화의 암울한 지하 저승 세계 그 너머에는, 여전히 우리가 하늘나라로 돌아가고자 하는 '복본復本'의 노력에 따라 마침내 도달할 수 있는 영원한 생명의 나라인 하늘나라 낙원樂園이 아직도 살아 있으며, '바리데기'는 온갖 고통과 절망의 지하 저승 세계를 통과하여 마침내 이곳으로 가서, 생명꽃을 얻어다가 부모의 생명을 되살리고 있다.

지금부터, 이 지하 저승의 신화 세계를 찾아 우리의 마지막 여행을 시작해 보기로 하자.

대별왕과 소별왕으로 이승과 저승이 나누어지다

제주도 서사무가 '천지왕본풀이'[458]

여기서 살펴볼 신화는 이승과 저승이 나누어진 내력에 관한 이야기이다. 이 신화는 제주도 무당들이 전승해온 서사무가敍事巫歌로써, 이것을 무교巫敎 에서는 '천지왕본풀이'라고 한다.

이 신화의 줄거리는 하늘나라 '천지왕'이 지상의 '총명부인'과 결혼하여 아 들 '대별왕'과 '소별왕'을 낳아, 소별왕은 이승을, 대별왕은 저승을 각각 다스 리게 된 내력 이야기로 이루어져 있다.

이 신화도 역시 우리 신화의 원형인 '단군신화'를 그 원형으로 삼고 변이되 고 있어서, 이 이야기에 나오는 '천지왕'은 단군신화의 환웅桓雄에 해당하고, '총명부인'은 웅녀熊女에, 그리고 '대별왕'과 '소별왕'은 환검桓儉 단군檀君에 각 각 해당한다고 볼 수 있다.

하늘나라 천지왕과 지상의 총명부인 사이에서 대별왕·소별왕이 태어나다

세상이 처음 생겼을 때 세상에는 질서가 없었다. 하늘에는 해도 둘 달도 둘이었다. 그래서 낮에는 너무 더워 견딜 수가 없었고, 밤에는 너무 추워 견딜 수가 없었다.

이뿐만 아니라, 모든 동식물들이 다 말을 하여 세상이 몹시 혼란스러웠다. 사람의 말과 귀신의 말도 구별되지 않아, 사람을 부르는데 귀신이 대답하기 도 하고, 귀신을 부르는데 사람이 대답하기도 했다.

이를 본 **천지왕**天地王[459]은 밤낮으로 이런 세상을 바로 잡을 계책을 찾다 가, 어느 날 하늘에 떠 있는 두 개의 해와 달 가운데 하나씩을 입으로 삼키는 꿈을 꾸었다. 그는 이 꿈이 혼란스러운 세상을 바로잡을 아이를 얻을 태몽이

---

458) 이 신화는 제주도의 무속 의례, 큰굿의 맨 처음의 제차인 초감제에서 불려지는 신화이 다. 초감제란 의례의 첫머리에 모든 신들을 일제히 청해 앉히고 기원하는 의례.

459) '단군신화'에서 환웅桓雄과 동등한 개념의 신.

▲그림250_불화에 그려진 대별왕 소별왕.
(신명기 선생 제공)

라고 생각했다.

천지왕은 그런 아이를 낳을 아내를 얻고자 지상으로 내려왔다. 지상에는 그와 결혼할 **총명부인**[460]이란 사람이 살고 있었다. 천지왕은 총명부인을 찾아 그녀와 결혼했다. 그리고 그는 이렇게 말했다.

"그대는 아들을 둘 낳을 테니, 큰 아들을 '대별왕'이라 하고, 작은 아들을 '소별왕'이라 하시오."

그러고는 박씨 두 개를 총명부인에게 주며, "그 아이들이 아비를 찾거든 이 박씨를 땅에 심어, 박넝쿨을 타고 하늘나라로 올라오도록 하시오."라고 했다. 말을 마친 뒤 천지왕은 하늘나라로 올라갔다. 얼마 뒤에 총명부인은 과연 아들 형제를 낳았다. 천지왕이 말한 대로 큰 아들을 **대별왕**이라 하고 작은 아들을 **소별왕**이라 했다(그림250~그림252 참조).

---

460) '단군신화'의 '웅녀熊女'에 해당하는 여인.

대별왕·소별왕이 하늘나라로 올라가 각각 이승과 저승을 맡아 다스리다

두 아이들은 자라 어머니 총명부인에게 자기들 아버지가 누구냐고 물었다. 어머니는 지난 날 천지왕과 인연을 얘기해 준 다음, 천지왕이 주고 간 박씨를 땅에 심었다. 박씨는 싹이 무럭무럭 자라 그 박넝쿨이 이내 하늘에 닿았다. 대별왕과 소별왕은 이 박넝쿨을 타고 하늘나라로 올라갔다. 천지왕은 두 아들을 보고 기뻐하며, 대별왕에게는 이승을 맡기고 소별왕에게는 저승을 맡겨 다스리도록 하였다.

▲그림251_대별왕과 소별왕.(박종수)   ▲그림252_최근에 그려진 대별왕 소별왕. (EBS 다큐프라임)

소별왕이 속임수를 써서 이승을 차지하고 대별왕이 저승을 다스리게 되다

그런데, 대별왕은 아버지의 뜻대로 이승을 맡아 잘 다스렸으나, 소별왕은 저승보다는 이승을 차지할 욕심이 생겼다. 그래서 소별왕은 대별왕에게 **수수께끼** 겨루기를 해서 이기는 자가 이승을 맡자고 했다. 대별왕이 이를 허락하여 둘은 수수께끼 겨루기를 했다.

대별왕이 먼저 소별왕에게 수수께끼를 냈다. "어떤 나무는 왜 사시사철 잎이 떨어지지 않고, 어떤 나무는 왜 가을이 되면 잎이 떨어지느냐?" 소별왕이 대답했다. "어떤 나무는 속이 찼기 때문에 사시사철 잎이 떨어지지 않고, 어떤 나무는 속이 비었기 때문에 가을이 되면 잎이 떨어집니다." 그러자 대별왕이 말했다. "그런 소리 마라! 청대는 마디마다 속이 비었어도 사시사철 잎이 떨어지지 않는다." 소별왕은 더 이상 대답을 못해 대별왕에 지고 말았다.

그러자 소별왕은 다시 한 번 수수께끼를 내달라고 졸랐다. 그래서 대별왕은 소별왕에게 다시 수수께끼를 냈다. "언덕 위에 있는 풀은 어째서 잘 자라지 못하고, 언덕 아래에 있는 풀은 어째서 무럭무럭 자라느냐?" 소별왕이 대답했다. "이 삼사 월 샛바람[461]에 내린 봄비에 언덕 위의 흙이 언덕 밑으로 흘러 내려가므로, 언덕 위에 있는 풀은 잘 자라지 못하고, 언덕 아래 있는 풀은 잘 자랍니다." 그러자 대별왕이 말했다. "모르는 소리 마라! 그렇다면 어째서 사람의 머리 위에 있는 머리카락은 길게 자라고 다리 아래 발등에 있는 털은 짧게 자라느냐?" 그래서 이번에도 소별왕은 대별왕에게 지고 말았다.

소별왕은 또 다른 제안을 내어 재주를 겨루자고 했다. 각자 **꽃씨**를 땅에 심어 꽃을 잘 피우는 쪽이 이승을 차지하고, 꽃을 잘 피우지 못하는 쪽이 저승을 차지하자는 제안이었다. 대별왕은 이 제안도 들어주었다. 대별왕과 소별왕은 지부왕[462]을 찾아가 꽃씨를 얻어다 땅에 심었다.

그런데, 대별왕의 꽃나무는 수없이 많은 꽃들을 피우는데, 소별왕의 꽃나무는 어쩐 일인지 꽃도 제대로 피우지 못하고 점점 시들어 갔다.

이를 본 소별왕은 다시 얼른 다른 잔꾀를 내어, 누가 **잠**을 더 오래 자는가를 겨루어 보자고 했다. 대별왕은 이 제안도 들어주었다. 대별왕은 얼마 지나지 않아 깊은 잠에 빠졌으나, 소별왕은 대별왕이 잠들기를 기다리고 있었다. 대별왕이 잠든 것을 확인한 소별왕은 대별왕 꽃을 가져다가 자기 꽃과 바꾸어 놓은 다음, 잠든 대별왕을 깨웠다.

대별왕이 잠에서 깨어 보니, 자기 앞에 있던 꽃을 잘 피운 꽃나무는 동생 앞에 있고, 동생 앞에 있던 꽃을 잘 피우지 못한 꽃나무는 자기 앞에 있었다. 이렇게 해서, 대별왕은 저승을 차지하고 소별왕은 이승을 차지하게 되었다.

대별왕이 소별왕을 도와 이승의 질서를 바로잡아 주다

소별왕이 이승으로 와 보니, 이승은 어지럽기 짝이 없었다. 하늘에는 해도 둘, 달도 둘이었다. 낮에는 더워서 견딜 수가 없고, 밤에는 추워서 견딜 수가

---

461) 동풍.
462) 땅의 신. 곧 앞서 나온 오제五帝 혹은 천하대장군天下大將軍과 같은 신.

없었다. 뿐만 아니라, 온갖 생물들이 다 말을 지껄여, 사람을 부르면 귀신이 대답하고, 귀신을 부르면 사람이 대답하기도 했다. 또한 사람들은 온갖 죄들을 다 저지르고 있었다. 소별왕은 아무리 생각해도 이 혼란을 바로잡을 묘책이 떠오르지 않아, 대별왕을 찾아가 도움을 간청했다. 대별왕은 동생의 부탁을 거절할 수 없어 소별왕을 도우러 이승으로 나왔다.

먼저, 하늘에 있는 두 개의 해와 달을 하나씩 활로 쏘아 동해 바다에 떨어뜨렸다. 이때부터 비로소 하늘에는 해와 달이 각각 하나씩 있게 되었다(그림 253 참조). 다음에는, 소나무 껍질 가루 다섯 말 다섯 되를 만들어 세상에 흩뿌렸다. 그러자 세상 생물들이 혀가 굳어져 말을 못하게 되고, 오직 사람만이 말을 하게 되었다. 그런 다음, 귀신과 사람을 저울로 달아, 백 근이 되는 자는 이승의 인간으로 두고, 백 근이 안 되는 자는 저승의 귀신으로 보내어, 사람과 귀신을 구별지었다.

이렇게 해서, 비로소 세상은 어느 정도 질서가 잡히게 되었다. 그러나 대별왕은 더 이상은 소별왕을 도와주지 않았다. 그래서 이승의 세상에는 오늘날까지도 여전히 역적·살인·도둑·간음 같은 해악들이 남아 있게 되었고, 이와는 달리 저승의 세상은 늘 한결같이 공평한 곳이 되었다 한다.[463]

▶그림253_대별왕과 소별왕의 활쏘기.(artkid)

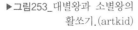

---

463) 현용준(1976),《제주도신화》(서울: 서문당), 11~21쪽 참조. 이 책에 따르면, 제주도 조천면 조천리 박수무당 정주병이 구연을 통해 제보한 것으로 되어 있다. 이것을 무속에서는 무당의 노래 '천지왕본풀이'라 한다.

청정각시와 도랑선비가 저승에 가서 사랑을 이루다

함경도 서사무가 도랑선비 청정각시 노래

이 신화는 함경도 지방 망자 천도굿인 '망묵굿'에서 불려지는 서사무가인데, 이 신화에 나오는 주인공 청정각시의 아버지가 '화덕장군 황철사', 곧 불의 신이고, 어머니는 '구토부인' 곧 지신인 것으로 보아, 청정각시의 신화적 계보는 화신火神과 지신地神의 결합으로 태어난 존재로 되어 있다.

그러나 이 신화의 결정적인 주요 계기들을 모두 하늘나라 옥황상제가 주관하는 것으로 되어 있다는 점에서, 이 신화가 '단군신화'와 그리 멀지 않은 곳에 있음을 알 수 있다. 또한 하늘나라 옥황상제가 이 신화에 등장하는 불교계 인물인 '황금산 성인'이나 염라대왕 등을 지배하고 있다는 점에서도 이 신화의 근원적인 정체성은 '단군신화'에 있다고 볼 수 있다.

특히, 이 신화는 서양 그리스-로마의 '오르페우스 신화'와 견줄만한 스토리, 곧 이승에서 실현되지 못한 남녀 간의 애절한 사랑이 저승에서 이루어지는 비극적인 사랑 이야기를 전개하고 있다. 그런데 그 사랑의 능동적인 주동자는 그리스-로마의 오르페우스 신화와는 반대로 남성이 아닌 여성 쪽이라는 점, 그리고 그 간절한 소망과 그에 상응하는 비극적인 실천의 정도가 오르페우스 신화에서보다 훨씬 더 강력하다는 점 때문에, 더욱더 우리 마음을 깊이 안타깝게 한다.

청정각시가 시집가는 날, 신랑 도랑선비가 부정을 타 병들어 죽다

청정각시의 아버지는 화덕장군 황철사이고 어머니는 구토부인이다. 청정각시가 나이가 차서 어떤 양반집 아들 도랑선비에게로 시집을 가게 되었다. 그런데, 이들이 결혼하는 날 신랑 도랑선비가 고개를 넘어 신부 집으로 가 혼례를 치른 다음 갑자기 혼절昏絶을 하고 말았다. 신부 청정각시가 몹시 놀라 무당을 불러 굿을 해보니, 신랑이 혼례 때 가져온 삼색채단 예물이 부정을

▲그림254_조선시대 여인 '원이엄마'가 죽은 남편을 위해 자기 머리카락으로 삼은 남편의 짚신과 남편에게 드리는 간절한 편지.(안동대학교 박물관 소장)

타서 그렇게 된 것이라 했다.

이에, 그 결혼 예물을 불에 태워 없애자 신랑 도랑선비의 정신이 희미하게나마 다시 돌아왔다. 그러나 신부 집에서 첫날밤 마음에 큰 충격을 받았고 병세가 크게 호전되지 않자, 신랑 도랑선비는 밤중에 신부 집을 나와 고개를 넘어 자기 집으로 돌아갔다. 돌아가면서 도랑선비는 신부에게 이렇게 말하였다.

"내일 한낮 정오에 머리를 짧게 깎은 자가 저 고개를 넘어와 소식을 전하면 내가 죽은 줄 아시오."

청정각시는 그날 밤부터 샘가에 정화수를 떠 놓고 지극정성으로 도랑선비를 살려달라고 하느님과 부처님께 빌었다. 그러나 다음 날 정오가 되자, 신랑 도랑선비가 말한 그 머리를 짧게 깎은 자464)가 신부 집으로 와서 도랑선비가 죽었다는 부고를 전하였다.

청정각시의 슬픈 울음소리에 감동한 옥황상제가 황금산 성인을 내려보내다

이에 신부는 흑진주 빛 검은 머리채를 풀어 산발을 하고 시댁인 도랑선비 집으로 가서 사흘 동안 식음을 전폐하고 구슬피 울었고, 신랑의 초상을 다 치른 뒤에도 그 울음소리가 하늘에 닿도록 구슬피 울었다.

이 소리를 들은 하늘나라 옥황상제는 황금산 성인을 지상으로 내려 보내어 일의 전후 사정을 알아오라고 하였다. 이에 황금산 일의 사정을 알아보러

---

464) 불교적인 인물 곧 중을 암시하는 것으로 보인다.

성인은 스님으로 변신하여 청정각시 집으로 동냥을 왔다. 동냥을 온 스님을 본 청정각시는 동냥은 얼마든지 줄 터이니 신랑 도랑선비를 꼭 한 번만이라도 만나볼 수 있게 하여 달라고 간청을 했다(그림254 참조).

청정각시가 온갖 시련 고초를 극복하며 신랑 도랑선비를 만나려 하다

황금산 성인이 이에 감동하여 청정각시에게 **뒤웅박** 하나를 주면서 이렇게 말하였다.

"이 뒤웅박에 정화수를 길어가지고 신랑 도랑선비의 무덤으로 가서 그 묘 앞에 이 정화수를 놓고, 첫날밤 폈던 이부자리를 펴고 첫날밤 입었던 초록저고리 다홍치마를 입고, 사흘 동안 지극 성성을 다해 빌어보시오."

이에 청정각시가 황금산 성인이 시키는 대로 하였더니, 과연 신랑 도랑선비의 모습이 청정각시 앞에 나타났다. 그러나 청정각시가 도랑선비의 손을 잡으려고 하자, 그는 다시 갑자기 어디론가 사라져 버렸다(그림255 참조).

다시 도랑선비를 잃게 된 청정각시는 구슬피 흐느껴 울며 황금산 성인에게 남편을 다시 보게 해달라고 빌고 또 빌었다. 그러자 황금산 성인이 다시 그녀 곁에 나타나 이렇게 말했다.

"그대의 머리카락을 다 뽑아 묶어 삼천 마디 노끈을 만들어 안내산 금상절로 가시오. 그 절로 가서 그대 두 손바닥 한 가운데에 구멍을 뚫고, 그대의 그 머리카락 노끈을 그 두 구멍으로 통과시켜, 그 노끈 한 끝은 법당에 걸고 또 한 끝은 허공중 하늘에 걸어, 하늘의 삼천동녀三千童女가 온힘을 다해 그

노끈을 치올리고 치내려 잡아 당겨도, 그대가 아프다고 소리를 지르지 않으면 신랑을 만날 수 있소."

청정각시는 황금산 성인이 시키는 대로 하였다. 그러자 마침내 남편 도랑선비의 모습이

▲**그림255_청정각시와 도랑선비.** (박종수)

그녀 앞에 나타났다. 그러나 청정각시가 도랑선비를 안으려고 하자 또 다시 도랑선비는 그만 어디론가 사라지고 말았다. 청정각시가 더욱더 슬피 울며 황금산 성인에게 다시 남편을 보게 해달라고 간절히 빌자, 황금산 성인이 이렇게 말하였다.

"참깨 · 들깨 · 아주까리 다섯 말로 기름을 짜, 그것을 그대 손에 적시어 기름기가 그대 손에 모두 배인 다음, 그대 손의 열 손가락에 불을 붙여 부처님께 발원을 하면, 그대의 신랑을 다시 만날 수 있소."

청정각시는 황금산 성인이 일러준 대로, 참깨 · 들깨 · 아주까리 다섯 말로 기름을 짜, 그것을 자기 손에 적시어 기름기가 손에 모두 배인 다음, 그녀의 열 손가락에 불을 붙여 부처님께 간절히 발원을 하였다.

"부처님, 제 신랑 도랑선비를 한 번만 만나게 해 주소서!"

이 간절한 기도 소리는 도랑선비가 가 있는 지하 저승 세계에까지 깊이깊이 울려 퍼지게 되었다. 그러자 저승의 염라대왕이 도랑선비를 불러 이렇게 말했다.

"지금, 지상의 금상절에 불이 났네. 자네가 가서 그 불을 끄고 오게."

이에 도랑선비가 저승에서 이승으로 나와 금상절로 오게 되었다. 청정각시가 부처님께 기도하는 금상절 부처님 뒤에 도랑선비가 나타나자, 청정각시는 그를 다시 안아보려고 하였다. 그러자 또 다시 도랑선비는 멀리 사라지고 말았다.

청정각시는 다시 소리높이 흐느껴 울며 황금산 성인께 도랑선비를 다시 만나게 하여 달라고 빌었다. 그러자 황금산 성인은 이렇게 말하는 것이었다.

"안내산 금상절로 가는 고갯길을 연장을 사용하지 않고 맨손으로 길닦음을 다 하면 도랑선비를 다시 만날 수 있을 것이오."

청정각시는 타고 남은 맨손가락으로 안내산 금상절로 가는 고갯길 풀을 뽑고 돌을 치우고 흙을 골라 길닦음을 하다가, 고갯마루에 이르러 혼절하였다.

얼마 동안을 지나 청정각시가 깨어나 보니, 고갯길 아래쪽에서부터 길닦음을 하며 올라오는 초립을 쓴 소년이 보였다. 그 소년은 그녀가 그토록 애타게

▲그림256_서양의 그리스 – 로마 신화에서 남편 오르페우스가 저승에 가서 아내 에우리디케를 데리고 나오는 장면. 청정각시와 도랑선비의 운명을 생각나게 한다.

보고 싶어 했던 신랑 도랑선비였다.

이번에는 절대로 다시 헤어져서는 안 되겠다고 마음을 먹은 청정각시는 그토록 간절히 그리운 도랑선비가 자기 곁으로 다가와도 모른 체 하기로 하였다. 그러나 그리운 신랑이 고갯마루에 서 있는 자기 바로 앞으로 다가오자 어쩔 수 없어 그를 온힘을 다해 꼭 껴안고 놓지 않았다. 그러자 도랑선비가 청정각시를 알아보고 이렇게 말하였다.

"그대의 지극 정성이 하늘에 닿아 옥황상제님 지시로 염라대왕이 나로 하여금 이 고개의 길을 닦게 하였다오. 이 일을 다 마치게 되면 부처님 은덕으로 나는 다시 인간 세상에 태어날 수 있게 되오. 이제 이 길 닦는 일도 다 마치었으니, 지금부터는 우리가 함께 살 수 있소."

이렇게 도랑선비와 청정각시는 함께 손을 잡고 그토록 함께하고 싶었던 그들 집으로 돌아오는 길이었다. 고개를 내려와 강가에 놓인 다리 하나를 건너게 되었다. 청정각시가 먼저 그 다리를 건너고 그 뒤를 따라 도랑선비가 다리를 건너는 참이었다(그림256 참조).

그런데, 이때 갑자기 거센 바람이 불어와 도랑선비를 휘감아 다리 아래 강물 속으로 떨어뜨리고 말았다. 물속에 떨어진 도랑선비는 흐르는 강물을 따라 멀리멀리 사라지면서 이렇게 말하였다.

"나와 함께 살려거든 집에 돌아가 석 자 세 치 명주 베를 나의 5대조 할아버지께서 심은 노간주 향나무에 한 끝을 걸고, 다른 한 끝은 당신의 목에 걸고 죽으시오. 죽어서 저승에서라야 우리 둘이 다시 만나 살 수가 있을 것이오. 나는 우리 할아버지가 재물을 탐내고 죄 없는 백성들을 많이 죽인 죄로 그만 이렇게 되고 말았소."

청정각시가 저승에서 도랑선비를 만나 인간의 영혼을 관장하는 신이 되다

이에, 청정각시는 삶과 죽음의 이치를 깨닫고 신랑 도랑선비가 시킨 대로 도랑선비 5대조 할아버지가 심은 노간주 향나무에 목을 매어 죽어 저승으로 갔다. 이렇게 하여, 청정각시의 이런 기막힌 소식과 자초지종을 다 알게 된 하늘나라 옥황상제는, 금상절 부처를 시켜 다음과 같은 편지를 저승의 염라대왕에게 보내게 하였다.

"청정각시는 천하에서 가장 지성스러운 사람이니, 그녀를 가장 좋은 곳에 있게 하라."

마침내, 청정각시는 저승에서 신랑 도랑선비를 만나 무한한 극락을 누리다가 다시 인간 세상에 환생하여, 인간의 영혼을 관장하는 신이 되었다 한다.[465]

---

465) 1926년 3월 함남 홍원군 주익면 학중리 김근성(남, 68세) 제보. 손진태(1981), 〈조선신가유편〉, 《손진태선생전집》 5, 서울: 태학사, 68~86쪽.

부모를 구한 바리데기가 무조신이 되다

서사무가 무조신巫祖神 '바리공주' 이야기

이 신화는 우리나라 전역에 걸쳐서 전승되고 있는 이야기로서, 인간 세상의 임금인 '오구대왕'과 '병온부인' 사이에서 일곱째 딸로 태어나 버려지게 된 '바리데기'가, 온갖 시련을 이겨내고 저승을 지나 '서천서역국' 곧 하늘나라로 가서 약수와 환생초를 구해다가 죽어가는 부모의 목숨을 구하고, 마침내 무당들의 조상신 곧 **무조신**巫祖神이 되는 과정을 서술한 이야기이다.

이 신화는 불교적인 영향이 강하게 미치고 있는 후대의 신화라서, 우리 신화의 원형인 '단군신화'와의 친연성이 많이 약화되어 있기는 하나, '바리데기'에게 부여되어 있는 신성한 능력은 그녀의 신화적인 계보가 단군신화와 그리 멀지 않음을 암시하고 있다. 즉, 바리데기의 부모 세상의 임금 '오구대왕'과 '병온부인'은 단군신화에서 환웅桓雄과 웅녀熊女의 변이형으로 볼 수 있기 때문이다.

그리고 바리데기가 온갖 고난을 극복한 끝에 마침내 도달하게 되는 곳은 '저승'이 아니라 단군신화의 '하늘나라'에 해당하는 '서천서역국'이라는 점을 보면, 이 신화도 '단군신화'의 변이형임을 짐작할 수 있게 된다.

따라서, 이 신화도 결국 '단군신화'를 그 원형으로 하는 변이형이기에, 여기에 우리나라에 불교가 유입된 이후에 크게 강화된 것으로 보이는 '저승'과 '지옥'의 형상이 가장 다양하고 구체적이고 아주 적나라하게 그려지고 있다는 점에서, 그 특징과 신화적 위상을 찾을 수 있다. 이 이야기는 다음과 같이 전개되고 있다.

오구대왕이 일곱 번째 딸 '바리데기'를 낳아 바다에 버리다

옛날, 어느 나라에 '오구대왕'이란 임금이 있었다. 그가 나이 열네 살이 되자, 열아홉 살 된 '병온부인'이라는 여인과 결혼하였다. 결혼 생활은 지극히

▲그림257_저승을 다녀온 무조신 바리데기. 바리데기와 함께 무속에서 섬기는 신을 그린 민화.(창원시립박물관 소장)

▲그림258_인도환생꽃을 들고 있는 또 다른 바리데기/바리공주 상.(고 김태곤 선생 제공)

행복하였으나, 결혼한 지 3년이 지나도록 아이가 없어, 부부가 산천에 정성으로 백일기도를 올렸다. 다행히도 그 달부터 태기가 있어, 이후 자식을 낳기 시작하여 모두 일곱 명이나 되는 딸을 낳았다. 오구대왕은 기다리던 일곱째 아이마저 딸인 것을 보자, 노여움이 이만저만이 아니었다.

"이번에는 더 참을 수가 없다. 이 아이를 궁궐 뒤뜰에 버리도록 하여라."

그런데, 궁궐 뒤뜰에 버려진 이 아이를 낮에는 새들이 날아와 보호하고, 밤에는 들짐승이 나타나 아이에게 젖을 먹었다.466) 그러자 오구대왕은 이 딸아이를 옥함467)에 넣어 바다에 띄우라고 했다. 그래서 이 딸 이름은 버려진 공주 곧

---

466) 이 대목은 앞서 살펴본 여러 신화들에서 해당 인물의 신적인 성격의 가장 중요한 징표로 반복되어 나타나고 있다.

467) 이 '옥함'이 앞서 살펴본 다른 여러 신화들에서는 '무쇠석갑'으로 표현되는 경우가 많았다.

'**바리공주**'라 불리게 되었다(그림257, 그림258 참조).[468]

신하들은 옥함을 만들어 그 겉에 '國王七公主국왕칠공주'라 새기고, 그 안에 바리공주를 넣은 다음, 공주의 생년월일시를 적어 넣고, 젖을 담은 옥병을 공주의 입에 물려 서해 바다에 띄워 보냈다. 그런데 옥함은 아무리 해도 바닷가에 멈춰 떠나지를 아니했다. 그러다가, 얼마 뒤에 금거북이가 바다 속에서 나와 그 옥함을 등에 지고 어디론가 사라졌다.

한 늙은 불자佛子 내외가 바리데기를 발견하여 기르다

그 뒤, 타향산 서촌이라는 곳을 어떤 늙은 불자 내외가 우연히 지나가게 되었는데, 그들이 이 서촌 마을 언덕 위에 올라섰을 때, 바닷가에서 눈부시게 빛나고 있는 황금빛 **옥함**을 발견했다. 그들이 가까이 다가가니, 거기에는 '國王七公主국왕칠공주'란 글자가 뚜렷하게 새겨져 있었다. 그들은 몹시 놀라, 옥함 앞에서 경건한 마음으로 불경을 외우고 치성을 드렸다. 그러자 옥함 문이 저절로 열렸으며, 그 안에서는 귀엽게 생긴 계집아이가 젖병을 문 채 자고 있었다. 외롭고 쓸쓸한 처지의 이들 노부부는 이 아기가 하늘이 그들에게 내려준 복덩이라 생각하고, 아기를 데려다가 기르기로 했다.

늙은 내외가 아기를 안고 가려니 근처 가까운 곳에 난데없이 조그만 초가집이 한 채 보여, 그곳으로 들어가 보았다. 안에는 사람이 살고 있지 않은데도 여러 가지 살림살이가 마련되어 있었다. 그들은 그 집이 이 아기를 위해 하늘에서 내려준 집이라 생각하여, 그 집에 들어가 살며 이 아기를 키우기로 하였다.

어느덧 칠팔 년이 지나, 아이도 제법 자랐다. 아이는 누가 가르쳐 주지도 않았는데 글을 깨우치고, 세상의 이치도 훤히 깨달아 알아 갔다. 이렇게 해서, 바리공주는 어느덧 열다섯 살이 되었다.

---

468) 신적인 능력을 가진 자식/딸을 박대하고 내쫓은 죄로 부모가 불행해졌다가, 다시 그 자식/딸의 능력에 의해 행복을 되찾는 이 이야기 줄거리는 우리가 이미 앞에서 살펴본 '감은장아기' 신화와 같아 흥미롭다.

바리공주의 부모가 자식을 버린 죄로 죽을병에 걸리다

한편, 바리공주의 아버지 오구대왕과 그의 부인 병온부인은 어느날 갑자기 큰 병을 얻어 자리에 눕게 되었다. 이 세상에서 용하다는 의원들은 다 불러다가 보이고, 좋다는 약은 다 써 보았으나, 별 효험이 없었다. 마지막으로, 점쟁이를 불러다 그 병의 원인을 물어보니, 점쟁이가 한참 동안 점괘를 짚어 보고는, "이 병은 하늘이 내린 자손을 버린 벌로 생긴 것이라. 이 나라 약으로는 고칠 수 없으며, 다만 서천서역국西天西域國469)의 **약수**를 마셔야만 나을 수 있다."고 했다.

이 말을 들은 오구대왕은 딸들을 모두 불러 모아, 그 가운데 누가 서천서역국에 가 부모의 병을 낫게 할 약수를 구해 오겠느냐고 물었다. 그러나 딸들은 모두들 제 나름의 핑계를 대며 갈 수가 없다고 하였다.

"첫째 청난아. 너는 일곱 딸들 가운데 큰딸이다. 그러니 네가 부모를 위해 서천서역국에 좀 다녀올 수 없겠느냐?"

"아버지. 점잖은 왕가의 공주가 어찌 그 먼 곳을 다녀올 수 있겠습니까?"

"그럼, 둘째 홍난아. 너는 설마 부모의 뜻을 거스르지 않겠지?"

"아버지, 그런 말씀 마셔요. 그곳은 남자들도 못 가는 곳인데 연약한 여자의 몸인 제가 어떻게 가겠습니까?"

"그럼 셋째 주란아. 너도 설마 언니들처럼 매정하게 대답하지는 않겠지?"

"아버지, 큰언니 둘째언니도 못 가는 그 머나먼 곳을 제가 어떻게 가겠어요?"

오구대왕은 이렇게 차례차례 여섯째 딸에게까지 다 간절히 부탁을 해 보았으나, 모두 다 한결같이 쌀쌀하게 거절을 하였다. 이에 오구대왕은 크게 실망하며 긴 한숨을 내쉬었다.

"세상에 이런 일이 있나. 딸들이 여섯이나 되지만, 부모 약을 구해 올 딸자식은 하나도 없구나!"

---

469) '하늘나라'의 불교식 이름.

바리공주가 부모님을 다시 만나다

이때, 병온부인의 머리에는 문득 수 년 전에 버린 일곱째 딸 바리공주 생각이 났다. 그래서 그 버린 딸 이야기를 남편 오구대왕에게 했다. 오구대왕과 병온부인은 볼 낯은 없으나, 그래도 죽기 전에 옛날 버렸던 바리공주나 한 번 보고 죽어야겠다는 생각이 들었다. 오구대왕은 신하들을 불러 바리공주를 좀 찾아오라는 명을 내렸다.

며칠 뒤, 천문天文을 볼 줄 아는 신하 한 사람이 오구대왕을 찾아와서 아뢰었다.

"제가 지난밤에 천문을 살펴보니, 타향산 서촌에 밤이면 서기가 어리고 낮이면 오색구름이 영롱하였습니다. 아무래도 공주님께서는 그곳에 계신 것 같습니다."

오구대왕이 급히 그곳으로 사람을 보내어 알아보게 하였더니, 그곳은 사람의 출입이 거의 없는 산 속인데, 어떤 늙은이 내외가 살고 있었다. 내외가 이들을 보고 놀라 말했다.

"당신은 누구시오? 날새도 길짐승도 들어오지 못하는 이곳에 어찌 들어왔소?"

"다름이 아니오라, 소인은 오구대왕의 신하인데, 대왕님 명령을 받고 대왕님의 일곱째 공주를 찾으러 왔습니다. 혹시 이곳에 공주가 계시면 안내해 주십시오."

늙은이 내외가 그들을 바리공주에게로 이끄니, 바리공주는 신하들을 보고 오구대왕이 보낸 사신이라면 그것을 증명할 **표적**을 보여 달라고 했다. 신하들은 바리공주가 태어났을 때 입었던 안저고리 하나를 내보이니, 그곳에 오구대왕이 적은 바리공주의 생년월일시가 적혀 있었는데, 그것은 바리공주가 갖고 있는 날짜와 일치했다.

그러나 바리공주는 다시 좀 더 확실한 표적을 요구하여, 금쟁반 정안수 속에다 오구대왕의 무명지 **피**를 받아오라고 했다. 신하들이 오구대왕의 피를 금쟁반 정안수 속에 받아오자, 바리공주가 자기의 무명지 피를 내어 거기에 떨어뜨렸다. 그러자 핏방울들이 합쳐져 하나로 되었다.

바리공주는 즉시 부모한테로 달려갔다. 그는 실로 십오 년 만에 부모를 눈앞에 대하게 되었다. 그러나 부모는 이미 병에 걸려 사경을 헤매고 있었다. 그녀는 부모님 앞에 엎드려 눈물을 흘리며 절을 올렸다.

"아버님. 어머님. 소녀가 왔습니다. 두 분께서 이렇게 살아계신 줄 알았으면 진작 찾아뵈었을 텐데 불효한 자식이라 이제사 찾아뵙게 되었습니다. 이렇게 죄 많은 딸자식을 용서하여 주십시오."

"그게 아니다. 우리가 너를 버리지 않았다면 네가 이렇게 되었겠느냐?"

"아버님. 어머님. 그것도 모두 제 타고난 팔자인데, 어찌 부모님을 원망하겠습니까? 그런데 부모님이 모두 이렇게 편찮으시니 어찌하면 좋을지 모르겠습니다."

"우리는 이제 언제 죽을지 모르겠다. 다만 **서천서역국**에 있는 약수를 먹는다면 낫는다기에 너의 언니들에게 그 약수를 좀 구해오라고 했더니 아무도 들어주지를 않는구나. 그래 마지막으로 너라도 보고 싶어서 이렇게 염치없이 너를 찾았다."

이 말을 들은 바리공주는 잠시 할 말을 잃고 그저 눈물만 하염없이 흘렸다.

"아버님. 어머님. 두 분을 위해 제가 무슨 일인들 못 하겠습니까? 그 동안 다하지 못한 효도를 이번에 한 번 해 보겠습니다."

바리공주가 서천서역국西天西域國으로 부모님의 약을 구하러 가다

바리공주는 부모님께 이렇게 말한 다음, 맏언니 저고리와 둘째 언니 치마와 셋째 언니의 고쟁이와 넷째 언니의 속옷을 입고, 다섯째 언니의 버선을 신고, 여섯째 언니의 댕기를 드리었다. 그리고 약수를 뜰 금주발과 약수를 담아올 은동이를 옆에 끼고, 무쇠신을 신고 무쇠지팡이를 짚고 길을 떠났다.

길을 떠난 바리공주는 수없이 많은 산을 넘고 물을 건너, 서천서역국西天西域國을 향해 서쪽으로 서쪽으로 걸어갔다. 한참 가다가 월수천月水川건너편 바위 위에서 **빨래**를 하고 있는 한 아낙네를 만났다.

"여보세요. 말씀 좀 묻겠습니다. 선천서역국을 가자면 어디로 가야합니까?"

"서천서역국 말이오? 그러시다면 이 검은 빨래를 눈처럼 희게 빨아주면 일러주리다."

바리공주는 하얀 두 팔을 걷어붙이고 검은 빨래를 눈처럼 희게 빨아 주었다. 그제야 아낙네는 비로소 다음과 같이 서천서역국으로 가는 길을 가르쳐 주었다.

"저기 저 길로 가다가 다리를 놓는 사람에게 물어 보시오."

바리공주는 아낙네에게 작별 인사를 하고, 다시 길을 떠났다. 얼마만큼 가다가 보니, 아낙네가 말한 대로 **다리**를 놓고 있는 사람이 있었다.

"아저씨, 서역국으로 가는 길 좀 가르쳐 주시겠어요?"

"무쇠다리 아흔 아홉 칸을 다 놓아주시오. 그러면 가르쳐 주겠소."

바리공주는 두말없이 두 팔을 걷어붙이고 무쇠다리를 다 놓아주었다. 그러자 그 사람은 다음과 같이 가는 길을 가르쳐 주었다.

"저기 저 길로 가다가 보면 탑을 쌓고 있는 사람이 있을 테니, 그 사람에게 물어보시오."

그래서 바리공주는 그 다리 놓는 사람이 가르쳐 준 대로 하염없이 서쪽으로 걸어가다가 언덕 위에서 **탑**을 쌓고 있는 사람을 만났다.

"서천서역국은 어디로 가야 합니까?"

탑을 쌓던 사람은 일손을 멈추고 대답하였다.

"서천서역국이라면 내가 가르쳐 줄 수 있소. 그러나 그 전에 먼저 이 탑을 다 쌓아 주면 가르쳐 주겠소."

바리공주는 이번에도 두말하지 않고 언덕 위로 올라가 돌을 날라다 탑을 쌓았다. 옷에는 흙이 묻고 손에는 피가 흘렀지만, 부지런히 일을 하여 탑 쌓기를 다 마치었다. 그제야 그는 손에 묻은 흙을 털며 말했다.

"저기 저 길로 한참 가면 수건을 빨고 있는 사람이 있을 테니 그 분한테 물어보시오."

▲그림259_저승/지옥을 다스리는 열 명의 신인 열시왕/십대왕과 두 명의 옥졸. 열시왕은 제1진광대왕 · 제2초강대왕 · 제3송제대왕 · 제4오관대왕 · 제5염라대왕 · 제6변성대왕 · 제7태산대왕 · 제8평등대왕 · 제9도시대왕 · 제10오도전륜대왕 등이다.(국립중앙박물관 소장)

바리공주가 탑을 쌓던 사람이 가르쳐 준 대로 얼마만큼 길을 가니 그 시냇물이 나타나고, 거기에 과연 **수건**을 빨고 있는 사람이 있었다.

"서천서역국을 어디로 갑니까?"

"그것을 알고 싶으면 먼저 이 수건부터 하얗게 빨아주고 물으시오."

바리공주는 이번에도 팔을 걷어붙이고 검은 수건을 하얗게 다 빨아 주었다. 그러자 그가 입을 열어 말했다.

"저기 저 길로 한참 가면 스님이 한 분 나타날 것이오. 거기서부터는 그분에게 물어보시오."

바리공주는 수건을 빨던 사람이 가르쳐 준 대로 길을 가다가 마침내 **스님**을 한 분 만났다. 바리공주는 그 스님에게 서천서역국으로 가는 길을 물었다.

"저기 저 길로 가다가 보면 부처와 보살이 앉아서 바둑을 두고 있을 테니,

거기 가서 그분들에게 물어보시오."

바리공주는 스님의 말을 듣고 발걸음을 재촉했다. 한참 가다보니 주위의 경치가 점차 새로워지기 시작했다.

바리공주가 쉬지 않고 계속 앞으로 나아가니, **석가여래**와 아미타불이 **바둑**을 두고 있었다. 바리공주가 그곳으로 가서 서천서역국으로 가는 길을 물었다. 그러자 **아미타불**이 깜짝 놀라며 이렇게 물었다.

"그대는 귀신인가 사람인가? 날짐승 산짐승도 못 들어오는 이곳을 그대가 어떻게 들어왔는가?"

"소녀는 오구대왕의 일곱째 공주 바리데기인데, 부모님 목숨이 경각에 달려 있어, 서천서역국으로 부모님을 살릴 약수를 구하러 가는 길입니다. 바라옵건데, 부처님께서는 소녀의 뜻을 불쌍히 여기시어 저의 길을 인도하여 주옵소서."

"그대는 육로로 이미 삼천리를 왔지만 앞으로도 또 험로 삼천리를 더 가야만 한다. 이 험한 길을 어떻게 가려고 그러느냐?"

"저는 목숨을 걸고 여기까지 왔습니다. 부모님을 살리는 길이라면 어떤 어려움이라도 다 참고 감당하겠습니다. 그러니 앞으로 남은 길을 가르쳐 주옵소서."

아미타불은 바리공주의 하소연을 듣고 감동하였는지, **낭화**浪花470) 세 가지와 **금지팡이**를 주면서 길을 이렇게 가르쳐 주었다.

"이 지팡이를 끌고 가면 험로는 탄탄대로坦坦大路가 되고 언덕은 평지가 되고 바다는 못이 될 것이다. 그리고 이 낭화 세 가지는 그대가 뜻밖에 어려움을 당할 때 도움이 될 것이다."

바리데기가 온갖 형상들의 저승을 지나 서천서역국 약수를 구하다

바리공주는 아미타불이 주는 선물을 받아들고 다시 길을 떠났다. 그곳부터는 인간이 사는 세상이 아니었다. 즉 이곳에서부터는 **저승**이었다(그림259~

470) 열매를 맺지 못하는 꽃. 여기서는 신성한 능력을 가진 꽃.

▲**그림260**_무신도에 나타난 지옥의 모양.(신명기 선생 제공)

▲**그림261**_무신도에 나타난 또 다른 지옥의 열탕지옥 모양.(신명기 선생 제공)

그림261 참조).

우선 저승의 **지옥**을 지나가야 했다. 칼이 수풀처럼 솟아 있는 칼산지옥, 불길이 끊일 사이 없이 활활 타오르는 불산지옥, 얼음이 늘 맺혀 있는 한빙寒氷지옥, 독사가 득실거리는 독사지옥, 끓는 물속에 죄인을 넣어 삶는 열탕지옥, 온몸이 완전히 얼어붙는 빙산지옥, 죄인의 혀를 빼내는 발설發舌지옥, 방아로 죄인을 찧어 고통을 주는 대대大碓지옥, 톱으로 몸을 자르는 거거巨鋸지옥, 죄인을 쇠평상에 끼워 조이는 철상鐵床지옥, 사방이 캄캄하여 아무것도 볼 수 없는 흑암지옥 등, 무려 팔만 사천 지옥을 하나하나 넘어가야만 했다.

그 어려움은 이루 말할 수가 없었다. 그러나 바리공주는 다만 어버이를 병에서 구하겠다는 일념으로 이를 악물고 모든 어려움을 참고 견디며 그곳을 하나하나 넘어서 걸어갔다. 그리하여, 마침내 구름도 쉬어 넘고 바람도 쉬어 넘는다는 **철성**鐵城에 이르렀다. 그곳에선 사람들이 신음하고 악을 쓰는 아우성 소리가 가득했다. 죄인을 다스리는 소리였다. 그 소리에 바리공주는 등골이 오싹해졌다.

그래서 손에 들었던 낭화浪花를 흔들었다. 그 순간 그처럼 우람하던 철성이 힘없이 무너져 평지가 되고, 형벌을 받던 죄인들과 형졸들이 나와 아우성을 쳤다. 눈알을 빼앗긴 사람, 팔이 부러진 사람, 목이 없는 사람 등, 수많은 죄인들이 바리공주에게 매달리며 구원을 청했다. 바리공주는 낭화를 흔들어 그들을 극락세계로 가게 해 달라고 빌고 그곳을 지나갔다.

한참 가다보니, 새의 깃도 가라앉는다는 **저승강**이 나타났다. 강물을 건너려고 이리저리 방황하다가 아미타불이 이르던 말이 떠올랐다. 그래서 이번에 바리공주는 금지팡이를 높이 들어 저승강 강물 위로 던졌다. 그러자 강물 위에는 오색찬란한 **무지개다리**가 놓였다. 바리공주는 그 무지개다리를 타고 저승강을 건넜다.

저승강을 건넌 바리공주가 강 언덕에 이르니, 무섭게 생긴 사람 하나가 앉아 있었다. 그는 키가 하늘에 닿을 만큼 컸고, 눈은 등잔 같고, 얼굴은 쟁반 같고, 발은 석자 세 치나 되는 거인이었다. 그는 이곳의 주인인 **무장승**이었다. 그는 바리공주를 보자 우레같이 큰소리로 말했다.

"그대는 귀신인가 사람인가? 열두 지옥을 다 지나 바람도 쉬어 넘고 구름도 쉬어 넘는 철성을 넘어, 새의 깃도 가라앉는 저승강 약수 3천 리를 건너, 어떻게 이곳까지 왔단 말인가?"

"소녀는 오구대왕의 일곱째 공주인데, 병든 부모를 살리고자 서천서역국 약수를 구하러 이렇게 왔습니다. 부디 소녀를 불쌍히 여겨 길을 열어 주십시오."

"그 말이 참으로 기특하오. 그러나 그대는 길값을 가져왔소?"

"너무 급히 서둘러 오느라고 못 가지고 왔습니다."

"그렇다면 **길값**으로 3년 동안 나에게 나무를 해 주시오."

"그렇게 하겠습니다."

"또 **산값**으로 3년 동안 불을 때어 주시오."

"그렇게 하겠습니다."

"또 **물값**으로 3년 동안 물을 길어 주시오."

"그렇게 하겠습니다."

이리하여, 바리공주는 3년씩 세 번이나 무장승을 위해 나무를 하고 불을 때고 물을 길어주며, 9년이란 세월을 보내야 했다. 그러자 무장승은 또 다시 딴청을 부렸다.

"그대는 겉차림이 남루하여 보이지만, 앞으로 보면 국왕의 기상이요, 뒤로 보면 여인의 몸이니, 그대가 내 아내가 되어 아들을 일곱

▲그림262_오른손에 도환생꽃을 들고 있는 바리공주/무조신巫祖神의 모습.(경산시립박물관 〈한국의 무속신앙, 인간과 신령을 잇다〉展에 전시되었던 작품. 운경재단 곽동환 이사장의 소장품에서 엄선한 유물들로 구성되었다.)

만 낳아 주면 그대의 뜻을 이루어 주겠소."

바리공주는 또 그렇게 하겠노라고 약속하였다. 그래서 그녀는 약속한 대로 일곱 아들을 낳아주었다. 그런 다음 바리공주는 다시 무장승에게 말했다.

"이제 아들 일곱을 다 낳아 드렸으니, 약속한 대로 **약수**가 있는 곳을 가르쳐 주십시오."

"이왕 이렇게 되었으니 바다 구경이나 하고 가시오."

"아니오. 그럴 시간이 없습니다."

"그럼 뒷동산에 올라가 꽃구경이라도 하고 가시오."

"아니오. 그럴 경황이 없습니다. 지난밤 꿈을 꾸니 초경初更에는 금관자471)가 부러지는 것을 보았고, 이경二更에는 은관자가 부러지는 것을 보았습니다. 아마도 부모님의 생명이 위태로운 지경에 이르신 것 같습니다."

---

471) 금으로 만든, 망건에 달아 당줄을 꿰는 작은 고리.

"꼭 그렇다면 내가 말하리다. 그 동안 그대가 길어 온 물이 그대가 찾는 서천서역국 **약수**요, 그대가 나무하러 가서 베던 풀이 **개안초**요, 뒷동산에 있는 나무 세 가지가 숨살이[圖息]·뼈살이[圖骨]·살살이[圖치]의 삼색 **도환생꽃**입니다. 그대는 이것들을 가지고 가서 죽은 부모를 살리시오(그림262 참조)."

바리공주는 무장승의 이 말을 듣고 이내 금바가지로 약수를 떠서 은동이에 담고, 개안초와 도환생꽃을 가슴에 품고 길을 떠나려 하였다. 그러자 무장승이 바리공주를 잠시 불러 세우며 말했다.

"그대는 꼭 떠나야 하겠소? 예전에는 나 혼자 살았지만 이제는 당신이 없이는 살 수가 없소. 그러니 나도 같이 갑시다."

바리공주가 약수를 구해서 서천서역국 무장승과 함께 귀향길에 오르다

바리공주는 무장승과 이미 부부가 되었으므로, 이 뜻에 찬성하였다. 이리하여 그들은 일곱 아들을 데리고 오구대왕이 있는 곳을 향하여 길을 떠났다.

갈 때는 그처럼 험난했던 길이 돌아올 때는 몰라보게 순탄했다. 칼치산 칼치고개 불치산 불치고개를 넘고 대세지 고개를 넘으니, 앞으로 흐르는 것은 **황천강**이요, 뒤로 흐르는 것은 유사강이었다. 피여울 **피바다**에는 수없이 많은 배들이 잇달아 떠오는 것이었다.

그런데, 그 가운데 연꽃으로 꾸미고 거북이를 받들고 청룡 황룡이 끌고 오는 배가 있었다. 거기에는 세상에 살아 있을 때 시냇물에 다리를 놓아주고 가난한 사람에게 옷을 벗어 주고, 배고픈 사람들에게 먹을 것을 나누어주던 사람들이 타고 있었다. 그들은 이제 죽어서 **극락세계** 연화대로 가는 길이었다.

그 뒤를 이어 오는 배는 기쁨이 넘치는 사람들을 가득 싣고 있었다. 거기에 탄 사람들은, 세상에 살아 있을 때 나라에 충성하고, 부모에 효도하고, 동기간에 우애 하고, 일가친척 간에 화목하고, 마을 사람들에게 좋은 일 하고, 가난한 사람들 구제하여, 착한 마음으로 한평생을 살다가, 이제 극락세계로 왕생往生 천도薦度하여 가는 사람들이었다.

그 뒤에 배가 또 한 척 오고 있었다. 거기에는 활과 창을 들고 머리를 풀어

▲그림263_지옥도 오도 가운데 전륜대왕 부분.(《불교신문》)

헤친 사람들이, 옷을 벗고 결박을 당한 채, 울부짖으며 오고 있었다. 살기殺氣 가 등등하여 모진 기운이 배 안에 가득했다. 여기에 탄 사람들은 세상에 살았 을 때 나라에 역적하고, 부모에 불효하고, 동기간에 우애 없고, 이웃 사람들에 게 모질어, 남을 도울 줄 모른 사람들이 가득 타고 있었으며, 그들은 지옥 그 가운데서도 **열탕지옥**熱湯地獄과 **칼산지옥**으로 가는 길이었다(그림263 참조).

그리고 강물 한가운데 있는 돌바위 뒤에는 돛을 잃고 불빛도 꺼진 채 임자 없이 얹혀 있는 배가 있었다. 여기에 탄 사람들은 세상에 살아 있을 때 자식 없이 지내다가 죽은 사람들과 해산하다가 죽은 여인들로서, 죽은 뒤에도 길 을 잃고 어디로 갈지를 몰라 물 위를 헤매고 있는 사람들이었다. 바리공주는 이들을 보자 그들을 위하여 축수祝壽를 하여 주고 다시 길을 떠나 수많은 길들을 지나고 또 지났다.

바리데기가 약수로 병든 부모를 살리고 무조신이 되다

이렇게 하여, 바리공주는 다시 이 세상 곧 **이승**으로 나왔다. 어느덧 바리공 주는 고향 땅에 이르렀다. 바리공주가 무장승을 앞세우고 일곱 아들들을 데리고 산모퉁이를 막 돌아서니, 나무꾼이 지게 목발을 두드리며 부르는 노랫소리가 들려왔다.

"에에. 불쌍하고 가련하다. 오구대왕님 바려라 바리데기, 던져라 던져데기, 서역국 약수물 길러 떠났건마는, 그 약수 먹지 못해 죽어간 부부 상여소리 불쌍도 하구나!"

바리공주는 이상한 생각이 들어, 그 나무꾼에게 옷고름에 매어 둔 은장도를 주겠으니 다시 한 번 그 노래를 불러달라고 했다. 나무꾼은 자기 어머니가 이 노래를 하루에 한 번씩만 하라고 했다면서 응하지 않았다. 바리공주는 할 수 없이 발걸음을 재촉하였다. 바리공주가 다시 한 산모퉁이를 돌아서니 다음과 같은 상여소리가 들려왔다.

> 어이 가리 너. 어이 가리 너.
> 먹던 복개 덮어 두고 저승길이 웬 말이냐.
> 어이 가리 너. 어이 가리 너.
> 저승길이 멀다더니 문턱 밑이 저승이로구나.
> 어이 가리 너. 어이 가리 너.

바리공주가 가까이 가 보니, 사람들이 커다란 상여를 떠메고 상여길을 가고 있었다. 바리공주가 나무하는 총각들에게 다시 물었다.

"나무하는 총각들아, 내 말을 좀 들어 보소. 저 큰 상여는 누구의 상여인가요?"

"오구대왕 부처夫妻가 한 날 한 시에 세상을 떠나신 고로, 지금 인산因山[472] 거동을 하고 있는 중입니다."

그 말을 듣고 자세히 보니, 영정에 임금 왕자[王]자가 보였다. 그제야 부모가 죽은 것을 알고 바리공주는 깜짝 놀랐다. 바리공주는 황급히 달려가 장례 행렬을 멈추게 하였다.

---

472) 임금 가족의 장례식. 국장國葬.

그리고 서천서역국에서 구해 가지고 온 **약수**를 아버지 어머니의 입에 한 방울씩 떨어뜨려 넣고, **개안초**는 눈에 넣고, **도환생꽃**은 품에 넣었다. 그러자 죽은 살이 다시 불그스름하게 살아나고, 심장이 다시 펄떡펄떡 뛰기 시작했다. 그리고 감겼던 눈이 이내 스르르 열렸다.

이렇게 해서, 오구대왕과 병온부인은 그들이 내버린 막내딸 바리공주의 덕으로 다시 죽음에서 **소생**蘇生하게 되었다. 오구대왕은 그제야 바리공주를 알아보고 한없이 눈물을 흘렸다. 한편, 부모의 장례 행렬을 떠나보낸 여섯 공주들은, 서로 자기가 오구대왕의 재산을 더 많이 차지하려고 싸움을 하고 있다가, 오구대왕이 다시 살아나 돌아온다는 소식을 듣고 모두들 도망치고 말았다.

집에 돌아온 오구대왕은 바리공주를 앞에 앉히고 나라의 반을 주겠다고 했다. 그러나 바리공주는 나라도 재물도 모두 원하지 않았다. 다만 부모의 허락 없이 결혼하여 아들까지 낳은 것을 용서해 달라고 했다. 오구대왕은 바리공주의 말을 듣고 그들의 **결혼**을 허락하고 무장승을 사위로 맞이하였다.

그리고 무장승은 산신제와 평토제平土祭의 제수祭需를 받는 **산신**山神으로 점지點指하고, 바리공주의 일곱 아들들은 저승을 다스리는 **열시왕** 곧 십대왕十大王이 되어 먹고 입을 수 있도록 점지하고, 바리공주는 서역국 보살 수륙재水陸齋473)의 공양을 받을 수 있도록 **무조신**巫祖神474)으로 점지하였다.475) 이렇게 하여, 이후부터 바리공주는 무조신巫祖神 곧 무당의 조상신이 되었다고 한다.476)

---

473) 물과 육지의 온갖 잡귀들을 먹이는 불교의 제사 의식.

474) 무당의 조상이나 시조로 여겨지는 신.

475) 이 대목에서 '오구대왕'이 자기의 딸 '바리공주'와 그의 사위 '무장승'을 각각 신으로 점지하는 능력으로 보아, 오구대왕도 그 계보상으로는 신적인 존재임을 알게 된다.

476) 이 이야기의 자료들은 전국에 걸쳐 매우 풍부하다. 여기서는 한상수(2003),《한국인의 신화》(서울: 문음사), 40~54쪽에 실린 자료를 주로 참조했다.

죽은 허웅애기가 이승의 자식을 보살피다

제주도 서사무가 '허웅애기 본풀이'

옛날, 해가 둘이고 달도 둘이고, 살아 있는 사람이 물으면 죽은 사람이 대답하던 시절에[477] **허웅애기**라는 여자가 살았다. 그녀는 하늘나라 직녀처럼 무명베를 짜는 솜씨가 매우 뛰어났다. 나이가 열다섯 살이 되었을 때, 한 남자와 혼인을 해서 슬하에 자식도 여럿을 두고 행복하게 살았는

▲그림264_허웅애기와 그녀의 자식들.
(박종수)

데, 어느 날 저승의 시왕님[478]이 그녀를 불러, 허웅애기는 그만 사랑스러운 자식들을 이승에다 두고 저승으로 가야만 하게 되었다(그림264 참조).

그녀는 저승에 가서도 이승에서처럼 무명베 짜는 일을 했다. 하지만 이승에 두고 온 그 사랑스러운 어린 자식들 생각 때문에 그녀가 짜는 베엔 늘 그녀의 서러운 눈물이 배어 있었다. 이런 모습을 지켜보던 저승의 시왕님이 그녀에게 물었다.

"너는 왜 늘 울고만 있느냐?"

"이승에 두고 온 어린 자식들과 남편이 보고 싶어서 웁니다."

이 말을 들은 저승 시왕은 안쓰러운 생각이 들어 허웅애기에게 말했다.

"그렇다면 밤에는 이승으로 나갔다가 날이 밝기 전에 저승으로 돌아오도록 하여라. 하지만 절대로 이 규율을 어겨서는 아니 된다."

이렇게 해서, 허웅애기는 그날부터 밤이면 이승으로 나와 남편도 보고 자신의 그 사랑스러운 아이들을 돌보아 주고, 새벽이 되면 다시 저승으로 돌아가 무명베를 짜게 되었다(그림265 참조).

---

477) 앞의 '이승과 저승이 나누어지다' 이야기 참조.
478) 저승을 맡아 다스리는 열 분의 신들.

그런데, 그녀가 살던 마을 사람들은 허웅애 기네 집 아이들이 왠지 이상하였다. 왜냐하 면, 분명 이 집 어머니가 죽었는데도, 이 집 아이들은 늘 머리도 곱게 단장되고 살도 포동 포동 올라 있었기 때문이었다. 그래서 어느 날 한 호기심 많은 이 마을 이웃집 할머니가 허웅애기네 순진한 아이에게 이렇게 물었다.

▲그림265_최근에 그려진 허웅애기. (문화콘텐츠닷컴)

"애야. 누가 네 머리를 이렇게 곱게 따주느냐?"

"우리 어머니가 따줍니다."

"죽은 네 어머니가 너희 집으로 오신단 말이냐?"

"네. 밤마다 우리 어머니가 집으로 오시었다가 새벽이 되면 다시 가시곤 합니다."

이웃 할머니는 아이에게 이렇게 말했다.

"애야. 내가 너희 어머니를 낮에도 돌아가시지 않도록 하여 줄 터이니, 어머니가 또 오거든 몰래 나에게 좀 알려주렴."

아이는 어머니가 낮에도 돌아가지 않도록 해준다는 할머니 말에 기쁜 나머 지 그렇게 하겠다고 약속을 했다.

그날 밤, 허웅애기가 아이들을 돌보러 다시 이승으로 왔다. 이에 할머니 말이 떠오른 아이가 할머니에게 이 사실을 알리러 오줌을 눈다며 밖으로 나가 려고 했다. 그러자 허웅애기는 오줌은 안에서 누면 된다며 아이를 말렸다.

다음 날 이웃 할머니가 또 찾아와 이이에게 물었다.

"어머니가 왔더냐?"

"네. 어머니가 오셨습니다."

"그런데 왜 나에게 알리지 않았느냐?"

"어머니가 저를 붙잡아서 알려드리지 못했습니다."

그러자 이웃 할머니는 이렇게 말했다.

"그럼, 내가 너에게 가느다란 금실을 줄 터이니 어머니가 오시거든 그것을 살짝 잡아당기려무나."

그러고는 그 실 한 끈을 아이 곁에 두고 다른 한 끝은 자기네 집 안방 문고리에 묶어 놓고 다시 밤이 되기를 기다렸다.

그날 밤, 허웅애기가 아이들을 돌보러 다시 이승으로 오자, 그 아이는 할머니가 당부한 말이 떠올라 얼른 그 금실을 살짝 잡아당겼다. 그러자 이웃집 할머니네 문고리가 달랑달랑 흔들렸다. 그 소리에 할머니는 허웅애기가 온 줄을 알고 가시나무를 가져다 허웅애기네 집 모든 출입문 앞에 높이 쌓아 허웅애기가 저승으로 돌아가지 못하게 했다. 시간이 되어 허웅애기가 다시 저승으로 돌아가려고 문을 여니, 문 앞을 온통 가시나무가 가로막아 저승으로 돌아갈 수가 없었다.

약속된 시간이 되어도 허웅애기가 돌아오지를 않자, 시왕님이 저승차사를 불러 이렇게 말하였다.

"이승으로 나가 허웅애기를 그만 데려오너라."

저승차사가 허웅애기 집에 다다르니 이웃집 할머니가 쳐놓은 가시나무들 때문에 집안으로 들어갈 수가 없었다. 이에, 저승차사는 지붕 위로 올라가 천정을 통해 허웅애기의 머리카락 몇 가닥을 뽑으니, 허웅애기는 죽어 곧바로 저승으로 끌려가게 되었다.

이런 일이 있은 뒤, 저승의 시왕님은 더 이상 저승의 인간을 믿지 못하게 되었으며, 더는 이승으로 내어보내지도 않게 되었다. 그리고 이때에 천지왕의 아들인 대별왕이 하늘의 두 해와 두 달 가운데 각각 하나씩을 활로 쏘아 떨어뜨려, 이승에는 이제 해도 하나 달도 하나씩만 남게 되었으며, 죽은 사람은 이때부터 더 이상 말을 하지 못하게 되었다 한다.[479] 이렇게 이승과 저승을 오가던 길은 완전히 막혀버리고, 더 이상 사람들이 이승과 저승을 오고가지를 못하게 되었다 한다.[480]

---

479) 이 대목에 관해서는 앞에서 살펴본 '이승과 저승이 나누어지다' 이야기 참조.
480) 진성기(1991), 《제주도무가 본풀이 사전》(서울: 민속원), 614~622쪽. 임석재(1992), 《한국 구전설화 – 제주도》(서울: 평민사), 283~285쪽.

제주도 무가 '차사본풀이' 이야기

이 신화의 줄거리는 다음과 같다. 인간 세상 '동경국'이란 나라에 '버물왕'이란 인물이 절에 불공을 드려 아들 셋을 얻었는데, 이 아들들이 절에 가서 불공을 드리고 집으로 돌아오는 길에, 팜므파탈형 악녀 과양 땅의 '과양생 처'한테 피살된다. 그러나 불교적 인연에 따라 이 3형제는 '과양생 처'의 아들들로 다시 태어나 과거에 급제하지만, 급제 축하 인사 자리에서 모두 급사한다. 이에 분한이 맺힌 과양생 처는 고을 원님에게 이 사실의 진상 해결을 탄원한다.

고민에 빠진 그 고을 원님이 자신의 나졸 '강림'에게 이 사건을 맡아 해결하라는 명령을 내린다. 이에 나졸 '강림'은 첫째부인의 지혜로 저승으로 가서 염라대왕을 데려다가 버물왕의 세 아들을 다시 살려내고, '과양생 처'를 처단한 다음, 저승사자가 된다는 줄거리다.

이 이야기는, 우리나라에 불교가 들어오고 불교의 영향으로 '저승'의 개념이 우리 신화 속에 폭넓게 자리를 잡은 이후에 이루어진 신화로 보인다. 이런 신화에 이르게 되면, 등장하는 신들의 천상적인 계보는 매우 희미하게 약화되어 있으며, 신화 세계를 형성하는 주요 신들은 천상의 신들이 아니라, 조왕신·문전신 등 매우 속화된 인간 세상의 신들이 되고, 인간의 능력이 신들의 능력 못지않게 강화된다.

그리고 이제 사람들은 죽어서 새를 매개로 하여 '솟대'를 타고 하늘나라로 올라가는 것이 아니라, 저승사자를 따라 '저승'으로 가는 것이라고 생각하게 되며, 이에 따라 멀고 깊고 어두운 지하 '저승'의 세계가 우리 앞에 넓게 펼쳐지게 되는 것이다.

이 신화에서는 또한, 여성/부인과 그녀를 둘러싸고 있는 집안신들의 능력이 저승을 다스리는 염라대왕을 지배하는 데에까지 확장되고 있어 우리의 흥미를 끈다. 또한, 주인공인 '강림'은 모두 열여덟 명의 아내를 거느리고 사는 나졸인데, 그 가운데서 본부인 지혜에 힘입어 저승의 염라대왕을 이승으로 불러다가 문제를 해결하고 죽어 저승사자가 된다는 이야기 전개는, 이 본부인의 성격 속에 반영되어 있는 우리나라 여성신화의 원형인 '마고신'의 신적인 능력을 느끼게 하기도 한다.

이 신화의 신화적인 정체성은 이야기에 나오는 '동경국 버물왕'이 어렴풋이 암시하고 있다. 즉, 이 신화의 배경인 '동경국'은 우리나라를 일컫는 것으로 보이며, 그렇게 보면 '버물왕'은 바로 하늘의 신 환웅桓雄과 지상의 인간 웅녀熊女 사이에서 태어난 환검桓儉 단군檀君과 같은 영웅으로 위치한 존재임을 짐작할 수 있기 때문이다. 이렇게 본다면, 이 신화의 신화적 정체성도 '단군신화'와 그리 멀지 않은 곳에 있음을 짐작할 수가 있다.

그러나 이 신화의 중심은 이 '동경국 버물왕'에 있는 것이 아니라, 인간 사회의 나졸 '강림'을 중심으로 하는 집안신들과 사람들의 세속적인 활동에 그 초점이 맞추어져 있다. 또한, 이 신화를 가장 강하게 지배하는 세계관은 불교적인 세계관 특히 인연설이란 것 또한 이 신화를 읽기 전에 우리가 먼저 생각해 두어야만 할 점이다.

동경국 버물왕이 죽을 운명에 처한 아들 삼형제를 살리기 위해, 아들들을 절로 보내어 불공을 드리게 하다

옛날 옛적, 동경국이란 나라에 버물왕이 살았다. 그는 세상에서 부러울 것이 없었으나 슬하에 자식이 없는 것이 한이었다. 그래서 부처님께 수륙재水陸齋481)를 올렸다. 그 뒤 얼마 되지 않아 연이어 아들을 아홉 명이나 얻었다. 그러나 어쩐 일인지 세 아들이 죽더니, 또 손아래 세 아들도 까닭도 없이 죽어, 중간에 삼형제만 살아남게 되었다.

어느 날 그 삼형제가 집 근처 네거리 팽나무 그늘 아래서 장기를 두고

---

481) 불교에서 물과 육지를 헤매는 영혼과 아귀餓鬼를 달래고 위로하기 위해 불법을 강설하고 음식을 베푸는 종교의례. 불교의식.

있었다. 그때 마침 **스님** 한 분이 지나가다가 그들을 보고 말했다.

"얘들아, 너희들 삼형제가 지금 재미있게 장기를 두고 있지만, 내일 모레면 죽을 상이로구나."

이에 놀란 삼형제는 두던 장기를 집어 던지고 울면서 집으로 달려갔다. 아이들이 울면서 뜰에 들어서는 것을 보고, 그의 부모 버물왕 내외는 왜 우느냐고 물었다. 삼형제는 스님한테 들은 이야기를 부모에게 하였다. 이야기를 다 들은 버물왕은 종들에게 그 스님을 찾아오라고 명령했다. 중은 그럴 줄 알았다는 듯이 그 집 대문 밖에 와 서 있었다.

"소승, 시주 받으러 왔습니다!"

중은 종들이 대문을 열자 목탁을 두드리며 염불을 하기 시작했다. 버물왕은 달려 나가 시주를 하며 물었다.

"아까 우리 집 아이들이 내일 모레면 죽는다고 했다지?"

"예, 그러하옵니다."

"그렇다면 너는 남의 자식 명과 목이 떨어질 줄만 알고, 명과 복을 이어줄 줄은 모르느냐?"

"예, 알고 있습니다. 이 아이들 삼형제가 우리 법당에 와 공양을 드린다면 명과 복을 이을 수 있을 것 같습니다."

버물왕은 곰곰 생각해 보았다. 그러나 자식을 살리자니 양반이고 뭐고 따질 일이 못 되었다. 부모의 마음으로야 자식을 차마 절에 보내고 싶지는 않았지만, 그대로 죽이는 것보다는 나은 일이기에, 절로 보내기로 하였다.

버물왕은 아들 삼형제를 불러 놓고 우선 머리부터 깎았다. 그리고 장삼을 입히고 가사를 걸쳐 놓으니, 아이들은 완연한 중의 모습이었다. 삼형제는 그 스님을 따라 절로 갔다.

버물왕의 아들 삼형제가 귀향길에 악녀 과양생 처에게 피살되다

삼형제는 가는 날부터 목욕재계하고 부처님께 불공을 드리기 시작했다. 날이 가고, 달이 가고, 해가 바뀌었다. 어느덧 삼 년이란 세월이 흐르고 불공을 끝맺는 날 밤이 되었다. 창밖에는 달이 휘영청 밝고, 이름 모를 벌레들은 풀숲에서 쓸쓸하게 울어대고 있었다. 삼형제는 밖으로 나와 둥근 달을 바라보았다. 그러자 갑자기 고향이 그리워졌다.

삼형제는 스님에게 고향이 그립다는 이야기와 부모님이 보고 싶다는 이야기를 했다. 스님은 이제 불공을 마칠 때가 되었으니. 삼형제가 고향으로 돌아가도 좋다고 했다. 그러면서 다음과 같은 주의를 주었다.

"그러나 한 가지 일러둘 것이 있다. 너희들이 돌아가다가 과양 땅에 있을 한 여인을 조심하거라. 그렇지 않으면 지금까지 너희들이 드린 불공이 다 허사가 될 것이니라."

스님은 이렇게 신신당부를 하고 난 뒤에 그들의 봇짐을 내어 주었다.

삼형제는 스님과 하직하고 절을 떠났다. 그들은 고향으로 돌아가는 길이라 발걸음이 퍽 가벼웠다. 얼마 가지 아니하여 그들은 과양 땅의 **연화못**이란 곳에 이르렀다. 연못을 보자 갑자기 갈증이 일고 시장기가 느껴졌다.

그들은 연못가에 앉아 쉬다가 길 건너편을 보니 그곳에 그럴싸한 기와집이 한 채 서 있었다. 그들은 그 기와집으로 가서 물이라도 한 모금 얻어 마시기로 했다. 이 집은 **과양생 처**라는 악녀의 집이었다(그림266 참조).

그녀는 삼형제를 보더니 집안으로 들어오라고 했다. 삼형제는 과양생 처의 환대를 고맙게 여기면서 피로에 지친 몸을 조금이라도 풀고 싶어 그녀가 인도하는 대로 사랑방으로 따라 들어갔다.

그들이 잠시 쉬고 있노라니, 과양생 처가 술상을 차려들고 들어왔다.

"이 술을 드세요. 한 잔만 마시면 천 년을 살고, 두 잔을 마시면 만 년을 살고, 석 잔을 마시면 구만 년을 산다고 하옵니다."

삼형제는 오래오래 산다는 말을 듣고 술을 사양하지 않고 서너 잔씩 받아 마셨다. 그들은 빈속이라 술기운이 금방 돌아 단번에 깊은 잠에

▲그림266_과양생 처/과양각시.(문화콘텐츠닷컴)

빠져 들었다.

과양생 처는 이때를 놓칠세라 얼른 광으로 들어가 삼년 묵은 **참기름**을 가져다가 뜨겁게 펄펄 끓여 삼형제의 왼쪽 귀에 부었다. 삼형제는 자는 듯이 스러져 그만 숨을 거두고 말았다. 과양생 처는 그들이 가지고 온 은그릇과 놋그릇을 꺼내어 이리 만져 보고 저리 만져 보며 좋아서 어쩔 줄을 몰랐다. 이때 마침 동냥을 온 거지가 있어서 과양생 처는 그에게 동냥으로 주고, 삼형제의 시체를 연화못에 갖다 버리도록 했다.

버물왕의 아들 삼형제가 죽어서 연화못의 연꽃이 되다

이런 일이 있은 뒤에 과양생 처는 연화못으로 물을 길으러 갔다. 물은 아무 일도 없었다는 듯이 여느 때와 같이 맑고 깨끗했다. 그러나 이상한 것은 연못 가에 예쁜 **연꽃** 세 송이가 물 위에 떠서 피어 있는 것이었다.

과양생 처는 그 꽃이 탐이 나서 모두 꺾어 가지고 와 대문 위에 한 송이를 꽂아 놓고, 뒷문과 앞문 위에다 각각 한 송이씩을 꽂아 놓았다. 집을 들락날락 할 때마다 꽃을 구경하자는 속셈이었다.

그런데 이상한 일이 생겼다. 그 연꽃은 다른 사람들이 드나들 때는 머리를 쓰다듬어 주지만, 과양생 처가 드나들 때는 머리를 때려 머리카락을 헝클어 놓는 것이었다. 이에 몹시 화가 난 과양생 처는 그 연꽃들을 **화롯불**에 집어 던졌다. 연꽃들은 불에 타 버리고 말았다.

버물왕의 아들 삼형제가 악녀 과양생의 자식으로 다시 태어나다

그런 일이 있은 조금 뒤에 과양생 처의 뒷집 청태국 마귀할머니가 불씨를 얻으러 과양생 처의 집으로 왔다. 과양생 처는 사랑방에 있는 화로를 헤쳐 보라고 했다. 화로를 헤쳐 보니 불은 없고 세 개의 **구슬**이 나왔다. 마귀할머니는 이상한 일도 다 있다고 생각하면서 과양생 처에게 그 구슬이야기를 하였다.

"아유. 그래요? 그것을 내가 얼마나 찾았는지 몰라요."

과양생 처는 얼른 이렇게 말하며 마귀할머니가 주는 구슬을 받아들고 좋아서 어쩔 줄을 몰랐다. 구슬은 여간 곱지가 않았다. 과양생 처는 구슬을 이리 굴리고 저리 굴리며 한참 동안 재미있게 놀았다. 그러나 차츰 싫증이 나자 이번에는 구슬을 입에 물고 입속으로 이리저리 굴려 보았다. 그러다가 그녀는 그만 그 구슬을 삼켜 버리고 말았다.

그 날부터 과양생 처는 이상하게도 태기胎氣가 있었다. 그런 뒤로 어느덧 달이 차서 아들 셋을 낳았다. 그녀는 생각지도 않았던 아들을 셋씩이나 얻자 뛸 듯이 기뻤다. 동네에서는 과부가 아들을 낳았다고 야단이었지만 그까짓 것쯤은 문제도 아니었다.

과양생 처에게서 다시 태어난 버물왕 아들 삼형제가 변고를 겪다

삼형제는 자라면서 머리가 영특했다. 십오륙 세에 이르러서는 능히 과거를 볼 수 있게 되었다. 그들은 마침내 과거에 응시하여 모두 급제하였다. 삼형제는 과거기科擧旗를 앞세우고 집으로 돌아와 어머니에게 고개를 숙여 절을 하였다. 그러나 놀랍게도 이들 삼형제가 하나같이 차례차례 그 자리에서 죽어 버렸다.

"이게 어쩐 일이란 말이냐!"

과양생 처는 달려들어 아들들을 안아 보았으나, 아들들 몸에서는 이미 싸늘한 찬바람만이 돌 뿐이었다.482)

과양생 처가 원님에게 아들들의 사망 원인을 밝혀달라고 청원하다

삼형제가 한 날 한 시에 나서 한 날 한 시에 과거에 급제하고, 한 날 한 시에 죽고 보니, 과양생 처는 하늘이 무너지는 듯했다. 과양생 처가 삼형제 무덤 앞에 앉아서 생각하니, 이처럼 억울한 일이 없을 것 같았다.

그녀는 하도 원통해서 아들이 죽은 원인이나 알아보려고 **김치운**이란 **원님**에게 아들들의 사망 원인을 밝혀달라는 소지원청483)을 드렸다. 하루에 세

---

482) 이러한 팜므파탈형 악녀 유형의 인물은 앞에서 살펴본 '문신 · 조왕신 · 측신' 신화에서의 '노일제대귀일의 딸'에서도 볼 수 있었다.

통씩 석 달 열흘 간이나 소지원청을 드리니, 그 소지가 아홉 상자 반이 넘었다. 그래도 원님한테서는 아무런 해명이 없었다.

과양생 처는 분한 생각이 들어 원님의 집을 지날 때마다 욕설을 퍼부었다. 욕설을 들은 원님은 화가 났다. 자기로서는 죽은 이유를 찾아내려고 무진 애를 쓰고 있는데도, 과양생 처는 그런 줄도 모르고 욕만 하니 화가 나지 않을 수 없었다. 그렇지만 어쩔 수 없는 일이었다.

원님의 가장 영특한 나졸 강림이 염라대왕을 잡아오라는 명령을 받다

이것을 보다 못한 원님의 **큰부인**이 이 소지원청을 처리하는 방법을 강구하려고 나섰다. 원님의 큰부인은 원님에게 제일 영특한 나졸이 누구냐고 물었다. 원님은 곰곰 생각 끝에 그는 '**강림**'이라고 했다(그림267 참조). 그는 열여덟 명의 처를 거느리고 있는데도 아무런 분란이 없이 지내는 아주 재치 있고 영특한 사람이었다.

이 말을 들은 원님의 큰부인은 그렇다면 강림이 바로 자기가 생각한 일을 해 낼 수 있는 사람이라고 생각했다. 그리고 원님에게 한 계교를 가르쳐 주었다.

이틀 뒤였다. 마침 **강림**이 외삼촌 소상 제사를 지내는 날이었다. 원님은 아침 일찍이 제삿집에 가서 강림을 기다리고 있었다. 한참 뒤에 강림이 터덜터덜 외삼촌 집으로 들어섰다. 그러자 원님은 대뜸 큰 소리로 이렇게 호령했다.

"고이한 일이로다! 너는 왜 네 외삼촌 소상 제사에 이렇게 늦었느냐? 너는 죽어 마땅한 줄 알아라!"

그러고는 대뜸 강림의 목에 큰칼을 씌웠다. 강림은 갑자기 당한 일이라 얼떨떨하여, "한

▲그림267_최근에 그려진 저승사자 강림도령.(문화콘텐츠닷컴)

---

483) 일의 사정을 종이에 자세히 적어 그 해결책을 해당 관청에 의뢰하는 일.

번만 살려주십시오. 그러면 무슨 일이든지 하겠습니다." 하니, 원님이 말하기를, "그러면 저승에 가서 **염라대왕**을 잡아 올 테냐, 아니면 이승에서 목숨을 바칠 테냐?" 했다. 그러자 강림은 "황송하옵니다. 분부대로 염라대왕을 모셔 오겠사오니, 부디 목숨만 살려 주십시오." 하였다.

이 말을 들은 원님은 큰칼을 벗겨 주고 강림을 풀어 주었다. 그 대신 원님은 흰 종이에 글을 한 장 써 주며 얼른 저승에 가서 염라대왕을 잡아오라고 호령을 하며, 단지 이레 동안의 말미를 주었다.

강림이 큰부인의 지혜로 염라대왕을 모시러 저승으로 가게 되다

"얼떨결에 염라대왕을 잡아오겠다고 하기는 하였으나, 어디 가서 어떻게 염라대왕을 잡아 온단 말인가. 강림은 눈앞이 캄캄했다.

강림은 남문 바깥 동산에 혼자 앉아 곰곰이 생각을 하자니, 문득 자기 **큰부인** 생각이 났다. 그래서 그는 결혼할 때 처음 만난 뒤 한 번도 찾아간 기억이 없는 큰부인을 찾아갔다.

큰부인은 남편이 찾아오는 것을 물끄러미 바라보고만 있었다. 강림은 아무 말 없이 들어가 방문을 걸어 잠그고 이불을 뒤집어쓰고 누웠다. 이를 본 큰부인은 밥상을 차려 들고 방 앞으로 갔다. 그런데 방문이 굳게 잠겨져 있는 것을 확인하고는, "이 문 여세요. 이 문을 여세요." 하였다. 그녀가 아무리 사정을 해도 강림은 문을 열어 주지 않았다. 큰부인은 하는 수 없이 문을 뜯고 들어가 보았다. 놀랍게도 남편 강림은 이불을 뒤집어쓰고 울고 있었다.

"이게 웬 일입니까? 죽을 일이든지 살 일이든지 이야기나 하여 보시오."

큰부인이 안타까워 사정을 하자, 강림은 그제야 모든 것을 이야기하고 염라대왕을 어디 가서 어떻게 잡아오겠느냐며 한숨을 쉬었다.

"아이고, 그까짓 일 가지고 무얼 그러신답니까? 내가 다 해결할 테니 가만히 계시오."

큰부인은 이렇게 말하고 그 길로 떡쌀을 담가 떡을 하기 시작했다. 첫째 시루는 문전에 놓고, 둘째 시루는 부뚜막에 놓고, 셋째 시루는 강림이 저승

갈 때 줄 시루로 준비했다. 떡을 다 쪄 놓은 다음 큰부인은 우선 두 손을 마주하고 **조왕님**께 축원을 했다.

"조왕님, 강림의 저승 가는 길을 인도하여 주십시오."

그녀는 이렇게 이레 동안을 빌었다.

조왕신이 강림의 염라대왕 모시러 가는 길을 돕다

그때 큰부인이 잠깐 조는데, "애야 무얼 하고 있느냐? 어서 빨리 강림을 저승으로 보내어라. 조금 있으면 새벽닭이 울게 된다." 하는 조왕님 말이 들렸다. 강림의 큰부인은 얼른 강림을 깨웠다.

"어서 저승으로 떠나야 합니다."

"그게 무슨 말이오? 내가 저승을 어떻게 가며 어디로 간단 말이오?"

"염려 말고 일어나 은대야에 세수나 하시오."

강림이 얼떨결에 은대야에 세수를 끝내자 부인은 남편 강림에게 저승 행차 옷을 차려 입혔다. 옷을 다 차려준 다음, "원님이 저승 가는 증거물은 줍디까?" 하니, 강림은 원님한테 받은 종이쪽지를 아내에게 보였다.

"염라대왕을 모시러 가는데 어찌 이런 글씨를 써 준단 말이오. 산 사람의 소지는 흰 종이에 검은 글씨로 쓰지만, 저승 글씨는 붉은 종이에 흰 글씨로 써야 합니다."

큰부인은 원님한테 달려가 글씨를 새로 받아왔다. 이때부터 세상에는 사람이 죽어 명정銘旌을 쓸 때 붉은 바탕에 흰 글씨로 쓰는 법이 생겼다 한다.

강림이 이렇게 저승 옷을 다 차려 입고 나니, 아내가 어떻게 이럴 줄을 알고 이렇게 준비를 해 놓았는지 궁금하기만 했다.

"이 옷은 언제 이렇게 다 해놓았소?"

"이런 일이 있을 줄 알고 미리 지어 놓았습니다."

그래서 이때부터 세상에는 사람이 죽기 전에 미리 수의壽衣를 준비해 두는 법이 생겼다 한다.

강림의 큰부인은 명주 전대를 남편의 허리에 감아주며, "저승 문을 들어가

기 전에 급한 일이 있으면, 이 명주 전대를 풀어 보시오." 하고 신신당부를
하였다. 그러고는 귀가 없는 바늘 한 쌈을 강림의 도포 앞섶에 몰래 찔러
놓았다.

"그럼 어서 가소서."

강림은 큰부인과 작별하고 남문 밖 동산에 올라갔다. 그러나 어느 곳이 저승
으로 가는 길인지 알 수가 없어 한참 동안 우두커니 서 있노라니, 어떤 할머니
가 물 묻은 행주치마를 입고 꼬부랑 지팡이를 짚고 허위허위 지나갔다.

대강 행방이나 좀 물어보려고 강림이 할머니를 쫓아가니, 걸음이 어찌나
빠른지 두 주먹을 불끈 쥐고 쫓아가도 도저히 따라잡을 수가 없었다.

강림이 그만 지쳐 점심이나 먹을까 하여 길가에 앉으니, 그 할머니도 긴
한숨을 내쉬며 저만치 앞에서 길 옆에 앉아 쉬는 것이었다. 이를 본 강림이,
"저 할머니는 필연코 산 사람이 아니구나!" 하고 생각하고 있는데, 할머니가
"젊은 양반, 같이 점심이나 먹고 갑시다." 하며 점심밥을 앞에 펴 놓았다.
강림도 가지고 온 점심밥을 내어 펴 놓으니, 두 사람의 점심이 똑같은 시루떡
이었다. 강림은 더욱 이상한 생각이 들어, "할머니, 할머니 점심이 어찌 이렇
게 저의 점심과 똑같습니까?" 하고 물었다. 그제야 할머니가 화를 버럭 내며
말했다.

"이놈아, 나를 몰라? 네가 하는 짓이 괘씸하지만 네 큰부인 정성이 너무
갸륵해서 네 저승길을 인도하러 왔다 이놈아. 나는 네 큰부인 집 **조왕할머니**
다!"

강림은 너무 고마운 나머지 얼른 일어나 할머니 앞에 큰절을 드리니, 할머
니가 다시 입을 열어 이렇게 일어주었다.

"강림아. 여기서 저쪽으로 가다 보면, 일흔 여덟 갈래 갈림길이 있을 것이
다. 거기에 앉아 있으면, 어떤 할아버지 한 분이 나타날 것이니, 그 분에게
큰절을 올리면 네가 갈 길을 가르쳐 줄 것이다."

강림은 너무 고마워 다시 일어나 큰절을 드리고 고개를 드니, 할머니는
온 데 간 데가 없었다.

문전신이 강림의 저승 가는 길을 돕다

강림은 할머니가 가르쳐 준 길로 한없이 걸어갔다. 얼마나 걸었을까, 드디어 일흔 여덟 갈래 갈림길이 나타났다. 강림이 어느 길로 가야할지 몰라 머뭇거리고 있으려니, 웬 수염이 하얀 할아버지가 앞장서서 걸어갔다. 할머니 말이 생각나 그의 뒤를 따라 가기로 했다. 그런데 그의 걸음걸이는 조왕할머니 걸음걸이보다 더욱 빨라, 마치 바람이 휙휙 나는 것 같았다.

강림이 있는 힘을 다해 쫓아가니, 한참 가다가 할아버지는 잠시 쉬려는 듯 길가에 앉았다. 강림이 가까이 가 공손히 큰절을 올리니, 그는 강림에게 잠시 쉬어 가자며, 요기 거리로 떡을 내어 놓았다. 그런데 놀랍게 그것도 강림이 가지고 있는 떡과 똑같은 시루떡이었다.

"할아버지, 웬 일로 할아버지 떡하고 제 떡하고 똑같습니까?"

"이놈아, 나를 모르느냐? 네가 하는 짓은 괘씸하지만 네 큰부인의 정성이 너무 갸륵하여 네 저승길을 인도하러 왔다. 나는 네 큰부인 집 **문전신**門前神이다!"

강림은 벌떡 일어나 큰절을 했다. 그러자 할아버지는 좀 부드럽게 이런 말을 했다.

"강림아, 이곳이 일흔 여덟 갈래 갈림길이다. 이 길을 다 알아야 저승에 가는 법이다."

할아버지는 이렇게 말하고 일흔 여덟 갈래 갈림길을 차례로 세었다. 그리고 맨 마지막 하나 남은 길을 손으로 가리키며 말했다.

"이 길이 바로 네가 갈 저승길이다!"

강림이 길을 살펴보니 조그만 길에 가시덩굴이 이리저리 뒤엉킨데다가 끝없이 돌멩이가 깔린 험로였다.

"이 길로 가다 보면 한 중늙은이가 길을 닦다가, 시장기에 몰려 양지쪽에 앉아 졸고 있을 테니, 그에게 가까이 가 네가 가지고 있는 떡을 주어라. 그러면 또 저승길을 알 도리가 있느니라."

강림은 일어나 고맙다고 다시 큰 절을 올리고 나니, 할아버지는 온 데 간데 없었다.

중노인 한 사람이 강림의 저승 가는 길을 돕다

강림은 다시 힘을 내어 팔을 걷어붙이고 그 험한 길로 들어서서 걸어가기 시작했다. 한참 가다가 보니 정말 **중노인** 하나가 길가 양지쪽에 앉아 졸고 있었다.

할아버지가 시킨 대로 그의 앞에 떡을 꺼내어 놓으니, 그는 시장한 나머지 먼저 그 떡을 세 번이나 떼어 먹은 다음에야, 조금 정신이 드는지 눈이 왕방울만 해지며 강림에게 누구냐고 물었다.

"나는 이승에서 김치운이란 원님을 모시고 있는 강림이란 사람입니다."

"그런데 왜 이곳에 왔나?"

"나는 저승의 염라대왕을 모시러 가는 길입니다."

"아. 그게 무슨 말인가? 산 사람이 저승을 어떻게 간단 말인가? 검은머리가 백발이 되도록 걸어 보게나. 저승을 가는가 못 가는가!"

"그러지 말고 저승 가는 길이나 좀 가르쳐 주십시오."

강림이 몇 번이고 몇 번이고 애원을 하니, 그 중노인은 남의 떡을 공으로 먹은 것이 마음에 걸렸던지 이렇게 말해주었다.

"이 길을 가다 보면 연못이 하나 있을 터이니, 서슴지 말고 그 연못 물 속으로 뛰어들게."

강림이 저승에 들어가 염라대왕을 포박하고 약속을 받아내다

강림이 그 중노인이 가르쳐 준 대로 걸어가 보니, 과연 연못이 하나 나왔다. 강림은 두 눈을 딱 감고 그 연못 속으로 뛰어들었다. 한참 뒤에 정신을 차려 보니, 그는 이미 저승문 앞에 와 있었다. 강림은 안도의 한숨을 내쉬고, 거기서 염라대왕이 나타나기를 기다렸다. 바로 이때, 마침 **염라대왕**은 영기旗를 앞세우고 삼만 관속들을 거느리고 강림이 있는 쪽으로 오고 있었다(그림 268 참조). 강림은 마음을 단단히 먹고 기회를 기다렸다. 첫째, 둘째, 셋째 가마가 다 지나가고, 네 번째로 염라대왕이 탄 가마가 막 강림의 앞을 지나가고 있었다.

강림은 이때를 놓치지 않고 봉황 같은 눈을 부릅뜨고, 삼각 수염을 나부끼며, 구리 같은 팔뚝을 걷어붙이고, 우레 같은 소리를 지르며 염라대왕에게 달려들었다. 강림이 단번에 염라대왕 주위의 관속 官屬 몇 놈을 땅에 메다치니, 놀란 삼만 관속들이 간 데 없이 흩어졌다. 강림은 이 틈을 타서 염라대왕의 손목과 몸통을 밧줄로 꽁꽁 묶은 다음, 곧 바로 함께 이승으로 좀 나가주어야겠다고 했다.

▲그림268_무신도에 그려진 지옥의 형상. (신명기 선생 제공)

염라대왕은 일이 그릇된 줄을 알고 한숨을 길게 내쉬며, 고분고분 강림이 하라는 대로 따르며 사정을 했다.

"이 아랫녘에 굿을 하는 집이 있는데, 굿이나 좀 받아먹고 이승으로 나가는 게 어떠냐?"

강림은 염라대왕의 말을 받아들여, 그 굿하는 집으로 함께 내려갔다. 그런데 권하는 대로 술을 받아먹다 보니, 강림은 어느새 술에 흠뻑 취하여 사자상 밑에 쓰러져 잠이 들고 말았다.

얼마나 잤을까. 눈을 뜨고 보니 염라대왕이 보이질 않았다. 강림은 겁이 더럭 나서 문밖을 내다보니 저쪽에서 **조왕할머니**가 손짓으로 불러 말했다(그림269 참조).

"염라대왕은 새로 변신하여 저 깃대 꼭대기에 앉아 있으니 큰톱으로 깃대 밑을 자르면 되느니라."

조왕할머니 말을 듣고 깃대 위를 바라보니, 정말 깃대 꼭대기 위에 새 한 마리가 앉아 있었다. 강림은 조왕할머니가 시킨 대로 톱을 갔다가 나무 밑동을 자르려고 하니, 염라대왕이 지상으로 내려와 고개를 떨구며 마침내 강림에게 말했다.

"너는 속일 수가 없구나! 굿이 거의 끝나게 되었으니, 네가 먼저 이승에 나가 있으면 내일 모레 밤에 내가 반드시 이승으로 나가겠노라."

강림이 "그럼 그 약속 지키겠다는 도장이나 하나 찍어 주시오." 하자, 염라대왕은 강림의 적삼에 저승 글자 세 자를 써 주었다. 이에 강림이, "그러면 이승으로 가는 길을 좀 가르쳐 주시오. 올 때

▲그림269_절집에 모셔진 조왕신.(법상선원 제공)

에는 내 마음대로 찾아 왔으나, 가는 길은 내 마음대로 갈 수 없는 것 아니요?" 하니, 염라대왕이 강림에게 **강아지** 한 마리와 떡 세 덩이를 주며 말하기를, "이 강아지에게 이 떡을 조금씩 떼어 주며, 강아지 뒤를 따라가면 이승 나가는 길을 알 도리가 있느니라." 했다. 그래서 강림은 강아지를 앞세우고 그 뒤를 따라 가며, 강아지가 싫증낼 때마다 그 떡을 떼어 주며 걸어갔다.

강림이 다시 이승으로 돌아와 아내를 만나다

얼마쯤 걷노라니 올 때 보이던 **연못**이 나타났다. 연못 가까이에 이르니, 강아지가 강림의 목을 물고 못 속으로 풍덩 빠지는 것이었다. 강림은 정신이 아찔했다.

한참 뒤에, 마치 꿈을 꾼 듯이 눈을 뜨고 보니, 강림은 이미 **이승**에 나와 있었다. 이때 강림이 그 흰 강아지에게 목을 물렸기 때문에, 이후부터 남자들 목에는 울대가 툭 튀어 나오게 되었다고 한다.

강림이 이승에 도착했을 때에는 별도 없는 캄캄한 한밤중이었다.

그가 닿은 곳이 이승임에는 틀림이 없었으나, 그곳이 어느 곳인지는 분간

할 수가 없었다.

한참 동안 사방을 살펴보노라니, 멀리서 가느다란 불빛이 비치었다. 강림이 그 불빛을 향해 길을 더듬어 걸어가 보니, 조그만 오막살이가 하나 있었다. 이때 마침 집 안에서 한 여인이 나오더니, 음식물을 뿌리며, "남편이여, 남편이여! 살았거든 어서 빨리 돌아오시고, 죽었거든 제삿밥이나 받아 자시오." 하고 들어가는데, 자세히 보니 자기의 **큰부인**이었다.

강림은 반가운 나머지 얼른 달려가 문을 열고 방안으로 들어가려 하니, 어느 새 문이 굳게 잠겼다. 그는 문을 두드리며 남편이 돌아왔다고 말했으나, 아내는 그 말을 믿지 않으며 말하기를, "내 남편이거든 도포 앞섶 한 자락만 내 놓으시오." 했다. 강림이 도포 앞섶 한 자락을 문구멍으로 들이 미니, 큰부인은 그것을 찬찬이 더듬어 만져 보았다. 그러자 거기에서는 저승 갈 때 큰부인이 거기에 꽂아 둔 귀 없는 **바늘** 한 쌈이 다 삭아 바스락거렸다. 그것을 본 뒤에야 큰부인은 문을 열고 나와 흔연히 강림의 두 손을 부여잡고 방안으로 들어갔다.

강림이 큰부인에게, "오늘 당신이 지내는 제사가 대체 무슨 제사요?" 하고 물으니, "당신이 저승에 간 지 삼 년이 되어도 돌아오지 않아 당신에게 지내는 첫제사입니다." 했다. 그래서 이때부터 세상에서는 저승의 하루가 이승의 일 년과 같다고 생각하게 되었다.

이웃집 김서방의 모함으로 강림이 옥에 갇히다

이튿날 아침, 뒷집 김서방이 강림의 큰부인을 찾아왔다. 강림이 저승으로 떠난 뒤 그는 강림의 큰부인에게 군침을 삼키며 날마다 찾아와 치근거리는 중이었다. 그때마다 부인은 귀찮아서 남편의 삼년상 첫 제사만 지낸 뒤에는 개가改嫁를 하겠다고 미루어 왔다. 그래서 김서방이 오늘은 아주 담판을 지으려고 찾아온 것이었다.

김서방은 문을 들어서다 깜짝 놀랐다. 대청마루 기둥에 강림의 갓과 관대가 걸려 있고, 강림의 목소리까지 들리는 것이 아닌가. 김서방은 그 길로 원님한테로 달려갔다.

"아뢰옵니다! 강림은 저승에 가서
염라대왕을 잡아 오겠다고 해 놓고서,
낮에는 깊이 숨었다가 밤에는 나와서
부부살이를 하고 있습니다."

그렇지 않아도 원님은 강림이 염라
대왕을 잡아 올 날만 기다리고 있던

▲그림270_또 다른 지옥도.(《법보신문》)

터인데 이런 말을 듣고 보니, 화가 치밀어 오르지 않을 수 없었다. 그는 당장
에 강림을 잡아들여 문초했다.

"이놈! 그 동안 어디에 숨어 있었느냐?"

"염라대왕을 만나고 오는 길입니다."

"뭐라고?"

"제 등을 한번 보십시오!"

원님이 강림의 등을 보니, "내일 모레 오사시午巳時에 염라대왕이 온다."고
쓰여 있었다.

"흠. 그렇다면 염라대왕이 올 때까지 이놈을 하옥시켜라!"

원님은 아직 그 글귀가 미덥지 않아 강림을 하옥시킨 것이었다.

염라대왕이 악녀 과양생 처를 처단하고 버물왕의 세 아들을 살려내다

드디어 그날이 왔다. 그러나 오사시午巳時가 되어도 염라대왕은 오지 않았
다. 강림은 이제 죽는구나 생각하고 절망에 빠졌다.

그런데 오사시午巳時가 지날 무렵, 갑자기 하늘에서 먹구름이 일며 우레
소리가 요란하고 번개가 번쩍이더니, **염라대왕**이 동헌 마당에 썩 들어섰다
(그림270 참조). 그러나 그곳에 있던 사람들은 천둥소리에 놀라 이미 모두 줄행
랑을 친 뒤였다.

염라대왕은 사방을 둘러보아도 아무도 없자, 인기척이 있는 곳으로 가보
니, 강림이 혼자 감옥에 갇혀 있었다. 그는 강림을 끌러 내놓고 원님은 어디

▲**그림271_**시왕도 중 염라대왕.(경상남도 고성 옥천사)

있느냐고 물었다. 강림이 알 리 없어, 사방으로 원님을 두루 찾아보았으나 보이지 않았다.

염라대왕은 할 수 없다는 듯이 이 집을 지은 목수를 데려오라 하여, "이 집 기둥을 전부 세어 보아라." 하니, 목수가 떨며 기둥들을 한참 세어보고는, 기둥 한 개가 더 있다고 했다. 이에 염라대왕이 그 더 있는 기둥을 톱으로 자르게 하니, 그제야 기둥으로 속이고 있던 원님이 나타났다(그림271 참조).

염라대왕이, "어찌하여 나를 불렀느냐?" 하니, 그제야 원님이 정신을 차리고 염라대왕을 부르게 된 연유를 자세히 이야기했다. 그러자 염라대왕은 즉시 **과양생 처**를 불러, "너는 너의 아들들을 어디에다 묻었느냐?" 물으니, "집 앞에 있는 밭에 묻었습니다." 했다. "그러면 그곳을 파 보아라." 과양생 처가 급히 아들의 무덤을 파 보니, 무덤 속에는 아무 것도 없고 칠성판七星板만 있었다.

"어디에 네 아들이 있느냐?"

과양생 처는 그만 사색이 되었다.

이에 염라대왕은 곧 **연화못**으로 가서, 금부처로 연화못 물을 세 번 치니, 못물이 순식간에 말라붙어 밑바닥이 드러났다. 거기에는, 버물왕의 아들 삼형제의 뼈가 흩어져 있었다. 염라대왕이 그 뼈들을 한곳으로 모아놓고 다시 **금부처**로 세 번을 치니, 삼형제가 되살아나 벌떡 일어섰다.

이후에, 염라대왕은 이 삼형제를 버물왕의 집으로 돌려보내고, 악녀 과양생 처는 처 죽여 디딜방아에 빻아 바람에 날리니, 그 가루가 **파리, 모기** 등 온갖 잡벌레로 변하였다. 그래서 과양생 처는 죽어서도 남의 피를 빨아 먹으려고 달려드는 잡벌레가 되었다고 한다.

이렇게 해서, 염라대왕은 사건을 마무리 지은 뒤 원님에게 이르기를, "저토록 똑똑한 강림을 이 어리석은 세상에 두기에는 너무 아까우니, 저승으로 데려가 살도록 해야겠다."고 했다. 이에, 원님은 그 청을 거절하고 강림을 반반씩 나누자고 했다. 그러자 염라대왕은, "그렇다면 육신을 갖겠느냐, 영혼을 갖겠느냐?" 하니, 어리석은 원님은 육신을 데리고 있어야 일을 시킬 수 있다고 생각하여 육신을 갖겠다고 대답했다.

그러자 염라대왕이 강림의 머리에 있는 쌍가마에서 머리털 세 개를 뽑아 저승으로 가 버리니, 강림은 말없이 동헌 마당에 우두커니 서 있는 것이었다. 원님이 골치 아픈 일을 끝마친 기쁜 마음에, "그간 수고했네. 가서 술이나 한 잔 하세." 하고 말하였으나, 강림은 아무 말도 하지 않고 그대로 서 있었다.

원님이 부아가 나 사령들에게 강림의 뺨을 치게 했더니, 강림은 그 자리에 픽 쓰러졌다. 깜짝 놀라 살펴보니, 강림은 이미 이 세상 사람이 아니었다. 그제야 원님은 염라대왕이 강림의 혼을 빼앗아 간 줄을 알았다.

강림이 저승사자가 되고, 까마귀 실수로 인간의 수명이 무질서해지다

강림은 저승에 가서 염라대왕의 심부름을 하는 **저승사자**가 되었다(그림272

참조). 하루는 염라대왕이 강림에게 분부를 내려, "이승에 나가 남자는 팔십 여자는 칠십이 되거든 차례로 저승에 오도록 하라는 전갈을 전하고 오너라." 했다. 이에 강림은 염라대왕의 분부대로 적패지赤牌旨484)를 등에 지고 이승을 향했다.

얼마쯤 갔을까. 다리도 아프고 힘도 겨워 잠시 길가에 앉아 쉬노라니, **까마귀**가 한 마리 날아와 강림에게 말하기를, "형님, 그 적패지를 내 날개에 끼워 주시오. 내가 그것을 가지고 먼저 이승으로 날아가 붙여 놓겠소." 했다.

강림은 마침 적패지가 무거워 힘겨운 터에 이런 말을 들으니 반가워, 등에 지고 있던 적패지를 얼른 까마귀 등에 지워 주었다.

까마귀가 적패지를 지고 한참 날아가다 보니, 사람들이 말을 잡고 있는 광경이 보였다. 까마귀는 말피나 조금 얻어먹으려고 인근 나무 위에 가 앉아서 기다렸다. 아무리 기다려도 작업은 쉽게 끝나지 않았다. 까마귀는 기다리기가 지루해서 "까욱!" 하고 울었다.

말을 잡던 사람들은 까마귀를 보자 말발굽을 잘라 까마귀를 향해 내던졌다. 까마귀는 말발굽에 맞지 않으려고 저도 모르는 사이에 날개를 너무나 심하게 퍼득거리는 바람에, 등에 지고 있던 적패지가 그만 땅에 떨어지고 말았다.

그때 마침 굴속에서 고개를 내밀고 있던 뱀이 이를 발견하자 얼른 받아 물고 굴속으로 들어가 버렸다. 그래서 뱀은 지금도 아홉 번 죽었다가도 열 번째 다시 살아난다고 한다.

까마귀는 금방 떨어뜨린 적패지가 없어진 것이 이상했다. 까마귀가 두리번거리니 옆에 솔개가 한 마리 앉아 있었다. 까마귀는 솔개가 적패지를 훔

▲그림272_저승에서 강림도령을 돕는 일직사자와 월직사자.(문화콘텐츠닷컴)

---

484) 인간의 수명을 적어놓은 저승의 공고 문서.

친 게 틀림없다고 생각하고는, "내 적패지 내어 놓아라. 까욱!", "못 보았다. 끼루룩!" 하며, 까마귀와 솔개가 한참을 다투었다. 그래서 까마귀와 솔개는 지금도 사이가 나쁘다고 한다.

까마귀는 아무래도 소용없다는 것을 알고 무턱대고 이승으로 날아와 아무렇게나 되는 대로 지껄였다.

"아이 갈 데 어른 가시오. 까욱."

"어른 갈 데 아이 가시오. 까욱."

"부모 갈 데 자식 가시오. 까욱."

"자식 갈 데 부모 가시오. 까욱."

"자손 갈 데 조상 가시오. 까욱."

"조상 갈 데 자손 가시오. 까욱."

까마귀가 이렇게 아무렇게나 지껄이고 다닌 바람에, 이때부터 사람들이 순서 없이 마구 죽게 되었으며, 그래서 며칠 새에 저승은 발 디딜 곳이 없게 죽은 사람들로 가득 차고 말았다.

인간의 수명을 담당하는 저승의 최판관은 이렇게 연일 밀려드는 죽은 사람들 때문에 쉴 틈이 없었다. 어찌된 까닭인가 궁금하여 강림을 불러 놓고, "차례차례로 데려오라고 했는데 어째서 열 살도 안 된 아이들까지 데려오는 것이냐?" 하니, 강림은 할 말이 없었다.

강림은 한참 동안 꾸중을 듣고 나와 까마귀를 불러서 따졌다. 까마귀는 지금까지 있었던 일을 모두 이야기했다. 강림은 화가 나서

까마귀를 보릿대 형틀에 묶어 놓고 밀대 곤장으로 아랫도리를 후려갈겼다. 그래서 까마귀는 지금도 바로 걷지 못하고 아장아장 걷는다고 한다.

저승사자가 된 강림이 마침내 동방삭이를 잡아가다

그때 염라대왕은 명을 다한 **동방삭이**를 잡아오지 못하여 골치를 앓고 있었다. 염라대왕은 생각다 못해 강림을 불러 분부를 내렸다.

"동방삭이를 잡으려고 아이 차사를 보내면 어른이 되어도 잡아오지를 못하

고, 어른 차사를 보내면 아이가 되어도 잡아오지를 못하니, 네가 가서 동방삭이를 좀 잡아오도록 하여라."

강림은 염라대왕의 명을 받고 곧 이승으로 나와 **숯**을 몇 말 구해다가, 사람들이 많이 다니는 시냇가에 앉아 그 숯을 씻기 시작했다. 며칠 동안을 계속해서 시냇가에 앉아 숯을 씻고 있자니, 어떤 사내 하나가 지나가다가 강림을 보고 물었다.

"도대체 무엇을 하려고 숯을 씻으시오?"

이에 강림이 넌지시 보며 말하기를, "검은 숯을 백 일만 씻으면 백탄이 되어 백 가지 약이 된다 해서 씻고 있습니다." 했다. 그러자 그 사내가 말하기를, "뭐라고? 나는 삼천 년을 살았어도 그런 소리를 듣기는 내 생전에 처음이오." 했다. 바로 이때 강림은 그가 동방삭이인 줄을 알고 날쌔게 달려들어 그를 밧줄로 잡아 묶었다.

이렇게 해서, 삼천 년을 죽지 않고 이승에 살던 동방삭이가 마침내 저승사자 강림의 꾀에 넘어가 잡히고 말았다. 동방삭이는 모든 것을 체념하고 순순히 강림의 뒤를 따라 저승으로 갔다(그림273 참조).

이로부터, 강림차사는 사람 잡아가는 무서운 사자 곧 저승사자로 널리 알려지게 되었다 한다.[485]

▶그림273_상여에 장식하는 저승사자 모습.
(국립민속박물관 소장)

485) 현용준 지음(1976), 《제주도 신화》(서울: 서문당), 91~141쪽 참조.

별성마마 손님신이 역병을 주관하다

남방계 저승신 이야기

여기서 살펴보게 될 손님신/마마신 곧 천연두신 신화는 한국신화의 원형인 '단군신화'의 계보와는 아주 다르고 이질적인 신의 계보를 가지고 있다. 이 신의 계보는 구체적으로 확인되지 않으며, '강남 대왕국' 곧 남방계 신화의 계보로만 암시되고 있을 뿐이다. 이런 신화의 중심 등장인물은 질병이나 전염병 해악을 가져오는 신이라는 점에서, 우리나라 중심 신화의 계보와는 다른 외래 신화 계보 특히 불교적인 신화 계통과 관련이 있는 것도 같다.

어찌되었든 간에, 이 신화에 나오는 신들의 성격과 행동으로 보면 분명 '저승계' 신인 것은 분명하다. 이 신들은 역병신疫病神 곧 전염병신이고, 이 전염병신을 물리치는 역할을 하는 신이 우리가 앞에서 살펴보았던 수신계 신 용왕의 아들 '처용신'이다.

하지만, 이런 질병/전염병 해악을 가져오는 신들도 실제 신화 속에서 그들이 벌이는 행위는 '윤리 – 도덕적인' 것으로 되어 있으며, 이런 신들은 그런 '도덕적 운명'을 매우 공정하게 시행하는 신들로 그려져 있다.

강남 대왕국에 손님신486)이 살다

옛날, 역병이 창궐하던 시절에는 아이들 아버지가 셋이라는 말이 있었다. 곧 아이를 점지한 삼신三神, 그 아이를 낳게 해준 친아버지, 그리고 역병疫病487)을 잘 치르게 해주는 **손님신**이 그것이었다(그림274, 그림275 참조).

삼신이 아이를 아무리 잘 생기고 곱게 만들어 놓아도, 손님신을 잘못 만나면 곰보도 되고 언청이도 되고 다리병신도 되었다. 그만큼 손님신의 위력은 대단했다.

---

486) 마마신. 곧 인간에게 천연두를 발병시키는 신.
487) 천연두.

▲**그림274_**마마신/천연두 신인 손님/별성마누 라/서신국 마누라.(신명기 선생 제공)

▲**그림275_**여신으로 표현 된 마마신/천연두신/ 별상.(신명기 선생 제공)

옛날, 강남 대왕국에 손님신들이 살고 있었다. 이들은 우리나라가 인물 좋고 음식 좋고 문물이 화려하다는 소식을 듣고, 과연 그러한가를 좀 살펴보 고자 손님신 세 명이 우리나라로 행차하였다. 그들은 세존손님 · 문신손님 · 각시손님이었다.

세 손님신들이 조선땅으로 행차하다

세존손님은 작은 고깔을 쓰고 장삼을 입고 백팔 염주를 목에 걸고 짧은 염주를 팔에 걸고 염불하는 중의 모습을 하기도 한다.

문신손님은 의관을 잘 차려 입고 말을 타고 검은 책을 옆에 끼고 큰 붓을 손에 들었다. 그리고 아무 탈이 없이 잘 살 아이의 이름에는 검은 방점을 찍고, 마마를 심하게 앓을 아이의 이름에는 붉은 방점을 찍고, 죽을 아이의 이름에는 낙점(落點488)을 찍어 표시를 해 두었다.

각시손님은 아름다운 용모에 맵시 있게 옷을 차려입고 꽃가죽신을 신고 잘 꾸민 가마를 탔다.

오만불손한 뱃사공의 죄를 죽임으로 엄벌하다

세 손님신들은 무반武班손님의 호위를 받으며 강남 대왕국을 떠나, 일단 의주義州 압록강에 당도하여 강을 건너고자 했다. 그러나 흙배를 타고 건너려니 흙이 풀어져서 안 되고, 나무배를 타고 건너려니 밑창이 썩어서 안 되고, 돌배를 타고 건너다 모진 풍랑에 다시 제자리로 돌아왔다.

하는 수 없이 근처에 사는 **뱃사공**에게 가서 금은과 비단과 전답田畓을 줄 테니 배를 좀 빌려 달라고 했다. 그러나 그 사공은 임진년 왜란 때 배가 다 부서지고 한 척만 남았는데, 이것도 나라 공출供出을 하는 배라서 빌려줄 수 없다고 했다.

세 손님신들이 다시 한 번 간곡히 부탁을 하자, 각시손님 미모에 홀딱 반한 뱃사공이, "저 가마 속에 있는 각시손님과 하루 밤만 같이 지내게 해 주면 배를 빌려드리겠습니다." 하였다. 이 말을 들은 각시손님은 매우 분한 마음을 이기지 못하여 뱃사공을 엄벌하기로 하였다.

그래서 먼저 은장도로 뱃사공의 목을 쳐서 압록강에 던졌다. 그의 아들 일곱 형제 가운데 여섯 형제도 차례로 다 죽이고, 마지막 일곱째 아들은 간곡히 통사정을 하는 그의 어미가 불쌍하여 살려 주었다. 그러나 등은 굽은 곱사등이로 만들고, 눈에는 무명씨를 박아 소경으로 만들고, 입은 아주 삐뚤어지게 하고, 다리는 옴짝달싹못하는 앉은뱅이로 만들어 살려 주었다.

손님신들이 김장자의 집에서 문전박대를 받고 물러나다

손님신들이 그곳에서 나와 산에 올라가 대나무를 베어다 배를 만들어 타고 압록강을 건너는데, 다시 도중에서 풍랑을 만나 배가 모두 부서지고, 가까스로 육지에 다달았다. 그들은 이리저리 떠돌다가 배가 몹시 고파, 낮에는 연기

---

488) 여러 사람 가운데 가장 적절한 인물을 선정하기 위해 이름 위에 특별한 점을 찍는 것.

나는 집을 찾고 밤에는 불이 켜진 곳을 찾아다녔다.

어느 날 밤, 불빛이 환하게 밝혀진 곳을 찾아가니, 그곳은 한양 김장자 집이었다. 열 두 대문을 단 열 두 채의 큰 부잣집이었다. 그들은 대문 앞에서 주인을 찾아 부탁했다.

"우리는 지나가는 손님네인데, 길을 잃어 잠시 하룻밤만 쉬어 갔으면 하오."

그러나 김장자는 욕심이 많고 재물밖에 모르는 사람이라, 손님신들의 청을 이렇게 사정없이 거절했다.

"어허. 참! 산적 떼인지 거지 떼인지 도둑 연놈들인지 어떻게 알고 그대들을 집안에 드려놓는단 말이냐? 우리 집은 방은 많으나 빈대와 벼룩이 많아 손님네가 자고 갈 방은 한 군데도 없다고 일러라!"

손님신들이 가난한 노고할머니의 극진한 환대를 받고, 은혜에 보답하다

그 집을 나온 손님신들은 이리저리 한참 헤매다가 불빛이 가늘게 새어나오는 한 오두막집에 당도하였다. 그 집은 **노고할머니**[489]가 혼자 사는 집이었다.

"여보시오. 우리는 강남 대왕국의 손님네로서 이 나라가 인물 좋고 음식 좋고 문물이 화려하여 볼 만하다는 소리를 듣고, 한 번 둘러 살펴보려고 나왔다가 길을 잃어 들렀으니, 하룻밤만 쉬어갑시다."

이 말을 들은 노고할머니는 바느질감을 내던지고 버선발로 달려나와 손님신들을 정성껏 맞이하고는, 방으로 먼저 들어가 누추한 방이지만 깨끗이 소제를 하고 손님신들을 안으로 모시어 들였다. 손님신들이 요기療飢를 청하자, 노고할머니는 곧 바로 김장자네 집으로 달려가 이렇게 부탁을 했다.

"김장자님! 일 년 열두 달 방아품을 팔아 다 갚을 테니 벼 한 말만 빌려주십시오."

그러나 김장자는 이렇게 거절을 했다.

"예끼! 이 요망한 할망구야. 이 밤중에 곡식이 어떻게 문밖으로 나간단 말이냐?"

---

489) 옛날 선천시대의 여신 마고할미의 변이형 인물인 듯하다.

그런데 옆에서 이 말을 듣고 있던 김장자의 부인이 남편 몰래 벼 한 말을 빌려 주었는데, 다음 날 아침 닭모이로 줄 것을 빌려준 것이라서 쥐똥이 절반, 싸래기가 절반이었다.

노고할머니는 그것을 가지고 집으로 달려가 방아를 찧어 정성껏 죽을 쑤어, 이 빠진 그릇에나마 깨끗이 담아 간장 종지와 함께 손님신들 앞에 내놓았다. 이를 본 손님신들은 죽도 아니고 숭늉도 아닌 물건이었지만, 그래도 시장기를 모면하겠다싶어 한 그릇씩을 주욱 들여마시니, 우선 시장기가 가시고 배가 벌떡 일어났다.

손님신들은 이 집에서 며칠을 머문 다음, 노고할머니의 은공을 갚기 위해 노고할머니에게 말했다.

"우리가 할머니 은덕을 입었으니, 혹시 우리가 도와줄 친손자나 외손자라도 없으시오?"

그러자 노고할머니는 이렇게 말했다.

"저의 죽은 외동딸이 낳아서 산 너머 남의 집에 맡겨 놓은 외손녀가 하나 있습니다."

"그럼, 그 아이를 이리로 데려오시오."

노고할머니가 어린 외손녀를 데려 오자, 각시손님이 그 아이의 얼굴로 들어가, 마마를 살짝 앓아 인물이 상하지 않고 무병장수하도록 해주기로 했다. 그러나 외손녀에게 들어간 각시손님을 대접하여 배송할 노자 돈이 노고할머니에게는 한 푼도 없어, 밤새워 걱정을 했다.

그러자 이를 가련히 여긴 손님신들이 오히려 돈을 주어 **손님굿** 굿상을 차릴 수 있게 해주었다. 그래서 다음 날 노고할머니는 문밖에 금줄을 치고, 손님신들이 준 돈으로 음식을 장만해 놓고, 큰 무당을 불러다 손님 배송굿490)을 하였다.

---

490) 손님신/천연두신을 잘 대접하여 보내는 무당굿.

손님신들이 재물에 눈이 어두운 김장자를 처벌하고, 그 아들을 잡아가다

한편, 김장자는 열흘이 넘도록 노고할머니가 방아품을 팔러 오지 않는 것이 이상하여, 노고할머니 집으로 가 보았다. 이때 마침 노고할머니 집에서는 음식을 잔뜩 차려놓고 손님 배송굿을 하고 있었다.

이를 본 김장자는 노고할머니와 손님신들에게 심한 모욕을 준 다음, 집으로 돌아가 그의 **삼대독자** 철현이를 깊은 산 속 절로 피신시키고, 집안에는 손님신들이 가장 싫어하는 고추불을 두루 피워 놓았다.

손님신들이 김장자를 징벌하고자 김장자네 집으로 갔으나 고추불 때문에 들어가지 못하자, 손님신들은 철현이가 피신해 있는 절로 가서 철현이를 데리고 김장자 집 대문으로 들어섰다.

집안으로 들어간 손님신들은 철현이 종아리를 매우 때리고 은침 다섯 단을 뼈마디마다 꽂아 놓았다. 그러자 아이가 마당에 나동그라져 때굴때굴 구르며 고통스럽게 울부짖었다.

그 뒤 삼 일이 되자 아이 얼굴에 온통 붉은 종기들이 불쑥불쑥 일어났다. 이를 본 아이 어머니가 몹시 걱정을 하자, 김장자는 이렇게 말했다.

"그런 두드러기는 검은 옷을 입혀놓고 짚에 불을 피워 위아래로 쓸어내리면 없어지오."

이에 김장자 부인이 그대로 해 보았으나, 손님신들이 들어가 있는 몸에 불을 가져다 댄 꼴이 되어, 아이 천연두 종기들이 혹처럼 더욱 크게 불거졌다. 그러자 김장자는 다시 이렇게 말했다.

"걱정 마시오 부인. 재 너머 침쟁이를 불러다가 종기들을 열십자로 째서 피 나오고 고름 나오면 아물어 낫게 될 것이오."

부인은 또 남편이 시키는 대로 했으나, 이번에는 피도 고름도 안 나오고 살만 허옇게 드러났다.

김장자의 이런 못된 행동을 지켜본 손님신들은 아이를 더욱 매우 조이기로 하고, 은침 다섯 단과 쇠침 다섯 단을 뼈 마디마디에 꽂아 놓으니, 아이는 이리저리 나동그라지며 다 죽어가는 모습이 되었다. 목에서는 쇳소리가 나고 온 몸이 불덩어리 같고 전신에 혹 같은 것들이 두루 일어나, 몸뚱이 전체가 말이 아니었다.

그제야, 아들에게 손님신들이 들어가 좌정한 것을 알게 된 김장자 부부는, 목욕재계하고 의관을 갖추어 입고 정화수를 떠다 놓고 손님신들께 빌기 시작했다. 그러나 그들은 지극 정성으로 공손하게 비는 것이 아니라, 시건방진 반말로 이렇게 비는 것이었다.

"나는 어려서부터 독자로 자라다 보니 응석도 많이 부리고 재물도 많이 있어, 무섭고 두려운 게 없다. 강남 대왕국의 손님네요, 우리 철현이 좀 살려주면 곳간을 다 털어서라도 떡 하고 술 하고 송아지를 잡아 손님네를 대접해 드리겠네. 우리 철현이 좀 살려줘 보지."

이 모양을 본 손님신들은 마음속으로는 매우 괘씸하였으나, 못된 인간이 비는 것이 가상하여, 들어가 좌정했던 삼대독자 철현이 몸에서 나와, 종기에 딱지가 앉고 목에서 쇠소리도 안 나게 해 주었다. 아들이 자리에서 툴툴 털고 일어나자, 김장자 부부는 아들을 끌어안고 기뻐했다. 그러자 김장자 아내가 말했다.

"우리 아들이 손님네 덕으로 마마를 무사히 치렀으니, 약속한 대로 곳간을 털어 음식을 장만하여 손님네를 잘 대접하지요!"

그러나 김장자는 다시 마음이 갑자기 표변하여 이렇게 말했다.

"그게 무슨 헛소리야! 그런 소리 집어치우고 내일 아침 우리가 조반을 해서 먹고 남으면, 문밖에 짚을 좀 깔고 그것을 그 위에 놓아주면 되지! 그것을 먹고 가든지 싸 가지고 가든지 그것은 손님네가 알아서 할 일이지!"

이 말을 들은 손님신들은 도저히 더는 참을 수가 없다 여겨, 그토록 재물밖에는 모르는 김장자의 자식놈을 잡아가기로 하였다.

그래서 김장자의 삼대독자 철현이를 붙잡아 땅에 눕히고 다시 은침 쇠침을 무수히 꺼내어 철현이의 뼈 마디마디에 꽂아놓자, 김장자 삼대독자 외아들은 끝내 숨을 거두고 말았다. 죽은 자식을 보고 그 어미는 땅을 치며 통곡을 하였으나, 자식은 이미 이승 사람이 아니었다.

김장자 아들이 죽어 '작은손님'이 되다

철현이가 이미 죽어 손님신들을 따라 저승으로 갈 즈음에, 손님신들이 철현이에게 물었다.

"철현아. 너는 어느 가문에 다시 태어나고 싶으냐?"

철현이가 대답했다.

"손님네요. 열 살도 되지 못해 죽으면 좋은 가문에 다시 태어난다지만 열다섯 살이나 먹어서 이렇게 험하게 죽은 놈이 어느 누구의 집에 좋게 다시 태어나겠습니까? 차라리 손님네들 막둥이나 되어서 방방곡곡 손님네들이 가시는 곳으로 따라나 다니렵니다."

이렇게 해서, 이후부터 김장자 아들 철현이는 **'작은손님'**이 되어 손님신들을 모시고 마마신 행차를 따라다니게 되었다 한다.

손님신들이 정성이 지극한 이정승 댁 아들에게 은혜를 베풀다

김장자네 집을 나온 손님신들은 다시 이 집 저 집을 두루 돌아다니다가, 한양 이정승 댁에 들르게 되었다.

손님신들은 이정승 댁에 들르기 전에 먼저 이정승 꿈에 어떤 할아버지를 보내어 현몽現夢하여, "이 집에 아무래도 손님네가 들어와 좌정을 할 것 같으니 미리 준비들을 하시오." 하였다. 이정승은 꿈을 깬 뒤에 손님신들이 찾아오실 것을 미리 알아차리고, **마마 배송굿** 준비를 착실히 하였다.

손님신들이 이정승 댁을 찾아와 보니, 이미 손님신들을 맞이할 만반의 준비가 잘 되어 있었다. 그래서 그들은 이정승 댁 아들 삼형제에게 들어가 좌정하여 마마를 가볍게 앓게 해주고, 마마 배송굿을 한 상 잘 받아 자시고 그 집을 나왔다.

손님신들이 이 정승 집을 나와 노고할머니 집에 잠시 들러 보니, 김장자 집의 그 많던 재물은 다 고노할머니의 것이 되고, 노고할머니의 오두막집은 김장자 집이 되어 있었다. 노고할머니는 또 남의 집 머슴살이를 하던 사위를 집으로 데려 오고, 외손녀도 데려다가 품에 안고, 오순도순 세월 가는 줄 모르고 행복하게 살고 있었다.

손님신들이 김장자의 아들 '작은손님'을 불쌍히 여겨,
그 부모에게 다시 은혜를 베풀다

이때 작은손님신이 되어 손님신들을 모시고 마마신 행차를 따라다니던 철현이가 마지막으로 생전의 부모님 얼굴이나 한 번 보고 가고 싶다고 했다. 그래서 그들은 김장자 집을 찾아가 보았다. 그런데, 고래등 같던 옛날 집은 간 곳이 없고, 다 쓰러져 가는 오두막집에서 김장자 혼자 중풍에 걸린 채 거적때기를 깔고 앉아, 짚신을 삼아 팔아서 겨우 목숨을 이어가고 있었다. 한편, 철현이 어머니는 밥 바가지를 옆에 끼고 남의 집 문전을 떠돌며 밥을 빌어먹는 거지 신세가 되어 있었다.

이러한 광경을 본 철현이가 슬픔을 이기지 못하여 흐느껴 울자, 손님신들은 철현이를 불쌍히 여겨 다시 은혜를 베풀기로 했다. 그래서 김장자가 다시 마음을 고치고 부인을 만나고 재물도 얻고 대를 이을 자식을 낳게 해주었다.

이후에 손님신들은 그곳을 떠나 한양 최정승 댁으로 갔다. 그곳에서 최정승 댁 오남매 자녀들에게 들어가 좌정하여, 마마를 착실히 잘 앓게 해주었다. 그러자 최정승은 곳간을 열어 온갖 음식들을 장만하고 송아지를 잡고 큰무당을 불러 손님신들을 배송하는 손님/마마 배송굿을 크게 베풀어 주었다.

손님신들은 이 집 배송굿을 잘 받아 자신 다음, 그곳을 떠나 삼 년 동안 전국을 떠돌며 방방곡곡의 아이들에게 마마를 착실히 앓게 해주고, 수많은 복도 가져다주었다 한다.[491]

---

491) 서대석(1997), 《한국의 신화》(서울: 집문당), 285~295쪽 참조. 이 이야기는 동해안 별신굿 예능보유자 김동언 구연본(박경신 교수 채록)을 줄거리 중심으로 수정한 것임.

지혜로운 며느리가 시아버지 사마장자의 수명을 연장하다

서사무가 '장자풀이'492)

이 신화는 한 날 한 시에 태어난 마음씨 고약한 '사마장자'와 마음씨 착한 '우마장자'의 이야기인데, 마음씨 고약한 사마장자가 지혜로운 며느리와 점쟁이 도움으로 자신의 죄를 회개하고, 자기를 대신하여 그의 말을 저승으로 데려가게 하는데, 억울하게 잡혀간 사마장자의 말도 무당굿을 통해서 다시 이승으로 데려온다는 이야기이다. 신화의 성격도 거의 민담 수준에까지 속화된 상태이다.

이 신화는 마치 우리의 판소리 《흥보가》나 고전소설 《흥부전》의 이야기와 매우 비슷한 이야기라는 점에서, 이 계통 이야기의 원형原型으로 보이기도 한다. 실제로, 이 신화의 일부분인 '사마장자'의 심보를 이야기하는 부분은 《흥보가》/《흥부전》에서 놀보/놀부의 심보를 이야기하는 부분과 거의 같다.

이 신화가 이들 고전작품과 크게 다른 점은, 착한 우마장자 쪽 이야기보다 악한 사마장자 쪽 이야기가, 이승의 이야기보다 저승의 이야기가 더 강화되어 있고, 그 세계를 주도하는 주인공도 인간이 아니라 저승신이라는 점이다.

사마장자의 심술이 이승과 저승의 노여움을 사다

옛날, 어느 곳에 한 날 한 시에 태어난 사마장자와 우마장자라는 두 사람이 살았다. 둘은 한 날 한 시에 이 세상에 태어났으나, 마음씨는 전혀 달랐다. 우마장자는 마음씨가 착해서 사람들 칭송을 받았다. 그러나 사마장자는 마음씨가 고약하여 사람들의 미움을 많이 사고 있었다.

사마장자의 행실은 이러했다. 거둔 벼를 썩혀 두엄 만들기, 쌀을 태워 재 만들기, 돈을 묵혀 녹 쓸리기, 되로 빌려주고 말로 돌려받기, 옹기전에서 말 달리기, 비단전에 물총 놓기, 우는 애기 집어뜯기, 똥 싸는 애기 주저앉히

492) 호남지방의 무당굿인 씻김굿 등에서 불려지는 서사무가의 일종.

기, 새끼 밴 개 발로 차기, 말밥 안주고 핑계대기, 걸인에게 식은 밥 던지기, 중 머리에 까끄라기 던지기, 호박에다 말뚝 박기, 남의 유부녀 음해하기, 새벽에 물동이 이고 가는 여자 젖통 잡고 입 맞추기, 이런 것들이 주로 그의 장기였다.

뿐만 아니라, 그는 저승으로 돌아간 자기 조상들에게도 몹시 못된 짓을 했다. 이에, 하루는 그의 조상들이 저승을 다스리는 시왕님[493]을 찾아가 목 마르고 배고프고 추운 그들의 딱한 사정을 하소연했다.

하소연을 들은 시왕님은 이승의 화주승化主僧[494]과 이승사자 · 저승사자 · 부왕사자 등 세 사자를 불러, 사마장자의 못된 소행들을 직접 보고 오라고 명령했다. 이에, 먼저 이승 화주승이 정월 초사흗날 사마장자 집으로 가서 시주를 청했다. 그러자 사마장자는 종들을 시켜 화주승을 붙잡아 볼기와 뺨 을 치고는, 중이 가지고온 바리때[495]에다가 두엄을 잔뜩 담아 주었다.

그런데, 이 집 며느리는 그와는 아주 딴판이었다. 시아버지의 이런 행패를 당하고 나가는 화주승을 보자, 얼른 밖으로 뛰어나가 깊이 사죄하고는, 명주 한 필과 쌀 서 말 서 되를 가지고 나와 공손히 바치었다.

화주승은 사마장자의 집을 땅 속 깊이 묻어버리고 그곳을 온통 연못으로 만들어 놓고 가려던 참이었으나, 이런 후한 대접을 받고 보니 차마 그럴 수가 없었다. 그래서 할 수 없이 그냥 돌아가 이런 사실을 저승 시왕님께 아뢰었다.

사마장자가 저지른 악행들로 죽을 고비에 처하다

그 해 정월 보름날 사마장가 꿈을 꾸니, 뒷동산 은행나무가 세 토막으로 부러져 방문 앞에 놓이고, 천하궁[496] 까마귀가 지하궁[497]으로 울고 가고,

---

493) 저승에서 죽은 사람을 재판하는 열 명의 저승신. 진광대왕 · 초강대왕 · 송제대왕 · 오관 대왕 · 염라대왕 · 변성대왕 · 태산대왕 · 평등대왕 · 도시대왕 · 오도전륜대왕.
494) 인가에 다니면서 사람들로 하여금 법연法緣을 맺게 하고, 시주를 받아 절의 양식을 대는 승려.
495) 절에서 쓰는 승려의 공양 그릇. 나무나 놋쇠 따위로 대접처럼 만들어 안팎에 칠을 한다.
496) 하늘나라.
497) 이승. 지상.

지하궁 까마귀는 천하궁으로 울고 갔
다(그림276 참조).

▲그림276_사마장자의 꿈.(박종수)

그가 꿈에서 깨어나 처자식들에게
그 꿈의 해몽을 부탁하니, 각자 해몽이
달라 이렇게들 말했다. 막내딸은 과거
에 급제할 꿈이라 했고, 부인은 좋은
음식을 대접받을 꿈이라 했다. 그러나
그의 며느리는 이와는 달리 다음과 같이 매우 심각한 해몽을 하였다.

세 토막으로 부러져 방문 앞에 놓인 은행나무 가운데, 한 토막은 사마장자
의 제사상祭祀床을 짤 것이고, 또 한 토막은 그의 시신을 넣을 관棺을 짤 것이
고, 다른 한 토막은 그의 상여喪輿를 짤 것이라는 해몽이었다.

이 불길한 해몽을 들은 사마장자는 몹시 화를 내며 며느리를 친정으로 내
쫓았다. 그러나 내쫓긴 이 착하고 지혜로운 며느리는 일의 사정을 살펴야겠
다싶어, 친정으로 가지 않고 몰래 집안에 숨어 일이 되어가는 형편을 살펴보
기로 하였다.

며느리와 점쟁이의 지혜로운 도움으로 사마장자가 죽음을 모면하다

이 일이 있는 지 사흘이 채 못 되어, 사마장자는 병이 들어 자리에 눕고
말았다. 그러자 마음이 다급해진 사마장자는 다시 내친 며느리를 불러들여
병이 나을 방도를 물었다. 이에 며느리는, 건너 마을 점쟁이 **소강절**邵康節498)
에게 점을 쳐서 그가 하라는 대로 해야 한다고 했다.

이에 사마장자는 아픈 몸을 겨우 이끌고 점쟁이 소강절에게 찾아가 복채를
두둑이 내놓으며 병이 나을 방도를 물었다. 그러자 점쟁이 소강절은 이렇게

---

498) (1011~1077). 중국 송대宋代의 유학자. 이름은 옹雍, 자는 요부堯夫. 강절康節은 그의
시호이다. 이정지李挺之에게 도가道家의 《도서선천상수圖書先天象數》의 학을 배워 신비적
인 수학을 설파하였으며, 또 이를 기본으로 한 경륜經論을 주장했다. 저서로는 《황극경세서
皇極經世書》·《격양집擊壤集》·《소자전집邵子全集》등이 있다. 여기서는 점쟁이로 변이되어
있다.

말했다.

"집주신·터주신·성주신·조상신들이 모두 움직여, 장자님의 수저가 세 동강으로 부러지고, 갓이 벗겨져 찢어지고, 옷이 벗겨져 불에 타고, 삼간 초당이 딴 살림을 차려 나가고, 지붕 위에 웬 깃발이 꽂혀 있고, 마당 한가운데 큰 샘이 파여 있고, 뒷동산 은행나무가 세 도막으로 부러져 방문 앞에 놓여 있는 것이 보이는구나!"

이에 사마장자는 두려워 벌벌 떨며 어떻게 하면 이 죽음을 모면할 수 있겠느냐고 물었다. 그러자 점쟁이 소강절은 말했다.

"곧장 집으로 돌아가 곳간을 다 털어서 가난한 동네 사람들에게 골고루 나누어 주시오. 그리고 음식을 정성껏 많이 장만하여 돈 삼천 냥을 가지고 산수 좋은 명당으로 찾아가 무당·광대를 불러 연사흘 밤낮으로 횡수막이굿[499]을 하시오. 또한, 이 액막이굿을 하면서 혹시 저승사자들이 나타나 '이것이 뉘 음식이냐?' 하고 묻거들랑, 동네 사람들이 정성껏 모아 장만한 음식이라 대답하고, 그들이 그 음식을 다 들고 난 연후에 장자님의 병을 낫게 해달라고 빌어 보시오."

이 말을 들은 사마장자는 곧장 집으로 돌아가, 점쟁이 소강절이 시킨 대로 동네 사람들에게 베푸니, 동네 사람들의 맺힌 마음들이 풀어지게 되었다.

다음에는 소강절이 시킨 대로 횡수막이굿 굿판을 벌였다. 그러자 곧 사자使者 셋이 굿판 쪽으로 다가왔다. 이승사자 이덕춘이는 쇠줄을 들고, 저승사자 해원맥이는 쇠망치를 들고, 부왕사자 강림도령은 쇠도끼를 메고 나타났다 (그림277 참조).

굿판에 도착한 한 사자가 말했다.

"허허, 도중에서 배가 고파 못가겠다."

또 한 사자가 거들어 말했다.

"이럴 때, 밥 한 그릇 물 한 그릇만 놓아주면 사마장자의 죄를 면하게 해줄텐데."

---

499) 횡수橫數 곧 뜻밖에 당하는 운수의 재앙을 막는 무당굿.

▲그림277_무신도에 그려진 연직사자 · 월직사자 · 일직사자 · 시직사자.(국립중앙박물관 소장)

그러자 또 다른 한 사자가 말했다.

"이놈아! 밤 말은 쥐가 듣고 낮말은 새가 듣는단다. 괜한 소리 하지 말고 어서 가자."

그런데, 근처에서 굿소리가 요란하게 나고 갖가지 맛깔스러운 음식 냄새가 진동하니, 사자 셋이 물었다.

"이게 다 누가 장만한 음식이냐?"

엎드려 있던 사마장자가 대답했다.

"네. 이것은 동네 사람들이 정성껏 모아 만든 음식입니다."

이 말을 들은 세 사자들은 안심하고 그 음식들을 맛있게 먹었다. 그러자 사마장자가 다시 고개를 들고 다음과 같이 하소연을 하였다.

"비나이다. 비나이다. 이 음식은 기실은 사마장자가 차린 음식입니다. 이 놈을 살려주소서!"

사자들이 놀라 말했다.

"이게 무슨 소리냐? 동네 사람들이 차린 음식이라 해서 마음 놓고 먹었는 데, 네가 차린 음식이라니! 허나, 이제 이미 음식을 먹어버렸으니, 이 일을 어찌한단 말이냐?

그러면 혹시 이 마을에 사마장자와 같이 한 날 한 시에 태어난 사람이 있느냐?"

"예. **우마장자**라는 사람이 있습니다."

▲**그림278**_사마장자의 백마가 저승사자들에게 끌려가는 장면.(윤미경)

　이 말을 들은 사자들은 사마장자 대신 우마장자를 잡아가면 되겠다싶어,
곧바로 우마장자의 집으로 갔다.

　그러나 사자들이 우마장자의 집에 가보니, 그 집의 문전신이 호령을 하고
지신이 호통을 치고, 삽살개가 짖어대고, 조상님도 지켜주고, 성주님도 지켜
주어, 도저히 우마장자를 잡아갈 방도가 없었다. 이에 사정이 난감해진 사자
들은 다시 사마장자의 집으로 돌아와 사정을 살폈다. 이를 본 사마장자의
며느리는 묘안妙案을 내어 이렇게 말했다.

　"우리 아버님을 대신하여 그가 타던 **백마**를 잡아가시면 어떻겠습니까?"

　사자들은 하는 수 없이 이 며느리의 말을 따르지 않을 수가 없어, 사마장자
대신 그가 타던 백마를 잡아가기로 하였다(그림278 참조).

　그래서 이들은 마굿간으로 가서 사마장자가 쓰던 망건과 갓을 말의 머리에
씌우고, 사마장자가 입던 바지 · 저고리 · 두루마기를 그 말 몸뚱이에 입혔다.
그러고는 사마장자 대신 이 말을 끌고 저승으로 돌아갔다.

씻김굿을 해서, 억울하게 저승으로 끌려간 사마장자의 말을 환생시키다

　사자들이 저승으로 돌아오자, 시왕님은 이들에게 이렇게 늦게 된 연유를
물었다.

"어째서 이렇게 늦었느냐?"

"사마장자가 죄를 너무 많이 지어서 산 채로 말이 되는 바람에 그 말을 끌고 오느라고 이렇게 늦었습니다."

이에 시왕님이 명령을 내려 말했다.

"저놈의 머리에 철갑 투구를 씌우고, 목에는 큰칼을 씌우고, 손에는 쇠고랑을 채우고, 발에는 족쇄를 신겨 죽이도록 해라!"

명령이 떨어지자 저승사자들이 그 말에게 철갑 투구를 씌우고 큰칼을 씌우고 쇠고랑을 채우고 족쇄를 신겨 죽이려 했다. 그러자 말이 구슬피 울며 소리 쳤다.

"이 못된 사마장자놈아! 도대체 내가 무슨 죄가 있어 네 대신에 내가 이렇게 억울하게 죽어야한단 말이냐? 네가 오리만 가려해도 나는 너를 내 등에 태웠고, 십리만 가려 해도 나는 너를 내 등에 태웠다. 어서 빨리 나를 구해라, 이놈아!"

이때 사마장자는 다시 꿈자리가 좋지 못했다. 그래서 다시 점쟁이 소강절을 찾아가 점을 쳐보았다. 그러자 소강절이 이렇게 말했다.

"죄 없는 말이 그대를 대신하여 죽게 되었으니, 그를 위해 닷새 동안 씻김굿[500]을 하시오. 그리하면 그 말이 다시 사람으로 환생할 것이며, 그렇게 되면 원수가 은인이 될 것이오."

이에 사마장자는 곧장 집으로 달려와 점쟁이 소강절이 시킨 대로 닷새 동안 죽은 말을 위한 씻김굿을 하였다. 그러자 첫째 날에 말 머리에서 철갑 투구가 벗겨지고, 둘째 날에 목에서 큰칼이 벗겨지고, 셋째 날에 몸에서 수의가 벗겨지고, 넷째 날엔 손에서 쇠고랑이 벗겨지고, 다섯째 날엔 발에서 족쇄가 벗겨졌다.

그래서 마침내 사마장자의 말은 사람이 되어 다시 이 세상으로 환생還生하게 되었다고 전한다.[501]

---

500) 호남지방에서, 죽은 이의 원한을 풀어주기 위해 하는 무당굿.
501) 임석재(1970), 《줄포무악》(서울: 문화재관리국), 519~536쪽 참조.

사만이가 저승사자를 감동시켜 삼천 년을 살다

제주도 서사무가敍事巫歌 '사만이본풀이/멩감본풀이'502)

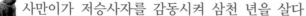

이 신화는 제주도 지역 무당굿의 굿거리 가운데서 '액막이굿' 제차祭次에서 불려지는 신화이다.

'액막이굿' 제차에서 이 신화가 불려지는 이유는, '액막이굿' 자체의 목적이 저승사자의 재액災厄을 잘 막아 무병장수의 소망을 비는 것인데, 이 신화의 내용도 '사만이'가 저승차사들 곧 저승에서 이승으로 죄인을 잡으러 보내는 사자들을 잘 대접하여 삼천 년을 사는 것으로 되어 있기 때문이다.

이 신화에서 한 가지 주목되는 것은 '사만이'가 집안에 모셔놓은 신이 사냥을 도와주는 신이라는 점이 눈에 띈다. 이 사냥신 또는 축신畜神 계통의 신으로는 앞에서 살펴본 땅에 사는 신들 가운데 '문도령 – 자청비 신화'에서 축신畜神 '정수남'과 마을에 사는 신들 가운데 '궤네깃도 신화'에서 궤네깃도의 부친 '소천국' 등이 있었다.

이런 신들은 전체적으로 볼 때 대체로 지상에 사는 신들의 계통이다. 왜냐하면, 이 신들과 직결되어 있는 사냥감이나 가축들이 모두 지상에 사는 동물들이기 때문이다.

이 신화에는 우리 민족신화의 주류를 형성하는 '단군신화' 계통의 천상신들의 계보는 매우 희미하고, 단지 지상의 집안신들과 불교적인 저승신들이 활동하고 있을 뿐이다. 그리고 여기서 활동하고 있는 집안신 또한 집안에 모셔진 죽은 이의 해골 곧 죽은 사람의 영혼이기 때문에, 이 또한 일종의 저승신 계통의 신이다.

불교는 이처럼 4세기에 우리나라에 처음 전래된 이래 1,600여 년 동안

---

502) '멩감'이란 음력 정월에 제주도에서 행하는 액막이굿의 하나. '본풀이'란 근본根本을 푼다는 뜻으로, 신의 일대기나 근본에 대한 풀이를 이르는 말. 굿에서 제사祭祀를 받는 신에 대한 해설이자 신이 내리기를 비는 노래이기도 함.

우리 민족신화에 영향을 미쳐서, 우리 신화 속에 저승신들과 그들의 활동으로 이루어지는 '저승'의 세계를 폭넓게 확장해주었다.

한편, 오늘날 우리 문화에 많은 영향을 미치고 있는 천주교/기독교 신화는 200여 년 전 조선 말기인 18세기에 우리나라에 본격적으로 전래되어, 아직은 우리 민족신화의 세계에 별다른 영향을 미치지 못하고 있다. 그 원인은 신화라는 것이 이루어지기 위해서는 적어도 한 왕조 이상의 시간이 필요할뿐만 아니라, 오늘날의 세상이 신화시대에서는 아주 멀리 벗어나 있기 때문이기도 할 것이다.

가난한 거지 사만이가 아내의 머리채를 팔아 활을 사오다

옛날, 주년국이라는 나라에 소사만이라는 사람이 살았다. 그는 집안이 가난한데다가 세 살 때 어머니를 여의고, 다섯 살 때 아버지가 돌아가셔서, 세상에 의지할 곳이라고는 아무데도 없었다. 그래서 그는 할 수 없이 이 집 저 집 문전걸식門前乞食을 하며 자랐다. 그가 비록 거지 생활을 하고는 있었지만 행실은 얌전하여, 그가 사는 동네 사람들에게 많은 칭찬을 받았다.

그가 열다섯 살 되던 해에, 동네 사람들은 그를 한 처녀에게 장가를 들게 해주었다. 마침, 그의 부인은 바느질 솜씨가 매우 뛰어나, 그녀도 역시 이 집 저 집을 찾아다니며 바느질품을 팔아 하루하루 살아갈 수가 있었다. 그러나 자식이 하나 둘 자꾸 생겨나자 집안 살림 형편이 점점 더 기울어져, 결국 끼니도 제대로 때우기가 어려워지게 되었다.

하루는 사만이가 밖에서 놀고 돌아다니다가 집에 들어가니, 아내가 머리채를 잘라 그에게 주며 이렇게 말하는 것이었다.

"날마다 이렇게 허송세월虛送歲月을 하셔서 어떻게 하시렵니까? 오늘은 먹을 것이 다 떨어졌으니, 장에 나가 이 것이나 팔아 그 돈으로 아이들 먹일 양식이나 좀 사 오시오."

그러자 사만이는 아내가 잘라준 머리채를 들고 장에 나가, 단돈 석 냥을 받고 그것을 팔았다. 사만이가 그 돈을 들고 장바닥을 여기저기 기웃거리며 돌아다니는데, 한 곳에 사람들이 모여 무엇인가를 열심히 구경하고 있었다.

그것은 꼭 부지깽이와 같이 생겼는데, 그것을 파는 사람이 말하기를, "이것은 **활**이라 하는 것인데, 이것만 있으면 새도 잡고 짐승도 잡을 수 있어, 능히 먹고 입고 살아갈 수가 있다." 하였다. 그래서 사만이는 아내의 머리채를 판 돈 석 냥을 다 주고, 이것을 사가지고 집으로 돌아왔다.[503]

한편, 남편이 양식을 구해 돌아오기를 눈이 빠지게 기다리던 아내는, 남편이 활을 사들고 들어오는 것을 보고는 기가 막혀 말했다.

"그게 먹을 양식입니까?"

"모르는 소리 하지 말게. 이것만 있으면 먹고 입고 살아갈 수 있다네."

사냥을 나간 만이가 해골 하나를 얻어다 모시고 큰 부자가 되다

사만이는 그 날부터 그 활을 들고 사냥을 나갔다. 그런데 이상하게도 깊은 산 속을 아무리 헤매고 돌아다녀도 그 흔한 토끼 한 마리가 보이지 않았다. 사만이는 날마다 사냥을 나갔으나 집으로 돌아올 때에는 늘 빈손이었다. 그래도 사만이는 쉬지 않고 날마다 산 속으로 사냥을 나갔다.

그러던 어느 날, 그 날도 사만이는 빈손으로 터덜터덜 어둠이 내려앉는 저녁 숲길을 걸어 집으로 돌아오는데, 왼발에 무엇인가가 세 번이나 계속해서 차이는 게 있었다.

"왼쪽 발에 무엇이 차이면 재수가 좋다고 하던데."

사만이가 가던 길을 멈추고 땅을 살펴보니, 웬 **해골**이 하나 나뒹굴고 있었다. 그는 갑자기 무서운 생각이 들어, 못 본 체하고 그냥 지나치려 하니, 이상하게도 다시 왼쪽 발에 그 해골이 걸리는 것이었다. 사만이는 아무래도 그 해골에 무슨 곡절曲折이 있는 것 같아, 해골을 집어 들고 집으로 돌아왔다.

해골을 집으로 가지고 돌아온 사만이는 아무도 모르게 그것을 광에 있는 큰 독 안에 넣어 두고, 마치 조상님처럼 받들어 모시면서, 집안에 무슨 일이

---

503) 옛날, 신화시대 초기에는 신적인 능력의 상징이던 '활'이 여기에 와서는 하나의 생활도구로 전락해 있음을 보게 된다.

있을 때마다 아무도 모르게 제일 먼저 그 해골에게 제사를 지냈다.

이런 일이 있은 뒤부터, 사만이는 이상하게도 만사가 두루 형통하기 시작했다. 사냥을 나가면 사슴이며 노루가 감당할 수 없을 만큼 많이 잡혀, 마당에는 늘 짐승 가죽과 살코기가 산더미처럼 쌓였다. 사만이는 매일같이 그것들을 장에 내다 팔아, 마침내 큰 부자가 되어, 남부럽지 않게 살게 되었다.

사만이가 해골 할아버지의 도움으로 수명을 연장하여 삼천 년을 살다

그러던 어느 날 밤, 사만이가 꿈을 꾸니, 하얀 백발노인 한 사람이 광 안에서 다음과 같이 큰 소리로 말했다.

"사만아. 너는 어찌 그리 무심하게 잠만 자느냐? 너의 수명은 서른 살로 정해져 있는데, 벌써 네 나이가 이미 서른 살이 다 되지 않았느냐? 지금 저승에서는 염라대왕이 너를 잡아오라고 세 저승차사를 내어보낸 듯하다.

그러니, 어서 일어나 손톱과 수염을 깨끗이 깎고, 저승차사를 맞이할 준비를 하거라. 내일 모레 밤이면 세 저승차사가 올 것이니, 저 위쪽 삼거리에 나가 그곳에 병풍을 두르고, 비자나무 겹상에다 깨끗한 음식들을 차려 놓고, 네 성명 석자를 제상 밑에 붙여 놓은 다음, 촛불을 켜 놓고 향을 피워라.

그리고 너는 백 걸음 뒤로 물러나 땅에 엎드려 있다가, 누가 네 이름을 부르거든 얼른 대답하지 말고 네 이름이 세 번 불린 다음에야 머리를 들어 대답하도록 하거라."

그 백발노인은 또 사만이 아내를 불러 다음과 같이 말했다.

"자네는 날이 새거든 무당을 불러다 집 밖에 염랏대504)를 세우고 저승차사들을 청해서 시왕맞이굿505)을 하도록 하게. 굿을 할 때에는 반드시 염라대왕에게 드릴 관대(冠帶506) 세 벌, 띠 세 개, 신발 세 켤레, 큰 동이에 가득 담은 좋은 쌀 한 동이, 그리고 황소 세 마리를 대령하여 액을 막도록 하게."

---

504) 저승사자들을 달래는 굿인 '시왕맞이굿'을 할 때 저승사자들을 맞이하는 표시로 세워놓는 신대.
505) 저승사자들을 달래는 굿.
506) 옛날 벼슬아치들의 공복.

▲그림279_해골신을 모시는 사만이 모습.
(박종수)

▲그림280_불화佛畫로 그려진 저승사자의 모
습. 치우천왕의 모습처럼 머리에 두 개의 뿔이
있는 것이 흥미롭다.(국립중앙박물관 소장)

사만이 부부가 놀라 동시에 벌떡 일어나니 꿈이었다. 사안事案이 매우 화급한 것임을 느낀 사만이 아내는 꿈에서 그 노인이 시킨 대로 무당을 불러다 시왕맞이굿을 시작했고, 사만이는 날이 저물자 인근 삼거리로 나가 조용한 곳에 병풍을 두르고 비자나무 겹상에다 온갖 음식들을 차려 놓은 다음, 상 밑에다 자기 이름 석 자를 써 놓고, 백 걸음 뒤로 물러나 조용히 땅에 엎드려 있었다.

초저녁이 지나고 한 밤중이 되자, 아닌 게 아니라 세 저승차사가 그곳으로 다가오고 있었다(그림279, 그림280 참조). 이에 사만이가 인근 풀숲에 엎드려 정신을 바짝 차린 채 귀를 기울이니, 그들이 삼거리 가까이로 다가와 서로 이런 얘기를 하는 것이었다.

"어째 오늘은 이상하게 배가 고픈걸."

"글쎄, 어디서 맛있는 냄새가 나네."

"아, 저기 불이 켜져 있군. 저리로 가 보세."

세 차사가 그 삼거리에 이르러 사만이가 차려놓은 음식상을 발견하고는, 정신없이 달려들어 단번에 그 음식들을 다 먹어 치웠다.

"아! 이제야 살겠다."

배가 부른 저승차사들은 그제야 정신이 좀 들어 제상 아래를 보고는 이렇게 말했다.

"야, 이거 곤란하게 되었네그려!"

"이것을 좀 보게. 여기에 사만이 이름이 쓰여 있네 그려. 이 일을 어쩌나!"

"그럼, 어쨌든 사만이를 좀 불러보세."

먼저 천황차사天皇差使가 사만이를 불렀다. 대답이 없었다. 다음엔 지황차사地皇差使가 사만이를 불렀다. 대답이 없었다. 다음에 세 번째로 인황차사人皇差使가 "소사만!" 하고 불렀다.

그제야 백 걸음 밖에 죽은 듯이 엎드려 있던 사만이가 "예이!" 하고 대답을 하며 얼굴을 들었다. 차사들이 살펴보니 틀림없는 소사만이었다.

"어허, 이를 어쩌나? 남의 음식을 공짜로 먹으면 목에 걸리는 법인데, 이렇게 잘 얻어먹고 사만이를 잡아갈 수도 없는 노릇이 아닌가!"

"어쨌든 우선 사만이네 집에나 한 번 가 보세."

세 차사는 이렇게 의논을 한 다음, 사만이를 앞세우고 그의 집으로 갔다. 집에 가보니, 사만이의 아내가 집 앞에다 염랏대를 세워 놓고 시왕맞이굿을 하는데, 그 차림새와 정성이 이만저만이 아니었다. 관대 세 벌, 띠 세 벌, 신발 세 켤레, 황소 세 필까지 대령해 놓고, 지극정성을 다하여 액厄을 막고 있는 것이 아닌가!

차사들은 난처했다. 더구나 차려 놓은 음식을 보고 그냥 나갈 수는 없었다. 그들은 "에라, 모르겠다!" 하고 그 자리에 주저앉아 권하는 음식들을 다 받아먹고, 쌀이며 소를 주는 대로 다 받아 놓았다. 먼 길을 오느라 신발도 떨어지고 관대도 다 떨어졌던 판이라, 그들은 모두 사만이 아내가 준비해 놓은 새것으로 바꾸어 입고 신었다.

이렇게 후한 대접을 받은 세 저승차사는, 별 수 없이 다시 그들이 처한 사안을 의논했다. 그러나 별 묘안이 떠오르지를 않아, 결국에는 다시 저승으로 돌아가 동자판관실童子判官室507)의 살생부殺生簿508)에 있는 사만이 수명

---

507) 저승에서 사람들의 수명을 관리하는 곳.
508) 죽을 사람의 성명들을 기록한 책자.

연한을 고쳐 버리자는 데에 의견을 모았다. 그래서 세 차사는 다시 저승으로 돌아갔다. 그때 마침 저승에서는 염라대왕과 동자판관이 시왕맞이굿을 받으러 인간 세계로 나가고 없었다.

세 차사는 그 틈을 타서 동자판관실로 들어가 살생부에 적혀 있는 사만이 수명을 보니, '三十'이라고 쓰여 있었다. 차사들은 붓에다 얼른 먹물을 찍어 눈 딱 감고 '三十'의 '十'이란 글자 위에다가 비스듬히 한 획을 그었다. 그랬더니 '三十'이 그만 '三千'으로 둔갑을 하고 말았다. 이렇게 해서, 사만이 수명은 삼천 년으로 늘어나게 되었다.

얼마 뒤에 세상에 나갔다 돌아온 염라대왕과 동자판관이 세 차사를 불렀다.

"어째서 너희들은 사만이를 잡아오지 않았느냐?"

"대왕님, 그건 동자판관에게 물어 보옵소서. 사만이는 아직 정명定命이 아닌데 어떻게 잡아옵니까? 사만이 정명은 삼천 년인 줄로 아옵니다!"

"뭐라고?"

이때 동자판관이 살생부 장적帳籍을 뒤지더니 머리를 긁적이며 이렇게 말했다.

"하! 이놈의 나이가 삼십 년인 줄 알았더니, 십자 위에 한 획이 더 있는 것을 제가 미처 못 보았습니다 그려!"

동자판관은 염라대왕에게 죄송하다는 듯이 이렇게 말했다.

이렇게 해서, 이 주년국 나라 소사만이란 사람은 사냥길에서 주어온 해골의 도움으로 저승차사의 재액災厄을 막아, 삼천 년을 살았다고 전해온다.509)

---

509) 현용준(1976), 《제주도 신화》(서울: 서문당), 141~149쪽. 한상수(2003), 《한국인의 신화》(서울: 문음사), 155~161쪽 참조.

결어

한국신화 탐구 여행을 마치며

'신화神話'는 신들에 관한 이야기로서, 우리 인류가 만든 가장 오래된 서사적 담론談論이지만, 인류는 항상 자기가 속해 있는 공동체의 신화들을 토대로 문명을 이루고 문화를 창조해 왔다. 이런 면에서 볼 때, 신화는 역설적이게도 인류의 가장 오래된 '과거'이면서 또한 가장 오래된 '미래'이기도 하다.

이 신화는 각 지역과 그 공동체에 따라 나름대로 서로 다른 차이와 정체성을 가지고 있으며, 이런 특성에 따라 인류는 다른 다양한 차이의 문명과 문화를 이 지구위에 이루어 왔다. 그만큼 신화는 세계문화의 다양성과 차이의 가장 근원적인 원천이자 토대인 것이다.

이것을 거꾸로 생각하면, 세계문화의 다양성을 끊임없이 추구하기 위해서는, 그만큼 다양한 여러 민족들의 신화들을 필요로 하며, 그러므로 각 민족들은 서로 다른 민족이 추구하고 실현해온 신화만 배우고 모방할 것이 아니라, 자기 민족이 오랫동안 추구하고 축적해온 자기들의 신화에 먼저 깊은 주의를 기울이고, 이의 체현體現을 통해서 나머지 민족과는 다른 독창성 있는 문명과 문화를 추구하는 방향으로 나아가는 것이 바람직할 것이다.

지금까지 이 책을 통해서 살펴본 바와 같이, 우리 민족이 5천년 남짓 꿈꾸고 실현해온 이상적인 세계의 비전으로서의 한국신화 세계는, 서양의 그리스-로마 신화나 기독교 신화처럼 '갈등-대립'으로 점철되는 세계가 아니라, '화합-상생'으로 모든 생명들이 조화를 이루는 세계[接化群生, 在世理化]라는 점에서, 앞으로 우리 민족뿐만이 아니라 전 세계 인류가 다 함께 깊이 관심을 기울여야만 할, 21세기 세계 인류 문화의 가장 소중한 문화 자산이다.

이 신화의 세계는 신과 자연과 인간이 조화롭게 공존하며, 하늘과 땅과 사람이 조화로운 생명적 합일을 이루고자 하며, 천상과 지상과 지하 저승의 세계조차 모두 밝고 아름다운 하늘나라의 신적인 아우라로 그 근원적인 정체성을 확인하여 정당성을 부여받고, 그 세계의 새로운 활력을 되찾고 재활성화 하고 있다.

이 책에서 우리가 거듭거듭 확인해본 것처럼, 우리 신화의 근원적인 원형은 '단군신화檀君神話'이며, 우리 민족의 신화들은 이 단군신화를 중심으로 부단히 변이되고 재창조되면서, 오늘날에 이르기까지 한국신화의 다양한 세계를 이룩해오고 있다.

지금까지 우리 신화학자들은 한국신화 연구를 소홀히 하다보니, 우리 신화의 신화학적인 원형·계보·체계·변이 양상 등에 관한 전반적-체계적인 이해와 깊이 있는 해석이 거의 불가능하였다. 뿐만 아니라, 우리 신화가 가지고 있는, 다른 민족의 신화에서는 찾아 볼 수 없는 우리 신화 나름의 '인류신화'로서의 새로운 비전과 가능성들을 찾아내는 작업은 거의 불가능하였다.

이러한 우리 인류사의 신화적 비전은 신화학적으로 보면 동아시아 더 나아가 전 세계 동양인들의 본래적인 신화적 세계비전인지도 모르겠다. 또한 이러한 세계비전은 또한 최근 근현대 몇 백 년 동안에 걸쳐 서양인들이 주도하여 인류사에 저질러 놓은 각종 '파괴 멸절의 인류사'를, 이제 '새로운 회복과 재활성화의 인류사'로 되돌려 놓을 수 있는 가장 근원적인 새로운 미래비전일지도 모른다.

이러한 한국신화의 세계는 지금까지 '세계신화世界神話'의 전체상을 다루는 학문적인 논의의 장뿐만 아니라, 세계신화를 총괄해서 다루는 일반 신화 교양서들 속에서조차 그 언급이 전혀 없다는 것은, 우리나라 독자들뿐만이 아니라 전 세계 신화 독자들에게도 지극히 불행한 일이 아닐 수 없다. 왜냐하면, 이러한 우리 신화 세계는 기존의 그 어느 나라 어느 민족의 신화들보다도 더욱더 강력하게 우리 인류를 '갈등 - 대립 - 파괴'의 세계가 아니라 '화합 - 상생 - 대동'의 세계로 이끌어가고 있기 때문이다.

이러한 한국신화의 세계는, 지금까지 근현대 3세기 동안에 걸쳐 우리 인류가 저질러 놓은 전 지구적인 파괴의 뼈아픈 오류들을 바로잡을 수 있는 포스트 - 모던적 '해체'와 '재활성화'의 지평으로 우리를 인도하는, 가장 바람직한 인류의 비전을 우리에게 제공하고 추동하고 있다고 보아야 한다.

우리 신화들이 인도해가는 방향은, 그리스 - 로마 신화가 보여 온 처참한 비극적 운명론, 예컨대 오이디푸스 신화에서와 같이 부친의 남색죄로 말미암아 그의 아들도 또 근친상간 죄를 저지르게 되고, 이 때문에 그 가계 전체가 마침내 파멸해가는 과정을, 신들에 의한 어쩔 수 없는 인간의 비극적 운명론으로 전개하는, 그런 식의 피비린내 나는 운명적 욕망 충돌의 세계가 아니다. 뿐만 아니라, 서양 기독교 신화가 보여주는 유일신에 의한 다른 신들의 도그마적 배타주의도, 여러 다양한 신들의 상호 - 공존과 협력의 상호주의 지평으로 극복되고 있다.

그만큼 한국신화의 세계는 밝은 하늘의 광명으로 환하게 빛나고 있으며, 인간의 신성한 본성과 이의 자연스런 발현을 통해서, 인간은 피비린내 나는 저승도 지나 마침내 하늘나라에 도달하게 되는 세계이다.

한국신화의 세계는, 심지어 남녀 간의 근친상간도 인류의 미래를 위해서는 용납될 수 있는 사명적 행위가 될 수도 있으며, 팜므파탈형 악녀도 죽어서 그 위상에 합당한 신으로 좌정하게 되고, 그래서 선과 악이 어쩔 수 없이 공존하는 이 세계를 인정은 하면서도, 지상의 모든 존재들이 더 나은 '화합 - 상생'의 '대동세계大同世界'로 지향해 나아가는 미래지향적인 비전을 매우 다양하고 깊이 있고 폭넓게 제시하고 있다.

한국신화의 세계는 '단군신화'에서 제시하는 바와 같이 우리 인류의 이상향으로서의 밝은 '하늘나라'가 있고, 그 밝은 하늘나라의 신적인 존재가 지상의 존재와 결합하여 인류와 인류의 문명과 문화를 탄생시키며, 그 하늘나라의 신적인 아우라가 지상의 세계뿐만이 아니라 암울하고 비참한 저승 세계까지도 널리 관장하고 이끌고 있는 것으로 되어 있다는 점에서, 또한 우리 신화의 긍정적인 미래 비전의 활기를 아주 강력하게 추동하고 있다.

한국신화에서는 인간 개인의 마음과 사회 속에는 언제나 선과 악이 공존하지만, 이런 인간과 사회는 언제나 하늘나라의 밝은 신성에 닿음으로써 구원을 얻게 된다. 여기에서는 신적인 전지전능이 억지로 인간을 억압하지 않으며, 어떤 신적인 운명론도 인간을 극단적인 멸망의 구렁텅이로 몰아넣지는 않는다.

인간은 하늘과 땅과 조화를 이룸으로써 신성을 회복할 수 있으며, 이를 통해서 인간은 선악을 벗어나 행복을 누리고 살 수 있는 존재로 변화된다.

회복이 불가능할 정도의 여러 환경적 위기에 처해 살고 있는 우리 인류는, 이제 이러한 한국신화의 세계 속에서 다른 그 어떤 신화들에서도 쉽게 찾아볼 수 없는 인류 구원의 새로운 비전을 찾고, 이를 통해서 인류가 이런 불안한 위기를 극복할 수 있는 바람직하고 참된 문화 창조의 새 길을 마련해 나아가게 되기를 간절히 바란다.

▶그림281_천지인 합일 우주생명 조화의 원리를 표상하는 한국의 솟대.(부안인터넷신문)

참고문헌

계연수 편저 · 김은수 옮김(1985), 《환단고기(桓檀古記)》, 서울: 가나출판사.

김부식 지음 · 이재호 옮김(1997), 《삼국사기》, 서울: 솔출판사.

김상일(2000), 《동학과 신서학》, 서울: 지식산업사.

김열규(1976), 《한국의 신화》, 서울: 일조각.

김인회(2007), 《동이신화 태양을 쏘다》1~2, 서울: 박이정.

김재용 · 이종주(1999), 《왜 우리 신화인가》, 서울: 동아시아.

김지하(1999), 《율려란 무엇인가》, 서울: 한문화.

김지하(2003), 《김지하의 화두: 붉은 악마와 촛불》, 서울: 화남.

김태곤(1971), 《한국무가집》Ⅰ~Ⅴ, 서울: 집문당.

김화경(2006), 《한국신화의 원류》, 서울: 시식산업사.

김화경(2019), 《한국 왕권신화의 계보》, 서울: 지식산업사.

김화경(2019), 《한국 왕권신화의 전개》, 서울: 지식산업사.

김헌선(1994), 《한국의 창세신화》, 서울: 길벗.

나경수(2005), 《한국의 신화》, 광주: 한얼미디어.

나경수(2009), 《마한신화 : 남도문화의 서막》, 서울: 민속원.

대야발 지음 · 고동영 옮김(1986), 《단기고사檀奇古史》, 서울: 흔뿌리.

박제상 지음 · 김은수 옮김(2002), 《부도지符都誌》, 서울: 한문화.

북애노인 지음 · 고동영 옮김(1986), 《규원사화揆園史話》, 서울: 흔뿌리.

북애노인 지음 · 민영순 옮김(2008), 《규원사화揆園史話》, 서울: 흔뿌리.

서대석(1997), 《한국의 신화》, 서울: 집문당.

서정오(2003), 《우리가 정말 알아야 할 우리 신화》, 서울: 현암사.

손종흠(2004), 《다시 읽는 한국신화》, 서울: 휴먼앤북스.

손진태(1930), 《조선신가유편》, 동경: 향토연구사.

손진태(1981), 《손진태선생 전집》5, 서울: 태학사.

신동흔(2004), 《살아있는 우리 신화》, 서울: 한겨레신문사.

이규보 · 이승휴 지음, 박두포 옮김(1974), 《동명왕편 · 제왕운기》, 서울: 을유문화사.

이복규 · 양정화(2017), 《원문 대조 한국신화》, 서울: 민속원.

이어령(1972), 《한국인의 신화》, 서울: 서문당.

이지영(2003), 《한국의 신화 이야기》, 서울: 사군자.

일연 지음 · 이재호 옮김(1997), 《삼국유사》, 서울: 솔출판사.

임석재(1992), 《임석재전집》9, 서울: 평민사.

임석재 외(1985), 《함경도 망묵굿》, 서울: 열화당.

임재해 · 조동일 · 서대석 외(2008), 《한국신화의 정체성을 밝힌다》, 서울: 지식산업사.

장덕순(1972), 《한국 설화문학 연구》, 서울: 서울대출판부.

장주근(1961), 《한국의 신화》, 서울: 성문각.

장주근(1998), 《풀어쓴 한국의 신화》, 서울: 집문당.

정재서(2004), 《이야기 동양신화》 1 · 2, 서울: 황금부엉이.

조성기(2002), 《새롭게 읽는 한국신화》, 서울: 동아일보사.

조동일(1997), 《동아시아 구비서사시의 양상과 변천》, 서울: 문학과지성사.

조철수(2003), 《한국신화의 비밀》, 서울: 김영사.

조현설(2003), 《동아시아 건국신화의 역사와 논리》, 서울: 문학과지성사.

조현설(2006), 《우리 신화의 수수께끼》, 서울: 한겨레출판사.

진성기(1965), 《남국의 신화》, 서울: 아림출판사.

진성기(1980), 《탐라의 신화》, 서울: 평범사.

한상수(2003), 《한국인의 신화》, 서울: 문음사.

한우근(1987), 《한국통사》, 서울: 을유문화사.

황패강(1988), 《한국의 신화》, 서울: 단국대출판부.

현용준(1976), 《제주도의 신화》, 서울: 서문당.

홍태한(1998), 《서사무가 바리공주 연구》, 서울: 민속원.

赤松智城 · 秋葉 隆(1937), 《朝鮮巫俗の硏究》上卷 · 下卷, 京城: 朝鮮印刷株式會社.

赤松智城 · 秋葉 隆 共編 · 심우성 옮김(1991), 《朝鮮巫俗의 硏究》, 서울: 동문선.

구드리히, 게롤트 돔머무트 지음 · 안성찬 옮김(2001), 《신화》, 서울: 해냄.

골로빈, 세르기우스 외 지음 · 이기숙 · 김이섭 옮김(2001), 《세계 신화 이야기》, 서울: 까치.

오비디우스 지음 · 이윤기 옮김(1994), 《변신이야기》, 서울: 민음사.

위앤커 지음 · 전인초 외 옮김(1999), 《중국 신화 전설》 1~2, 서울: 민음사.

불핀치, 토마스 지음 · 손명현 옮김(1975), 《그리스 로마 신화》, 서울: 동서문화사.

Thury, Eva M. & Devinney, Margaret K(2013), *Introduction to Mythology: Contemporary Approaches to Classical and Wold Myths*(Third edition), New York & Oxford: Oxford University Press.

찾아보기

ㅇ

ㅊ